唐鉴

大唐的政局和人文

飘雪楼主 著

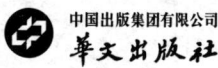
华文出版社

图书在版编目（CIP）数据

唐鉴：大唐的政局和人文 / 飘雪楼主著. — 北京：华文出版社, 2025. 4. -- ISBN 978-7-5075-6147-0

Ⅰ．K242.07

中国国家版本馆CIP数据核字第2025HA5511号

唐鉴：大唐的政局和人文

| 著　　　者：飘雪楼主
| 责任编辑：郭俊萍
| 出版发行：华文出版社
| 地　　　址：北京市西城区广安门外大街305号8区2号楼
| 邮政编码：100055
| 网　　　址：http://www.hwcbs.cn
| 电　　　话：总编室 010-58336239　编辑部 010-63421256
| 　　　　　　发行部 010-58336267
| 经　　　销：新华书店
| 印　　　刷：三河市航远印刷有限公司
| 开　　　本：710mm×1000mm　1/16
| 印　　　张：30.25
| 字　　　数：404千字
| 版　　　次：2025年4月第1版
| 印　　　次：2025年4月第1次印刷
| 标准书号：ISBN 978-7-5075-6147-0
| 定　　　价：69.80元

版权所有，侵权必究

目　录

第一章　昙花一现的隋朝

一　起兵有商量
    1. 隐忍是一门技术活　　/ 001
    2. 起兵是一件技术活　　/ 006
    3. 建唐是一项技术活　　/ 013

二　内讧无商量
    1. 祸不单行：翟让之死　　/ 019
    2. 言不顾行：杨广之殇　　/ 027
    3. 一意孤行：李密之亡　　/ 033

三　征战不商量
    1. 薛举：死不瞑目的恶霸　　/ 041
    2. 刘武周：自掘坟墓的莽夫　　/ 046
    3. 窦建德：刚愎自用的枭雄　　/ 053
    4. 刘黑闼：黄粱一梦的英豪　　/ 063

第二章　谁是真龙天子

一　剪不断理还乱的三角债
    1. 李渊：我是天子，我挺谁　　/ 070

2. 李建成：我是太子，我怕谁　　/ 074

　　3. 李元吉：我是齐王，我助谁　　/ 081

　　4. 李世民：我是秦王，我为谁　　/ 088

二　打断骨头连着筋的对手戏

　　1. 揭开玄武门之变谜团　　/ 094

　　2. 揭开李渊退位谜团　　/ 099

第三章　大唐在这里拐了个弯

一　入宫：理想很丰满，现实很骨感

　　1. 武则天为什么不入李世民的法眼　　/ 105

　　2. 武则天什么时候和李治好上的　　/ 109

　　3. 武则天在感业寺经历了什么　　/ 114

二　冷宫：自古君王多薄幸，最是无情帝王家

　　1. 相煎何太急　　/ 118

　　2. 枪打出头鸟　　/ 122

　　3. 生死一念间　　/ 130

　　4. 斩草也除根　　/ 138

三　摄宫：顺我者生，逆我者亡

　　1. 和唐高宗偷情的韩国夫人结局如何　　/ 144

　　2. 和武则天作对的长孙无忌结局如何　　/ 149

　　3. 充当刽子手的李义府结局如何　　/ 159

　　4. 鼓动废后的上官仪结局如何　　/ 162

四　霸宫：权谋天下，女主临朝

　　1. 嗜血的权术　　/ 168

　　2. 喋血的权斗　　/ 176

　　3. 含血的权谋　　/ 184

　　4. 血染的权变　　/ 190

5. 骇血的权谲　/ 199

第四章　还政李唐

一　情商，智商
　　1. 君权神授为哪般　/ 206
　　2. 铁血酷吏为哪般　/ 210
二　谋位，夺位
　　1. 野心勃勃的武承嗣　/ 212
　　2. "躺着中枪"的李旦　/ 217
　　3. 铁面无私的狄仁杰　/ 220
　　4. 一言千金的张氏兄弟　/ 224
　　5. 贤奸参半的吉顼　/ 230
三　情欲，私欲
　　1. 宫斗那些事　/ 234
　　2. "门清"那些事　/ 240
四　政变，政治
　　1. 张柬之沉浮记　/ 246
　　2. 武则天下台记　/ 254
　　3. 无字碑诞生记　/ 260

第五章　盛唐兴衰的内在逻辑

一　权力转换的因果
　　1. 女皇梦：异想天开的韦后　/ 265
　　2. 南柯梦：忽然暴毙的唐中宗　/ 272
　　3. 如梦令：笑傲宫廷的李隆基　/ 277

二　开元盛世的硕果

　　1. 姚崇：贤就一个字　　/ 284

　　2. 宋璟：廉就一个字　　/ 292

　　3. 张说：才就一个字　　/ 297

　　4. 张九龄：斗就一个字　　/ 302

三　天宝危机的恶果

　　1. 开元盛世起落记　　/ 308

　　2. 杨贵妃的受宠史　　/ 314

　　3. 杨国忠的发迹史　　/ 316

　　4. 李林甫的沉浮史　　/ 323

　　5. 高力士的折腾史　　/ 326

第六章　长安乱

一　至暗时刻

　　1. 安禄山的生死线　　/ 333

　　2. 封常清的生死状　　/ 343

　　3. 哥舒翰的生死劫　　/ 348

　　4. 杨贵妃的生死谜　　/ 356

二　翻云覆雨

　　1. 李亨继位是怎么回事　　/ 358

　　2. 永王李璘之乱是怎么回事　　/ 362

　　3. 安史之败是怎么回事　　/ 366

三　翰墨钩沉

　　1. 高适：六翮飘飖私自怜　　/ 373

　　2. 王维：不向空门何处销　　/ 377

　　3. 杜甫：万里悲秋常作客　　/ 380

第七章 锦绣江山开了一道缝

一 国事家事一锅煮
    1. 红颜乱国 / 386
    2. 奸臣误国 / 389
    3. 名将救国 / 393

二 皇帝轮流做
    1."荒唐贤君"唐代宗 / 397
    2."睿智昏君"唐德宗 / 400
    3."瘫子庸君"唐顺宗 / 405
    4."晚唐明君"唐宪宗 / 409
    5."超级暴君"唐穆宗 / 414

第八章 苍黄

一 大好河山好骑驴
    1."诗魔"白居易 / 418
    2."诗媒"柳宗元 / 422
    3."女校书"薛涛 / 425

二 庭院深深深几许
    1."不君"头上的那顶绿帽子 / 429
    2. 甘露之谋的那根刺 / 432
    3. 会昌中兴的那道坎 / 434

第九章 晚唐风云

一 人在皇宫,身不由己
    1."小太宗"的起与落 / 438

    2. 状元驸马的喜与悲　　/ 442
    3. 立储风波的明与暗　　/ 446
  二 青山遮不住，毕竟付东流
    1. 黄巢：暴打"毒瘤"的牛人　　/ 449
    2. 李克用：后唐的奠基人　　/ 457
    3. 朱温：大唐的掘墓人　　/ 463

不是尾声的尾声：唐朝灭亡的内外因素　　/ 471

第一章 昙花一现的隋朝

一 起兵有商量

1.隐忍是一门技术活

提起唐朝不得不提一个人的名字——唐高祖李渊。

李渊可不是一般的人,史书记载李家的祖先起源可追溯到汉代名将李广,甚至和老子李聃也有渊源。

名门出身的李渊不但长得帅,而且善于交际,他的仕途始于"隋受禅,补千牛备身",并历任谯、陇、岐三州刺史,属于破格提拔的人才,但也只是个地位不高的中层军官。杨广登基后,三十八岁的李渊升为荥阳(今河南省荥阳市)、楼烦(今山西省娄烦县)二郡太守,在仕途上可谓青云直上。

非但如此,李渊的老婆也非等闲之辈,他娶的是北周大臣窦毅的女儿。

窦毅拥有上柱国、神武公、大司马等众多职务,在国中是名副其实的军事首领。窦毅生了一个女儿,传说这个女儿刚落地,头发就已垂到了脖颈,三岁的时候已经是发与身相齐了。

窦氏从小伶俐可爱,聪颖过人,深得舅舅、北周武帝的喜爱,从小就把她当亲生女儿一样养在宫中。

当时北方的突厥势力很强大,由于政治联姻的需要,北周武帝娶了突厥可汗的女儿为皇后,婚后两人却同床异梦。

窦氏看出了舅舅的心思,便劝他为了江山社稷,为了国泰民安,一定要控制好自己的情绪。北周武帝闻言茅塞顿开，欣然采纳，从此，对窦氏更加钟爱。

后来，北周武帝的天下被隋文帝杨坚霸占，窦氏愤然道："恨我不是男儿身，不能解救舅舅家的祸乱。"这话唬得窦毅赶紧用手捂住她的嘴，责备她胡言乱语。但经过这件事，窦毅对这个女儿更加刮目相看，于是为她谋划起终身大事来——比武招亲。

具体来说就是在屏风上画了两只孔雀，参与者每人发两支箭，站在百米之外能两箭齐中孔雀眼睛的人就选作乘龙快婿。

应聘者虽然多，却没有人能过关。李渊虽然来得晚，但他手起箭落，两支箭羽齐刷刷地射中了孔雀的两只眼睛。

就这样，李渊"雀屏中选"，抱得美人归。两人琴瑟相和，鸾凤和鸣。窦氏为李渊生了四个儿子，一时间四子绕膝，好不快活。

李渊虽然情场得意，却官场失意，原因是被一人打压了，这个人便是隋文帝杨坚。

隋文帝杨坚可以说是一位雄君明主，他厉兵秣马、忍辱负重，经过自己的努力和打拼，终于建立了属于自己的帝国——大隋皇朝。他胸怀大略、剑走偏锋，在位期间南征北战，成功地消灭掉了陈国，统一了四分五裂了数百年的中国。同时，他击破突厥，使边疆趋于稳定，被尊为"圣人可汗"。

然而，到了晚年的杨坚完全像变了个人，他变得多疑、猜忌，暴躁无常，赏罚不明，完全是出于个人喜憎了；他变得贪图安逸，开始痴迷于佛教，并且在全国掀起了一场浩大的建寺求佛运动。同时，杨坚比李渊更厉害，他和原配独孤氏生了五个儿子。但五个儿子非但没有让他感到天伦之乐，相反带来了幸福的烦恼：立谁为太子是件很棘手的事。

虽然长子杨勇一开始被"默认"为太子，但次子杨广极富心机，他向太子之位发起了强力的攻击。他极尽纯厚之能事，懂得如何去博取父皇的爱。他极尽巴结之能事，把朝中重臣杨素纳于麾下。他极尽温柔之能事，在母亲独孤氏面前表现出很"专情"的样子，最终赢得了母后的嘉许和认可。

于内部来说，有独孤氏对杨坚不停地吹枕边风，于外部来说，有杨素等歌功颂德，最终让杨坚决定改立太子，为此，他不惜对自己的其他几个儿子痛下毒手。先软禁三子秦王杨俊，并对外美其名曰"以避其祸"。接着在开皇二十年（600）将长子、太子杨勇贬为庶人，改立次子杨广为太子。随后又于仁寿二年（602）将四子蜀王杨秀贬为庶人。而剩下的第五子杨谅被几位同父同母的"真兄弟"这样一折腾，吓得不轻，装疯卖傻才暂时躲过一劫，最后在南陈旧将萧摩诃等人协助下，扯旗造反，但最终失败，被杨广幽禁，活活饿死了——这是后话。

仁寿四年（604），六十四岁的隋文帝病逝于仁寿宫，三十五岁的杨广继位后，李渊就感受到了新皇帝给他们家带来的变化。杨广先是对李家十分关照和厚爱，随后多疑的他就对李家开始猜忌和打压。

要知道杨广和李渊除了是君臣关系，还有剪不断理还乱的亲戚关系。

李渊生于北周武帝天和元年（566），而杨广生于北周武帝天和四年（569）。李渊长杨广三岁。李渊和杨广拥有同一个外公——独孤信。

独孤信有四大特点。

一是信誉佳。独孤信是武川镇（今内蒙古自治区武川县西南）人，祖籍云中（今山西省大同市），是鲜卑化的匈奴人，本名独孤如愿。后因以诚待人，一诺千金，很快赢得民众的认可，称之为"信著遐迩"，并被西魏的"摄政王"宇文泰赐名为"信"。

二是才能佳。独孤信颇有才华，能文能武，不但足智多谋，而且"善骑射"，武功很不错，后来成了西魏时期威震四方、信誉卓著的一代名将。

三是相貌佳。独孤信玉树临风，长相俊美。《北史·独孤信传》称其"美容仪","既少年,自修饰服章",在当时也是被众多"粉丝"争睹风采,在军中有"独孤郎"的美誉。

四是基因佳。遗传基因好,他共生育了六子七女。儿女们自然也继承了父亲俊美的长相,男的长得玉树临风,俊朗得很;女的长得更是沉鱼落雁,娇美无比,很快声名远播。

"七仙女"的女婿当然不能是凡夫俗子。

长女嫁给了宇文泰的长子宇文毓,就是后来的周明帝,成了"周明敬皇后",生周宣帝宇文赟;四女嫁给了北周安州总管、柱国大将军、唐国公李昞,生的儿子就是李渊,李渊称帝后,封母亲为"元贞皇后";五女嫁给了北周的上柱国、许国公宇文述,生隋护卫大将军宇文化及;七女嫁给杨坚,杨坚建立隋朝,她就是开国皇后"文献后",隋炀帝杨广便是她的儿子。

独孤信竟然成了"三朝国丈",《周书·独孤信传》赞云:"三代皆为外戚,自古以来,未之有也。"

因此,李渊、杨广和宇文化及都是亲姨表兄弟。

隋文帝杨坚在位时,他对李渊这位外甥还是格外关照的,先是把年仅十六岁的李渊提拔做了皇帝的高级贴身侍卫——千牛备身,随后让他担任谯、陇、岐等地方官职。

杨广即位后,虽然升李渊为荥阳郡守,但对他猜忌有加,提防有加,打压有加,有事例为证。

一次杨广在宫中举行茶话会,宴请文武百官。席上,杨广不拿酒来寻乐,而是拿李渊的面相来寻乐。原来,经过岁月的洗礼,原本帅气逼人的李渊发生了大的变化,不但颧骨高,而且脸上皱纹又多,像个老太婆了。杨广于是指着李渊的脸,挖苦地说:"此乃'阿婆面'。"大家一听,忍不住哄堂大笑。要知道,在那时女人地位很低,李渊作为堂堂七尺男儿,怎么受得了这种羞辱,当即脸上青一块白一块。他回到家里后,便向妻子窦氏"哭诉"。窦氏一听却哈哈大笑,说:"这么好的事你应该高兴才对,怎么愁眉苦脸呢?"李渊一愣,赶紧问为什么。

窦氏接着说:"阿婆好呀!阿婆就是堂主的意思。而你袭承了唐国公的封号,'唐'和'堂'音相通,那不就是说你是唐主吗?这是天子之相啊,当然应该高兴才对。"

李渊一听,转悲为喜。

眼看杨广处处找李渊的碴儿,李渊选择了明哲保身——惹不起,还躲不起吗?

眼看杨广处处为难自己的夫君,窦氏选择了主动示好,投其所好。

李渊和杨广有一个共同的兴趣爱好——骑射。大凡骑射的人都对马情有独钟,李渊也不例外,他在地方任职时,四处收集马匹,很快就有良马成群。窦氏便劝李渊赠送一些好马给杨广,开始李渊脑筋没有转过弯,不肯忍痛割爱,但他多次在杨广面前碰壁后,终于觉得窦氏所言很有道理,于是分批次送了上等好马给杨广。

投之以桃,报之以李。作为回报,杨广很快把李渊提升到自己的内阁府当殿内少监,掌握京师的兵器籍账,岗位相当重要。

然而,好景不长,多疑的杨广很快就改变了态度,处处给他小鞋儿穿。这让李渊真正体会到了什么叫伴君如伴虎,只能选择隐忍。具体表现有二:

第一,一句粗话引发的思考。

一次,杨广找李渊办事,恰好李渊生病了,不能进宫。杨广便问自己的一个妃子,也就是李渊的外甥女王氏:"你舅舅怎么跟我玩起躲猫猫来了?"

王氏只有解释的份儿了:"舅舅一病不起,不能前来。"

"这么严重啊,"杨广说着,突然话锋一转,问道,"还有得救吗?"

王氏吓得花容失色,哪敢再言,立即行动起来,把杨广的话托人悄悄转达给舅舅李渊。

李渊吓得面如土色,二话不说,从病床上跳起来,开始了非同寻常的行动：打开自己的"小金库"大肆挥霍，吃喝嫖赌，打架斗殴。

杨广见李渊如此胸无大志，对他的猜忌和提防之心才略有放松。

第二，一句谶语引发的血案。

当时民间流传这样一句谶语：李氏当王。

就是这四个字，害苦了李渊。杨广听到这句话后，心中憋了一口气，一定要杀尽朝中姓李的重臣，以绝后患。结果，朝中大臣李浑、李敏等相继倒在杨广的屠刀下，唯独李渊躲过一劫，原因是，当刀架到李渊脖子上时，李渊正在"春风楼"搂着风尘女子饮酒作乐。看到这种情况，心肠一向很硬的杨广突然变软了，不忍心再对李渊下手了。结果，李渊侥幸逃脱一劫。

2.起兵是一件技术活

大业十二年（616），李渊被任命为太原留守。

太原（郡治晋阳，今山西省太原市）是军事重地，地理位置相当重要，进可直捣大兴（今陕西省西安市），退可镇守一方，李渊接到调令后"私喜此行，以为天授"。都说不想当将军的士兵不是好士兵，李渊当然也不甘心当个什么刺史、留守什么的，他当然也有自己的雄心壮志，而太原正是他施展抱负的绝佳之地。

果然，李渊到太原上任后，天下的起义形势已成燎原之势，史书用"一十八家改年号，六十四处动刀兵"来形容这种群雄四起的动乱年代。当然，他们起义都有一个目的，那就是生存。

原来，杨广登基后很快开始了大兴土木，以超级无比的大手笔，快马加鞭的方式，修建新都洛阳，开建大运河，修筑长城，这三项浩大工程花了不计其数的人力、物力和财力。同时，杨广还有一大喜好——巡游：当皇帝十四年间，三下江都（今江苏省扬州市），四次北巡，一次西巡，每次兴师动众，伤财不说，还劳民。据说他在水上坐的一艘豪华大型客船，光是两岸用来拉船的纤夫就上万人，所到之处当地百姓都得做一件事——进献美酒佳肴，沿途还要建造规模宏大的离宫，花费的人力物力可想而知。此后，杨广对"不听话"的高句丽发动了三次征战。

这时隋的天下，早已被杨广挥霍得不成样子了，最终引发了杨玄感叛乱。杨玄感是隋朝开国第一功臣杨素的长子，他原本继承了家族的荣誉和地位。然而多疑的杨广同样打压杨玄感。杨玄感为了自保，决定造反。因为错估了形势，再加上军事路线选择失误，叛乱只坚持两个月便以失败告终。自从杨玄感造反后，天下早已乱成一锅粥了。各地"起义"的队伍如雨后春笋般拔节而出，到大业十二年（616），起义军队中形成了"三大集团"，分别是河南的翟让、河北的窦建德、江淮的杜伏威。

各地起义军纷纷揭竿而起，对有雄心壮志的李渊来说，也是一种诱惑。他当然不甘心就这样一直居于人下，窝囊地过一生。因此，他到了太原后，一方面招兵买马不断扩大实力，另一方面招贤纳士不断引进人才。值得一提的是，原本掌管晋阳离宫的副宫监裴寂和晋阳县令刘文静的加盟，让李渊大呼相见恨晚，很快视二人为左膀右臂。

而这其中李世民充分发挥自己能言善辩、正直义气的特长，担任了广纳天下英雄豪杰的重要角色。如长孙顺德、刘弘基、窦琮等英雄都纷纷投身于李世民麾下，誓死为他效忠。而刘文静和裴寂也认为李世民的见识和才能非常人能比，将来必定能成大事，与他成了莫逆之交。

尽管如此，李渊在太原的日子却并不好过。原因主要有两个。

第一，李渊要面对突厥的骚扰。杨广之所以把李渊调到太原来，主要目的是清剿周边地区的叛乱，并与马邑（在今山西省朔州市）太守王仁恭共同抵御突厥不断的"打草谷"的惊扰。

第二，李渊要防止身后的暗招。喜好多疑猜忌的杨广为了防患于未然，为李渊配备了高君雅和王威这两位超级监军，一旦李渊有什么风吹草动，他们便会及时向朝廷汇报。

俗话说，攘外先安内。李渊首先进行的是拔刺行动，目标直指杨广派给他的高君雅和王威两个监军。当然，聪明的李渊不会做出直接动手这样没有一点技术含量的事来，而是采取了"借刀杀人"之计。一次，面对突厥的突然光顾，李渊派高、王两人迎敌，结果两人大败而归，李渊借机以正军威之名，把两人送上了法场。

摆脱了监军的桎梏后，李渊决定对突厥改变战略。他通过观察分析认为，和突厥长期对抗，对自己只有坏处，没有好处。突厥人天天没事干，无聊了就来闹一阵，然后又扬长而去，不被他们打垮，也会被他们拖垮。

最好的方法就是走联合的道路。怎么联合？李渊走的是"示弱"老路。他马上给突厥写了封信，主动"称臣"，并且送上了大量金银财币，通过这种怀柔政策暂时缓和了和突厥的紧张关系，确保了内部的稳定。

此时，尽管天下已乱成了一锅粥，尽管四方起义已成燎原之势，尽管大隋帝国的局势已是风声鹤唳、风雨飘摇，独居一隅的太原留守李渊却显得很平静很温和，他不显山不露水地对内搞定了历山飞的叛乱，他不温不火地对外搞定了突厥的骚扰，随即便如同平静的湖水，彻底沉寂下来，大有躲进太原成一统的态势。

李渊是个有大理想大抱负的人，是个不甘落后、想干大事业的人，为何会选择这般沉沦呢？

一天夜里，李渊还在官邸里办公，他的二儿子李世民如风一般闯进来了，身子还没有站直，便劈头盖脸地问道："父亲大人还有心思在这里办公？"

李渊抬起头来，满脸的疲倦，双眼充满血丝，显然是长时间工作的原因。他开始还有点吃惊的样子，但多年来的官场修为已让他处变不惊了，因此，他很快恢复了平静的神情。

"世民都是快二十岁的成年人了，怎么做事还是这么鲁莽？这可不像是你的风格哦。"李渊笑着说，顿了顿，话锋一转，"我不在这里办公，去哪里办公啊？"

"当今的皇帝昏庸无能、荒淫无道、滥杀无辜，致使天下百姓食不果腹、衣不蔽体，流离失所。为了生存，他们只好揭竿而起，拼死而只为能在绝处闯出一线生机来。"李世民厉声道，"天下起义之火只怕不久便要烧到晋阳城来了，您就算想在这里办公，也办不了多久了。"

"哦，有这么严重吗？"李渊的笑容一闪而过，直生生地盯着李世民，"你说说看，我该怎么办呀？"

李世民显然是有备而来，他不再隐晦半点，直接表达了两层意思。

第一层：树欲静而风不止。

大概意思是，现在天下起义四起，国已不国了，您这个隋朝官员的饭碗还能保住吗？您这样长期躲避下去是办法吗？

第二层：识时务者为俊杰。

大概意思是，我们现在要应势而谋、因势而动、顺势而为，迎合天下形势，顺应百姓心意，举大旗，发义兵，推翻暴隋，平定天下，救万民于水深火热之中。

李世民说得认真而直率，李渊听得惊心而动魄，他内心所藏匿的心思都被李世民一语点破了。但他表情显得不喜反忧，随即大怒道："一派胡言乱语，莫要听信外人谣言。"

"这是我自己的想法，跟别人无关。"李世民厉声道，"俗话说，'天与不取，反受其咎。'父亲这样一拖再拖，一等再等，只怕要延误时机啊……"

李世民的话还没说完，李渊就堵住了："不要再说了。今天我且不定你的妖言惑众之罪，你出去好好反省吧。"说着，他用力朝门外摆了摆手。

李世民见李渊态度如此坚决，神情如此暴怒，果然不敢"复言"，只好乖乖地退出去了。

至此，李世民采取的"明攻"，即直言相劝李渊起义的方式宣告失败。当然，李世民没有因此就心灰意冷，相反，他不抛弃，不放弃，选择了另一种劝说方式——暗取。

李世民找了两个好帮手，即裴寂和刘文静。裴寂和刘文静被李渊奉为座上宾，因此李世民找他们两个可以说是找对了人。

三人在一个密室里经过一番谋划后，很快达成了一个共识：千方百计拖李渊下水。怎么个拖法，他们想到的是很常见但也很奏效的"美人计"，具体实施过程可以简化如下。

首先，裴寂以私人的名义搞了一场家宴，并邀请李渊去喝酒。

如果是一般人的宴请，李渊可能不会去，但是裴寂的宴请，李渊必须要去，要知道裴寂在李渊心中的分量实在太重了：平常李渊吃个便饭，通常会叫裴寂一起；李渊闲时下下棋，通常会找裴寂论高下；甚至有时晚上睡觉，也叫裴寂作陪，两人一聊一晚上，依然意犹未尽。因此，这次裴寂盛情邀请李渊赴宴，他当然要去了。

李渊到了裴府才发现，刘文静也在场。

李渊视裴寂和刘文静为左膀右臂，当然很高兴了。

接着，裴寂为李渊准备了一场特殊的宴会，并邀请李渊秘密参加。

酒过三巡，菜过五味，裴、刘两人很是默契地你一杯我一杯地敬李渊，那种情况下如果李渊没被灌醉就不正常了。

就在李渊微醉的时候，裴寂双手一拍，早就准备好的两位歌女开始登场献舞了。

但见两位歌女"云一涡，玉一梭，澹澹衫儿薄薄罗，轻颦双黛螺"的确是美不胜收。

这个时候，李渊因爱妻窦氏刚离世，心里正憋屈。窦氏在时，李渊爱她爱得很深情也很专一，别说碰其他的女人，连正眼都不瞧别的女人。窦氏走后，李渊心里很失落，仿佛自己的灵魂深处被掏空了，他把自己封闭起来，不让任何女人走进来。

然而，此时酒上心头，情上眉梢，醉眼蒙眬的李渊为两位绝世美人的容貌和舞姿所陶醉，不由得心花怒放，心猿意马，心驰神往……

最后，裴寂为李渊准备了一张双人大床，并邀请李渊入睡。

莺歌燕舞中，李渊彻底醉了，然后任由裴、刘两人安排，睡在专门为他准备的大床上。

第二天，李渊醒来后，发现自己身边躺着两位美女，定睛细看，不正是昨天夜里那两位绝世歌女吗？

李渊这一惊非同小可，他一阵手忙脚乱穿戴了一番之后，回过头来，发现裴寂和刘文静已双双站在门口，正满是笑意地看着他。两位美人吓得都缩到被子里去了。

"你们……"李渊似乎明白了什么。

裴、刘两人深深揖了一躬，异口同声地说："主公可知道床上这两位美人是何来头？"

李渊一惊："难道不是你府上的歌女吗？"

"非也，"裴寂摇了摇头，顿了顿，收起嬉笑的脸，一本正经地说，"两位美人是晋阳离宫的宫人。"

"啊……"李渊闻言一个趔趄，几乎瘫倒在地。

晋阳离宫是皇帝出行时住的宫殿，离宫的宫人就是皇帝的女人。现在李渊睡了皇帝的女人，这意味着什么？意味着犯了株连九族的罪啊。

李渊先是冷汗如雨，随即又平静下来，突然暴喝一声，厉声道："枉我平时待你们不薄，你们为何联合设计害我？快说，是谁幕后指使的？"

"是我。"李渊话音未落，门口又现出一人，这个人面如冠玉、英姿飒爽，正是李世民。

"父亲，多说无益，事已至此，咱们只剩下起兵这一条道路可走了。"李世民喃喃道。

"主公如起兵，我等愿效犬马之劳。"裴、刘两人跪拜于地，异口同声地道。

李渊看了看李世民，又看了看地上跪着的裴、刘两人，再回过头来看了看床上的两位美人，沉默良久，长叹一声，道："事情到了这一步，抄家问斩是由你而起，登基称帝也是由你而起。"（"身死家破由汝，化家为国亦由汝。"）

《新唐书》中对李渊太原起兵作出的解释是："高祖留守太原，领晋阳宫监，而所善客裴寂为副监，世民阴与寂谋，寂因选晋阳宫人私侍高祖。高祖过寂饮酒，酒酣从容，寂具以大事告之，高祖大惊。寂曰：'正为宫人奉公，事发当诛，为此尔。'世民因亦入白其事，高祖初阳不许，欲执世民送官，已而许之。"这段话是说李渊之子李世民和裴寂等人一起合谋，让李渊触犯隋朝律法，迫使李渊不得不起兵反隋。

那么，事实果真如此吗？笔者认为答案是否定的。

原因之一是谣言惹的祸。

要知道，早在隋朝大业十年（614）的时候，当时社会上有两句流言，一句是"桃李子，有天下"，另一句是"杨氏将灭，李氏将兴"，这两句流言在当时几乎是家喻户晓。深居宫中的杨广也听到了，于是他把李姓的厉害人物当成了猜疑的对象，他看左亲侍（属左翊卫掌管禁兵）李密额头尖眼角方，双目炯炯有神，异于常人，于是开除了李密，让他回家去了。杨广随后又怀疑李浑，于是指使人诬蔑他谋反，灭了他全族。接着，杨广听说李渊很受将士们拥戴，又极力打压他，眼看形势越来越恶劣，李渊心里自然明白自己的处境。幸好李渊深谙政治之道，一方面通过放纵不羁和花天酒地来败坏自己的名声，另一方面通过散尽家财万贯来贿赂杨广身边的人，为其美言，才得以保全自己。

原因之二是时势造英雄。

自从杨广三次征伐高句丽失败后，隋帝国已经风雨飘摇，只等压垮其最后一根稻草的来临。而这时的杨广竟然玩起了躲猫猫，到江都继续花天酒地去了，甚至想继续向南跑，而将混乱的时局扔给别人处理。这样导致的结果就是天下分崩离析。

到大业十三年（617）年初，天下"挂得上号"的反王达到了四十八家，遍布全国各地。而李渊处于很有利的地位：一是他的家世和人望都无可挑剔；二是他拥有一支非常强大、装备精良的军队；三是他所控制的地区在战略地位上有明显优势，如果他从太原起兵，可以很方便地对大兴城（今陕西省西安市）和东都洛阳发动进攻。

拥有了这么多有利条件，再加上身边谋士和将领们的游说，李渊最终决定在太原起兵。

根据《大唐创业起居注》记载，李渊在起兵前曾经说了两个词："隋国丧乱""江都悬隔三千里"。这两个词表明，李渊已经得出一个结论：大隋没救了。剩下来的问题只有一个——谁有资格代替它？作为老牌门阀家族出身的李渊，他为何不能坐庄？

《新唐书》《旧唐书》中把李渊起兵的主要功劳都归到李世民身上，其实这个结论是完全站不住脚的。

3.建唐是一项技术活

大业十三年（617）六月十四日，李渊自称大将军，正式拉起义队伍。随后，李渊来了个双管齐下。

一是确定了进军路线，八个字：西入关中，直捣大兴。

李渊当时考虑的主要有两个方面。一方面是强基固本的现实需要。要知道关中地理位置相当重要，一旦占领便易守难攻；同时，这里物产丰富，相当富饶，一旦占领当会人给家足。另一方面是出奇制胜的战术需要。要知道这时的天下早已如小说家描述，"十八路反王，六十四处烟尘，七十二家盗贼"，如果按部就班地攻城拔寨，只能亦步亦趋地跟在别人后面，永远都成不了大气候。而大兴是隋朝的都城，只要拿下了大兴，就拥有了"号令天下"的尚方宝剑，就拥有了天下归心的基础。攻下大兴，推翻了隋朝，再来安内，那就容易多了。

正所谓风险与机遇并存，这个策略虽然显得稍急，但在特定的时候，是一条通往胜利的捷径。

总之，进军路线的确定就意味着目标的确定，有了路线就等于有了希望，有了路线就等于有了动力，有了路线就不会迷失方向，因此战略路线的确定相当重要。

二是对各大将领进行了分工部署，十个字：举贤不避亲，任人唯有贤。

这个时候李渊的大儿子李建成、小儿子李元吉和女婿柴绍等人都已从外地聚集到了太原，其他嫡系亲友也做好了随时接应的准备。这些自然都给了李渊极大的信心和底气。因此，他很快建立大将军府，并分置三军，统辖三军。

其中三个儿子安排如下：封长子李建成为陇西公、左领军大都督；次子李世民为敦煌公、右领军大都督，分别率领左右两军；四子李元吉为姑臧公，统帅中军，七月举义后又命其为太原留守，以确保根据地的安全。

其他将领分工如下：任命裴寂为大将军府长史，刘文静为司马，任命殷开山、刘政会、温大雅、唐俭、权弘寿、卢阶、思德平、武士彠等为掾属、记室、参佐等官；任命长孙顺德、窦琮、刘弘基为左右统军、副统军等官。

一切安排妥当，七月初五日，李渊率兵三万出太原，开始了他的起义征程。

一路上，在李渊的感召下，起义军日益壮大，特别是李渊的"亲友团"（亲戚加朋友）的加盟更让其实力大增，其中包括李渊的堂弟李神通、堂侄李孝恭及史万宝、柳崇礼等挚友。

在实力和势力壮大后，李渊带领起义军一路势如破竹，几乎是兵不血刃地一路打到了霍邑（今山西省霍县）。在这里，李渊将面临起义后的第一场硬仗。

霍邑地形险要，西北临汾水，东临霍太山，是通往关中必须翻越的第一座大山。守霍邑的是隋将宋老生。

隋军不但拥有"地利",还拥有"天时"。李渊的起义大军来到霍邑后,老天开始发威了,来了个"秋风秋雨愁煞人",雨一直下,对原本想速战速决的李渊来说无异于当头一棒,仗是暂时没法打了,只能先耗下去了。

然而,相对于宋老生丰衣足食的隋军,李渊的起义军是耗不起、等不起、也伤不起的,一旦耗下去,后方的粮草供给就会出现问题,一旦粮草没了,这仗还没打军心就动摇了,失败也就是时间问题了。

李渊眼看形势不妙,赶紧找留在身边的两个儿子和裴寂等亲信召开了一次紧急军事会,商量何去何从。

会议开始后,很快形成了两个派别:主攻派和主退派。两派针锋相对,李渊更犹豫不决,无法取舍。

当天夜里,李渊躺在军帐里的床上翻来覆去,怎么也睡不着。突然,他听到了一阵哭声,这哭声很苍凉,很悲愤,一阵紧似一阵,好像激流出闸,一泻而不可收。

"半夜三更,谁在门外装神弄鬼地哭泣?"李渊一骨碌爬起来,拉开门帘,大声喝道。

门口哭声顿止,那人徐徐地站起身来。李渊定睛细看,不是自己的宝贝儿子李世民又是谁?

李渊看着泣涕涟涟的李世民,恻隐之心顿起,马上把他叫进帐中,然后询问缘由。

李世民花大力气上演了这出"哭戏",等的就是这个时候。他马上擦干眼泪,开始了他早就准备好的说辞。他说了什么呢?概括起来又是两个关键句:

第一个关键句:人心齐,泰山移;人心散,搬米难。解析:我们现在如果能团结一心,奋勇向前,就希望在前,曙光在前,胜利在前。而如果走回头路,大伙的热情肯定就降温了,人心肯定也就冰凉了,最后必然会作鸟兽散了，那样父亲辛辛苦苦经营几十年才换来的良好局势，就会在一夜之间土崩瓦解。

第二个关键句：逆水行舟，不进则退。解析：对我们来说，开弓没有回头箭啊。试想想，如果退军，退到哪里去呢？只有回太原啊。可是固守太原一座孤城，是没有前途可言的啊，只有死路一条。

李世民的话掷地有声，敲击着李渊的心灵，他幡然醒悟过来，为自己畏难而退的想法而羞惭，决定逆水行舟，向死而生。

为此，李渊继续稳住后方。

后方最大的威胁是突厥，虽然出兵前，已达成"联盟"的军事议论，但画虎画皮难画骨，知人知面难知心，为了防止突厥对他的老窝进行突然袭击，李渊觉得单有四子李元吉坐镇太原还没有把握，为此，他把军中的刘文静派出去"安抚"突厥。

事实证明，刘文静果然是一个好外交官，他利用金银珠宝和绫罗绸缎很快俘获了突厥人的心。始毕可汗为此还派了五百突厥勇士来支持李渊，这当真印证了这样一句话：投我以桃，报之以李。

稳住了后防线，随后李渊亲自带着李建成和李世民开始实地考察，制订作战方案。老天这时似乎也有意帮李渊，一直下个不停的雨停了，天色转晴，李渊苦等的决战时刻终于到了。

出战当天，李渊亲自带了一些老弱病残的士兵前去挑战。拥有三万精兵的宋老生岂容李渊这般撒野，马上出城迎战。

一交战，李渊佯装怯敌败退，丢盔弃甲。宋老生见状顿时来了精神，很想乘势追击，一举全歼李渊的起义大军。

李渊逃啊逃，就像无根的野草，宋老生追啊追，就像扑食的饿狼。殊不知，就在两人玩"捉迷藏"游戏的时候，李建成和李世民已率两支骑兵绕到后方，分别杀向霍邑东门和南门。

隋军正酣战间，听闻李渊大军的骑兵直捣自己的老窝，顿时心慌。正在这个节骨眼上，李渊掉转马头，回杀过来，边杀边高呼道："宋老生已死，宋老生已死。"

混战中的隋军哪里能辨明真假，听闻主帅被杀，早已慌乱成一团，很快便溃不成军。从两翼绕到敌人后面的李建成和李世民放弃了攻城，掉转马头开始了"屠龙"表演。

这个时候，宋老生纵有三头六臂也无法挽回失败的命运了。眼看无法挽回败局，也无法收拾残局，宋老生决定先逃命再说。凭着亲兵开路，宋老生充分发挥善于跑步的优势，以百米冲刺的速度第一个跑到了霍邑城下。这时城门早已关上，守城的隋兵见主帅来了，赶紧放下绳子，想通过这种"钓鱼"的方法，把宋老生"钓"上去。

宋老生眼看后面的追兵已迫近，形势危急，顾不得那么多了，赶紧拽住绳子往上爬。关键时刻，宋老生心理素质不过硬的缺点暴露无遗，他丢下了手中赖以生存的大刀，却没有脱掉身上披戴的厚重的盔甲。就像一个人抱着沙袋爬山一样，纵然宋老生臂力惊人，结果还是如蜗牛爬树。

对瞬息万变的战场来说，没有时间供他挥霍，更何况在这样千钧一发、生死攸关的时候。就在宋老生优哉游哉地上演"壁虎功"时，唐军已经追杀过来，接着把宋老生当活靶子射击，可怜的宋老生很快便被射成了刺猬。

杀死了宋老生后，李渊没有立刻对霍邑发动最后一击，而是命士兵把宋老生的首级挑在长矛上，围着霍邑城游行示威。

霍邑的隋军依靠地利的优势，本来还可以固守。但见主帅惨死，他们信念动摇了，有的投降，有的逃散，剩下的也是身在城头心不在焉。果然，三天后，李渊对霍邑发动最后一击，不费吹灰之力就拿下了这座被视为天堑的城池。

啃下霍邑这块硬骨头后，李渊挥师南下，沿途很多起义军都争相来投，大军势如破竹，很快就拿下了临汾和绛郡（今山西省新绛县城）。随后，李渊遇到了第二块难啃的骨头——隋朝名将屈突通镇守的河东郡（今山西省永济市）。

事实证明，屈突通就是屈突通，他用自己的实际行动证明了名将是怎么练成的。面对气势汹汹的李渊大军，屈突通采取的战略是不战屈人。虽然他不拥有"天时"（此时天下大乱），但拥有"地利"（河东城城墙高而坚固，易守难攻）和"人和"（手下几万精兵都是经过他多年征战、大浪淘沙淘出的精兵强将）。再加屈突通本人足智多谋，善于兵来将挡、水来土掩，李渊起义军接连发动几次强攻，非但对河东城毫发无伤，反而还损兵折将。

强攻不是办法，李渊听从长子李建成和次子李世民的建议，采取双管齐下之举：一方面留一支军队驻扎河东，这路军由老弱病残组成，在河东城下多修营寨，在山头田野多插旌旗，晚上定时鸣鼓，以迷惑和牵制屈突通；另一方面派李世民为先遣部队，悄无声息地沿河北进，李渊率主力随后而行，自梁山（今陕西省韩城市）、龙门（今山西省河津市）分别渡河，威逼大兴。

事实证明，李渊大军的明修栈道、暗度陈仓，果然产生了良好的效果。当李渊的主力部队顺利进入关中，以迅雷不及掩耳之势占领了隋朝的另一大粮仓——永丰仓（在今陕西省华阴市）时，屈突通还蒙在鼓里。

对民不聊生的乱世而言，此时可谓"得粮仓者得天下"。李密带领瓦岗军接连占据两座大粮仓，开仓济民后，势力日涨千里，才会坐拥起义队伍首领的地位。此时，李渊夺得永丰仓虽然晚了点，但效果同样是看得见的。一来大军的粮草供给不成问题了，二来吸引了当地大批贫苦民众参加起义军。

这时，李渊又来了个兵分两路：一方面派李建成带一支精兵扼守永丰仓和潼关一带，防止屈突通的反扑；另一方面派李世民为急先锋，沿渭水前进，直捣大兴。

李世民的大军如天神般降临大兴城后，大兴城顿时炸开了锅。城内，代王杨侑还是个乳臭未干的小毛孩，吓得尿湿了裤子，成天只知道流着眼泪唱儿歌。好在留守的刑部尚书卫文升、右辅翊将军阴世师等人凭着大兴城高而坚、厚而硬，拼死守城。

对此，李渊采取攻心战术，想利诱卫文升、阴世师等人投降。但卫、阴两人不为所动。无奈之下，李渊只好采取了高举高打的人海战术，最终几乎是用尸骨填平了大兴城的外城壕。

大业十三年（617）十月，大军围城后，李渊做了三件事。

第一件事：约法十二条。围城后，李渊下令"犯隋七庙及宗室者，罪三族"。入城后，李渊令人马上"封府库，收图籍，禁掳掠"。十一月克大兴，"约法十二条，杀人、劫盗、背军、叛者死"，完全是秦末刘邦入关约法三章的故事翻版。

第二件事：杀一儆百。冤有头，债有主，正是因为卫文升、阴世师等人的负隅顽抗，才使得唐军损失惨重，为了平息起义军的"民愤"，以及对隋朝政府腐败的愤怒，李渊把阴世师等主要将领斩杀（卫文升城破前已病死，气死的可能性更大），而其余人都得到了赦免。

第三件事：改旗易帜。大兴城攻下，众将皆推李渊为尊，但李渊坚决拒绝了。他不是不想当皇帝，而是觉得时机未到。他知道自己的实力和势力远远比不上瓦岗军李密等人，过早称帝对他夺取天下有百害而无一利。于是，他挟"天子以令诸侯"，暂时拥立少年代王杨侑为帝，改大业十三年（617）为义宁元年，"仍遥尊隋帝为太上皇，立代王为皇帝"，做足了表面宣传功夫。

至于李渊自己呢，就以杨侑的名义"假黄钺、使持节、大都督内外诸军事、大丞相、录尚书事"，并被晋封唐王。

二　内讧无商量

1.祸不单行：翟让之死

瓦岗寨的创始人叫翟让。

翟让，东郡韦城（今河南省滑县东南）人，本来是个小吏，因为得罪了上司，被打进牢监，判了死罪。时主管监牢的狱吏名叫黄君汉，很佩服翟让的才能，就偷偷地把他放了。

翟让逃出监牢后，觉得与其窝囊地活着，不如痛痛快快地干一场。于是乎，他马上与兄长翟弘、侄子翟摩侯、挚友王儒信在东郡附近的瓦岗寨开始了招兵买马。打出的口号是"有福同享，有难同当"，引得前来投奔的义勇之士络绎不绝。这其中包括绝世悍将单雄信、徐世勣（徐茂功）和当地"首富"贾雄等人。有了队伍和大将之后，翟让带领起义队伍沿运河抢掠官府和私人运输船队，资给丰足，起义队伍发展更是突飞猛进，很快拥有万余人。

兵强马壮之后，翟让并不满足于小打小闹，而是开始了大举动。大业十年（614），翟让带领起义军以雷霆万钧之势一举攻克了郑州、宋州（今河南省商丘市）等郡县，控制了从汴州（今河南省开封市）至黎阳（今河南省浚县东南）一段的水上交通军事要地——通济渠，缴获了大量军械物资，进一步壮大了起义力量。

瓦岗军上演"劫皇纲"的故事后，几乎一夜之间，隋朝对瓦岗军刮目相看，杨广赶紧派河南道讨捕大使张须陀征讨瓦岗军。张须陀善于用兵，手下又拥有秦琼、罗士信等猛将，他所带的可以说是隋朝的一支王牌部队，瓦岗起义队伍中一些小股部队，如王薄、孙宣雅、郝孝德等都成了他的手下败将。

结果一向以剽悍著称的翟让很快便发出"既生翟，何生张"的感叹，因为翟让和张须陀交锋了三十多次，居然无一胜绩。

俗话说，愿赌服输，翟让败了，付出的代价是被迫撤离宋州、郑州两郡。说得再直白点，就是把他占领的土地和城池都交还给隋朝。

就在翟让感觉自己正朝着穷途末路狂奔时，他手下的大谋士王伯当向翟让推荐了李密。

李密的爷爷李曜是北周太保邢国公，李密的父亲李宽为隋朝的蒲山郡公。然而，虽然家世显赫，但李密仕途并不顺利。大业初年

（605），杨广授予李密亲卫大都督的职位，但遭到了心高气傲的李密拒绝，他嫌职务小。后来杨广授予他千牛备身的职务，出人意料的是李密居然答应了。众人很不解，这千牛备身和亲卫大都督是换汤不换药，都是"卫士"罢了，怎么李密会拒绝当亲卫大都督，而当千牛备身呢？

原因很简单，就是千牛备身可以近距离接触皇帝，潜伏在皇帝身边，"以待天时"。

大业九年（613），杨素的儿子杨玄感的造反让李密从黑暗中看到了一线光明，他火速赶去支持。然而，杨玄感没有听从他的计谋，最终导致这场声势浩大的反叛自然以失败告终。杨玄感自己最后战死，而作为军师的李密则沦为阶下囚。

很快，李密及其他囚犯被一起押往当时杨广所在的高阳（今河北省高阳县）去受审。在途中，李密想出了"逃命计划"，他带头献出自己身上的财物，主动为护囚使者们买酒水和食物。这样"寻欢"过几次后，押役们便是大醉，而李密则趁着他们大醉时逃了出去。

逃跑的李密投奔平原（今山东省陵县）豪帅郝孝德。郝孝德对他们并不"感冒"，于是李密又投奔齐郡（今山东省济南市）豪帅王薄；王薄也没有发现李密有什么过人之处，对他不冷不热，于是李密又逃到淮阳（今河南省淮阳市），在一个小乡村安顿下来，改名换姓为"刘智远"，聚徒教学，当起了教书先生。过了几个月，李密郁郁寡欢，自恨空有大志无处施展，于是写了一首五言诗表明自己的心志，当地村民觉得很可疑，便到淮阳太守处告密。太守命人逮捕"刘智远"，但李密闻得风声，又逃到了妹夫、雍丘（今河南省杞县）县令丘君明处。丘君明知道自己这里不是长久之地，便把他辗转托付给一个侠义之士王秀才。王秀才是个慧眼识珠的人，不但收留了李密，而且把自己美貌如花的女儿嫁给他。

然而，乐极生悲的是，李密正沉浸在幸福的蜜罐里时，丘君明的堂侄丘怀义来了个"胳膊肘儿向外拐"，向朝廷进行了举报。结果梁郡通守杨汪立马派兵包围王秀才家，刚好李密有事外出，从而逃过大难。丘君明和王秀才却受到了连累，全都被处死……

一路的流浪逃亡，李密受尽了人间疾苦。

一路的颠沛流离，李密尝尽了世态炎凉。

此后，李密隐姓埋名，四处逃窜流浪，郁郁寡欢，自恨空有大志无处施展。就在这时，一个起义组织的迅速兴起，让绝望中的李密又看到了新的希望。

这个组织便是闻名天下的瓦岗寨。

翟让需要人才来辅佐他，李密需找到一个好归宿。就这样，翟让和李密两人如同干柴烈火一般，一点就着。这年是大业十二年（616）。

事实上，李密就是李密，他不但来了，而且还带来了不少零散的起义队伍，这无疑解了翟让的燃眉之急。更让翟让惊喜的还在后面。李密来之后，马上向他献了一道良策：直取荥阳（今河南省荥阳市）为根据地。

同时，为了扫除张须陀这只拦路虎，在李密"导演"下，瓦岗寨义军上演了一出连环计。

第一计：引蛇出洞。

实施方案：首先翟让亲自带兵前去挑战张须陀，目的是为了引出张须陀这只"玉面老虎"。

事情进展：面对翟让的挑战，张须陀很出乎意料，马上带兵倾巢而出，目的只有一个，把翟让碎尸万段。

结果：翟让以自己为诱饵，引出了张须陀，李密的第一计达到了预期目的。

第二计：瞒天过海。

实施方案：翟让与张须陀交战后，开始隐瞒自己的实力，且战且退，目的是为了把张须陀越带越远。

事情进展：翟让的举动更加激起了张须陀的怒火，他奋勇向前，大有不把翟让往死整不罢休之气概。

结果：翟让以自己为绊脚石，诱张须陀孤军深入李密布下的伏击圈——大海寺附近，李密的第二计圆满地达到了目的。

第三计：关门捉贼。

实施方案：张须陀进入伏击圈后，李密马上带领伏兵关门——封锁了张须陀的退路。翟让掉转马头，和李密来了个捉贼"表演"。

事情进展：官军被瓦岗军团团围住，大败就在眼前。而这时的张须陀凭着自己的勇猛，很快冲出了重围。但他回头一看，只剩下自己孤零零的一个人，嫡系部下全被围困在里面了，张须陀不忍心，马上策马回去相救，前前后后总共四次，结果不仅没有成功救出部下，反而自己也陷入了四面楚歌的绝境。

结果：张须陀在发出"大败如此，没脸再见皇上了"的叹息声后，冲入起义队伍中，血战而亡。

隋朝这样一员智勇双全的名将死后，瓦岗军在河南境内纵横驰骋，再无敌手。张须陀手下秦琼、罗士信等猛将在走投无路之际，投奔了李密手下大将裴仁基。

而李密也凭借此战，别统所部，坐上了瓦岗军"蒲山公营"的位置。

大业十三年（617）二月，瓦岗军攻取兴洛仓（在今河南省巩义市），并开仓济贫。据《隋书》记载："开仓恣民所取，老弱襁负，道路不绝。"

瓦岗军开仓放粮的消息迅速传遍四面八方，男男女女，老老少少，拿口袋，挎篮子，推车子，挑担子，络绎不绝，滚滚人流达数十万，拥向仓城。领到粮食的饥民，手里捻着米谷，脸上流淌着喜悦的泪水。参加起义的人络绎不绝，不出半月，瓦岗军的起义队伍壮大到数十万之众。

随着瓦岗军接连胜利，李密的威信也是水涨船高，到后来竟然已远远超过"大当家"翟让了。

人都是有野心的，李密这样一个有理想有抱负的人，野心更大，自然不甘屈居一人之下了。

翟让迫于无奈，选择了主动禅位于李密。

大业十三年（617）二月十九日，瓦岗军中人欢马叫，洛口（今河南省巩义市东北）城内锣鼓齐鸣，巩南设下坛场，李密即位称魏公，年号永平。这个政权全称"行军元帅魏公府"，置三司六卫。翟让为上柱国、司徒、东郡公，亦设置长史以下官职，只是数目比元帅魏公府少一半。其他成员的任职是：单雄信为左武侯大将军，徐世勣为右武侯大将军，各领所部；房彦藻为元帅左长史，邴元真为右长史，杨德方为左司马，郑德韬为右司马，祖君彦为记室……

政权建立后，全国各地的起义军受到极大的鼓舞，山东、河南、河北、安徽、湖北、陕西等地的起义军，先后派使节来到洛口城庆贺，目标一致地推举李密为"武林盟主"，信誓旦旦地表示，愿听从他的调遣，愿同瓦岗军联合作战，共同声讨隋炀帝。

在大好形势下，李密派兵向东南发展，很快攻占湖北的安陆、河南的汝南、山东的济阳、江苏的淮安等地。至此，河南道的大多数郡县已经为瓦岗军所占领。

反观隋朝，这时不但有起义制造的"人祸"，更有"天灾"——黄河下游遭水灾，加上杨广苛征暴敛，连年征战，地方官借机发财，无恶不作；农民生活极端贫苦，衣食无着，居无定所，到了"饿殍满野，千里无所见，白骨遮平原"的境地。粮食成了农民生死攸关的最大问题。

徐世勣见状，便向李密建议说："天下大乱的根本原因，是农民没有粮食吃。我们起义，正是为了解决农民的苦难。回洛仓（在今河南省洛阳市东北）和黎阳仓（在今河南省浚县东南）是隋王朝最大的两大粮仓，我们如能会同当地起义军拿下这两大粮仓，开仓济民，定能取得民众的热烈拥护，民心归服，大业可望。"

李密采纳了徐世勣的建议。大业十三年（617）四月，瓦岗军逼近东都城郊，攻破回洛仓，致使东都粮食缺乏，陷入困境。九月，瓦岗军又攻破黎阳仓。

攻下黎阳仓后，李密做的第一件事就是开仓放粮。饥民得救，欢声震天，纷纷参加起义军，徐世勣在十天内得兵二十万。

这时，武安（今河北省永平县）、永安（今湖北省黄冈市）、义阳（辖今河南省信阳、罗山市和湖北省广水、大悟等地）、弋阳（今河南省光山县）、齐郡（治今山东省济南市）等地的隋朝地方官兵，都相继归降瓦岗义军。并有大股义军如窦建德、朱粲等遣使到洛口，要求参加联盟，听从瓦岗军调遣，共同战斗。这次胜利，既切断了涿郡隋军与江都、洛阳隋军的联系，又使黄河下游的起义军区域连成了一片。

就在形势一片大好的时候，瓦岗军却发生了内讧。和所有的内讧一样，贪婪和猜忌是罪魁祸首。

看到形势大好、前途无量，瓦岗军的首领几乎是皇帝的不二人选，已沦为司徒的翟让的一些亲友和下属开始心不甘情不愿了。

部将王儒信劝翟让自己当大冢宰（百官之长，相当于宰相），管理所有的事务，把让给李密的权力夺回来。

翟让的大哥翟弘更为愤怒，他对翟让说了这样一句狠话："天子只可自己做，安得与人？汝若不能作，我当为之。"意思就是说："兄弟啊，天子你可要自己当啊，怎么能让给别人呢？你要是不当，我可就当了啊！"

翟弘的话一半是劝说一半是威逼，显然是期待翟让能"男儿当自强"。然而，很不幸的是，翟让是个忠厚老实人，他清楚自己有几斤几两，对众人的劝说很不以为然，并且耐心地向他们陈述大义：应以团结对敌为重，不要争权夺位、计较个人得失，不要干分裂的事儿。

然而，和翟让一笑而过的大度相比，李密显得阴险狡诈得多。他听到风言风语后，便怀疑翟让蓄意夺权，决定先下手为强，把翟让集团一网打尽。

大业十三年（617）十一月十一日，李密设下"鸿门宴"，请翟让和部将们到他的府上喝杯接风酒。老实的翟让哪里想到这是李密布下的局，只等自己这颗棋子往死里送。接到邀请函后，翟让带领兄长翟弘、侄子翟摩侯以及手下得力干将王儒信、单雄信、徐世勣、裴仁基、郝孝德等人前往赴宴。

宴席开始后，翟让的心腹猛将单雄信等人站在身后护卫，李密见状说道："今天我们开怀畅饮，大家不必站着，都入席。"李密的心腹房彦藻、郑颋等人闻言带头到隔壁的酒桌入座了，翟让的心腹们都没有动。"今天大家在一起是为了喝酒取乐，天这么冷，司徒的随从人员也喝点酒、吃点饭吧。"李密道。眼看李密手下的人都入席了，翟让也不好意思让自己的心腹干站在那里饿肚子，于是大手一挥，道："你们都入席吧。"

这样一来，偌大的大厅除了李密、翟让，就只有李密手下的卫士蔡建德拿着刀站在一旁当"护帅使者"。

接下来就是李密的表演了。酒至半酣，李密拿出了一张"良弓"给翟让看，说这张弓是绝世神弓。翟让是个喜欢舞刀弄剑之人，自然对这张弓很感兴趣，接过"良弓"后，便来了个试弓。

翟让刚刚把弓拉满，说时迟那时快，只觉得头顶寒光一闪，他还来不及反应，便已倒在血泊中了。

只是他在倒下去的那一瞬间，睁着一双眼睛，怔怔地望了一眼给自己致命一击的蔡建德，再望向嘴角兀自挂着冷笑的李密，口吐鲜血叫道："你……你……好卑鄙……"

一个胸怀坦荡的头领死于阴谋，一个关于权力的阴谋。

同时，李密早就埋伏好的刀斧手开始行动了，翟弘、翟摩侯、王儒信很快成了刀下鬼。徐世勣一看不妙，拔腿就跑，被卫士们砍伤脖颈。卫士们正要痛下杀手时，被李密及时制止了。

对李密来说，徐世勣对自己有拥立之恩，他虽然是身在翟营，但心在他这里，他自然不会让这位"恩人"白白丧命了。

眼看翟让已死,李密为了控制局势,来了个"双管齐下"。

首先是言。李密充分发挥他的优势,以三寸不烂之舌对众人解释说:"我与各位一起起义,是为了除暴安良、有福同享、有祸同当。翟让却独断专行、贪婪暴虐、凌辱同僚、对上无礼。现在只杀他一家人,请诸位不要各生疑心。"

接着是行。为了安抚翟让的手下,李密让人把徐世勣扶到自己的营帐里,亲手为他包扎伤口。听说翟让的部队想散伙,李密就让单雄信前去慰问,随后李密又独自一个人骑马进入翟让的军营去"稳定"军心,让徐世勣、单雄信、王伯当分别统领一部分原来属于翟让的部队,瓦岗军军心这才稍稳。

然而,窝里斗上演后,对瓦岗军的打击是巨大的,军中从此人人自危,背地里都称李密是"卑鄙的圣人",从而军心涣散,斗志大减,这无疑给了蓬勃发展的瓦岗军拦腰一刀,隐患的种子就此埋下。

2.言不顾行:杨广之殇

和李渊的日子越来越滋润相比,杨广的日子越来越难熬。自打三征高句丽失败后,他没有闭门思过,而去边关示威。结果雁门关走了一趟后,他还不心甘,退回太原后,没有直接回大兴,而是来到东都洛阳,希望能借洛阳一行,来调节一下自己的心情。然而,杨广不会料到,这一趟洛阳之行,成了他最后的绝唱,他再也不能回到大兴了。

大业十二年(616)正月初一,新年的第一天,平常杨广会高兴得脸上阳光灿烂,这一天却乌云密布。因为按朝例,这一天全国各郡的诸侯王应该来向他朝贺,但今年只来了稀稀拉拉的几个人。

直到这时,杨广才意识到了天下形势的严峻,于是开始追问天下"反民"的情况。然而,他的嫡系心腹许国公宇文述、御史大夫裴蕴等人采取的是隐瞒不报、蒙蔽圣上的做法。

唯独两朝重臣苏威不愿说假话,但他知道"惹"不起,只好选择了"躲"。因此,每当杨广询问天下形势时,他就会悄悄地躲在柱子后面,以免杨广问起自己。偏偏杨广对苏威感兴趣,便把他叫过来问:"苏爱卿啊,你说现在的贼寇是多还是少啊。"

"我不是干统计的,贼寇的多少,我实在不知道。"苏威眼看"躲"也躲不起,索性心一横,来了个实话实说,"我只知道贼寇离我们越来越近了。"

"此话怎讲?"杨广问。

"以前贼寇还是在北方一带闹事,现在已到河南了,不是越来越近了吗?"苏威说着,顿了顿,见杨广一脸惊呆样,接着道,"以前那些纳税的老百姓,现在都成了贼寇了。如果朝廷不能轻徭薄役,贼寇只会越来越多、越来越近啊。"

杨广听了,勃然大怒,来了个拂袖而去。

躲不开,说不通,苏威并没有灰心,马上改变策略,采取了"教"。这天,他给杨广送了一件很特别的礼物——《尚书》,暗示杨广要以史为镜,及时悬崖勒马,回头是岸。

杨广当然明白其中意思,但他不愿承认自己的过失,选择了装糊涂,结果便不了了之。

躲不开,说不通,教不会。苏威对杨广的回心转意已不抱任何幻想了。

然而,这时,杨广主动找他商量四伐高句丽的事。

"我想再征伐高句丽,无奈现在手中没有兵啊。"杨广说。

"皇上只需下一道诏书,就会拥有数十万从天而降的兵马。"苏威道。

"哦,是吗?下一道什么诏书呢?"杨广闻言又惊又喜。

"赦免天下所有的所谓贼寇,让他们戴罪立功,他们便会马上回到皇上的怀抱里来。"苏威道。

杨广闻言再次大怒,再次来了个拂袖而去。

都说事不过三，苏威接连四次的另类表现，彻底触怒了宇文述和裴蕴等人，因此，在苏威执行完"躲不开、说不通、教不会、行不果"后，他们怒不可遏，开始在杨广面前诋毁苏威。结果苏威很快被打入死牢，最后体会到了什么叫"伤不起"——含冤而死。

从此，杨广身边再无忠臣，全是奸臣当道。

奸臣王世充、赵元楷等人对杨广投其所好，献上美女佳人和奇珍异宝，很快得到越级提拔和重用。就这样，杨广由暴君彻底向昏君转变了。

明明知道天下人负担重，在生死线上垂死挣扎，杨广仍然加重剥削和压榨，显然是饮鸩止渴。

到了大业十三年（617），隋末起义军已成燎原之势，势力最大的是中原的翟让和李密领导的瓦岗军、黄河北边的窦建德带领的农民军、江淮地区的杜伏威统率的义军。此外，隋朝贵族，甚至中下级官吏也趁机割据一方，可以说隋朝天下已经不再是杨家的了，就像一块蛋糕，天下英豪和趁火打劫的人都在进行切割了。

此时的杨广依然没有觉醒过来，他没有想办法力挽狂澜，而是想着如何明哲保身，最终他想出了一个绝妙的办法——迁都丹阳（今江苏省南京市）。丹阳可是六朝故都，隋朝灭亡南陈后，丹阳城中的皇城被夷毁，杨广想在旧城上新建都城，利用长江天堑保住江南，防止李密等义军越过长江，以达到偏安一隅的目的。

对此，朝中大臣们很快分为三派。一是拥护派。以老家在江南的虞世基、袁充等人为首，他们极力怂恿杨广迁都江南，当独居一方的土皇帝。二是反对派。以老家在北方的官员为主，他们劝杨广不要贪恋江南繁华、谋求偏安一隅，希望他即刻返回京师，守住大隋根本之地西北。三是中立派。这些官员见杨广喜怒无常，不敢看他的脸色，因此，选择三缄其口、静观其变。

杨广和拥立派笑到了最后，迁都的事情就这么定下来了，丹阳随即破土动工，修建皇宫。然而，杨广迁都的举动让手下的士兵心寒了，因为他们大多数是北方人，早就思乡心切，渴望回家，见杨广留恋江南、压根没有回京的打算，绝望之下开始选择大逃亡。

对于胆敢逃跑的士兵，杨广震怒之下有两个举动，一是凡是抓住的逃兵就杀无赦，二是凡是逃兵的亲属也一律杀无赦。

在这样残酷的打压之下，隋军士兵人心惶惶，离心离德，哪里还有心思保家卫国。

这个时候，杨广再怎么后知后觉，也知道天下的形势了。他清楚仅凭一己之力，已经很难挽回败局了，与其作无谓的挣扎，不如及时行乐彻底买醉。

除了喜欢饮酒作乐，他还喜欢做的一件事就是照镜子。自恋的他时常拿着镜子照，自我欣赏自我陶醉。然而，这时的杨广看见的不再是那个玉树临风、英气逼人的潇洒帝王，而是一个面目浮肿、神情疲倦的"中年老人"，不由得伤感地说："这么好的头颈，不知会被谁砍掉呢？"（好头颅，谁当砍之？）这话唬得身边的萧皇后半晌无语，他却狂笑着扬长而去。

如前所叙，大业十三年（617）冬季，杨广的表兄李渊率军攻入了京师大兴城，拥立代王杨侑为皇帝，改元义宁，尊杨广为太上皇。面对赤裸裸的逼宫，杨广虽然震怒，但也无可奈何，他甚至连骂的底气都没有了。

到大业十四年（618）春季，杨广在江都已经度过了一年多的时光，他骄奢淫逸，随驾的几十万贵族官僚、军队也不是省油的灯，粮草几尽，各地输送的赋米却又因为战乱无法抵达江都，境况无比困难。

来自关中的将士们见此，明白这样下去只有死路一条，纷纷逃亡。禁卫军郎将窦贤甚至率部而逃，结果被杨广派精锐骑兵追上后"一锅端"。

如此无情的镇压，仍阻止不了士兵们的叛逃。逃亡了大半，而剩下的将士们也不甘心等死，他们决定绝地重生，最后决定铤而走险，拥立秦王杨浩，行"废昏立明"的大事儿。

司马德戡等人原本也准备逃亡，却被宇文智及阻拦："主上虽然无道，但威信尚存，命令还是有人听的，而一旦逃亡就等于自寻死路。现在上天要亡隋室，四方英雄并起，何不借此机会干一票大的，成就自己的事业呢？"

司马德戡和宇文智及进行密谈后，最终决定拥护人气值颇高的宇文智及的兄长——宇文化及为首领，发动政变，杀掉杨广，改立秦王杨浩为皇帝。

宇文化及有个好爹——宇文述，他可是超级大功臣。北周大象二年（580）杨坚执掌大权时，皇室姻亲尉迟迥率十余万精兵造反，宇文述不顾生死为杨坚冲锋陷阵，立下大功，被杨坚拜为上柱国，晋爵褒国公。后来，宇文述参与了灭陈之战，其后还镇压了江南萧氏叛乱，由此再次升官。对杨广来说，宇文述的最大贡献是帮助他对付杨勇，最终成功夺得了太子之位。此后，宇文述还率军攻打吐谷浑、三次参与远征高句丽、平定杨玄感之乱，不断为杨广建功立业。而杨广一直视宇文述为心腹。

而宇文化及是一个不折不扣的纨绔子弟，他因为收受贿赂被罢官免职，但由于有与杨广关系过硬的老爹宇文述在，很快又官复原职。后来，宇文化及的弟弟宇文智及娶了南阳公主，和杨广可谓亲上加亲。宇文化及也升为太仆少卿，因此越发骄横，根本不把朝中的百官公卿放在眼里。这样的权贵子弟在当时是比较少见的，宇文化及因此获得了一个绰号：轻薄公子。

他甚至竟敢公然违背诏令，与弟弟宇文智及一起同突厥人做买卖。杨广于是将宇文化及和宇文智及下狱，准备处死他们，以儆效尤。然而，关键时刻，杨广又刀下留情，原因是南阳公主来求情了，杨广心一软就放了宇文化及两兄弟。

杨广怎么也不会想到，他放了宇文化及两兄弟一条生路，却将自己推向了死路。

宇文化及兄弟和司马德戡组成"谋反三人团"后，把司马德戡推向了政变的最前沿。司马德戡也甘当枪手，为了把军营中的士兵们拉下水，他派两个心腹将校许弘仁和张凯到军营，对将士们说："你们大祸临头了，皇帝听说你们即将叛逃，就准备了大量的毒酒，打算举办宴会，在宴会上把你们全部毒死。"众人闻言，大为恐惧，忙问该怎么办。许弘仁和张凯于是抛出了发动政变的底牌。众将士见横竖都是一死，于是一致决定参与政变。

大业十四年（618）三月初十日，宇文化及在宇文智及、司马德戡等人的支持下，率众发动政变，把正在行酒作乐的杨广绑了个严严实实，最后用一根白绫结束了这个荒唐皇帝的一生。

这个奢侈腐化一生的皇帝，据说死后连个像样的棺材也没有，只是由萧皇后和宫人拆床板做了一个小棺材，偷偷地葬在江都宫的流珠堂下。后来唐朝平定江南，于贞观五年（631）移葬于雷塘（今江苏省扬州市邗江区西湖镇司徒村曹庄），一代亡国皇帝总算是得以安息。

杨广死后谥号为隋炀帝，成为昏庸腐朽、残暴嗜杀、沉迷酒色、劳民伤财、荒淫逸乐、穷兵黩武的代名词。

那么，隋炀帝杨广真的就这么不堪吗？

其实，杨广的雄才大略和丰功伟绩也是不容忽视的。他在位期间，置明经、进士二科，以试策取士，修建大运河，营建并迁都洛阳，亲征吐谷浑，三征高句丽。他开拓疆土、安定西疆，大呈武威、威震各国。他开展贸易、扬隋朝威、交通西域。他修订了法律，颁布《大业律》。他大力推行改革，改州为郡，依古制改度量衡，改官制，设五省、三台、五监、十六府等。其才情颇高，文学造诣颇深，《全隋诗》录存其诗四十多首，流传至今的佳作有《饮马长城窟行》《江陵女歌》等，极富浪漫主义色彩。

总之，历史地看，杨广可以说是一位有远见卓识和励精图治的皇帝。

隋朝是中国历史上短命的大一统朝代，国祚只有短短三十八年。

隋朝之所以短命，隋炀帝杨广要负主要责任，因为他好大喜功、劳民伤财。因为他体恤百姓不够，在拓展疆土和广建宫殿的时候没有想到百姓的难处。后代有专家一针见血指出了隋朝灭亡的真实原因："隋之亡也，民困苦而国未贫。"就是说，隋朝灭亡的原因在于，国家聚敛了太多的财富，而老百姓因为统治者的苛政，失去了维持生存最起码的条件。

据《隋书·食货》记载，在隋朝灭亡之前："是时百姓废业，屯集城堡，无以自给。然所在仓库，犹大充牣，吏皆惧法，莫肯赈救，由是益困。初皆剥树皮以食之，渐及于叶，皮叶皆尽，乃煮土或捣藁为末而食。其后人乃相食。"意思是说，隋朝灭亡之前老百姓的生活已极为困难，但国家的仓库仍然非常殷实，官吏们却因为害怕国家的严刑峻法，不敢发放粮食赈济百姓——开始的时候百姓还能吃树皮、树叶，后来有人把草秆捣成碎末，有人煮观音土来吃，最后甚至发展到人吃人的悲惨程度。

财富集于国库，百姓却无以生存。出现这种状况和隋炀帝有直接关系。隋文帝是一位节俭的君主，隋炀帝则是一位奢侈皇帝。因为奢侈，民众被剥削到无法生存的地步；民众只有起义推翻隋统治，才能找到生路。

隋炀帝杨广的暴政行为最终招来了天下人的反抗，而他自己不但引来杀身之祸，而且被后世不断抹黑和丑化。

3.一意孤行：李密之亡

在江都兵变半个月之后，宇文化及便迫不及待地带领早也思归、晚也思归的将士们离开江都，开始了"西游记"。他一路打出隋朝正统的军旗，收编隋军流落各地的散兵，梦想着出其不意一举拿下大兴，先灭了李渊，再灭李密，最后平定天下……

如果宇文化及的梦想能实现，那么他将用实际行动证明什么叫

"力挽狂澜"。然而，宇文化及还在路上，便干了两件失民心的事。

一是放纵自己。宇文化及日夜叫隋炀帝的嫔妃轮流侍寝，以下犯上，有违伦理，为世人所不齿。

二是放纵士兵。他纵容士兵们四处烧杀抢掠，以供军需，甚至挖掘坟墓，有违常理，更为百姓所不容。

果然，他的行动，很快引起了包括众多将领在内的大众的不满。别人义愤填膺停留在嘴上说说或憋在心里，司马德戡和赵行枢就来了个雷厉风行的实际行动——反屠宇文化及。哪知两人保密工作做得不到位，结果，"倚天剑"还没有出手，就被宇文化及的"屠龙刀"打了个措手不及。

除掉了司马德戡和赵行枢后，宇文化及更加自鸣得意，认为自己这个真龙天子没有谁能动得了。

很快，无恶不作的宇文化及带着他所谓的西征军来到洛阳城外。留守洛阳的王世充马上关了城门，然后以杨侗的名义写了两封信，分别投给两个人。

第一封信写给宇文化及。杨侗给自己的关门找了一个冠冕堂皇的理由：城中缺粮，士兵都在吃树叶之类了；洛口仓和黎阳仓这两大粮仓才是将军应该去的地方啊，到了那里，便可以丰衣足食，远比到洛阳来白白送死要强得多。

第二封信写给李密，这其实是一封"招降信"。信中直说了一个关键句：冤家宜解不宜结。解析：现在朝廷内忧外患，李渊攻占大兴，挟天子以令诸侯，其司马昭之心，路人皆知。宇文化及弑君篡位，挟得势之余威得寸进尺，其称霸天下之心国人皆知。现在这种生死存亡的关键时刻，只能走联合的道路，而不能分散；只能团结，不能分裂；只能友好，不能结怨。为了共建美好的明天，我们化恩怨为力量，结盟吧。

为了显示诚意，杨侗给了李密"一人之下，万人之上"的最高封号：太尉、尚书令、魏国公，有职又有权，这还不算，还信誓旦旦地作了承诺：扫平天下反贼之后，平分天下，共享荣华富贵。

的确，李密是杨侗的敌人，宇文化及也是杨侗的敌人，让两位敌人进行大决斗，那杨侗就可以坐收渔翁之利了。因此，说白了，王世充使的计谋叫反间计。

按理说，对于王世充的忽悠，宇文化及和李密都应该很快识破才对，然而，两人竟然很是默契地给杨侗作了回复——两个大大的"诺"字。

宇文化及之所以能答应，原因有二：一是篡位后的他不敢轻易进洛阳城，因为洛阳城里不仅有小毛孩杨侗，还有"威武大将军"王世充，轻易进城等于自寻死路；二是他觉得杨侗的话很在理，俗话说"民以食为天"，攻下粮仓后，他才能盘活天下这盘棋。

李密之所以接受杨侗的"招降"，原因也有二。一是形势所逼。洛阳坚城已经让他吃尽了苦头，又来了宇文化及这只老虎，如果他选择靠边站队，很可能面临杨侗和宇文化及的双重夹击，那时处境便更加不妙了。二是心理素质不过硬。李渊的突然崛起和强大让李密感到不安，受到严重威胁的他觉得权力场上需要三十六计，既要声明和对手关系和为上，又要故弄玄虚，积累实力。因此，他在"诺"的同时一边派人去致谢，另一边调兵遣将，准备全力和宇文化及进行大比拼。

面对宇文化及的突然造访，黎阳仓的守将徐世勣不负主子李密的厚爱，把黎阳仓守得稳如泰山。而与此同时，李密率大军驻扎在清淇（今河南省淇县东南），坐山观虎斗。

李密之所以事不关己，高高挂起，原因是想用这种"迂回"战术，等、拖、卡，来拖死宇文化及。

事实上，宇文化及碰上李密这颗钉子，攻不能攻（徐世勣按照李密安排坚守不出）、退无可退（没有退路）、寝不能安（怕李密和徐世勣偷袭），只能望着近在咫尺的粮仓垂涎三尺却无可奈何。

这时，李密觉得是动手的时候了，他开始和宇文化及进行"零距离"的接触战，数次交战，宇文化及大军都以失利告终。最终，两军在童山（今河南省浚县西南）进行了惊心动魄的大决战，李密笑到了最后，宇文化及在败势无法挽回的情况下，带领残兵败将逃往魏县（今河北省大名县西南）。

获胜后的李密却喜忧参半。喜，那是不用说了，打败了宇文化及，生擒了"重要战犯"弘达等人。忧是因为，尽管胜利了，但杀敌一千，自损八百，李密的起义军在决斗中也伤亡惨重。

之后，李密想挥师进驻洛阳，挟持越王杨侗，以达到"挟天子以令诸侯"的目的。结果王世充抢先一步毒杀了越王杨侗，随后采取以柔克刚的战术，先是和李密主动示好，达成"互助"联盟，接着等时机成熟了，撕破脸皮反戈一击，最终在邙山的大决战中打败了李密。

已是穷途末路的李密不得不放弃洛口仓，不得不舍弃那堆积如山的粮食，选择了远走他乡。

可天下之大，该逃往何处呢？

摆在李密面前的路有两条。一是选择逃往黎阳。二是选择逃往长安（这时李渊已称帝，将国都名大兴改回了长安）。

镇守黎阳的是部将徐世勣。按理说，李密不用考虑，可以选择北上直奔黎阳。但这个方案，李密很快就否定了，他选择逃往长安城了。

就在李密和王世充进行你死我活的大决战时，独在一隅的李渊除了坐山观虎斗外，还干了一件大实事，那就是称帝。

称帝之前，李渊还做了两件事。

一是作秀。李渊先是对隋炀帝被杀感到很气愤，"哭之恸"，连连说道："我北面称臣侍奉君王，君主失道不能挽救，岂敢忘记哀痛悲伤呢？"

能装到这程度，堪称极品了。

二是威逼。以各种手段强迫小皇帝杨侑禅位给他。而当杨侑放弃抵抗、想要顺从他时，他又装着很愤怒的样子进行婉拒。如此三番五次，把戏演足后，于大业十四年（618）五月二十日，唐王李渊在太极殿即皇帝位，改国号为唐，改义宁二年为武德元年，改大兴为长安，定为国都。

值得一提的是，李渊称帝三个月后，年仅十五岁的杨侑突然暴毙，死因不详。

此时对于李密的归顺，李渊自然大喜过望，亲率唐朝文武百官出城，一副非常欢迎之态。

李密百感交集，热泪盈眶，连说："败军之将，愧不敢当。"

进城之后，李渊给李密的惊喜还在上演。

一是"封"。封李密为光禄勋（主管宫廷膳食）、上柱国、邢国公。

二是"赏"。李渊把亲表妹独孤氏嫁给了李密。

这样的封赏大礼，李密怎能不高兴呢？

然而，李密很快就高兴不起来了，因为他很快就体会到了现实的残酷。

一来看似他头上有三顶响当当的乌纱帽，但华而不实。上柱国和邢国公都是虚名，看起来是一品官，但并没有什么实权。而光禄勋这个职务，级别低，地位也低。遭人白眼那是家常便饭，遭人索贿也是司空见惯，这对心高气傲的李密来说是不可承受之辱。

二来看似他娶了一个如花似玉的皇家妹，但实而不华。独孤氏有身份有地位，一下子提升李密的身份为皇亲国戚。然而，这看似风光的背后是心酸，李密很快领教到了独孤氏的霸道、野蛮和不可理喻。这样"实而不知礼节"的老婆，对曾经在温柔乡里呼风唤雨醉生梦死的李密来说是不可承受之重。

在朝中受尽屈辱，回到家里又时时受"母夜叉"冷眼，李密无奈之下，只好找到自己的老部下王伯当进行"促膝长谈"。

王伯当随李密归顺李渊后，得到的职务仅仅是个左武卫大将军，这离他的梦想还是有差距的，因此，"同病相怜"的他向李密表达了两层意思。

第一层：人在屋檐下，不得不低头。

第二层：与其跪着活，不如站着死。

第一层意思很好理解，就是劝解李密：你之所以现在会有这样的处境，那是因为你现在是寄人篱下，在人家的地盘，为人家干活，要你干啥就干啥，憋屈得像条狗，这是现实，你不得不面对，你不得不忍受。

第二层意思也很好理解，就是激励李密：你如果想要改变现在的处境，回到风光的从前，那就要想办法摆脱李渊的桎梏，逃出关外去当自己的"山大王"，这样，才有东山再起的机会和希望。

王伯当的话让绝境中的李密热血沸腾，他沉吟良久，才弱弱地问了这样一句话："天下之大，我们该逃往何处呢？"

"当然是我们的老根据地河南了。"王伯当看着李密，一字一句地道，"现在黎阳有徐世勣在，罗口（今河南巩义市西南）有张善相在，只要能逃到河南和他们会合，咱们东山再起指日可待啊。"

可是要想逃离也不是轻而易举的事，得费思量伤脑筋才行。好在这一切王伯当早已胸有成竹了，他给李密找了这样一个理由和借口：去河南招降和收抚旧部。

李密原本以为这个理由很难通过李渊这一关，没想到，他的奏折一提交上去，李渊就批了一个大大的"允"字，弄得李密感动得热泪盈眶。如果说李密刚进长安城时的感动是出于感激的话，那么此时的感动就是出于感慨了：这一去是重新闯出一片艳阳天呢，还是走上一条不归路呢？

事实上，李密的感慨是对的，他的确走上了一条不归路。因为李渊对他的小伎俩早已洞若观火，看得真真切切。

武德二年（619）元月，这一元复始、万象更新的时候，李密开始了"复兴之路"。在走之前，李渊亲自为李密饯行，客套话说了一大通之后，李渊开始"亮剑"了："你这次去河南山高路远，人带多了反而是个累赘，不如把家眷财帛都留在长安城吧。你放心，有我看管，保证到时把人和物都完璧归赵。"

面对李渊扣压人质的杀招，李密没有反抗的理由，只能无条件答应。事实上，李密如果及时悬崖勒马，回头是岸，或许还能保全身家性命，然而，此时李密已是箭在弦上，不得不发了。

李密上路了，随行的将士却是人在征途心在长安，是啊，家眷都留在了长安，谁还想去河南那地方啊。各怀心事的李密一行在一片极度不和谐的声音中，走走停停，当走到桃林县（今河南省宜阳县）时，接到了李渊的一道诏书，只有十个字：请火速回朝，有要事相商。

李渊的这道诏书就是最后的杀招，接到诏书的李密陷入了进退两难的尴尬局面。进是公然抗旨，公然造反，图谋不轨；退是默然回归，默然送死，羊入虎口。

进不能进，退不能退，李密索性一不做二不休，公然打出反叛的旗帜，高调宣布和李渊脱离君臣关系，正式宣布独立。

李密的"独立宣言"刚刚宣读完毕，李渊就派兵在熊耳山对李密进行了最后一击。

义之不存的聪明，充其量会变成"小聪明"；没定力的能人，最终就变成"顾盼不常"的小人——这就是隋唐之交的风云人物李密败亡的死结与宿命。李密与瓦岗寨的败亡虽属突然，却是必然。问题就出在李密这个首领的"顾盼不常"上，由是，使得他和瓦岗寨能善始却不能善终。

李密死后，李渊马上派人去招降镇守黎阳的徐世勣部等瓦岗军。结果，一心一意等着李密归来的徐世勣眼看形势发展到了这种地步，知道再负隅顽抗也是徒劳，于是选择了顺应形势，归降。当然，归降时，徐世勣提出的唯一条件就是厚葬李密。

对于这样一个请求，李渊没有不答应的理由。于是徐世勣亲自披麻戴孝，率瓦岗军风风光光地将年仅三十七岁的李密安葬在黎阳山以南五里的地方。至此，轰轰烈烈的瓦岗军，终究落得个烟消云散的下场。

那么，李密为什么会在巅峰过后不到一年就失败了呢？笔者对比他与李渊，认为他主要致命的弱点有三个。

第一，目光短浅。

李密当上瓦岗军首领后，骄傲自大，对形势的判断出了很大的失误。如李密势大之时，想自立为反隋盟主，"乃致书呼高祖（李渊）为兄，请合从（纵）以灭隋，大略云欲与高祖为盟津之会，殪商辛于牧野，执子婴于咸阳，其旨以弑后主执代王之意"。李渊怕他觊觎关中，就肉麻地吹捧了他一番："天生蒸民，必有司牧，当今为牧，非子而谁？老夫年余知命，愿不及此，欣戴大弟，攀鳞附翼。惟冀早应图箓，以宁兆庶。宗盟之长，属籍见容；复封于唐，斯荣足矣！"李密就这样被忽悠了，还"得书甚悦"，于是任由李渊经略关中。

反观李渊，起兵之初就志在天下，意识到潜在的威胁，于是用一封一文不值的书信就哄住了李密。李渊战略思想清晰、执行坚决，而且合纵连横，坐山观虎斗，让敌人互相消耗，自己坐收渔利。事情的发展也正如李渊所料，李密与宇文化及针锋相对两败俱伤，然后又兵败于王世充。最后李渊抓住机会西出函谷，一举而定洛阳。

第二，心胸狭窄。

李密虽然有着与李渊同样的贵族背景，城府却相去甚远。李密锋芒毕露，在宫中只当了几天隋炀帝的侍卫就被发现"视瞻异常"而被赶回了家，说明其"藏锋"不够。而李渊在隋朝官场打拼几十年，练就了隐忍不发、胸中自有丘壑的品格，直到起兵之前都不愿将自己的真实想法告诉自己的儿子，还显得自己好像是被揭竿而起似的。

瓦岗寨主翟让已让位给李密了，按理说李密应该善待他才对。然而，只听到了一点风吹草动，他竟然直接把翟让干掉了，这样，内讧的结果是瓦岗军内部人心惶惶，众叛亲离。失民心的李密果然得到了恶报，他兵败邙山后，顿时心灰意冷，立马投降了李渊。其实当时还有徐世勣在帮他守着黎阳，手中还有兵马粮草，他还可以东山再起。李密不愿退到黎阳的原因也很简单：徐世勣是翟让旧部，他怕前去自投罗网。后来徐世勣降唐还以李密部下之名义，而李密身死也是徐世勣为其收尸安葬，这正证明其忠心。这些从侧面说明李密以小人之心度君子之腹，错看了徐世勣。

投靠李渊后，按理说李密应该弃争夺天下之心，明哲保身才对。可他受不了冷落，投降不久就开始反唐，最终走向了灭亡的道路。李密如此狭窄的心胸，如何斗得过老谋深算的李渊呢？

第三，不会用人。

瓦岗是群豪云集之地，但李密我行我素，不懂政治之道和怀柔之术，不会笼络人才为其所用，因此，真心为其卖命的英豪并不多，这也成了他最终失败的重要因素。

而李渊起兵时所面临的局势比李密要复杂和艰难得多，部下有隋朝降将，有当地义兵，还有瓦岗降将，人员结构极为复杂，但李渊能识人容人，并为其所用，这才是他最终能夺取天下的成功秘籍。

三　征战不商量

1. 薛举：死不瞑目的恶霸

杨广死了，李渊笑了，他一生中最大的对手就这样轻而易举地被消灭了，他能不高兴吗？高兴之后，李渊继续努力——平定天下各路义军。

此时，北方的形势是，李渊占长安，王世充占洛阳，宇文化及和窦建德占河北，薛举占陇西，刘武周占河东，萧铣占江陵……

天下依然是一盘乱局。如何收拾乱局，就得看李渊的掌控能力了。正如饭要一口口吃一样，李渊很快确定了分而击之的战术。

李渊选择的第一个攻打目标是宇文化及。为什么选择他？原因是宇文化及犯有弑君篡位的滔天大罪，击败他，一来可以平息民愤，二来可以凝聚人心。他马上派出淮安王李神通对宇文化及进行攻击。

其实就在李密一步一步走向穷途末路时，宇文化及也像在刀锋上过日子，整天提心吊胆，惶惶不可终日。

自从在童山的终极比拼中大败于李密后，宇文化及率残余部队逃到了魏县。到这里后，手下士兵逃亡者日益增多，眼看大有众叛亲离之势，宇文化及为了力挽狂澜，干脆上演了第二次"倚天屠龙记"——鸩杀了秦王杨浩。

随后宇文化及正式称帝，国号许，建元天寿，还对手下的大臣大封特封了一番，就这样，宇文化及以这种饮鸩止渴的方式自娱自乐一番，并暂时稳定了呈直线衰败的形势。然而，还没有安生多久，就迎来了东征的李神通的唐军。

宇文化及知道自己的实力，哪里敢和李神通进行面对面的交锋？听说唐军大兵压境，他马上就逃到了山东聊城。

李神通自然不会轻易让这个恶人逃走，马上也追到了聊城。眼看形势危急，宇文化及病急乱投医，广发英雄帖，请求天下各路英雄豪杰来支援他。

宇文化及的人品为天下英雄所不齿，因此，他的英雄帖如泥牛入海，一去无消息。然而，凡事都有例外，农民起义军首领王薄听说宇文化及身边带有从江都掠夺来的大量金银财宝，便来了个"千里救美"。结果，李神通在宇文化及和王薄的夹击下，居然大败而逃。

李神通走了，宇文化及热情地把救命恩人王薄迎进聊城。两人还来不及叙旧谈心，又一路大军光顾了聊城。

这路大军的头领叫窦建德。

素以"以德服人"著称的河北起义军首领窦建德本来守着自己的一亩三分地，日子过得很充实也很潇洒，但宇文化及东窜西窜，窜到他的地盘聊城后便不走了，大有安居乐业之势。卧榻之侧岂容他人酣睡，窦建德马上打出"清君侧，诛罪臣"的旗号，向聊城进发。

事实证明，窦建德就是窦建德，他的威名太大了，他还在路上，聊城的守军已吓得四处逃窜，因此，当窦建德到达聊城城下时，迎接他的已不是刀剑，而是笑脸。

送上笑脸的正是宇文化及口口声声尊称"救命恩人"的王薄。是啊，王薄原本来上演"英雄救美"，就是为了让宇文化及"以身相许"，加入自己的组织。但听闻窦建德要来蹚这趟浑水，脑筋转得很快的王薄马上意识到宇文化及这块肥肉自己想独吞是不可能了，非但如此，自己甚至有被反吞的可能。也正是因为想通了这一点，王薄马上变脸了，前一秒还和宇文化及"卿卿我我"，后一秒就把窦建德当作"入幕之宾"了。

窦建德进城，也就意味着宇文化及的末日到了。很快，窦建德就在聊城上演了反屠龙大戏。武德二年（619），宇文化及、宇文智及、宇文承基（宇文化及的大儿子）、宇文承趾（宇文化及的小儿子）及发动江都政变的杨士览、元武达、许弘仁、孟景等人被送上了法场。

借窦建德之手除去宇文化及后，李渊把征伐的目光停留在薛举父子身上。

西秦霸王薛举是河东汾阴（今山西省万荣县西）人，从小迁居兰州金城（今甘肃省兰州市），他有四个特点：一是家里富——家财万贯，富裕多金；二是个性强——凶悍野蛮，疾恶如仇；三是本领高——善骑善射，骁勇绝伦；四是交际广——交结豪猾，雄于边朔。

隋朝末年，天下到处是反贼，薛举所在的陇西一带也不例外。当时的金城县令郝瑗为了保住自己的乌纱帽，派薛举前去剿匪，结果薛举一个匪也没有剿到，眼看交不了差，索性一不做二不休，打开自己家的"小金库"，给士兵又是发粮又是发武器枪，出其不意把郝瑗抓起来，公然干起了起义的事。随后开仓济民，很快起义军就壮大了。薛举起义后，首先把目标瞄准了屯兵于枹罕（今甘肃省临夏市）的隋将皇甫绾，结果薛举在起义征程的第一战中大败皇甫绾，皇甫绾死伤万余人后狼狈而逃。这一战，薛举不但收获了盛名，而且还收获了暴利——岷山界的羌人首领钟利俗听到消息后，二话不说，带领手下的两万兵马投奔薛举。大业十三年（617），薛举自称西秦霸王，建号秦兴。

薛举自称西秦霸王后，带着儿子薛仁杲一路势如破竹攻下了鄯州（今青海省海东市乐都区）和廓州（今青海省贵德县），不出几日，竟然以秋风扫落叶之势占领了陇西，手下的起义士兵也一下子猛增到十三万之众。随后，薛举继续向外扩张地盘，当年年底，攻克了秦州（今甘肃省天水市），大败了同为起义军的唐弼，兵力再度迅速扩张，竟然达三十万。

大业十四年（618），李渊在长安称帝，直接威胁到了薛举的地位。而薛举当然想击败李渊，占领长安，成为新一代的关中霸王。于是不安分的他主动挑衅，发动了对李渊的决战。

李渊派出的征西将军是二儿子、秦王李世民。以己之秦王对彼之西秦霸王，李渊显然在斗力、斗智、斗勇，还有斗气！

这时候的秦王李世民别看年纪小，却有一股初生牛犊不怕虎之豪气，在和薛举的第一次正面交锋中，就来了个下马威，斩杀敌军数千，大长士气。

薛举首战失利，马上找曾经的上司、现在沦为手下智囊的郝瑗问计。郝瑗献出了"联合"之计。茅塞顿开的薛举用金银财宝贿赂梁国的梁师和北边的突厥，请求他们联合出兵攻打唐军，并且承诺，如果拿下了长安，三分天下。

梁师和突厥都贪图小利，得到好处后，便陆陆续续派兵来支援薛举。薛举的底气又足了，马上找李世民进行大决战。

李世民虽然胜了一场，但并没有被胜利冲昏头脑，相反，他清楚得很，薛举是个能征善战之人，现在又有"外援"相助，和他进行力拼，一定占不到什么便宜，于是深沟高垒，高挂免战牌，大有"你狂任你狂，清风拂山冈。你横任你横，明月照大江"的英雄气概。李世民想着等薛举闹腾够了，士气低落了，粮草尽了，该撤兵了，再给他最后一击。应该说，李世民的计划很不错，兵法上这叫"以逸待劳"。然而，天有不测风云，就在这样关键的时刻，李世民突然病了。

这一病还不轻，为了安心养病，李世民只好把军事指挥权交给副元帅刘文静。

李世民对刘文静说出这样一句话：坚守就是胜利。

对此，刘文静回答得很是干脆：执行就是胜利。

然而，事实证明，刘文静是个说到做不到的人，很快他就选择了出战。原因是薛举听说李世民病了后，马上对刘文静进行"骂阵"：安排士兵分批轮番上阵，对刘文静从祖宗十八代开始骂起，直骂得天花乱坠、天昏地暗……刘文静义愤填膺，认为薛举的做法天理难容，得给他雷霆万钧的一击，让他知道什么叫天外有天。

愤怒的刘文静选择了出战，结果很快就进入薛举布下的圈套，毫无悬念地大败而归。大将李安远和刘弘基等人也成了阶下囚。

这下没办法了，李世民只好选择了退兵长安。

骁勇的薛举决定向长安进军。然而，就在这个节骨眼上，薛举也体会到了什么叫天灾人祸，他居然步李世民的后尘，也病了。

李世民病得非常严重，而薛举比李世民还严重得多，居然一病不起，没过多久就死了。

薛举这种"非典型死亡"，当然死不瞑目，这是他一生中最好的灭亡唐朝的机会，却被搅黄了。

薛举死了，儿子薛仁杲继续统领全军，想要完成父亲未竟的事业。

薛仁杲什么都比不上父亲，唯独绰号却远远响过父亲，他的绰号叫"铁血无情"。绰号来源：他一来嗜杀，二来不仁，三来不义，四来爱猜忌。更重要的，他还是个变态。薛仁杲对待俘虏的办法是割鼻断舌，再用大锤砸，硬生生地把人整成"活死人"。不但薛仁杲如此，他的老婆同样如此，喜欢鞭打士卒，打够了，把人埋在地里，露出肚子或后背，再拿锤子砸，手段极其残忍。

这真是夫唱妇随啊。

在这样的领导手下当下属就像在刀尖上踩秋千，不想被折磨致死的只好选择逃离。

薛仁杲正在痛苦地悼念老爸，李世民又来了。薛仁杲也不是好惹的，马上摆开阵势，准备进行大决战。

然而，李世民到了阵前，并不急于打仗，而是安营扎寨，任凭薛仁杲怎么叫阵，就是不出战。

急得薛仁杲简直要发疯，是啊，对现在的他来说，拖不起也等不起：因为再拖下去，粮食就要告急了；再等下去，士兵就要逃散殆尽了。

果然，多等一天，多拖一天，薛仁杲就多伤一天，手下士兵逃的逃，跑的跑，剩下的也是人心浮动，这支曾经的王牌之师，现在已经军心不振，变成了疲惫之师。两个月后，眼看时机成熟，李世民终于露出了狐狸般的微笑：薛仁杲，该是咱们决战的时候了。笑完之后，李世民派大将庞玉前去挑战，薛仁杲自然全力出击，还没接触两个回合，庞玉佯装不敌，开始且战且退。薛仁杲岂会让他轻易逃脱，开始猛打猛追，很快就进入李世民设下的包围圈。这个时候，就算薛仁杲再骁勇也无能为力了，体会到了什么叫一败涂地，眼看就要成了"孤家寡人"的薛仁杲夫妇又不想挥剑自刎来个一了百了，只好选择了一息尚存——投降。

李世民虽然对薛仁杲没有好感，但也不想杀了他，于是，把这对残暴夫妻押回长安，交给李渊处置。

李渊很快以实际行动教会李世民一个对敌经验：斩草不除根，后患无穷。李渊直接把薛仁杲送上了法场。

2.刘武周：自掘坟墓的莽夫

成熟一个消灭一个。在平定了西秦霸王薛举父子后，李渊手中的

"倚天剑"瞄准了下一个对手刘武周。

关于刘武周,可以用以下四句话八个字来形容。

一是奇才。

刘武周的祖籍在瀛州景城(今河北省泊头市交河镇东北),他的出生很离奇,据说他母亲怀他的时候坐在自家屋前晒太阳,一只老公鸡在树上捉食,他的父亲干完农活回来,忽然看到一个鸡状物飞到他母亲的怀里,结果就有了他。

二是天才。

离奇的出生并没有给刘武周带来好运,家里为生活所迫,他从小跟随父母迁居马邑(今山西省朔州市)。为了改变命运,刘武周半耕半读,发愤图强,凭着自己的天赋和努力,考进了官府。刘武周学的是文,分工的时候,却做了一个最下等的武官。

专业不对口的刘武周没有选择自暴自弃,而是开始弃文习武。他身体条件本来就好(高大魁梧),又敏而好学,结果半路出家的他很快把十八般武艺学到手了。也正因为这样,能文能武的"天才少年"刘武周很快在江湖中闯出一个"万儿"来,在河东道各地豪杰中声名大振。

三是歪才。

在隋末群雄竞起的纷乱形势中,刘武周算是最早起义的人士之一。别人起义是为了活命,他起义的动机非常独特,竟然是为了爱情。

原来,在官府当差期间,情窦初开的刘武周爱上了马邑郡太守王仁恭的侍妾。这是注定没有结果的苦恋,更是早该放手的痴恋。

个性鲜明的刘武周却偏生选择了为爱痴狂,痴狂到了什么程度呢?两个字:起义。大业十三年(617),刘武周杀死王仁恭,据郡起兵,得到了心爱的女人。

刘武周走上起义道路后,知道仅凭自己的这点实力是行不通的,于是选择了和境外的突厥联姻。既然想联姻,那当然得送彩礼了。这时的刘武周刚刚起义,军饷等开销挺大,因此,没有多余的金银珠宝可送。

没有财可送，那就只能送"礼"了。普通的礼物行不通，刘武周思来想去，马上孤注一掷地袭击了附近的汾阳宫（在今山西省静乐县），俘获了一些宫女，"借花献佛"，把宫女当彩礼送给突厥。

得到了天仙般的美女，突厥可汗笑歪了嘴，马上封刘武周为定扬可汗，并且送了一些马匹作为回礼。

四是爱才。

"联姻"的刘武周有突厥做后台撑腰，实力大增，声名大振，结果引得四方豪杰纷纷来投靠，这里值得一提的是有一个叫宋金刚的人。

宋金刚是上谷（今河北省易县）人，擅长兵法，在方圆数百里都有名气，他也是个不安分的主儿，很快成为一个聚山为王的山大王。"良禽择木而栖"，见刘武周是个明主，他便想投奔。

刘武周知道宋金刚是个难得的人才，立马上演"分封三部曲"。一、封宋金刚为宋王，让其总管军事。二、分一半家产给宋金刚，让其分管财物。三、把自己的妹妹嫁宋金刚为妻，让其主管后勤。

刘武周对自己如此推心置腹，宋金刚感动得热泪盈眶，甚至马上休了自己的原配夫人，独爱刘武周的妹妹，信誓旦旦地表示：要为刘家的起义事业奉献终身。

当然，知恩图报的宋金刚马上给刘武周献策："赶紧占领河东道十八州（今山西省），以图天下！"

刘武周听了很高兴，马上联合突厥对李渊的老巢太原府进行偷袭。

守太原府的是李渊的第四子李元吉，这个时候的李元吉毕竟还是个嘴上无毛、办事不牢的愣头青，听说刘武周和突厥的"联合部队"向太原府进发，不顾辅佐大臣窦诞和宇文歆等人的劝说，拔腿就跑。李元吉顺利逃到了长安，太原府因为"无主"，很快就被刘武周的大军攻破。接着，刘武周的大军拿下了榆次、介州（今山西省介休市），河东全境告急。

听闻消息，李渊先是大惊，随即大怒：太原府是自己的老窝，怎能任人欺凌呢？于是，他马上派出李世民前去收复失地，并把李元吉降为李世民的属下，让其戴罪立功。

武德二年（619）十一月，秦王李世民尽起关中兵马，直取宋金刚。李渊亲自来长春宫为出征的李世民送行，并且做了三件事。

一是问。李渊问李世民将怎么对付刘武周，李世民胸有成竹地回答了四个字：先守后攻。李渊听了很是满意地点了点头。

二是赠。李渊把自己身佩的龙吟剑赐给李世民，李世民见状大惊不敢接，李渊道："将在外，君命有所不受。行军中，如有不听你号令的，可以当场击之。"

三是送。李渊亲自为李世民倒了满满一杯酒，李世民一饮而尽，把碗摔在地上，跪拜道："不平刘武周，誓不班师。"

李世民带领大军渡过黄河，很快来到了龙门以东的柏壁（今山西省新绛县北）。李世民在这里安营扎寨，按兵不动。

刘武周当然知道李世民的大军来了，他派出手下悍将宋金刚来和李世民比拼。

宋金刚出浍州（今山西省翼城县），很快来到李世民面前。

李世民已连夜在军营前挖了五道深壕，大有拒敌千里之势。宋金刚战又不能战，退又不能退，只好和李世民玩起了"望穿秋水"。

相持的结果是李世民"等不起"。原因是，柏壁虽然是一座水利资源丰富且易守难攻的城堡，但城里缺的就是粮。世道这么乱，粮食本来就是珍稀之物，而唐军随身所带粮食又有限，因此，相持时间一长，出现"断粮"也就不足为奇了。

俗话说：兵马未动，粮草先行。断粮的后果是"伤不起"。李世民一方面派人紧急到后方长安调粮，另一方面，为了解燃眉之急，还想出了一个紧急方案——写了一封"劝民书"向四方广为散发。"劝民书"的内容大致有三：一是我军此次来河东，是为救黎民百姓于水火之中，请大家支持我们；二是我军现在急需粮草；三是我军现在将以高价买粮。

河东是李家的"老根据地",李世民的威名早已远播,在李世民的宣传口号和金钱攻势下,当地富有的百姓纷纷"慷慨解粮",不富有的纷纷勒紧腰带"挤粮",实在没粮的帮着征集柴草,李世民大军的粮荒问题迎刃而解。之后,后方的粮草相继运到,李世民渡过了粮荒这一关。对此,一向机敏的宋金刚却无动于衷,居然没有进行阻拦,结果白白错过了一举击溃李世民的机会。

这个时候,天气越来越冷,雪越下越大,轮到宋金刚"等不起"了。是啊,唐军可以躲在占据天时地利人和的城里"成一统",宋金刚的军队却要顶着风冒着雪在城外陪着,自然陪不起了。也正因为这样,眼看这仗还没打,就快要冻死了,宋金刚选择了"退一步海阔天空"的策略——很快把大军撤回了浍州。

这样,两军的距离拉远了,接触战变成了拉锯战。

坐镇太原的刘武周急了,他马上使用攻心策略,唆使盘踞于安邑(今山西省夏县)一带的吕崇茂和雄踞于蒲州(今山西省永济市)一带的王行本对唐朝的地盘进行骚扰,以分散唐军的注意力,给自己制造浑水摸鱼的机会。

对此,李渊采取了分兵抗击的方法,让秦王李世民安心和宋金刚进行决斗,派李孝基平息不安分的吕崇茂。

李孝基是李渊的堂弟、李世民的堂叔。他之所以得此重任,完全是因为"裙带关系"。他挂帅后,率军直奔安邑。然而,在选择攻城策略上,李孝基陷入了左右为难的尴尬境地,因为手下分成了主战派和防守派。

1.主战派。

代表人物:陕州(今河南省陕县)总管于筠。

主张:马上攻城。

理由:兵贵神速,宜速战速决,拿下安邑再说。

2.防守派。

代表人物:工部尚书独孤怀恩。

主张：围住城慢慢打。

理由：攻城为下，攻心为上，敌人围困久了，军心乱了，城池自然就破了。

应该说，赞成主战的将士还是占了绝大多数。然而，不懂军事的李孝基采纳了独孤怀恩的意见，对安邑围而不攻。

李孝基的缓攻给了吕崇茂喘息的机会，他马上派使者向宋金刚紧急求援。宋金刚二话不说，马上派部将尉迟敬德和寻相率援军火速支援吕崇茂。

这时，唐朝的又一位骁将尉迟敬德登场了。他后来是李世民麾下的名将，为李世民的登基立下大功，更和秦叔宝一道，成为中国民间家家户户过新年的守护神！

尉迟敬德一来，李孝基哪里抵挡得住？更为雪上加霜的是，此时的"困兽"吕崇茂见援兵到了，马上来了精神，率军从城里冲杀而出。唐军腹背受敌，不说还手之力，连招架之功都没有了，只有束手就擒的份儿，结果李孝基、独孤怀恩、于筠、唐俭及行军总管刘世让等人都成了阶下囚。

李孝基败了，李世民当然不会坐视不管，马上就来给叔父报仇了。他选择在尉迟敬德和寻相班师回朝的路上设伏。结果刚刚凯旋的尉迟敬德在毫无防备的情况下，被李世民打了一个措手不及，手下将士死了两千余人，被俘三四千人，伤者更是无数。

回浍州的尉迟敬德发出了这样的感叹："棋逢对手，将遇良才，终于遇到了一生中可敬可怕的对手了。李世民啊李世民，打败你没商量。"

说完这句话，尉迟敬德又得出发了，不是去找李世民决一死战，而是去解"独在蒲州为异王"的王行本的围。这时的王行本因为不安分，也正被唐军围攻，正处于十万火急、亟须救援的境地。

"救火队员"尉迟敬德不会料到，当他行到半路的安邑时，又碰到了李世民。这不是巧遇，也不是偶遇，而是一次精心设计的围点打援。

李世民深谋远虑，有备而来，以逸待劳。

尉迟敬德救死扶伤，心急如焚，此刻却毫无斗志。

结果可想而知，尉迟敬德大败，败得不能再败，只和大将寻相两人逃脱，手下士兵非死即伤，或者投靠了唐军。

两次伏击成功后，李世民不但一举扭转了被动的局势，而且很好地鼓舞了士气，于是将士们纷纷请求和宋金刚进行最后大决战。李世民的头却摇得像拨浪鼓，半晌才幽幽地道："不是不战，时候未到。"众人又问："现在我军大胜还不是时候，要等到什么时候呢？"李世民却笑而不答。

光阴荏苒，很快到武德三年（620）四月底了，这时的李世民和宋金刚已大眼瞪小眼地相望了大半年。半年，这是一段多么漫长的烽火岁月，这是一段多么难熬的艰苦岁月，这是一段多么感怀的激情岁月。从寒冬腊月到春暖花开，从步步为营到步步为"赢"，李世民除了为伏击尉迟敬德导演了两次半路惊魂外，一直率军龟缩在壕沟环绕的柏壁城，这需要何等超人的忍耐力。

而这半年，宋金刚原本像金刚一般高大坚韧的身躯，被岁月无情地打磨得一点一点萎缩，一天一天凋零，显得毫无生机，整天在浍州长吁短叹。

的确，他手下的将士是很困难，因为在这近半年的僵持中，军中的粮草早已消耗殆尽。没有粮草，意味着什么？意味着军心开始浮动。军心开始浮动，意味着什么？意味着逐渐不能战斗。

特别是不能战斗，对李世民来说，意味着大决战的时机到了。

的确，李世民等了好久，等的就是这一天。决战开始后，局势很快就呈一边倒：宋金刚没命地跑，李世民拼命地追。在雀鼠谷（在今山西省介休市西南，南至霍州市界），两军进行了残酷的阵地战，一日八战，李世民的唐军展现的是豹子一般的爆发力，共斩敌伤敌擒敌数万人。

宋金刚"不羞遁走"后，尉迟敬德接过了他手中的帅印，收集了残兵败将，固守在介休城（今山西省介休市）作最后的抵抗。

这一次，李世民对介休城采取的策略是不围也不打，派任城王李道宗和宇文士及去劝降尉迟敬德。

这个时候的尉迟敬德是很不甘心的，很想卷土重来的，也是很无奈的，他知道凭他的一己之力想要改变最后失败的命运已是不可能，最多可以达成一个"城在人在，城破人亡"的愚忠。选择愚忠还是新生？最终，尉迟敬德还是选择了后者。

尉迟敬德作这个选择，痛并快乐着：痛苦很好理解，忠臣不事二主嘛；快乐，那是因为他通过和李世民交手，发现李世民是个人才，是个贤主，是个值得托付终身的人。之后，他一生追随李世民，在"玄武门之变"中立下大功，后来又为大唐中兴做出了巨大贡献！

尉迟敬德投降后，刘武周知道一切已经无法挽回，于是赶紧带着宋金刚逃到了突厥，想在那里获得新生。然而，到了那里，很快体会到了什么叫现实与理想的差距。

武德五年（622），郁郁不得志的刘武周和宋金刚没多久就过不惯了，想逃回老家去，结果被突厥人发现，双双被送上了法场。

3.窦建德：刚愎自用的枭雄

窦建德是贝州漳南（今河北省故城县东北）人，虽然家里世代务农，但他心态好——自言是汉景帝太后之父安成侯窦充的后裔。他的最大特点是六个字："重然许，喜侠节。"

相传有一次乡里有一家人丧亲，因家贫无法安葬。窦建德当时正在田中耕作，听闻之后长叹一声，将自家的耕牛捐给了乡人，当作发丧的费用。要知道，那个时代耕牛是老百姓家中最珍贵之物，窦建德为了他人如此急公好义，很快赢得了乡亲们的敬重。

无独有偶。还有一次，有几个不识时务的盗贼乘着夜色"光顾"了窦家，结果被窦建德发现了，他潜伏在门后边，等盗贼进屋后，便来个"关门捉贼"。当然，贼也不是那么好捉的，贼人仗着人多和他干了起来，窦建德拳打脚踢，很快打死了三个贼。其他的盗贼吓得不敢再进屋来。碰到这样的硬对手，他们只好自认倒霉，请求窦建德将三人的尸首交还。窦建德说："可投绳系取之。"盗贼于是将绳投进屋里，窦建德将绳系在自己身上，冒充尸体让盗贼拽出。结果，这一招现实版的"借尸还魂"收到了奇效，他趁贼们不备，跃起持刀再杀数人，从此声名威震四方。也正是因为这样，行侠仗义的窦建德很快摇身一变，成了乡里的里长。

然而，好景不长，后来窦建德因"以下犯上"，只得弃官逃亡。这段逃亡生活对窦建德日后的生活影响很大：因祸得福，他在逃亡途中结识了很多在绿林中闯下响亮名头的朋友。不久，杨广继位，大赦天下，窦建德这才得以重回故里，此时他已经声名赫赫。他父亲死的时候，居然有一千多人赶来送葬，然而，他将礼金全部推辞不受，显示了高人一等的品节。

大业七年（611），杨广第一次讨伐高句丽，向天下征兵，精兵强将齐聚辽东，郡县内显得空虚，要补充新的力量，于是开始重金招兵买马。窦建德被选为二百人长，成了一个小军头，相当于今天的连长。

因为"官匪联合"，窦建德在江湖上的声名越闯越响亮。隋朝末年，天下大乱，群雄割据，无数贫苦农民流离失所，家破人亡。当时群盗纷纷起事，清河鄃县（今山东省夏津县）人张金称纠集百余人，渤海蓨县（今河北省景县）人高士达率千余人起事，高士达往来漳南一带，所过之处烧杀抢掠，唯独对窦建德家例外——不闻不问不打搅。

郡县怀疑窦建德与他们私通，趁窦建德带兵在外，逮捕并杀害了他全家。这下把窦建德逼急了，窦建德于是投奔了起义队伍中的高士达。

高士达对窦建德仰慕已久，立马封他做了"司兵"。

当时山东河北地区盗贼蜂起，大业十二年（616）十二月，隋朝进行了一场大规模的剿匪行动，分别由两个人指挥：一个是太仆寺卿杨义臣,他率军万人进攻张金称;另一个是涿郡通守郭绚,他率领万余兵马征讨高士达。

为了抗敌,高士达立马封窦建德为"军司马",把军队的指挥权都交给他。窦建德感动之余,马上想到了感恩,想出一招破敌妙计——苦肉计。他先请高士达负责看守辎重,然后亲率精兵七千前去抵抗郭绚。这七千士兵在行军途中,除了走路,还得干一件事,那就是四处散播传言,说窦建德与高士达不和,要重新投归隋军。

为了让戏演得更真实些,高士达按窦建德的计划,也开始四处散播传言,说窦建德背信弃义投降隋军,为此,还以实际行动进行了"证明",将一个掳获的妇人假充窦建德的老婆杀了。

窦建德和高士达的双簧演得天衣无缝,很傻很天真的郭绚甚至连调查取证的程序都直接免了,就相信了这些小道消息。

窦建德开始出招了,他马上送上了降书,并说自己愿意作为先锋,带郭绚去攻打高士达。郭绚觉得这个办法很好,马上率兵到长河(今山东省德州市东)地界与窦建德会合,共图高士达,结果被窦建德打了个出其不意。郭绚全军覆灭。

失之东隅收之桑榆,郭绚败了,隋朝的另一路大军杨义臣却胜了。他在成功击杀张金称之后,马上掉转马头进入高鸡泊(今河北省故城县西南),来对付高士达。窦建德马上对高士达献计:避其锐气,击其堕归。理由:一是杨义臣善于谋略,用兵诡诈狠辣,正面交锋很难对付;二是隋军刚刚消灭了张金称,士气正盛;三是先坚守不出,令他们欲战不能、欲退不能,消磨他们的锐气,拖得他们疲累后,再趁机袭击,大功可成。

然而,这一次高士达显然是被胜利冲昏了头脑,他沉默了半晌,才回了一句:兵贵神速,岂能延误?说完这句话,他留窦建德守营,亲自率精兵主动出击。高士达憋着一股劲,一定要击败杨义臣,初次交锋便猛冲猛打,直接打败了杨义臣。事后,他大摆筵席庆祝胜利。窦建德听说高士达这么干,对手下说:"东海公还没完全打败敌人就如此自大，祸事不远了。如果隋兵乘胜追杀，我们这里独木难支。"说完，留下老弱守营，自己率领精锐把守险要关口。

事情的进展果然不出窦建德所料，五天后，高士达便被杨义臣所杀。杨义臣乘势追击窦建德，欲将窦建德所部全歼。窦建德一看大势已去，于是率领百骑逃走。杨义臣看高士达已死，觉得窦建德不过是个"小虾米"，也就没有穷追，窦建德因此逃出。

杨义臣破敌后向杨广汇报战果，却被奸臣虞世基诬陷他可能拥兵自重。结果糊涂的杨广将杨义臣召回朝廷，将其所部全部解散，帮助窦建德除掉了一个死敌。

窦建德逃到饶阳县（今属河北）后，趁隋军没有防备，攻陷饶阳县城，又收纳降军三千人，暂时稳住了阵脚。此后他返回平原，召集高士达所部的散兵，又安葬高士达部战死者，大张旗鼓地为高士达发丧。窦建德在高士达军中本来就是重要人物，此时败而复胜，军威得以重振，窦建德也因祸得福，摇身一变，变成了"将军"。

此时周边起义军纷纷被官军击破，残部纷纷投奔窦建德，使得窦建德的势力越来越大，很快，起义军达到了十万人之众。

大业十三年（617）正月，窦建德在河间郡乐寿（今河北省献县）筑坛，自立为长乐王，年号丁丑，设置百官，分治郡县。一年后，窦建德建国号夏，改元五凤，自称夏王。

唐武德二年（619）闰二月，窦建德率十万大军进攻宇文化及，连战皆捷，宇文化及被迫退守聊城。窦建德用撞车、抛石，四面急攻，此前诈降宇文化及的农民军首领王薄开城引窦建德军入城，俘宇文化及，悉掳其众。由于是以为隋炀帝报仇为由，所以窦建德入城后先拜见萧皇后，并穿素服为隋炀帝哭丧尽哀，接着将传国玉玺及卤簿仪仗收为己有，然后安抚被俘的隋朝官员，并将宇文智及、杨士览、元武达、许弘仁、孟景等人全部斩首，将宇文化及和其子宇文承基、宇文承趾押至襄国（今河北省邢台市西南）斩首。灭掉宇文化及之后，窦建德获得了极高的声望。另外，因为远嫁突厥的隋义成公主派使者来迎接萧皇后和杨广的孙子杨政道，借此，窦建德与突厥也拉上了关系。

随后，窦建德又连克易州（今河北省易县）、定州、冀州（今河北省衡水市冀州区）、邢州（今河北省邢台）、沧州（今河北省沧州东南）、洺州（今河北省邯郸市永年区）……今天的河北地区成了他的一亩三分地。窦建德把都城从乐寿迁到了洺州，其势力达到了全盛时期。

窦建德之所以在起义后攻无不克、战无不胜，除了他的胆识和谋略外，还有五大优势。

一是不谋利。每次攻克城池后，所缴获的货财全部分给将士，自己一无所取。

二是不谋私。窦建德的生活非常简朴，他不喜欢吃肉，常食菜蔬、脱粟之饭。其妻曹氏也同样穿着简朴，手下的婢妾也只有十几人。

三是不好色。攻克聊城后俘获的宫女多达千人，并且都有姿色，但窦建德将宫女全部释放。

四是不嗜杀。对隋朝的文武官员和万余人"骁果"都听其自去。

五是不嗜情。对有才能的前隋官吏，窦建德都加以重用：以隋黄门侍郎裴矩为左仆射，掌选举，"矩为之创定朝仪，权设法律，宪章颇备，建德大悦，每咨访焉"，对夏政权的发展具有一定的影响；还以隋兵部侍郎崔君肃为侍中，以少府令何稠为工部尚书，以右司郎中柳调为左丞，以虞世南（大书法家）为黄门侍郎，调欧阳询（没错，就是那位楷书四大家之一的欧阳询）为太常卿。其余隋朝官员愿意留下来的，视才录用；愿去长安（李渊处）、洛阳（王世充处）或突厥（义成公主处）的，窦建德给足盘缠并派兵护送出境。

窦建德并没有停下前进的脚步，把目光瞄准了军事要地幽州（治今北京市西南）。

幽州一来地理位置相当重要，西南方可直奔长安，西方可直奔李渊的老巢太原，某种意义上说，占领了幽州就等于打通了通往大唐的门户；二来物产相当丰富，囤积了杨广征高句丽时期的大量粮草和装备，得了幽州就意味着丰衣足食、衣食无忧。

然而，窦建德的快速扩张步伐最终停在幽州，虽然他充分发挥不灰心不气馁的精神，来了个"四攻幽州"，幽州最终却成了窦建德心中永远的痛。

打败他的人叫罗艺，《隋唐演义》中好汉罗成的老爸。不过，罗成只是个小说家虚构的人物，民间把罗艺的很多事迹叠加在罗成身上了。

为了攻克幽州，窦建德先礼后兵，派人去招降隋大业十二年（616）就拥兵割据涿郡（今河北省涿州市）并自称幽州总管、义宁二年（618）降唐并被诏为幽州总管的罗艺，结果遭到罗艺的拒绝：忠臣不事二主。眼看软的不行，窦建德只好来硬的了。武德二年（619）十月，窦建德率十万人进攻罗艺。罗艺采取部将薛万钧的战略，"半渡而击之"，即待窦建德军来渡河，渡了一半时，一举打败了屡胜而骄的窦建德。

十二月，窦建德眼看正面攻打幽州城不行，采取了曲径通幽的策略，分兵攻打霍堡（今天津市武清区西）和雍奴（今天津市武清区）等地，罗艺派兵救援，又将其击败。双方对峙百余日，窦建德终未得手，只好班师回乐寿。

武德三年（620），窦建德派部将高士兴第三次攻打幽州，结果罗艺采取坚壁清野、只守不攻的战略，弄得高士兴空有雄心壮志，却无处借力，只能是望城兴叹。僵持月余后，高士兴眼见粮草殆尽，只好退军笼火城（今北京市丰台区南）。罗艺趁机率军奔袭，结果大破高士兴军，斩杀五千余人。

十月，窦建德再次率兵二十万攻打幽州，这次他准备比较充分，一举打到幽州城下，攻城的士兵甚至已经爬到了城楼上。就在幽州城岌岌可危的时候，薛万钧、薛万彻两兄弟率领死士百人采取"地道战"，从后方突袭窦建德的军阵，使窦建德军惊慌失措而溃败。

一年之内击退优势敌军四次狂攻，幽州城牢牢掌握在大唐帝国手中，罗艺获得了"守城名将"的美称。

幽州没有拿下,成了窦建德破茧成蝶、进一步发展壮大的桎梏。

李渊在灭薛举父子和刘武周后,为统一天下,决定采取各个击破的方针,一边派秦王李世民率军东征王世充,另一边遣使与窦建德握手言和。

对于李渊的心计,窦建德开始还没有什么察觉,他本来打算"坐山观虎斗",听任他们两败俱伤。然而,危机中的郑王王世充还是决定争取他这张牌,因此派其侄王琬与长孙王安世等向他求援。

明白唇亡齿寒这个道理的窦建德马上发兵十万前去支援,他一路势如破竹,连克唐朝的管州(今河南省郑州市管城区)、郑州(今河南省荥阳市)、阳翟(今河南省禹县),来到了洛阳城外虎牢关东边的广武山(今河南省郑州市邙山头),并在板渚(今河南省荥阳市高村西北牛口峪附近黄河南岸)安营扎寨。窦建德还是采取老战术,先礼后兵,写了一封书信给秦王李世民。信分两层意思:一是强烈谴责唐军这种攻占别人领地的不当行为和卑鄙手段;二是强烈要求唐军退至潼关,把侵占之地交还王世充。

李世民回给窦建德的大礼却是刀光剑影。他采取分兵拒之的策略,留齐王李元吉和将军屈突通等人继续围困洛阳,亲自率精兵步骑三千五百人于武德四年(621)三月二十五日进驻虎牢关。

占着天时、地利、人和,李世民成功地把窦建德军阻于虎牢关东面不得西进,几次小仗都是以李世民的胜利而告终。

采用"拖"字诀成功拖住窦建德前进的脚步后,李世民第二步来了个"袭"字诀。四月三十日,李世民派部将王君廓率轻骑千余截击窦建德运粮队,俘其大将军张青特。此战使窦建德军更陷于不利境地,将士开始思归。

进又不能进,粮草也被唐军破坏,窦建德面临何去何从的尴尬境地。退兵不是窦建德的风格,坚守又看不到任何光明。就在这时,他手下的国子监祭酒凌敬挺身而出,前来解惑了,只一句话就让窦建德眼前一亮："咱们不用退兵，也不用死守，咱们还有一条阳光大道可走。"凌敬马上说出了计谋：声东击西，围魏救赵。

具体策略，三步走。

第一步：大军渡济河，先取河阳（治今河南省孟州市南），遣重将据守。

第二步：率众鸣鼓擎旗，穿越太行，进入上党（今山西省长治市），先声后实，传檄而定。

第三步：渐趋壶口（今山西省吉县壶口），稍骇蒲津（今陕西省大荔县东），占领河东之地。

理由同样有三：

一、河东现在就像"无人防守区"，我军进军没有任何风险。

二、我们可开拓新的疆土，得到更多的军民支持。

三、我们攻占了河东，就可直接威胁长安。唐军一定会心虚，马上派兵来围剿，这样王世充之围将自解。

这是个好计谋，窦建德听了很心动。然而，就在他准备行动时，绝大多数部将站出来反对，理由很可笑："凌敬不过一介书生，他懂什么军事？只不过是纸上谈兵罢了。现在不联合王世充夹击唐军，一旦王世充失利了，我们离灭亡也不远了。"

众将之所以这样坚决反对凌敬，不是凌敬的计谋不行，而是王世充的金钱贿赂太被认可，他们都收了王世充使者送来的好处。拿人钱财，与人消灾，天经地义。

生死悬于一线间，窦建德的选择很关键。然而，这个时候，决定窦建德的不是智谋，而是性格。那么，窦建德的性格是怎样的呢？

两个字：愎谏。

愎谏的意思就是坚持己见，不听规劝。《左传·昭公四年》："汰而愎谏，不过十年。"《韩非子·亡征》："很刚而不和，愎谏而好胜，不顾社稷而轻为自信者，可亡也。"

前面已说了窦建德很多优点，然而，他有一个致命的弱点：生性多疑，爱信谗言，优柔寡断，难辨是非。有一个经典的故事，窦建德还在河北经营和扩张地盘时，其手下大将王伏宝随他征战多年，勇冠三军，功绩在诸将之上，结果遭到诸将的忌妒，被诬蔑说谋反。窦建德听闻处决王伏宝的呼声越来越高，不问清楚便将他送上了法场。结果，王伏宝临死时还在叫冤："我没有罪啊，我没有罪啊，大王怎么能听信谗言，而砍掉自己的左右手呢！"

王伏宝死后，窦建德军便由屡战屡胜变成屡战屡败了，四攻幽州一败涂地不说，更可怕的是窦建德还没有意识到自己的失误，很快又听信谗言，将好直谏的大谋士宋正本处死，结果弄得手下人人自危。有了前车之鉴，从此没人再进忠言，不可一世的窦建德开始呈直线下滑的趋势。

此时，一面是凌敬的绝世妙计，一面是众将的齐声反对，耳根子软的窦建德再次展示其"柔和"的一面，听从了众将的话，拒绝了凌敬，并且直接说："今众心甚锐，天赞我也，因之决战，必将大捷。"意思就是：现在我军上下团结一心，士气正旺，这是冥冥之中老天在帮助我们啊；凭着这股势不可挡的锐气，与唐军进行大决战，肯定会战无不胜；现在我已铁了心要听从大家的建议决战，对不起，这一次不能听您的计谋了。

"不听我之言，祸不远矣。"凌敬还在进行最后的努力。

"放肆！闭嘴，给我轰出去。"窦建德勃然大怒，命人将凌敬轰出大堂。

其实这个时候，窦建德还有亡羊补牢的机会，因为他的夫人曹氏进行了善意的劝说："凌敬的计谋很好啊，大王怎么不采纳呢？"

然而，窦建德冷冷地回了一句"妇人之见"，便拂袖而去。

曹氏只有流泪的份儿了。

性格决定命运，果不其然。就这样，一心决战的窦建德彻底走向了不归路。

"天作孽，犹可违。自作孽，不可活。"窦建德的行为是最好的诠释。

窦建德想要决一死战，李世民也很"配合"，从此，唐军隔三岔五便把战马拉到黄河以北放牧，引诱窦建德出击。

果然，窦建德得知这一情况，马上进行了分析，最后得出这样的结论：李世民的大军粮草供给出现了问题，这正是和唐军进行决战的大好时机。

武德四年（621）五月初二日，窦建德率大军自板渚西出，在汜水东岸布阵，北依大河，南连鹊山（今河南省荥阳市西南），阵面宽二十里，擂鼓挑战。

李世民率军在汜水西岸列阵相持，采取的策略是大部队按兵不动，只派小部队与窦建德军打游击战。

窦建德才不屑与小部队接触，休想把他的十万正规军打成游击队。他列开大阵等唐军决战，左等也不来右等也不来，从早晨七八点一直等到中午一点多，这哪里是打仗，简直是在搞列队检阅。四五个小时过去了，大家都累了，算了，别装了，还是消停消停吃点饭吧。

于是很多人都坐了下来，嚷着要吃饭，争着要喝水，顿时乱得像一锅粥。就在这时，李世民吹响了总攻的号角，养精蓄锐、以逸待劳的唐军铺天盖地地杀了而来。没有悬念，窦建德大军兵败如山倒，只能机械地选择逃。

唐军当然不会再给他们喘息的机会，这场古代马拉松赛中，窦建德跑了三十里，唐军也追了三十里，结果双方几乎同时冲过终点线牛口渚（今河南省荥阳市西北黄河南岸）。

"豆入牛口，势不得久。"窦建德这粒"豆"到了"牛口"，也就注定无路可逃了，最终被唐军大将白士让和杨武威抓获。

武德四年（621）七月十一日成了一代名将窦建德的忌日。他被斩于长安，终年四十九岁。

4.刘黑闼：黄粱一梦的英豪

话说唐武德四年（621），在今河北称帝的窦建德在虎牢关一役中，被李渊的唐军打败。窦建德被俘后被李渊送上了法场。随后窦建德的得力部将刘黑闼召集窦建德的残余旧部，重新树起大旗，然后大肆招兵买马。经过不懈的努力，仅仅半年时间，刘黑闼率军尽复窦建德原先占有的地盘。

俗话说：心有多大，梦想就有多远。这时的刘黑闼已不满足于"复仇"，而是做着革掉李渊的命、统一天下的皇帝梦。于是，刘黑闼马上来了"双管齐下"。

第一步，他使出的是"请"字诀，请突厥来帮忙。想请突厥人援助可不那么容易。他一给突厥以利：送金银珠宝；二给突厥以名：主动称臣。

果然，名利双收的突厥颉利可汗马上派俟斤宋邪那率领铁骑二千前来助战，一是作为回报，二是想来分这乱世的一杯羹。

第二步，他使出的是"封"字诀。手下将士这般为他卖命，最终目的只有一个：封妻荫子。武德五年（622），刘黑闼组建了新的权力机构。他于相州（今河南省安阳市）自称为汉东王，建元天造，定都洺州。手下重要将领分封如下：一是新加入的名将，封范愿为左仆射，董康买为兵部尚书，高雅贤为右领军，王琮为中书令，刘斌为中书侍郎；二是窦建德时期的文武百官，都官复原职。立法与行政完全仿效窦建德的老路走。

刘黑闼的势力如水涨船高，突飞猛进，占领河北一带后，他的下一步目标就是唐朝的核心——长安。

眼看政权遭到严重威胁，唐高祖李渊采取了"攻"的战术，再次祭出百试百灵的终极武器——秦王李世民出战了。

武德五年（622）正月，李渊以秦王李世民为主帅，齐王李元吉为副帅，挥军讨伐刘黑闼。

刘黑闼知道"大杀器"李世民的厉害，采取了"以退为进"的战术。见李世民大军到来，他立刻收缩兵力，主动放弃相州，退守其老巢洺州。李世民顺势攻取相州，在沿岸扎营，兵锋直指刘黑闼老巢洺州。而幽州总管罗艺也重整旗鼓，再次领本部兵马会同李世民讨伐刘黑闼。

刘黑闼闻讯之后，于武德五年（622）正月二十七日留下一万兵力，命范愿守洺州，自己率军主动挑衅罗艺。当夜，他的主力在距洺州城几十里的沙河宿营。

李世民发现敌军主力已北上，马上采取声东击西的战术，急令将领程名振率军携带六十具战鼓，在洺州城西二里外的长堤上擂起战鼓，上演了一场激情四射的"音乐会"，洺州城被搅得地动山摇。面对李世民的挑衅，洺州城守将范愿惊慌失措，以为唐朝大军将要攻城，急派飞骑报告刘黑闼。刘黑闼闻报害怕都城有失，急忙返回，派他的弟弟刘十善和行台张君立率领一万兵马在鼓城（今河北省晋州市）阻截罗艺。正月三十日，双方在徐河（今河北省徐水市南）会战，结果刘十善、张君立大败，八千多人被俘。

天不怕地不怕的刘黑闼这回是真的害怕文武双全的李世民了，他再也不敢主动挑衅李世民所率的唐军了，而是采取了"坚守不出"的策略：率大军据守在邺县（今河北省临漳县西南）东三十里，与洺州为犄角，和李世民对峙。

然而，只坚守了半个月，刘黑闼又遭遇一记闷棒：内部出了叛徒。

原本就对刘黑闼心怀不满的洺水城（今河北省周曲市东南）守将李去惑、李开弼、李潘买等人，发动政变，占领了城池，然后献给了唐朝。李世民接到这个天上掉下的馅饼，马上派彭公王君廓率一千五百名骑兵入城，与李去惑共同守城。洺水城是洺州的战略要地，位于列人县（今河北省邯郸市肥乡区东）以北、洺州城以东，洺水与漳水交界之处。

就是这样一个小小的插曲，彻底扭转了整个战局。此时罗艺在北，李世民在南，已经呈两面夹击的包围态势，而已变成缩头乌龟的刘黑闼所能控制的地区全在东面。唐军得到了洺水城，不但等于控制了漳水东岸，而且掐断了刘黑闼军与东面各州的联系。

情知不妙的刘黑闼闻讯后，第一反应就是马上夺回洺水城，无论花多高的代价。于是，孤注一掷的刘黑闼亲自出马去攻打洺水城。

李世民早已算到刘黑闼这一步棋，派秦琼在半路设伏截击。二月二十一日，刘黑闼行至列人县，被以逸待劳的秦琼打了个措手不及，军队伤亡惨重。

此时的刘黑闼就是战死也要夺回洺水城。于是，他摆脱了秦琼的穷追猛打，带着残兵败将，继续围攻洺水城。

洺水城四面都有护城河，护城河宽五十多步，易守难攻。对此，刘黑闼声东击西，一边大张旗鼓地佯装攻城，另一边在城东北开始挖掘通往城里的地道。

唐军趁刘黑闼死咬洺水城之际，迅速扩大外围战果。李世民收复邢州、井州（今河北省井陉县）。罗艺亦夺取了定、栾（今河北省隆尧县东）、廉（今河北省石家庄市藁城区）、赵（今河北省赵县）四州，抓获刘黑闼政权的尚书刘希道，与唐军主力会师于洺州。

洺水城乃兵家必争之地，绝不能失，李世民不能坐视不管啊。然而，他三次率军火急火燎地前往救援，都被顽强的刘黑闼军队筑下的栅栏截住，无法继续向前推进。

眼看形势不妙，李世民马上召集手下商议破敌之策。得出的结论是，不惜任何代价，也要确保洺水城万无一失。理由是：刘黑闼的地道修成之日，便是洺水城陷落之时。计谋是：李代桃僵。具体做法是：让行军总管罗士信代替"文弱书生"王君廓前去守城。

这是没有办法的办法，换一员猛将去守城，能多坚持一天都是好的。

然而，要想让罗士信成功进入洺水城，也不是一件容易的事，那时又没有直升机。李世民采取了双管齐下的办法。他亲自登上城西南的一座高丘，一方面作总调度，另一方面用旗子召唤王君廓出城。王君廓率部下奋勇攻击，终于溃围而出。罗士信率敢死队员二百人冒死杀入城中。

然而，罗士信不会料到，他这次是自己把自己送到了绝路。

刘黑闼岂能容唐军在他的眼皮底下进出自如？他开始了不分昼夜猛攻。这个关键时刻，天下起了鹅毛大雪，李世民的援军被阻碍在城郊无法接近。结果，罗士信虽然顽强地坚持了八天，还是没能阻挡住刘黑闼前进的脚步。二月二十五日，洺水城被刘黑闼攻占，罗士信被俘。刘黑闼曾经和罗士信一起做李密的部下，他平素很佩服罗士信的英勇，便想劝降他，罗士信不从，刘黑闼于是将年仅二十岁的罗士信斩首示众。

四天后，天终于放晴，李世民率大军进行了疯狂反扑。都说"哀兵必胜"，与唐军的勇往直前相比，刘黑闼的军队已被罗士信的坚守拖得筋疲力尽，成了一支疲惫之师，结果，洺水城再次易手。占领洺水城后，李世民做的第一件事就是安抚重臣，把罗士信的尸体运回洛阳，埋葬在北邙山裴仁基的墓旁。随后，大军向刘黑闼的老巢洺州进军。

三月初，李世民和罗艺会师在洺水城外。刘黑闼已如困兽，他选择了宁鸣而死、不默而生，三番五次向唐军挑战，以求决一死战。然而，李世民采取的战略是隔岸观火，明地里坚守不出，暗地里又派出奇兵，断绝了刘黑闼的粮道。

李世民这一招够绝，想让刘黑闼不攻自破，对此，刘黑闼使出的计策是"抛砖引玉"。他抛出的"砖"是高雅贤。三月十一日，刘黑闼任高雅贤为左仆射，然后在军中大摆酒宴，一来表示己方不缺粮，二来引李世民这块"玉"出来。结果李世民没引来，却引来了李世民手下的大将徐世勣。徐世勣认为这是个大好机会，趁机袭营，结果正中刘黑闼的下怀，徐世勣偷营不成反而损兵折将。

两日后，徐世勣再次袭营，结果还是败得一塌糊涂。接连碰壁后，李世民下令："凡有擅自出战者，一律格杀勿论。"

于是唐军坚守不出。刘黑闼为了解决将士们的温饱问题，派兵从冀、贝、沧、瀛各州运粮而来，水陆并进，被李世民的部下程名振发现。他带着一支上千人的奇兵发动突袭，将粮船全部凿沉，将运粮车全都烧毁。于是，刘黑闼的军队渐渐地断了粮。

这一回合对战打平后，吃一堑长一智的李世民估计刘黑闼的粮食快要吃完，必定会前来寻求唐军决战，便派人在洺水上游筑起了一道堤坝。他指示看守堤坝的军官说："等我与敌人交战，派来使者，你立即将堤坝扒开。"

三月二十六日，刘黑闼果然出动了。他率步骑二万南渡洺水，紧邻着唐军营栅列下军阵。

李世民有意将出战的时间向后拖延，一直等到唐军吃过午饭，才令唐军出动。他亲率精锐骑兵向刘黑闼的骑兵发动攻击，决战开始了。双方尽遣精锐部队，战场上杀声震天，打得天昏地暗，日月无辉，历经几个回合，不分胜负。

刘黑闼的亲信王小胡是个机灵的人，打着打着，突然发现李世民及主要将领都没有踪影，情知不妙，马上请求刘黑闼撤军。刘黑闼大手一挥，刚喊出"撤兵"二字，就见大水排山倒海而下，洺水暴涨，深一丈有余。背水一战的刘黑闼军猝不及防，终于溃败，战死万余，溺死数千人。

刘黑闼与范愿等人率两百骑逃奔突厥，河北各地全被唐军平定。

当然，如果你认为刘黑闼逃亡到突厥后，就此一去不复返，那就大错特错了。没过多久，刘黑闼向突厥颉利可汗借了数千骑兵，卷土重来。他的旧将曹湛、董康买马上又起兵响应。

李渊听到这个消息，笑了：刘黑闼将成为窦建德第二，自己上门来送死了。于是他派淮阳王李道玄和总管史万宝率三万大军前往征讨。唐军与刘黑闼军在下博（今河北省深州市西南）对阵。过程激烈有余，精彩不足，结果唐军大败，李道玄被杀，史万宝溃逃。

这一战的连锁反应是，河北各州又相继反叛，不到半个月的时间，刘黑闼便收复了旧地，重回洺州当大王。

李渊听说这个消息后，怒了："看来这个刘黑闼还有几分本领啊。"于是派齐王李元吉去"剿匪"。结果李元吉只在外围徘徊，并不敢深入，勉强弄了个僵持的局面，赢得了"难分伯仲"的美誉。

李渊傻了：最会打仗的秦王李世民没能彻底征服刘黑闼，后起之秀李元吉也拿不下刘黑闼，这个刘黑闼是不是有三头六臂？难道非要自己亲自出马才能拿下来吗？正在这时，太子李建成站出来说话了：

"儿臣愿带兵去征讨刘黑闼。"

"你去我不放心啊！"

"生又何欢，死又何惧？"李建成道，"男儿志在四方，儿臣愿为父皇分忧。"

"你可有何良策破敌？"李渊问。

"攻城为下，攻心为上。"李建成胸有成竹地答。

李渊满意地点了点头。

武德五年（622）十一月初七日，太子李建成率军出征河北前线。过去那些属于李世民权限内的东西，现在一律归李建成掌管。李建成还被授予了临场决断、不必请示的特权。

李建成采取以柔克刚的作法，他到了前线立即做了两件事。

一是坚守。这个很容易理解，就是守在自己的地盘上，不和刘黑闼进行决战。这一来可以消磨刘黑闼的锐气，二来可以让刘黑闼军消耗原本就紧缺的粮草。

二是放人。善待全部俘虏，尤其是刘黑闼手下将士的家属，向他们说明局势，好生安抚，再送上盘缠让他们走。这一招的结果是，李建成这边天天放人，刘黑闼的队伍却天天走人，原因是李建成的赦免书让他们看到了光明的前途，有谁还愿意跟着刘黑闼往死胡同里走呢？

李建成按魏徵所说行事，果然，很快刘黑闼军的粮食就吃完了，手下逃兵与日俱增。

刘黑闼眼看再这样下去,自己便要成为光杆司令了,马上下令大撤退。

早就在"盯梢"的李建成随后就追来,双方进行了第一次面对面的接触战,军心不稳的刘黑闼大败,仅仅带着几百名骑兵逃走。

李建成派骑将刘弘基追击。武德六年(623)正月初三日,刘黑闼逃到饶阳,身边只剩下一百多人,个个饿得头昏眼花。刘黑闼任命的饶州刺史诸葛德威出城迎接,力邀他入城,说是吃顿饭休息一下再走也不迟。刘黑闼怀有提防之心,不肯赴约。诸葛德威流着眼泪一再请求,刘黑闼才勉强接受,但只敢走到城墙旁边的市场中间暂时歇息一下。诸葛德威立即送来了饭食,刘黑闼等人饿虎扑食般大吃特吃起来,结果饭还没吃完,人已成为诸葛德威的阶下囚了。

刘黑闼被押送到洺州后,李建成立即把刘黑闼和他的弟弟刘十善一道送上了法场。在北方唐、郑、夏这场"三国演义"中,最终李渊凭着强大的实力吞并了郑国王世充和夏国窦建德及刘黑闼。三归一后,李唐一方独大,统一天下的局势日渐明朗。

随后李渊再接再厉,平定了江南的萧铣等枭雄。唐朝历经千辛万苦,终于完成了统一天下的伟业。

第二章　谁是真龙天子

一　剪不断理还乱的三角债

1.李渊：我是天子，我挺谁

提起太子之争，还是先来晒晒李渊的爱情结晶吧。

李渊一共生有二十二个儿子，其中正妻窦氏生了四个儿子，分别是长子李建成、次子李世民、三子李玄霸、四子李元吉。老三李玄霸就是评书《隋唐演义》中那个手执双锤的好汉，不过，那是演义，现实中的李玄霸很小就夭折了。所以唐初这个历史大舞台，注定就看李建成、李世民、李元吉三人来唱三角戏。

李渊在太原起兵时，李建成是左军统帅，李世民是右军统帅，李元吉是中军统帅。职务相仿，权力相等，三人可谓并驾齐驱。

武德元年（618）五月，李渊称帝后，册立李建成为太子，又封李世民为秦王、李元吉为齐王。从这一点来看，李渊是有先见之明的，他按长序有别给他们划分了职别和名分，显然是为了避免兄弟相残的局面出现。

定好位后，李渊在统一天下的征战中，给三个儿子进行了明确的分工。太子李建成负责"内"，主要在宫中"谋政事"；秦王李世民和齐王李元吉负责"外"，主要在外面"谋发展"。

为了让李建成熟悉军国大事，为以后从政积累政治经验，李渊每天临朝都让他坐在自己身边，参加各种问题的讨论，遇到不太重要的问题，就让他自己处理。此外，又命礼部尚书李纲、民部尚书郑善果为太子太保，帮助李建成出谋划策，决断各种问题。两人尽心竭力辅助太子李建成，对李建成的成长起了很大的作用。

李渊的本意是好的，太子是要继承皇位的，留在宫中学习政治业务，管理朝中事务，这对将来继位是有好处的。然而，他百密一疏，没有料到这个安排适得其反，因为常年在外征战的李世民经过多年的摸爬滚打，居然打出了一片艳阳天。

据历史记载，李世民每次统兵作战，都把安抚接纳贤才视为第一要务，仅平定薛仁杲，李世民就收编了他的精兵一万余人。武德元年（618）至武德二年（619），正是李世民集团势力膨胀最快的时期，其核心集团在此期间已初具规模。

李世民集团势力的膨胀，不仅引起了李渊的高度警惕，也增加了他对自己选定的接班人命运的担心。偏偏在这时，曾经出任隋万年县（今陕西省西安市东南郊）法曹的孙伏伽给李渊上了一道奏疏，在这道奏疏中，他写道："臣历窥往古，下观近代，至于子孙不孝，兄弟离间，莫不为左右之乱也。愿陛下妙选贤才，以为皇太子僚友，如此即克隆磐石，永固维城矣。"

孙伏伽的奏文再次震撼了李渊那原本就已十分脆弱的神经，杨广玩弄阴谋逼杀兄长杨勇、弑杨坚而夺帝位的教训，李渊印象深刻。李世民此时广泛搜罗才智之士为己所用，暗藏经营四方之志，这难免造成兄弟相残的局面。这对李渊来说，是最不愿见到的。

其实，李世民也是不满的。毕竟唐朝建立以后，为统一全国，先后进行了六次大的战役。这六大战役李世民就亲自指挥了四场，全部取得了胜利，为唐王朝的巩固奠定了基础。

第一次是对陇东薛举父子集团的战役。武德元年（618），薛举率军进攻关中，双方在现陕西长武县发生激战，在这里，李世民打了他一生中唯一的大败仗，退回长安。但不久，他便在浅水原之战中彻底打败薛军，消灭了陇东集团。

第二次是对刘武周的战役。当时的刘武周依附突厥,南下进攻唐朝,攻占了晋阳。李世民不畏艰险率军出征,终于击溃了敌人主力,并乘胜追击,两天不吃饭,三天不解甲,彻底消灭了敌军,收复了丢失的土地。

第三次是对王世充和窦建德的战役。这次战役的规模为唐统一战争中最大的。李世民先将王世充击败,将其围困在洛阳,令其无粮草供应,待其自毙。就在洛阳将下未下之时,河北窦建德率十余万众前来救援王世充,突然出现在唐军背后,李世民力排众议,在虎牢关之战中大败窦建德军,生擒窦建德。洛阳王世充也只得投降。

第四次是平定刘黑闼的战役。刘黑闼打着为窦建德复仇的旗号,在河北起兵反唐。李世民指挥了平定其第一次起兵的战役,仅仅两个月就取得了胜利。

李世民自此威望日隆,尤其是在虎牢之战后进入长安时,部分军民以皇帝礼仪迎接。武德四年(621)十月,以李世民功大,前代官皆不足称之,乃特设"天策上将",领司徒、陕东道大行台尚书令,食邑增至二万户。李渊又下诏特许天策府自置官属,俨然形成一个小官府机构。

李世民在战斗中注重战前侦察,虽屡次遇险,但每次战斗都能做到知己知彼。他善于制造战机,当敌强我弱时,经常用"坚壁挫锐"的战法拖垮敌人;战斗中身先士卒,亲自率领骑兵突击敌阵;胜利后勇追穷寇,不给敌人喘息之机。在统一边疆的战争中,他运筹帷幄,决胜千里,明于知将,选拔良才,取得了重大胜利。李世民用他卓越的军事才能,为唐代的建立和发展做出了巨大贡献。

胜薛举父子、灭刘武周、平王世充和窦建德、定刘黑闼……从武德元年(618)到武德七年(624),短短的几年时间里,李世民的名望和声誉与日俱增。到此时,普天之下只认得李世民,而不知李建成为何人。

对此李建成很着急，李渊也很着急。也正是因为这样，在天下形势一片明朗时，为了打压李世民，李渊雪藏了李世民，而后的平定小股动乱，他都有意派太子李建成出场，意图很明显，要让李建成建功立业，要让李建成功成名就。

而李建成也不是一个自甘堕落的人，他领军后，为了证明自己，兢兢业业，居然也是攻无不克，战无不胜。尤其是西渡黄河，攻克长安，使唐军声威大震，仅此一点，军功就与李世民相比毫不逊色。何况后来，他又用魏徵之策，平定了河北。在一步一步提高自己对外人气的同时，李建成开始把刀口向内，对准了李世民。

此时的李世民尽管有唐高祖李渊的刻意打压，但多年的功劳明显摆在那里，不是一朝一夕可以淡忘的，不是一句话就能抹杀的。

面临来自李世民的巨大威胁，聪明的李建成很快把目光停留在四弟李元吉身上。

李元吉这个时候才二十出头，是一个典型的愣头青，他虽然也上过战场，但光环毕竟都被李世民遮挡了，如果说李世民是红花，他只不过是不起眼的绿叶。

红花配绿叶是美好的。但李元吉不甘心当绿叶，他也想当红花。可是当时凭他的身份和地位，想当红花无异于痴人说梦。在长幼有序的皇家规矩里，年龄小是一个致命的弱点。再加上功劳盖不过两位哥哥，李元吉有理想，却只能枉自嗟叹。

这个时候的李建成和李元吉，一个枉自嗟叹，一个空自牵挂，一个是水中月，一个是镜中花。李建成能深深体会到李元吉这种郁闷，这种痛苦，可以说是同病相怜，他很快想到了两个字：联合。

而李元吉也是个聪明人，他知道，凭自己现在的实力和势力，凭一己之力是没法实现自己的理想和愿望的。面对李建成的善意，他不但抓住了，而且一抓就不松手，他知道这条道路已经没有回头路，要一直坚持走下去，不管光明或者黑暗。

和李元吉结成同盟后，李建成势力大增，实力大增，信心也大增了。武德七年（624），李建成本着先下手为强的原则，开始主动对李世民发动攻击。这场太子之争也由此拉开了序幕。

2. 李建成：我是太子，我怕谁

俗话说：先发制人，后发制于人。李建成在找到李元吉这个帮手后，决定先下手为强。接下来看李建成的招儿。

第一招：造谣诬陷。

皇帝往往有三宫六院七十二妃，张婕妤和尹德妃是李渊继窦皇后之后最宠爱的两个。前面已经说过，李渊是个"妻管严"，但在窦氏去世后，开始放荡不羁，结果在芳草丛中，娇艳出众的张婕妤和尹德妃成了李渊的"绝代双骄"，十分受宠。

李建成深知她们两人在皇帝面前的作用，决定拉拢她们，马上使出了撒手锏——金钱攻势。"有钱能使鬼推磨"这话此时显灵了，在金银财宝的攻势下，张婕妤和尹德妃很快与李建成结成了共同防御体系。

当然，后宫两大妃嫔之所以会站在太子一边，一方面是因为李建成所"诱"，另一方面，就是拜李世民所"逼"。

李世民因为常年在外征战，不但与父亲的妃嫔接触少，而且还因为年轻不懂事，曾经得罪她们。洛阳平定之后，李渊派自己的妃嫔前往洛阳查看隋朝后宫，这些妃嫔见到洛阳后宫珍宝很多，都想索取一些据为己有，有的妃嫔还替家里的兄弟谋求官职，但主管洛阳事务的秦王李世民给她们泼了一盆冷水，断然拒绝道："宝物都应登记上奏，官职应当授予贤才与建立功勋的人，怎么能随便送人呢？"妃嫔们听后，都对他大为怨恨。

得罪了一般妃嫔事小，李世民还特别得罪了后宫最受宠爱的张婕妤和尹德妃。

李世民得罪张婕妤是因为一块土地。

李世民任陕东道行台的时候，将管辖区内一块良田赐给了作战有功的李神通。也许这是一块风水宝地,张婕妤的父亲也看中了,于是他通过女儿的关系进行"卡拿索要"。天下都是我的,何惜一块小小的土地呢?很快李渊就顺水推舟,下旨将这块良田赐给张婕妤的父亲。

张婕妤的父亲拿着诏书很高兴,马上去要自己的地,哪知李神通说秦王李世民早就把这块地赐给他了。

眼看李神通不肯交地,愤怒的张婕妤马上向李渊打了一个小报告,一句话:"陛下,您赐给我父亲的那块田地被秦王夺了过去,他赐给李神通了。"

李渊听后大怒,立刻把李世民召入宫来,责骂道:"朕老了,不中用了,说的话不算数啦!"尽管李世民尽力解释,还是无济于事。随后,李渊公然对朝中大臣说:"秦王常年在外征战,被他手下那些谋士教坏了,都不像是朕的儿子了。"

李世民得罪尹德妃是因为一次打架斗殴事件。

尹德妃的父亲仗着女儿的权势,一朝得势,鸡犬升天,在长安城骄横跋扈,目无法纪。有一天,李世民手下的贴身幕僚杜如晦路过其豪宅门口未下马,尹德妃的父亲便指使家仆数人将杜如晦拖下马来,二话不说,就是一阵暴打。打完之后他发话了:"你小子吃了熊心豹子胆了,还是瞎了眼,从我家门前过,居然敢不下马行礼?"

事后,尹德妃的父亲听说被打之人是秦王李世民的亲信杜如晦后,脸色顿时变得惨白。得罪了杜如晦就等于得罪了李世民,这李世民可是惹不起的人物啊。怎么办啊?思来想去,尹德妃的父亲想出的好办法就是派女儿到李渊那里"恶人先告状"。

尹德妃也不是吃素的,她向李渊诬告李世民的部下殴打她年老多病的父亲。李渊听后,又火急火燎把李世民召进宫来,进行了严厉的谴责:"上梁不正下梁歪,你的属下怎么这么凶残啊?你平常怎么教化的?"

李世民想要解释,李渊却拂袖而去。

一边有恩,一边有仇,张婕妤和尹德妃选择站在李建成这一边那是理所当然的事了。李建成为了巩固自己的地位，走内宫路线，多方讨李渊妃嫔们的欢心。妃嫔们知道他是皇位接班人，也愿意与他交好，纷纷在李渊的面前说他的好话。

事实证明，张婕妤和尹德妃这对后宫"绝代双骄"不是浪得虚名的，她们马上按照李建成的指示，时不时地散布一些对李世民的非议之辞，在李渊面前吹起耳边风来了。今天说李世民这里不好，明天说李世民那里不行，总之，鸡毛蒜皮的事从她们嘴里说出来就变成天大的事了。有事例为证：有一次，李渊举行家庭宴会，当时气氛很是融洽，大家欢声笑语，就在这样的时候，李世民突然想起母亲窦皇后来，想到窦皇后一生操劳，却不能享受这太平盛世，不由得情由心生，伤感起来。如果仅仅是伤感那倒也罢，情到深处，他还忍不住流下泪来。

俗话说，举世皆浊我独清，众人皆醉我独醒。李世民这时候却是举世皆欢我独悲，众人皆喜我独伤。李渊看着流泪的李世民十分不高兴，是啊，在这样一个喜庆的日子，李世民的举动太煞风景了。

以张婕妤和尹德妃为首的妃嫔们趁机进言，用今天的话说，有两层意思：

第一层：人生得意须尽欢，莫使金樽空对月。

解析：现在天下归一，四海臣服，太平盛世，正是陛下及时行乐的时候，秦王却"泪流满面"，他显然是对我们不满，在诅咒我们啊。

第二层：人在人情在，人走人情淡。

解析：现在陛下还在，秦王就敢这样对待我们，一旦陛下百年，我们这些人哪里还有活路啊，肯定是死无葬身之地了。看来，还是太子好啊，既慈爱又体恤下属，他将来一定是个仁义之主啊。

李渊听了妃嫔们的话后，对李世民的态度急转直下，甚至产生了废黜李世民的想法，以确保李建成的太子地位不动摇。好在朝中很多大臣进行了及时劝谏，李渊才悬崖勒马。

饶是如此，李世民在李渊心目中的形象已经大打折扣了。

李建成使出的第一招收到成效后，并没有小富即安，而是再接再厉，乘胜对李世民进行追击。

第二招：人才战略。

李建成知道，要想彻底击败李世民，仅仅离间李世民和李渊之间的关系还不够，还得下猛药，那就是削弱李世民的军事力量，千方百计孤立李世民。对此李建成来了个"三管齐下"，概括起来为：一"遣"二"挖"三"调"。

首先，我们来看李建成的"遣"。

前面已经说过，李世民常年征战，手下云集了一大批文武精英，特别是文学馆开馆后，天下英才几乎尽入其彀中，可以用文臣如云、武将如林来形容，一手打造了以刘文静、长孙无忌、房玄龄与杜如晦为首的"智囊团"，以尉迟敬德、段志玄、程咬金为首的"虎将团"。

乱世靠武将，治世靠文臣，李建成最先把目光停留在李世民手下的智囊团身上。此时，刘文静已死，长孙无忌是李世民的内兄，想对他下手，比登天还难。思来想去，李建成首先把目光瞄准了李世民智囊团另两位重量级人物房玄龄和杜如晦。

房玄龄，齐州临淄（今山东省淄博市东北）人，他的发迹之路概括起来有"六绝"。

一是有才华。房玄龄从小就很聪明，精通经书和史书，写得一手好文章，常常能出口成章，被喻为天才少年。

二是有理想。房玄龄少年时代随父亲去京师，当时隋文帝当政，天下晏宁，一片太平景象，但弱冠之年的房玄龄已经对世事有精到的分析，私下对父亲讲："隋帝本无功德，只知诳惑百姓。而且他不为国家长久计，诸子嫡庶不分，竞相淫侈，最终会互相诛夷倾轧。现在国家康平，但灭亡之日翘首可待。"十八岁时，眼光毒辣的房玄龄被本州推举为进士，朝廷给了他一个芝麻官——羽骑尉当。

三是有孝心。由于父亲病重常年卧榻，房玄龄心思全部用在父亲的药物和膳食上，不曾脱衣服睡过一次好觉，孝顺之心可见一斑。

四是有眼光。李世民领兵攻占渭水北边的地盘时，房玄龄来了个

"毛遂自荐"：驱马到军门求见。结果两人一见如故，李世民马上给了他一个看似不起眼，但很重要的职务——渭北道行军记室参军。

五是有人缘。房玄龄为了报答李世民对自己的知遇之恩，尽自己的全部力量来回报。每攻灭一方割据势力，军中诸人都搜求珍宝异物，唯独房玄龄四处访寻英杰人物，并把他们举荐于秦王。因此府中的谋臣猛将，心中都十分感念房玄龄的推荐之恩，尽力报效。在他的努力下，李世民集团有了非同寻常的凝聚力，而且有着无坚不摧的战斗力。

六是有专长。房玄龄在李世民王府中十多年，常负责管理文牍，每逢写军书奏章，停马立即可成。文辞简约，义理丰厚，一开始就不用草稿。

对此，连唐高祖李渊也赞叹有加："此人深识机宜，可委以重任。每为世民陈奏事务，必通人心，千里之外，犹如面谈。"可见，房玄龄是不一般的人物。

杜如晦，字克明，京兆杜陵（今陕西省西安市东南）人。我们来看看他成长之路的"四部曲"。

一是出身名门。杜如晦出身名士之家，祖上世代为官。曾祖和祖父都在北周当过大官，祖父杜果官至隋朝工部尚书，父亲杜吒曾为隋朝昌州（今湖北省枣阳市）长史。

二是少年聪颖。杜如晦从小聪明颖悟，喜欢读书，好谈文史，机敏果断。他去吏部应试，当时以善于识人著称的吏部侍郎高孝基，曾预言他"有应变之才，必任栋梁之重"。

三是怀才不遇。就是这样一个极富才华之人，进入仕途后，却只做了小县城的县尉（负责治安）。他眼见隋朝政局飘摇，又觉得没前途，不久就主动离职，回家去了。

四是柳暗花明。李渊父子在太原起兵后，李世民进军长安，杜如晦家离长安很近，马上也参加了起义军。初来乍到，他就受到了李世民的重用，成为秦王府的兵曹参军（人事参谋），后来升为陕州行军总管府长史。

房玄龄与杜如晦两人处理秦王府的公务，能办的当即就办，从不堆着公文不批，而且办事公允，下属们都心服口服。房玄龄善于出谋划策，杜如晦机敏干练，遇事善断，两人配合得天衣无缝，形成赫赫有名、威力无穷的"房谋杜断"组合。

房玄龄与杜如晦二人成为李世民最得力的左膀右臂，于是李建成在说了句"秦府中最让人畏惧者，当属房玄龄与杜如晦"后，马上找来李元吉，商量如何将房玄龄与杜如晦调离李世民身边，剪除李世民的羽翼。

李建成和李元吉冥思苦想后，想出了一招绝妙之计："釜底抽薪"。具体实施过程是这样的：当时陕州刺史因为人事变动，出现了职位空缺，于是，李建成向李渊提议，让杜如晦去当刺史。

李建成的意图很明显，各个击破：先"遣"走了杜如晦，再来"遣"走房玄龄，总之，两人一个都不能留。

太子推荐的人，当然引起了李渊的高度重视，于是乎，李渊没有多想，马上批复两个字：同意。

李世民虽然舍不得杜如晦离开，但皇命已出，只好忍痛割爱了。正在这个关键的时刻，房玄龄站出来说话了，他直言不讳地教会了李世民一个关键句：黄金万两，不如一贤。解析：杜如晦有经天纬地之才，大王若想有所作为，不能没有他的辅佐。

李世民是个纳谏如流的人，经房玄龄点拨，豁然明白，千军易得，一将难求，特别是可以"运筹帷幄之中，决胜千里之外"的奇人异士。思来想去，李世民最终决定不放杜如晦走。于是，他向李渊连上三道奏本，中心思想只有一个：杜如晦有辱君命，不能履新。

理由一：杜如晦身子骨不好，犯有重疾。

理由二：杜如晦一到外地就水土不服，不能远行。

理由三：杜如晦在我这里做点文案工作还可以，却不能胜任掌控一方的行政工作。

眼看李世民的上书接二连三，李渊终于在"罢了，罢了"的叹息声中，收回自己的任命书，另派他人到陕州当刺史。

值得一提的是，第一"遣"虽然没有成功，但李建成没有灰心气馁，而是很快重振信心，开始了第二"遣"。这一次李建成更狠，同时对杜如晦和房玄龄两人下手，利用张婕妤和尹德妃这两条后宫的"暗线"，天天在唐高祖李渊枕头边吹枕边风，结果李渊大手一挥，杜如晦和房玄龄最终被"遣"出秦王府，到外府任职，李建成的"遣"计大获成功。

其次，我们再来看李建成的"挖"。

要想挖人才，现代企业用的都是高薪高职等物质、权利条件进行"引诱"，李建成可以算得上这方面的鼻祖了。李建成对李世民手下智囊团动手后，这一次把目光瞄准了他的猛将。

此时，李世民手下的第一猛将是有着"虎痴"之称的尉迟敬德。枪打出头鸟，李建成自然把"第一挖"瞄准了尉迟敬德。李建成很快写了一封密函给尉迟敬德，信里首先表达自己对他的渴慕之情，接着是承诺，最后是表达待遇，一是"功名"——许以高官厚禄，二是"利禄"——赠以金银器物一车。

面对这样的重金诚聘，尉迟敬德第一反应是惊——惊讶，李建成看上了他这个五大三粗的汉子，不惊讶不行啊；第二反应是恐——恐惧，是福不是祸，是祸躲不过啊；第三反应是静——冷静，遇事冷静才能更好地处理突发事件啊。

果然，他冷静下来之后，马上做了两件事。

他先是给李建成写了一封回信。来而无往非礼也，就算拒绝人家，礼貌还是要的。

回信分四层意思。

第一层意思：谢谢您对本人的赏识。

第二层意思：我配不上您。我原本是个最底层的平民，生活潦倒，九死一生，苟活于乱世，不敢奢求、不敢高攀，也不配进入太子府。

第三层意思：我早已心有所属。秦王李世民对我有知遇之恩，让我能有现在的成就，我只有以死相报他的恩情。

第四层意思：无功不受禄，您的心意我领了，请恕我不能接受您的邀请。

他又向李世民进行了汇报，表明自己的忠心。

李世民听后，发出这样的感慨："富贵不能淫，贫贱不能移，威武不能屈，您就是孟子所说的真正的大丈夫啊。"

在尉迟敬德身上，我们可以充分感受到信仰的力量、信仰的光辉。

第一"挖"失败后，李建成马上又来了第二"挖"，用金帛引诱李世民另一员虎将段志玄，段志玄也同样进行了婉拒。

总而言之，这场人才争夺战中，李建成、李元吉通过含沙射影的方式"遣"走了被李世民视为左膀右臂的两大谋士，收获还是不错的。而想靠高官厚禄的方式来"挖"李世民的武将们，没有达到预期效果，但还是使李世民的势力遭受了打击。

最后，明白军事力量重要性的李建成，还利用自己拥有太子地位的特殊优势和长期留守关中的"人和"优势，在"调"字上下功夫。一方面调换宫廷的禁卫军，使得包括玄武门在内的禁卫军都在自己的掌握之下。另一方面积极扩充东宫实力，以防不测。他从扎根太原的心腹杨文干那里调来精兵强将，又私自招募四方骁勇之士两千余人，充为东宫卫士，号称长林兵。

在皇位争夺战中，军队是关键，特别是宫内禁军在李建成的掌控中，意味着他掌握了皇权禁地。而李建成使用一"遣"、二"挖"、三"调"之策，很快拥有了先发制人的优势。

3.李元吉：我是齐王，我助谁

连使两招，收到了不错的效果后，李元吉开始劝李建成直接对李世民动手。看到这里，很多人会问，李建成和李世民因为形势的转变而进行了激烈的政治斗争，那么，李元吉为什么要掺和进来蹚浑水呢?

排行老四的李元吉早年命运也是比较悲惨的。据说李元吉一生下来便全身黝黑，样貌不是特别好看，他的母亲窦皇后就非常讨厌这个孩子，甚至把他给遗弃了，幸好他的奶妈抚养，他才顺利活了下来。他在这种没有父母关爱的环境下长大，从小就生活在军营里，可惜才能实在太平庸了，很多年都没有立下战功，好在他天生力大无比，善于使用各种兵器，因此，李渊在太原起兵后，把他留在太原的大本营里镇守，唐朝建立后被封为齐王。

李建成是法定的皇位继承人，面对太子及其党羽的打击，李世民只能拼死相争，才有赢的机会。而对李元吉来说，李建成和李世民跟他都是一母同胞，他应该选择中立才对。因为这样，不管谁上位，他的待遇和地位都会有保证。

然而，又是什么原因让他选择支持李建成，而不愿意支持李世民呢? 笔者认为原因主要有四个。

第一，李元吉和李建成的关系"很特殊"。

根据历史记载，李渊是在隋朝大业九年（613）被隋炀帝杨广外放出去开始领军的，《新唐书·高祖本纪》载："炀帝征辽东，遣高祖督运粮于怀远镇。"

古时候有个惯例，为了防止在外有兵权的将领叛乱，君主一般会选择把领军大将的家眷安顿在国都，美其名曰"保护"，实际上却是当人质。

杨广本来就猜忌李渊，因此，在委托他为大军督送粮草和守卫后路的重任后，自然是不放心，其家眷当然要作为人质留在当时的国都大兴。

李建成作为李渊的长子，已经二十四岁了，而李世民十五岁，李元吉只有十岁，也就是说，李建成比李世民大九岁，比李元吉大十四岁。李渊在外，李建成作为大哥，自然担起"长兄为父"的职责，因此，他在看好家的同时，还要承担起教导和监督弟弟们学业的任务。

十五岁的李世民在古代基本上算成年人了，可以干自己的事业了。因此，第二年，十六岁的李世民就跑出去投军，开始独闯天下了。

而只有十岁的李元吉留在长安，接受李建成教导，直到大业十三年（617）李渊反隋，整整四年光景，李元吉都是在接受李建成的教导。

如此长期的亲密相处，李建成和李元吉之间的感情自然更深厚。

第二，李元吉和李建成彼此感觉对方性格"很类己"。

关于二人的性格和爱好，史书对李元吉和李建成的记载，也相当一致。

关于李建成的爱好，《旧唐书·隐太子建成列传》中记载："时甚暑，而驰猎无度，士卒不堪其劳，逃者过半。高祖忧其不闲政术，每令习时事，自非军国大务，悉委决之。"

关于李元吉的爱好，《旧唐书·巢王元吉列传》中记载："元吉性好畋猎，载网罟三十余两，尝言'我宁三日不食，不能一日不猎'，又纵其左右攘夺百姓。"

一个"驰猎无度"，且不顾士兵的死活；一个"性好畋猎"，且不顾百姓的死活。二者都是不好的习性，而且很相似，容易彼此认同。

而李世民从小就有远大的志向，自然不会做这些玩物丧志的事。因此，李世民和李元吉的个人兴趣爱好显然是有差异的。

接受过李建成教导、关系也跟李建成更亲近的李元吉，会下意识地认为，李建成登基后对他的容忍度要远远高于李世民。

这大概就是李元吉一直力挺李建成的心理因素。

第三，李元吉和李建成的经历"共患难"。

据史书记载，在李唐平定天下的过程中，李元吉一心想建立军功，最开始，李渊把他安排到李世民的军队中，让他当李世民的"助手"，以增长见识，快速成长。然而，李世民为人正直，治军严明，让天性散漫、不服管教的李元吉感到不自在，于是两人矛盾渐渐加深。到后来李元吉不愿意追随李世民一起出征，而是请求跟太子李建成出征，或是单独出战。

在讨伐割据势力刘黑闼的过程中，他们遭遇到敌人的埋伏，兄弟两人被困在山谷里一起打野味、啃树皮才熬过来，所以李元吉心里非常感激李建成，对他更为亲近。这样，李元吉与李建成有了患难真情。

第四，李元吉的野心"很膨胀"。

史书记载，李元吉在为李建成出谋划策时，多次建议直接干掉李世民，其原因很简单：他对李世民深恶痛绝。

李元吉为什么对李世民深恶痛绝呢？史书上并没有详细记载李元吉和李世民之间的矛盾和恩怨。引用《新唐书·巢王元吉列传》中的分析是："时秦王有功，而太子不为中外所属，元吉喜乱，欲并图之。"

可见李元吉对李世民深恶痛绝的原因是权力的争夺。李元吉也是有野心的人，他也很想上位当皇帝，自然想在李建成和李世民之争中渔利，因此，极力怂恿李建成往死里搞李世民。

据悉，李元吉曾扬扬得意地说道：除掉李世民后，东宫与己简直易如反掌。这句话的字面意思已经非常明显，李元吉并不满足甘于人下。虽然李建成曾许诺，将李世民除掉之后和他共分天下。但是，李元吉的最终目标还是想当上皇帝。

李世民当时权势很大，李元吉如果和李世民联合，击败太子李建成简直易如反掌。但李元吉一旦投奔李世民，他的皇帝梦将会彻底破灭。李世民手下人才济济。青年时期，李元吉早已见识过李世民的厉害，他没有把握能对李世民倒戈一击，如若事情不成，自己必将身首异处。与其这样，李元吉还不如先跟随太子李建成，将李世民诛杀，除掉心腹大患之后，再对李建成下手就容易多了。

在李元吉的怂恿和蛊惑下，太子集团很快排练了第三招：杀死李世民。

1.明杀。

武德七年（624），李元吉对李建成说："我愿意为大哥亲手把秦王杀掉！"说完这句话，李元吉马上就付诸行动了。这天，李世民随父亲李渊来到李元吉的住所叙旧，李元吉认为这是个好机会，派卫士宇文宝埋伏在寝室，伺机刺杀二哥。就当宇文宝准备"亮剑"时，李建成却摇身一变，变成了鸿门宴里的项伯，及时阻止了宇文宝对李世民的封喉一剑。对此，李元吉惊问这是为什么，李建成说："当着父皇的面杀二哥，恐怕会生出不测啊。"眼看大好的机会因为李建成的优柔寡断白白溜走了，李元吉恼羞成怒地说："我是为大哥着想，对我有什么好处呢！"

2.暗杀。

这一年秋天，李渊选择了一个黄道吉日出城狩猎，把太子李建成、秦王李世民和齐王李元吉三个宝贝儿子都带上了。途中，李渊看到一只非常漂亮的梅花鹿，于是对身边的李世民说："行军打仗是你的看家本领，这里不展示一下给大家看吗？"李建成闻言，马上按心中早就打好的小算盘行动，找来一匹早就准备好的烈马。李世民立功心切，哪有多想，跳上马就去追梅花鹿。这匹马经过特殊训练，在疾驰中突然趴下，没有防备的人肯定会被甩下马背摔死。但李世民是何等人物，在烈马突然撒野时，反应相当快，他及时跳下马背，结果毫发无损。事后，李世民也猜到是李建成作了手脚，说了这样一句话："死生有命，暗算何用？"

李建成听了，便抓住李世民所说的"死生有命"大做文章，通过嫔妃们向李渊告状："秦王太狂妄了，他说天命在他身上，一定要坐天下的人，不会轻易死掉！"李渊大怒，立即召见李世民，责备他说："天子自有天命，不是你耍点手段就能当得上的！朕还没死，你为什么这样心急呢？"李世民再三解释，李渊就是不听，拍案大发脾气。李世民没被暗杀，却差点被气死。

3.毒杀。

眼看除不掉李世民，李建成很着急。就在他愁眉苦脸时，他手下一个人站出来，只说了一句话，就让他两眼发光，这个人便是后来提出"水能载舟，亦能覆舟"千古名言的唐初名臣魏徵。

魏徵自从归顺太子李建成后，看到太子与李世民的冲突日益加深，他也是心急如焚，多次劝李建成要先发制人、及早动手。

最开始，李建成不以为然，只是轻描淡写地说："秦王虽有军功，但父皇不会做出废长立幼的事，所以你不用担心啊。"

魏徵说："太子殿下，皇上起兵的时候，您一直不在他的身边，所以秦王才得以建立那么多军功。现在，您被定为太子，可以天天和皇上接触，为什么不利用这些机会，好好地向皇上表现一下您的智慧谋略呢？让他看到您可不比秦王差。只有获得皇上的肯定和信任，您的太子位才能保住。"

他将秦王府在朝廷中的势力进行了仔细的分析后，李建成才意识到问题的严重性，因为朝中任重要职位的人将近一半居然都是李世民的亲信。魏徵说："照这么下去，就算您做了皇帝，也是傀儡皇帝。秦王就算不做皇帝，也是把持朝政的摄政王。"

"那我该怎么办？"李建成问。

"权力斗争的战场是残酷的，是无情的，虽然不见兵刃血迹，其中的暗流却更加波涛汹涌，更加变幻莫测，需要我们为之付出很多努力。秦王办文学馆广纳贤才，险恶之心已是昭然若揭，我们不尽快下手，到时只怕会坐以待毙啊。"魏徵答。

在魏徵的建议和布置下，李建成热情地邀请李世民来自己的府邸饮酒，兄弟二人把酒言欢，倒也其乐融融，犹如回到了少年时光。

酒过三巡，菜过五味。魏徵"亮剑"了，他命人送上了一壶酒，这酒不是一般的酒，而是下了慢性毒药的酒。

"府里藏有一坛百年女儿红，今日夜宴，特请二弟一品。"李建成一边说着一边给李世民倒上了酒。随即，李建成自己也倒了一碗。

"来，干。"李建成说着头一仰，一碗酒入了肚子。李世民见状，也只好一口喝干了杯中酒。然而，酒一入肚，李世民就后悔了，因为这酒饮下之后顿觉腹中灼烧。

"不好，酒中有毒。"李世民是灵敏之人，知道自己现在的处境非常危险，随时都可能掉脑袋，关键时刻，急中生智的他对李建成说自己身体不舒服要去出恭。

李建成见李世民已喝了毒酒，心里正高兴，大手一挥："去吧！"李世民来到外院，先是把腹中的毒酒呕出来，然后跳上马立即往秦王府飞驰。

魏徵发现李世民已经逃出太子东宫，心中大骇，立即教了李建成一个关键句：斩草不除根，后患无穷。解析如下：秦王喝的毒酒并不多，我担心这点酒还不至于致命。我们现在应该马上派人把他斩杀掉，除去这个心腹大患。到时候就说秦王暴毙身亡，这样就算皇上追查下来，也不会怪到太子您头上来的。

应该说魏徵还是挺有眼光的，分析得很有道理，杀死了李世民，一切都尘埃落定了。然而，在这个节骨眼上，李建成优柔寡断的致命弱点再次表现得淋漓尽致。面对魏徵期待的眼神，李建成半晌无语，良久才弱弱地来了一句："我们已经对他下了毒，现在再去追杀，太残忍、太无情、太不厚道了吧？"

这是什么时候了，还谈厚道？急得魏徵像是热锅上的蚂蚁："权力之争，不是你死就是我活，我们已经打草惊蛇了，现在不把他除了，将来秦王会放过我们吗？"

然而，此时的李建成头摇得像拨浪鼓，喃喃地道："兄弟如手足，爱妃如衣服。衣服破，尚可缝；手足断，安可续？"

"无毒不丈夫，都什么时候了，还谈这些迂腐之理，还存这种妇人之仁？可悲啊，可叹啊，可气啊。"魏徵气得甩门而出。

李世民果真是个福大命大之人，拼死逃回秦王府后，正赶上神医孙思邈云游到长安。及时服了药王的仙丹灵药后，李世民大难不死。

4.李世民：我是秦王，我为谁

李建成为首的太子集团连出三招，招招封喉，杀心已经显露无遗。李世民也不是任人宰割的鱼腩，开始了奋起反击。

事实上，李世民以前之所以按兵不动，不是他胆小怕事，也不是因为他势弱，无力抗衡，而是因为他早就在心里定下了后发制人的规划。他觉得时机还不成熟，还需要时日，他是故意"示弱"，而不是"势弱"。

早在武德四年（621）攻打洛阳期间，李世民在房玄龄的带领下拜访了远知道士，惜字如金的远知道士对李世民说了这样一句话："你将作太平天子，愿自惜。"意思就是说，你马上就要成为天子了，要多加保重啊。李世民闻言后，心里很激动，到了"眷言风范，无忘寤寐"的程度。

于是乎，李世民在攻下洛阳后，便打着"为国广纳人才"的幌子，上表要求成立文学馆，把天下精英都吸纳到自己门下，使本已人才济济的天策府更加名重一时，其中尤以大行台司勋郎中杜如晦、记室考功郎中房玄龄及于志宁、军谘祭酒苏世长、天策府记室薛收、文学学士褚亮及姚思廉、太学博士陆德明及孔颖达等十八学士盛称于世。

拥有人才就拥有了争夺天下的资本。此时，面对太子集团的咄咄逼人，李世民以不变应万变，开始忍让。忍让是为了抓住李建成在出招时露出的"狐狸尾巴"，从而来个后发制人，对太子集团进行致命一击。

都说机会是留给有准备的人，很快，李世民就等来了怒剑狂花、反戈一击的机会。

武德七年（624）六月，天气炎热。李渊率领文武官员前往仁智宫（在今陕西省宜君县境内）避暑，令太子李建成留守长安，秦王李世民和齐王李元吉随同前往。

执掌朝政大权的李建成觉得这是一个打造自己势力和实力的绝好

机会，于是派东宫郎将尔朱焕、校尉桥公山送一批盔甲给在庆州（今甘肃省庆阳市）当都督的亲信杨文干，让他好好武装军队，以备紧急之需。

李建成原本以为做到了神不知鬼不觉。但没有料到，李世民早已睁着一双火眼金睛注视着他的一言一行。

李建成私运盔甲的事很快就败露了，原因是尔朱焕和桥公山前脚刚出长安城，后脚就往仁智宫赶，再接着做了一件事：告密。罪名简单明了，同样两个字：谋反。

大家看到这里就会疑惑了：李建成既然派尔朱焕和桥公山干这样的大事，两人肯定是他的心腹，怎么会干这种事呢？事实上，在东窗事发之前，李建成也这么认为，毕竟，他觉得自己一直以来没有亏待这两个人。然而，李建成不会料到，就在他挖李世民的墙脚时，李世民也没有闲着，以彼之道还施彼身，暗中也来挖太子集团的墙脚，尔朱焕和桥公山很快被李世民收买了。

这样一来，尔朱焕和桥公山的角色马上就发生了转变，由李建成的心腹变成了"无间道"，可悲的是，李建成还蒙在鼓里。

听说太子谋反，李渊这一怒非同小可，马上来了个两步走。

第一步：擒贼先擒王。连夜下旨要李建成上仁智宫，理由是有事相商。

接到李渊的召唤令，李建成顿时脸色煞白如纸，心里暗道：糟了，一定是事情败露了。他派人一打听，果然是自己偷运盔甲的事被李渊知道了。偷鸡不成蚀把米，李建成知道事情的严重性。这下怎么办？这仁智宫去还是不去呢？

答案是肯定的。去向李渊解释，还有一线生的希望，不去，那就只有死路一条。于是，李建成连夜来到了仁智宫。然而，他一路上精心准备的解说词都没有派上用场，因为李渊没有给他解释的机会。一到仁智宫，李渊对他说了一句话——仅仅一句话，接下来，他被扣留了。

控制了李建成，李渊原本紧锁的眉头这才舒缓下来，马上进行第二步：解铃还须系铃人。派司农卿宇文颖去庆州召杨文干来见。

李渊的策略简单明了，只要把"当事人"杨文干找来当面对质，太子谋反是真是假便水落石出了。李渊的想法是好的，策略是对的，但事情并没有那么简单。

问题就出在宇文颖身上。因为宇文颖到庆州非但没有把杨文干请来，还把杨文干逼上了梁山——正式扯大旗公开谋反。

其实，杨文干之所以这么快就选择公然谋反，完全得益于宇文颖的传话，宇文颖只对他说了一句话——一句很致命的话：皇上把李建成打入了死牢，择日问斩。

杨文干是李建成的死党。什么叫死党？就是为了同党可以死。李建成是杨文干一直忠贞不渝地追随的首领，原本借他一千个胆，也不敢造反，但到了最危急的时候，杨文干要"武干"了：公然起兵，准备和李渊进行鱼死网破的拼死一搏。

杨文干一造反，李建成谋反的事情就变成事实了。消息传来，不说李渊大出意外，连李建成都不相信自己的耳朵。是啊，没有自己的命令，杨文干应该不会做出这样鲁莽的事情来啊。他这一造反，岂不是要我的命吗？

其实，这不是杨文干想要他的命，而是李世民想要他的命。李世民蓄势已久，一出手自然非同小可，他使出的是连环计，欲借偷运盔甲一事置李建成于死地。既然尔朱焕和桥公山他能收买过来，宇文颖自然也能收买过来。宇文颖到庆州后，马上按照李世民的指示，说了那样一句煽风点火的话。而事实证明，杨文干果然属于头脑简单、四肢发达的类型，他除了一身蛮力外，根本就没有大脑，宇文颖的激将法一使，他便中计了。

这正是李世民所期待的结果。

李渊听闻杨文干造反后，惊怒之下，马上又采取了两步措施：第一步，立马派李世民率钱九龙、杨师道等将领前往庆州平叛；第二步，立马把太子李建成打入冷宫。同时，李渊给了前去征讨的李世民两项公然承诺：第一，平乱凯旋之日，便是立你为太子之日；第二，到时候把太子李建成贬为蜀王。蜀兵脆弱，他日后倘若能够听从你的话，你就保全他；如若不然，你收拾他易如反掌。

面对这样沉甸甸的承诺，李世民听了喜不自胜，感动得无与伦比。是啊，幸福来得太突然了，这是他多少年来的政治夙愿，能不感动吗？

乐颠颠的李世民上路了，当他的大军行到半路时，又一个喜讯传来：杨文干被属下干掉了。李渊派他来简直不是打仗，而是来收捡战利品的。

载着战利品，李世民凯旋，想到临行前父皇对自己的承诺，他的心情好得不能再好，是啊，一回去自己就是太子了，而李建成将被贬到蜀地去吹冷风了，想不到自己这一击如此畅快淋漓，如此犀利快捷！

然而，李世民高兴得太早了，因为他凯旋后，李渊回报他的不是兑现立他为太子的承诺，而是言而无信：辛苦了，回府休息吧。李渊闭口不谈废立太子之事。

李渊之所以改变了主意，原因有二。

一是，李世民出兵征讨杨文干后，李渊冷静下来，在思考了整个事件的前因后果之后，越来越觉得其中蹊跷。李建成太子当得好好的，没必要造反啊。再说，即便要造反，在他控制李建成后，李建成的死党杨文干应该及时偃旗息鼓才对，没必要造反啊，这个时候造反，连傻子都知道，等于把李建成往绝路上逼。看来，这其中必有隐情。李渊隐隐约约察觉到了什么：这是不是李世民精心设下的一个局呢？

二是，李建成被拘留后，李建成的心腹们全面出动来营救他。李元吉一方面联合李渊宠爱的嫔妃们求情，另一方面又重贿中书令封德彝劝说李渊。在嫔妃和重臣的周旋下，本来就觉得李建成造反的事是子虚乌有的李渊改变了主意。

于是，李渊把太子放了，命他仍回京师留守，然后各打五十大板，责备太子和秦王"兄弟不睦"，最后从东宫和秦王府找了几只替罪羊，把他们全部流放巂州（今四川省西昌市），他们是太子中允王珪、太子左卫率韦挺，以及天策府兵曹参军杜淹。

武德七年（624）夏天的"李建成谋反案"就这样草草收场了，唐高祖李渊以这种"和稀泥"的处理方式，勉强维系了太子与秦王之间的平衡。

仁智宫事件以后，眼看李建成和李世民兄弟之间矛盾日深，大有水火不相容之势，李渊不得不站出来表明自己的立场。他权衡再三，还是决定站在李建成一边，原因有三：

一是尊崇"五伦"的需要。父子有亲，君臣有义，夫妇有别，长幼有序，朋友有信。李建成是长子，并且很早就被立为太子，支持李建成，既符合传统，也有利于现实。

二是维护政治的需要。支持李建成，增加其与李世民抗衡的政治力量，可以遏制李世民的居功自傲和不可一世。

三是保持大局的需要。支持李建成，不用改立皇储，既可以避免"废长立幼"带来的祸害，还可以使朝中拥嫡派的文武大臣不会受到政治上的冲击，有利于朝中大局的稳定。

于是，李渊对李世民采取了"怀柔"战术，使出的计谋是调虎离山。

李世民在长安，和太子李建成的利益冲突就在所难免。在一山难容二虎的情况下，为了缓和他们之间的矛盾和冲突，李渊想出了一个折中的办法：把李世民从长安调到洛阳。

办这件事时，李渊对李世民说了三句话：

第一句话：我们大唐江山的建立，你是第一功。

第二句话：我本来想立你为嗣，但一来你执意推辞，二来建成年龄居长，又为嗣已久，没有什么大的过错，我实在不忍废他。

第三句话：我想让你去镇守国家最为重要的军事重地洛阳，主持东部政务，并准许你建天子旌旗，像汉朝梁孝王那样成为一方之王。

李世民是何等聪明的人，他知道，自己一旦离开长安这个政治中心，想再夺取太子位置那就比登天还难了。于是，他马上也回了三句话。

第一句话：我的这点小功远远比不上太子李建成的功劳大。

第二句话：知足常乐。我一生能当秦王已知足矣，愿效犬马之劳来辅佐太子。

第三句话：百善孝为先，我还是想在父亲的膝下尽孝啊。

然而，此时的李渊已铁了心要李世民离开长安去洛阳，他向李世民暗示：相见不如怀念。解析如下：天下一家亲，洛阳离长安并不远，想念对方了，你可以随时来长安看我，朕也可以随时去洛阳看你，用不着担心难过啊。

就这样，李世民调离长安的事几乎是铁板钉钉的了。

然而，就在这个关键时刻，有人帮了李世民一把。这个人不是别人，正是太子李建成。这倒不是李建成突然想和李世民和好如初，而是一个阴谋。他在听说李渊要调李世民离开长安去洛阳时，马上和李元吉进行了一次紧急商讨，李元吉说了这样一句话：让李世民去洛阳如同放虎归山。理由是，李世民一旦拥有土地和甲兵，成为一方诸侯王之后，想再扳倒他就难于上青天了；而如果让他留在长安，他只不过是拔了毛的凤凰不如鸡，永远都飞不出我们的手掌心。

李建成觉得李元吉的话很有道理，于是二人很快达成一致：极力阻止李世民去洛阳。

接下来，李建成开始表演他的"柔术"了。在他的策划下，朝中接二连三有人上书李渊，中心思想只有一个：不能放李世民去洛阳。理由：秦王左右听说要去洛阳，个个手舞足蹈，高兴异常，看样子秦王这一去再也不会回到长安了。

一个人这么说，李渊觉得不值一哂。

两个人这么说，李渊觉得不屑一顾。

三个人这么说，李渊觉得不可不查。

结果，就在李渊查的时候，李建成出面了，他只说了一句话，一句很有分量的话："以敬孝易，以爱孝难；以爱孝易，以忘亲难；以忘亲易，使亲忘我难；使亲忘我易，兼忘天下难；兼忘天下易，使天下兼忘我难。"（《庄子·天道》）解析：怀念不如相见。

就这样，李渊权衡利弊后，终于在李世民将去洛阳赴任的前夕，宣布收回李世民的任命书，让他继续留在长安，父子兄弟一家得以享天伦之乐。

就这样，李世民成功逃过了生死劫。

二 打断骨头连着筋的对手戏

1.揭开玄武门之变谜团

武德九年（626）年初，李建成和李世民的太子之争进入白热化状态，李建成联合李元吉设局，在李世民出征突厥时，对李世民痛下杀手。而李世民在第一时间了解情况后，马上召集自己的心腹部将商议对策。

他们很快达成了一致：斩杀李建成和李元吉，但关于具体部署要另议。为什么要另议？原因是有两个人还没有来参加会议，这两个人很重要，即李世民的左膀右臂房玄龄和杜如晦。

李建成为了打压李世民，想尽一切办法来挖李世民的墙脚，虽然没能把李世民的"虎痴"尉迟敬德等人挖走，却成功调走了李世民智囊团里的两个重要成员房玄龄和杜如晦。

房玄龄和杜如晦虽然离开了，却是心系秦王府。他们时时关注着朝廷一切，暗中帮助李世民。

此时，面对政变这样最后一击的大事，李世民自然不会忘了这两位，因此，马上派长孙无忌去请房、杜二人。

结果，长孙无忌兴冲冲而去，却悻悻而归。原因是，房、杜二人拒绝了他的邀请。理由是：人在朝廷，身不由己。

李世民一听，又惊又怒，如果连房、杜二人都不支持他，那么，他的前途一片迷茫……

李世民没有多想，当机立断再派人去请。这一次出马的是尉迟敬德。临行前，李世民递给尉迟敬德一把剑，说了这样一句话：如果不能把房、杜二人请过来，就把他们的头颅提来见我。

这一次，等了好久，才见尉迟敬德回来。但仍是一个人，众人心中一凉，暗叹没戏了。正在这时，忽见两位头戴平顶冠、身穿青布袍的道士联翩而至。众人大惊，要知道他们现在是在密谋，如果有外人闯入，那一定是泄露了消息，很可能被朝廷一窝端啊……然而，他们很快由惊愕变成惊喜，因为乔装打扮的两位道士不是别人，正是朝思暮想的房玄龄和杜如晦。

原来，二人最开始只是试探李世民发动政变的决心，所以婉拒了；当看到尉迟敬德提剑而来时，才确定李世民决心已定，大计已定，便不再犹豫，又考虑到事情的重要性，为防止暴露目标，便乔装成道士，潜入秦王府。

该来的人都来了，接下来的事就很简明了。经过一番精心谋划，杀兄夺位的计谋终于决定下来：将计就计，先下手为强，六月初四日，在玄武门诛灭李建成、李元吉！

李世民选择在玄武门起事的原因有二：

一、敌强我弱。李世民虽兼左、右十二卫大将军，统领南衙禁军，但南衙禁军主要负责皇城及京城的守卫任务。现在又被李建成的太子集团成功剥夺了兵权，无兵可调，仅有府中私养的八百余名勇士。此时他在京城无论政治力量，还是军事力量，都不如东宫、齐王府强大。

二、"尖刀"要插进对手防守最薄弱的地方。既然势力比不上太子集团，那么，唯一可行的方法就是出奇制胜，把尖刀插在对手防守最薄弱的地方。对手防守最薄弱的地方在哪儿呢？就是玄武门。一来玄武门是太子李建成与李元吉面见李渊的必经之地，二来守卫玄武门的将领常何表面上是太子心腹，实质上是李世民的暗线，早已被李世民收服了。

局已布好，计已定下，最后的暴风雨马上就要来临了。

唐高祖武德九年（626）六月初四日。这原本是一个极为普通的日子，但因为一件重要事件的发生，让这个日子变得非同一般，在中国历史上留下了浓墨重彩的一笔，改变了中国历史的进程。

这天一大早，李建成和李元吉兄弟二人并辔而行，穿过通训门，直朝玄武门方向而去。

其实，长安宫廷建在渭水南岸龙首原高坡之上，位居长安城正北，坐北朝南，风水极佳。整个宫廷共分为太极宫、东宫、掖庭宫三大部分，错落有致。太极宫为其主要部分，是皇帝听政、住宿之处。太极宫不仅名为"太极"，其整体布局也带有道家风格。太极宫北面至西内苑有两道门：玄武门和安礼门，玄武门是正门，正对西内苑，安礼门为侧门。

玄武门在太极宫正北端，居高临下，俯视着整个宫城，更是进出皇宫的咽喉之地，地理位置尤为重要。玄武门正对的便是摆祭道家始祖神位的玄武殿，东西两边隔着御道，分别是太极宫御花园与玄武坛。隔着广场与玄武殿南北遥遥相对的，便是皇帝接见外任刺史、太守、州丞、县令的紫宸殿了。紫宸殿东侧是玄武坛，西侧是隶属掖庭宫的浣衣监，左右各有一条宽约八步的甬道通往内宫。

兵法云：知己知彼，百战不殆。此时负责把守玄武门的将领叫常何。常何原本是太子李建成的人，但太子争夺战开始后，两人都互挖墙脚。李建成曾以重金收买李世民手下骁将尉迟敬德、段志玄等人，但没有成功。李世民也不甘落后，用重金收买李建成手下将领常何和太子右内副率张公谨却获得了成功。

常何之所以转投李世民，除了见钱眼开外，还有一个原因是：常何的籍贯是汴州浚仪（今河南省开封市），和李世民帐下很多英雄豪杰是纯老乡，在乡情的影响下，常何投靠了李世民。

结果可想而知，李世民在常何的"网开一面"下悄无声息地带兵设伏，静候李建成和李元吉的到来。

李建成和李元吉不久就来到了距玄武门不远的临湖殿。突然，李元吉凭着敏锐的嗅觉，发现玄武门一带的情况大异往日，这里是那么静，静得有点瘆人。不说连一个宫女都没看到，甚至连一个巡弋宫城的禁军士兵也没看到，太极宫的宫廷宿卫虽说不比前隋般紧肃，却也不至于松弛到这等地步。因为皇帝的突然召见，李元吉本就惴惴不安，此刻见到如此诡异情景，更是大觉不妙。

"大哥……"李元吉突然勒住了马头，嘴角哆嗦着，千言万语只吐出这么两个字来。

李建成回过头来看着一脸慌乱的李元吉，问道："怎么啦？"

太极宫内宫本是李建成这个当朝太子常来常往的所在，此刻见到这样一番光景，他原本笃定的心中也不禁疑云大起。此时他表面镇定，内心却产生了波动。一个很严重很现实的问题摆在他面前：向前走还是向后退？

说实话，他此时很想勒转马头便往回走，但虚荣心又促使他不能回头。此时回去，一来违抗李渊的敕书，到时候会吃不了兜着走；二来连皇宫都不敢进，到时候朝中文武百官一定会嘲笑讥讽他懦弱，是扶不起的阿斗。

正在李建成陷入沉思时，蓦地，从前边不远处茂密的树林中，传出一两声悠长的马嘶，隐隐约约似有一些人影在走动，不时还闪烁出一星半点刺眼的光斑……

"不好，林中有伏兵，大哥快撤！"李元吉大喊一声，说完掉转马头就跑。

李建成闻言大惊，当下再不迟疑，拨转马头便要跟着跑。就在这时,空中传来一个空灵之音:"太子殿下和齐王往哪里去?"

这话如同晴天霹雳,一下震住了原本打算狂逃的李建成和李元吉。两人僵在那里,木然地回头张望。但见林中出现一个银盔银甲、身骑战马的青年将军,定睛细看,不是李世民又是谁。只见李世民气定神闲,低声道:"奉诏早朝,怎么未见父皇,便要出宫?莫不是要谋反吗?"

李世民一现身,李建成便觉得情势不对。今日见驾,他怎么这般装束?难不成他要谋反?李建成脑海里飞快转动着,还未待他张嘴回答李世民的问话,一旁惊得心胆俱裂的齐王李元吉已经作出几乎是最本能的反应:二话不说,摘下了挂在马鞍上的长弓,随手抽了一支箭出来,搭在弦上,瞄准李世民嗖的一声便射了出去。

然而,关键时刻李元吉心理素质的不过硬展露无遗,仓皇之间,他的弓未能拉满,因此,箭刚射出去便只剩强弩之末,生生地坠落于地。

紧接着,李元吉再发两箭,结果因为心中惊慌,这两次没有拉开弓,只是徒有射箭的动作,却没有射出箭来。

"让你三箭又如何?"李世民嘴角挂着一丝讽刺的微笑,然后很从容地弯弓搭箭,高声喝道,"且吃我一箭。"说时迟那时快,随着一声清晰的弓弦响动,一支离弦之箭飞奔而来。说时迟那时快,随着李元吉心胆俱裂的一声呼唤:"大哥……"李建成根本来不及作任何反应,中箭而倒。

殷红的鲜血顺着李建成的颈项汩汩流出,他的嘴角嚅动着,却再也发不出声音来。他只能用尽所有力气,仰视着巍峨高大的玄武门,他知道再也没有机会走进这象征最高权力的殿堂了,他此时只想再多看一眼。

李元吉这时只有逃跑的份儿了,然而,就在这时,尉迟敬德带了七十多个骑兵冲杀过来。眼看坐在马上容易被箭射中,李元吉赶紧跳下马来,钻入附近的树林。

李世民自然不会再放李元吉这只"虎"归山,他策马追去。在林中追逐，就好比大炮打蚊子一样，骑马的人总不如步行的人灵活便捷。但见李元吉左转右绕，忽东忽西，李世民被他忽悠得够呛。追逐中，李世民被一根横斜而出的粗壮树枝挂住摔下马来，疼痛难当，一时爬不起来。

李元吉见状，立即转过身来，夺下李世民的弓箭，想将他扼死。李世民被摔得半死，哪里还有还手之力。

就在这千钧一发之际，忽然身后晴天霹雳一声大吼："鼠辈安敢！看你往哪里走。"

李元吉抬头一看，只见尉迟敬德狂啸着拍马赶来。

他自知不是这个"虎痴"的对手，当下顾不得再和李世民拼命，拔腿便跑。尉迟敬德没有再追，而是张弓拉弦一气呵成，朝李元吉一箭射去。

李世民只一箭便让太子李建成命丧黄泉，尉迟敬德这一箭同样也让李元吉走上了奈何桥。

李建成的随从见主子已死，逃出了玄武门，作鸟兽散。

玄武门之变就这样以闪电的方式收场。

2.揭开李渊退位谜团

李建成三兄弟火拼的时候，李渊正带着大臣、妃子们乘船游玩，忽然见一个全身戎装的将军闯进来，且身上血迹斑斑，不由得大惊，忙问道："来者何人？"

"臣尉迟敬德前来护驾。"将军道。

"擅闯皇宫，该当何罪？"李渊怒道。

"太子、齐王意图谋反，已被秦王诛杀，唯恐惊扰了陛下，臣特前来护驾！"尉迟敬德道。

"啊？"在场的人闻言全都呆若木鸡，以为是自己听错了。

"太子和齐王都死了？"过了好一会儿，李渊像是喃喃自语。

"是。"尉迟敬德斩钉截铁地道。

"本是同根生,相煎何太急?"李渊突然流下两行热泪来。

"太子余党还在负隅顽抗,请陛下定夺。"尉迟敬德厉声道。

"今日之事,你们说应当如何处置啊?"李渊见尉迟敬德如此逼宫,只好来个移花接木。

这时众人都识时务地选择了沉默,此时沉默是金。

气氛越来越尴尬,侍从在侧的大臣萧瑀、陈叔达对视一眼,异口同声地道:"建成、元吉本来没有参与夺取天下的战争,又没有平定天下的功劳,还小心眼,妒忌秦王功高望重,共同勾结,以成奸谋。今天秦王已经将他们诛灭。秦王劳苦功高,威扬四海,天下归心。陛下如果能够立他为太子,就不再有事了,陛下尽可安享太平。"

李渊是个明白人,他知道秦王不但杀了李建成、李元吉,还控制了大局,现在自己也是瓮中之鳖。事情已经到了无法挽回的地步,与其继续鸡蛋碰石头,不如顺水推舟,否则自己也在劫难逃。想到这里,他马上来了个三步走:

第一步是顺水推舟。李渊强颜欢笑道:"善哉,善哉,今日之事,正好了却朕的夙愿啊。"

第二步是扬波逐浪。李渊说完违心话后,马上下了一道违心的诏令:"元凶太子李建成、齐王李元吉已毙,二府中其余人等,各司其职,静候发落。若轻举妄动,谋乱潜逃,格杀勿论,株连三族!"

第三步是定海神针。此时生米已煮成熟饭,李渊只好无奈地宣李世民上殿。

事实证明,李渊果然是识时务的。第一步,李渊保全了自己的性命,最终得享天年。第二步,让李世民彻底走向光明,东宫、齐王府的军心动摇了,他们放弃了负隅顽抗,作鸟兽散了。第三步,李渊上殿后,和李世民之间来了个真实的"相逢一笑泯恩仇"。具体过程如下:

首先是李世民作秀:李世民见了李渊,来了个一跪(长跪不起)、二抱（抱着李渊的脚）、三哭（号啕大哭）、四诉（"儿臣有罪，儿臣该死，儿臣不孝"）。

其次是李渊表演：李渊见状，来了个一走（上前一步）、二摸（抚摸着李世民的头）、三慰（是父皇不对，是父皇不好，是父皇眼睛被灰垢蒙蔽住了，近些日子来，被许多谣言所惑。你才是父皇最值得信任的儿子啊）。

作秀完毕，很快，李世民做出残酷之举，将李建成的五个儿子、李元吉的五个儿子全部杀死。

值得一提的是太子东宫僚属魏徵。玄武门之变后，东宫和齐王府的文武官员纷纷逃离京城，唯独魏徵不肯走，他一个人怔怔地站在偌大的太子府，仿佛遗世独立，只有眼角滚滚而落的泪水显露着他无尽的悲伤。

很快，士兵们把魏徵押到李世民面前。

"魏徵，你知罪吗？"李世民道。

"身为臣子，为主担忧，何罪之有？如果太子肯听我的话，就不会有这样的结局了。可惜、可怜、可悲、可叹啊。"魏徵昂然道。

"死到临头，还敢嘴硬，是活腻歪了吧……"秦王府骁将程咬金怒吼道。

"事已至此，只求一死，别无所愿。"魏徵毫无惧色。

"过去的事就让它过去吧。"李世民一边说着，一边给魏徵松了绑。

"你这是干吗？"

"大唐王朝需要你这样的人才。我任命你为朝廷的谏议大夫，你以后就跟在我的身边吧。"

"只宽宥臣一人是没有用的，太子和齐王的部下多着呢，他们是不会轻易屈服的。"魏徵被李世民的真诚所感动，含着泪道。

"我现在就任命你为特使，去宣布朝廷的旨意。"李世民一字一句地道，"既往不咎，全部赦免。"

"如此天下大幸，苍生大幸，我大唐大幸啊。"魏徵泣拜道。

果然，李世民的赦免令一出，流亡在外的太子集团残余部下便彻底瓦解了。

魏徵从此成为李世民最为倚重的大臣，一心一意辅佐李世民完成了中国历史上著名的"贞观之治"，被称为"千古诤臣"。

武德九年（626）八月初九日，李渊下诏传位于李世民，李世民作秀，两个字：辞让。李渊反作秀，两个字：不许。

八月初九日，李世民即位于东宫显德殿，尊李渊为太上皇。李世民就是一代名君唐太宗。

唐太宗李世民的上位虽然是通过暴力实现的，但很多史学专家分析认为，玄武门之变的"罪魁祸首"其实应该是李渊。

李渊当初的发迹主要靠的是一群"太原功臣"，在开国之后，李渊为了排挤这些功臣，虽然没有卸磨杀驴，但他开始重用亲信——自己的儿子们，让李世民和李建成共同掌管军政大权。

李建成作为长子，李渊早早就把他立为太子。但李渊也给自己留了一手，为了制约太子的权力，赋予了李世民更多的权力。之后，李世民常年在外征战，赢得了朝廷内外一致好评。而随着功绩越来越多，声名越来越高，他野心也越来越大，向李建成的太子之位发起了进攻。

其间，李渊仍旧在他们兄弟俩之间玩弄帝王权术，并没有明确支持李建成，最后导致了玄武门之变的发生，酿成了兄弟相残的悲剧。

玄武门之变以后，李世民去拜见李渊，李渊知道事情已经无法挽回了，竟然笑着说道："这些天父皇听信了谣言，误会你了。"

李世民于是跪倒在地上抱着李渊的腿痛哭。李渊于是立马立李世民为太子。之后，李渊主动让位给李世民，自己成了太上皇。

其实，事实上，李渊退位是被逼的，他并不心甘情愿。

玄武门之变后，李世民不仅控制了长安城，就连太子李建成的诸多党羽也被囚禁起来，这其中就有李渊的皇孙，李建成、李元吉的子嗣们。李渊曾哀求李世民，放过李建成、李元吉尚在襁褓中的孩子们。

对此，李世民也有点摇摆不定。正在这时，一个大臣向李世民进言，提醒李世民不要忘记一个人——西汉时期的淮南王刘安。

淮南王刘安的父亲，即淮南厉王刘长，因自己和汉文帝同是高祖刘邦的儿子，便在朝中目无王法、胡作非为，最终因谋反之事败露而自杀。汉文帝最后不仅没对其家眷严肃惩戒，还准许其子刘安继承淮南王之位。结果刘安继任淮南王后，没有感谢皇恩，反而做出替父报仇之举，后在儿子刘迁、女儿刘凌的支持下，再次叛乱，企图推翻汉武帝，自己来当皇帝，最终被汉武帝平息。

前车之鉴在前，李世民于是痛下杀心，将李建成、李元吉的血脉一律处死。

而眼看着自己的孩子骨肉相残，李渊绝望之下说了这样一句话，十四个字："汝杀吾子孙，他日汝子孙亦复如是。"

岂料李渊这一句话如同诅咒一样，最后竟然一一应验了。二十年后，李世民的儿子们也经历了血肉自相残杀之事。李世民所立的太子和四子先是明争暗斗，后来甚至引发叛乱，以流放致死告终。而其他的几个儿子相继以谋反的罪名被杀，十几个儿子最终活下来的只有李治和李福。最后继承皇位的李治是扶不起的阿斗，他将李世民的才人武则天扶上了皇后的位子，最终武则天取代李氏称帝，差点葬送了大唐江山，这是后话。

而李渊被迫退位、成为太上皇之后，饱受非议的李世民出于"弥补"心理，还是极力维护父亲的体面。比如说，李渊退位后，仍然居住在皇帝所住的太极宫中享乐，而他自己居住在太子所住的东宫中处理政务。

一开始，李世民是乐于这样做的，毕竟他夺了父亲的皇位，已经受到了很多非议；如果再夺走父亲的宫殿，就更加坐实了不孝的罪名。所以他没有逼迫李渊搬迁。

同时，李世民还在太极宫中安排了大量的宫女伺候李渊，以期李渊得以颐养天年。

然而，时间一长，李世民心里的矛盾就来了，毕竟长期居于偏殿，和正宗皇帝的身份不相符合呀。

正在李世民犯愁时，一位叫作李百药的中书舍人主动站出来为李世民排忧解难。当时正值长安遭遇干旱，李百药就此借题发挥，他上奏说，长安的旱灾是太上皇宫里的宫女太多、阴气太盛所致。

李百药的话明显是胡编乱造的，在李世民那里却很管用，他正愁找不到把李渊赶出太极宫的理由。有了李百药的这道奏折后，他马上下了这样一道圣旨：

"妇人幽闭深宫，情实可愍。隋氏末年，求采无已，至于离宫别馆，非幸御之所，多聚宫人。此皆竭人财力，朕所不取。且洒扫之余，更何所用？今将出之，任求伉俪，非独以省费，兼以息人，亦各得遂其情性。"

意思很简单：宫中的宫女太多了，浪费财力，也没什么用，还不如将她们放出宫，随便她们回家嫁人，自由婚配。

也就是这道圣旨，三千多个宫女被撵出宫。往日热热闹闹的太极宫突然变得门可罗雀，李渊只好借口自己喜欢山水，请求搬到李世民以前居住的弘义宫去。

弘义宫是李世民当王爷时的住所，因年久失修，已是满目衰败荒芜，当然不适合身份尊贵的太上皇居住。李渊原本是想以退为进，逼李世民恢复自己的"最高皇帝待遇"。然而，这正合铁了心的李世民的心意，他马上答应了李渊的"请求"，只将弘义宫改名为大安宫，没有作任何修葺，就让李渊搬过去了。

到了大安宫，李渊彻底醒了，这里不但没有了宫女的簇拥，连亲朋好友也见不到一个了，就连李世民也对他不闻不问了。什么叫孤独寂寞，什么叫孤立无援，什么叫孤独寂寞，他在宫中慢慢体会，个中心情和伤感可想而知。

贞观九年（635）五月初六日，七十岁的唐朝开国之君李渊在大安宫中走完了他的一生，留下的却是令人感叹和唏嘘的历史片断。

第三章　大唐在这里拐了个弯

一　入宫：理想很丰满，现实很骨感

1.武则天为什么不入李世民的法眼

武则天，并州文水（今山西省文水县）人，武德七年（624）出生于官宦之家，是唐朝开国功臣武士彟的次女。

武家的祖上曾经是做过大官的，但是到了武士彟这一代，家族已经没落。无奈之下，武士彟只能靠卖豆腐养家，后来靠卖木材发家。发家后的武士彟并不满足，他想要光宗耀祖，于是在隋末战乱时期，投靠了李渊，并为李渊起义而散家财万贯。

武士彟鞍前马后舍己为人，功夫并没有白费，他被李渊视为心腹。唐朝建立后不久，李渊对支持他起兵的功臣大加封赏，武士彟被封为二级功臣，并获得犯罪免死的优待。

武士彟在近卫军中供职期间，仍留在原籍的夫人相里氏和一个儿子相继死去。武士彟勤于职守，没有回家。后来李渊知道后，特下旨表扬，并主动给他说媒，那对象当然不是一般的人，李渊给武士彟选中的是隋朝贵族杨达的女儿。

武士彟和杨氏婚后琴瑟和谐，情感甚笃；杨氏也十分争气，她给武士彟生下三个女儿，她们都遗传了杨氏的优良基因，个个是长得出水芙蓉、婀娜多姿、风华绝代。其中的一个女儿后世称武则天，更是倾国倾城、貌冠天下。

天有不测风云，武则天十二岁时，父亲武士彟突然去世了。据说，武士彟之死是因为心病。原来，李渊自从荣升为太上皇之后，心里被无尽的失落和懊悔充满着。失落的自然是"无可奈何权落去"，而懊悔的就是自己尽管一直在努力地未雨绸缪，还是没能阻止兄弟相残的玄武门之变。也正是因为这样，郁郁寡欢的李渊退位只几年光景，便撒手人寰。

李渊一死，惊闻噩耗的武士彟哭得死去活来、伤心欲绝。对武士彟来说，他之所以能从小贩子、木材商、小老板，成为大将军、大尚书、大都督，完全是李渊成就的，更遑论家势、官位、娇妻、贵女……可以说李渊就是他的精神支柱，现在这根支柱轰然倒塌，怎能不让他肝肠寸断、悲恸欲绝？怎能不让他号哭不已、卧床不起？

哀莫大于心死。心已经死了的武士彟，此时就算华佗再生，也无济于事了。

树倒猢狲散。武士彟死了，也就意味着武则天的好日子到头，苦日子来了。因为武士彟所留下来的家产很快就被她的同父异母兄弟及族人瓜分完毕。杨氏母女因为没有男子支撑门户，只能任其所为，过着寄人篱下的生活。

为了尽快摆脱这种苦难生活，杨氏冥思苦想了良久，终于豁然开朗，一个好想法涌现出来——送女儿入宫。

贞观十一年（637），武则天迎来了她的改变命运之旅——入宫。为了充实后宫，唐太宗发布了一道"选妃令"。结果，在众多女子中，年仅十四岁的武则天因为美貌和才华，成为唐太宗后宫的最后一个嫔妃。

入宫后，唐太宗对武则天并不重视。但武则天并没有因此而气馁，而是积极地寻找机会，吸引皇帝的注意力。她知道，想要在宫中立足，必须展现出自己的独特魅力。

杨婕妤是齐王李元吉之妻。长孙皇后去世后，杨婕妤被接入宫中，得到了太宗的宠爱，成了唐太宗的宠妃。武则天为了巴结杨婕妤，主动向她示好，与她结交。有了杨婕妤的帮助，两个月后，武则天终于得到唐太宗的临幸。《新唐书》记载，武则天为唐太宗翩翩起舞，"碧黛云鬟，花羞玉屑"，此外，精通各种乐器的她还展示了自己的一些独特才华。

一夜缠绵过后，李世民给了武则天一个封号——才人，同时给了她一个崭新的称号——媚娘。

当时唐朝的后宫分七个等级。第一等：皇后；第二等：夫人（秩正一品），共四人，分别为贵妃、淑妃、德妃、贤妃；第三等：九嫔（秩正二品），共九人，分别为昭仪、昭容、昭媛、修仪、修容、修媛、充仪、充容、充媛；第四等：婕妤九人（秩正三品）；第五等：美人九人（秩正四品）；第六等：才人九人（秩正五品）；第七等：宝林（秩正六品）、御女（秩正七品）、采女（秩正八品）各二十七人，为八十一御妻。

"才人"虽然在职位上和婕妤、美人合称二十七世妇，位列第六等，但武则天初入后宫，能得此称号，已经是站在很高的起点了。如果按照这个势头发展，武则天应该快速上升才对。然而，事实并非如此，武则天很快就遭遇到了人生的"滑铁卢"。

其实个中原因是武则天弄巧成拙。原来武则天自从得到李世民一夜雨露后，不但得到了媚娘的称号，而且得到了才人的封号，心里自然美滋滋甜蜜蜜的。为了进一步讨得李世民的欢心，武则天无所不用其极。然而，这个世上的事并不是付出了就有回报的，武则天尽管尽心尽力、尽职尽责，结果却适得其反，比如，她做了一件"逆天"的事——驯马。

一天，李世民带着后宫的妃嫔们到后苑游玩，赏花观树早已看淡了，他便命人牵来一匹马。这匹马不是一般的马，是一匹奇马，也是一匹宝马，叫"狮子骢"。之所以有这样奇特的名字，源于它的长相：它的皮毛是紫红色的，油光发亮，鬃毛密而长，形如狮鬃。它不但长得像狮子，而且四蹄如钢铸般强劲而有力，跟狮子有一比。

李世民得到了这匹"狮子骢"后，自然把它当宝贝来看待。此时，他把自己的这个"秘密武器"亮相自然是想在自己后宫的女人面前展示和显摆。马出场后，接下来是李世民表演的时间了。只见他春风得意地走到马前面，上马前，他伸手去抚摸它，然而，出人意料的事情出现了，正在这个节骨眼上，桀骜不驯的"狮子骢"突然发出咴咴的叫声，紧接着前蹄跃起，大有"顺我者昌，逆我者亡"之气概，再接着后蹄横扫过来，几乎要踢到李世民身上。身边的卫士吓得赶紧上前护驾。马倌唬得面如白纸，赶紧上前，想要"驯服"这匹马，但这匹"狮子骢"发飙了，又是咬又是踢，想要挣脱辔头，实现自由。场面处于严重失控状态。

"谁能驯服它？赏银百两，绢绣十匹。"李世民急叫道。

众人面面相觑，无人敢应，正在这时，人群之中有一个人挺身而出，声音虽然清脆悦耳，但似平地一声雷，震响每个人的耳朵："臣妾能制服它。"

李世民很是惊讶地看着文弱的武则天，问道："你……你，有什么好办法？"

"臣妾只要三件东西就可以彻底制服它。"武则天很是平静地说。

"哪三件东西？"

"一根铁鞭，一把铁锤，一把匕首。"武则天说到这里顿了顿，才又接着说，"它不听话，我先是用铁鞭抽它一百下，抽得它皮开肉绽，伤筋动骨；如果这样还是驯服不了它，那么我就用铁锤砸它一百下，砸得它血肉模糊，筋脉俱断；如果这样还是不能驯服它，证明这马留着也没什么用了，就用匕首直接砍断它的咽喉，让它血溅当场。这样马自然服了。"

"高明，高明，见识了，你真有能耐。"李世民定定地看着外表柔弱婉丽但脾性刚烈暴躁、手段凶残无比的武则天，内心的震撼是前所未有的，刹那间，他的脸色黑得像是下雨前乌云密布的天空……

武则天见李世民脸色不对，赶紧解释道："溥天之下，莫非王土；率土之滨，莫非王臣。这天下的良驹骏马，自然是为君主所乘骑用的，现在如果这马都驯服不了,留着它还有什么用呢?"

"很好,很好,此法甚妙,绝世之谋!妙极,妙极,受用了,受用了……"李世民说着转身一溜烟地走出了后苑。

众人幸灾乐祸地看了看武则天,也随之迤逦走到苑外。只剩下武则天望着李世民的背影,呆若木鸡,后悔不迭。她本想来个"一鸣惊人",结果弄巧成拙,一不小心搬起石头砸了自己的脚。

在李世民心里,女性应该是像长孙皇后那样贤淑仁爱、温柔敦厚、知书达理,而武则天刚刚展现的"血腥"和"暴力"让他无比震撼。

可惜,当时的武则天毕竟还小,还不明白其中的道理。

驯马事件,让李世民从内心改变了对她的看法。再加上这时宫里宫外流传"唐三世后,女主武王,代有天下"的谶言,李世民知道后,惊恐之下对姓"武"和名字里带"武"的官员进行了"严打"。

武则天虽然是女人,但因为姓"武",她更让李世民心有戚戚焉。

2.武则天什么时候和李治好上的

当然,李世民此时不但对武则天不感兴趣,对后宫其他妃嫔也不感兴趣了,因为他身体变得越来越不好了。当然,他之所以"衰老"得如此之快,除了长孙皇后病逝后的过度放纵,还有一个原因,那就是被自己的几个儿子折腾的。

人在皇家,身不由己。他的儿子们和他当年一样,也进行着残酷的太子之争。

先来看看李世民的儿子们的情况吧。他一生共有十四个儿子,可谓广撒网,多捞鱼,儿子生了一箩筐。按照立长的原则,他的长子李承乾理所当然地被立为皇太子了。李承乾是个聪颖之人,为人厚重,文质彬彬,礼让有加。再加上老师的精心调教,他更是知书达理,深得唐太宗的喜爱。在为高祖守孝期间,唐太宗便让太子处理政务。其间,李承乾展现了超人一等的治国才能,唐太宗对他更是放心了,此后每次出宫，都让太子监国，而每一次，李承乾都没有让唐太宗失望，把朝中大事处理得有条不紊。唐太宗高兴之余，时常当着文武大臣的面夸奖太子，而且只要是李承乾开口，什么需要都满足。

按唐太宗的意图，经常在大臣们面前夸太子，一来给太子以自信，二来给太子树立威望。这是培养继承人所需要的啊。然而，事实证明，溺爱和过度的夸奖就像甜言蜜语一样，会击垮一个人的心灵，会让一个人高高在上，不知道天高地厚。

因为有唐太宗的溺爱，李承乾变了，变得花天酒地、游手好闲，还经常干出一些胡闹的事来，甚至从市井抢来民女，弄得人心惶惶，怨声载道。

也正是因为这样，李承乾失德了，失信了，也失民心了——多年来营造的良好口碑毁于一旦。

也正是因为这样，不甘屈居人下的魏王李泰有想法了。他的想法很现实也很明确：争夺太子之位。

他之所以第一个站出来和李承乾掰手腕，是因为他拥有动真较劲的底气：他在李世民十四个儿子中年龄仅次于李承乾，按照皇宫继承法，他是第二个有资历成为太子的人选。此时太子李承乾无德，他产生"取而代之"的想法，也情有可原。

当然，李泰之所以敢和李承乾争太子之位，还有一个很重要的原因，就是有李世民这个先例在。当年李世民不也只是一个王——秦王吗？后来不也是以次子的序列，摇身一变，成了一国之主的吗？李世民为他树立了"太子之位是可以夺来"的榜样，李泰有样学样也就不足为奇了。

当然，争夺太子之位是项技术活，来硬的不行，来明的也不行，只能玩"虚"的，玩"暗"的，聪明的李泰选择了唐太宗走过的路线——人才战略。他办了个文学馆，以低姿态高待遇为诱饵，以交流学识建设大唐为理由，以重金招天下文人异士于馆中，暗中密谋太子之位。

文学馆整天书声琅琅，往来文人异士成群，开口闭口都是"之乎者也"之语，"老子孔子"之言，"四书五经"之诵，引得唐太宗另眼相看。

李泰见文学馆起到了效果，没有小富即安，而是立马再下了一剂猛药，集手下这些文人异士全体之力，编写书籍《括地志》。结果当他把《括地志》献给唐太宗时，病榻上的唐太宗高兴不已，激动地说：泰儿真乃朕之遗风也。之后，唐太宗还来更实的，那就是对李泰进行了大大的赏赐，让他移居武德殿，并且以后每月都从府库下拨专项"料物"给李泰用于研究学问、著书立说。而这专项"料物"，居然远远超过了东宫李承乾的"办公费"，引人侧目。

也正是因为这样，李泰的声名就水涨船高，这和李承乾形成了鲜明的对比。李泰这时已经建立了一个强大的谋位集团，手下拥有了"四大剑客"：驸马都尉柴令武、房玄龄之子房遗爱、黄门侍郎韦挺、工部尚书杜楚客。

李泰眼看自己羽翼已丰，便不再隐忍，而是寻找机会，准备对太子动手了。

一日，李世民上朝，诸王都在，唯独不见太子，便问太子去向。朝中大臣都选择了三缄其口，李泰却挺身而出，直言不讳地揭露了太子的去向："前日臣看到了太子去郊外狩猎了，只因为有称心陪伴，迟迟都不愿归来。"

"什么？"李世民听了满头雾水，忙问，"什么是'称心'啊？居然让他连上朝也忘了呢。"

"称心就是一小黄门（宦官）的名字。"李泰答。

"哦，这个名字倒很奇特啊。"李世民道。

"这是太子所赐的。"李泰说着把声音故意拉低了，"听说他们俩的关系非同小可，日夜厮守，不离不弃……"

"这就叫断袖之癖吧。"震怒之下的李世民马上下令，对称心格杀勿论。

结果可想而知，尽管太子李承乾使出了浑身解数，想要保全自己近来深度迷恋的男宠，但在皇命面前显得那样苍白无力，最终，他只能眼睁睁地看着自己的"称心"惨死。

称心死了，太子哭了，手下们说话了，说出了李泰是幕后推手的实情。太子听了，生气了，大怒了，发飙了，直接去找李泰算账。

为了让账算得一清二楚，李承乾当夜叫来封师进、张师政、纥干承基等心腹之人，商议对付李泰的事，最终达成了一致："李泰通过办文学馆，借机提高自己的声望，广结天下大臣，其司马昭之心，路人皆知。现在都敢在太子头上动土了！与其坐以待毙，日后受他的凌毒，不如先下手为强，先把这个死对头一锅端了再说。"

计谋定下，只等东风。贞观十七年（643），李承乾终于等来了"东风"——汉王李元昌和吏部尚书侯君集。这两个人，一个是他的父辈中威望较高的叔叔，一个是朝中一言九鼎的重臣。他们两个因为看不惯李泰的为人，明确地表示支持太子。

有了李元昌、侯君集这两个人的支持，李承乾信心和勇气大增，当机立断，准备发动宫廷政变，一举夺得皇位。说得再直白点，就是重走"玄武门之变"的老路。然而，事实证明，"走自己的路，让别人去说"才是高明的，才是可取的，而"走别人的路，让自己去品"效果并不一定很好。比如说，李承乾就是这样，他选择了走别人的路让自己去品。

就在即将要发动叛乱的节骨眼上，原本一直站在李承乾身边支持他的纥干承基却来了个"悬崖勒马"——告密。应该说，他在关键时刻，幡然醒悟：毕竟，发动政变可能是一条不归路。因此，他刚刚跨出半步，就选择了回心转意。

也就是这一回头，彻底把李承乾送上了不归路。结果李世民的"屠龙刀"一亮，李承乾及太子集团被一锅端。本着人道主义，李世民并没有直接把李承乾送上法场，而是给他重新换了一顶帽子——废太子，并且改变了居住地——监狱地牢。当然，李世民之所以饶了他的死罪，那是因为李承乾被抓后对他说的两句话震撼了他：

第一句："臣贵为太子，更何所求？但为泰所图，特与朝臣谋自安之道。"臣已经是太子了，为什么还要造反？这还不是魏王李泰处处逼臣所致？臣为了自保才做出这样的蠢事来啊。

第二句："不逞之人，遂教臣为不轨之事。今若以泰为太子，所以落其度内。"言外之意，臣不奢求父皇的原谅，臣只是希望奉劝父皇一句——立谁为太子，也别立李泰，要是立了李泰为太子，这天下必将大乱，那样，臣死不瞑目。

也就是说李承乾在入监狱时，也没有忘了贬一把李泰，结果李泰处心积虑多年，眼看胜利在望，得到了同样的结果：贬为庶民。

就这样，在这场太子争夺战中，太子李承乾和李泰以互相残杀的方法弄得两败俱伤。

螳螂捕蝉，黄雀在后。最终，李世民改立晋王李治为太子。柔弱的李治做梦也想不到就这样走上了历史舞台的中心。

这时的李世民身体越来越糟糕，已经到了重病的边缘了。无奈之下，李世民下诏，令太子李治全权处理朝中机务大事。

朝廷的重担一下子全落在了生性懦弱的李治身上。李治虽然性格懦弱，天生少霸气和傲气，为人却是不错的，孝顺、厚道。孝顺到了什么程度呢？白天他处理完朝中政事，晚上便跑到李世民的寝殿——大明宫长生殿，衣不解带地侍候他，李世民吃的药，都是他亲自弄的。

也正是因为这样，病榻上的李世民很是感动。他三番五次地劝说李治每天去忙自己的事就行了，不用来照顾他，他身边有的是侍候的人。但李治坚决不肯，坚持说："儿臣这样守着父皇，心里踏实些，只有父皇病好了，儿臣心情才会好起来。"

眼看劝说无效，最终李世民只得妥协了，同时还给李治一个特权，可以在他旁边的偏殿里留宿。单从这一点来看，父子两人的关系达到了一种相亲相爱的高境界了。

然而，李世民不会料到，李治就是在侍奉他的这段时间里，竟然和武则天对上了眼。

根据《唐会要》记载，李治对武则天是"悦之"，也就是爱慕她了。这天，李治前来看望父皇，偶遇了武则天。李治一眼就被武则天英姿飒爽的形象深深吸引，两人开始眉目传情。

当然，其实应该说是武则天主动勾引李治才对。面对美色的诱惑，李治陷入其中不可自拔。从此，只有十八岁的李治深深地爱上了比他大四岁的武则天。

3.武则天在感业寺经历了什么

贞观二十三年（649），一代明君唐太宗李世民逝世。

李世民逝世前，上演最后一"哆嗦"。

一是对朝中大臣进行"托孤"。李世民为太子李治安排了三位托孤大臣。这三人分别是长孙无忌、褚遂良、韩瑗。这三人不仅都是朝中位高权重之臣，而且都是大臣中德高望重之人。让这三人当辅佐大臣，可谓李世民经过深思熟虑的选择。与此同时，李世民把朝中武将中的重量级人物李勣调到地方，任叠州都督，说得再直白点，就是直接剥夺了李勣的兵权。李勣就是前文提及的徐世勣。唐武德元年（618）他归唐后，赐姓为李，后又避唐太宗李世民之讳，改单名为勣。李世民之所以这么做，原因只有一个：李勣是两朝名将，手握兵权，在京城属于一呼百应之人，但他跟废太子交情很深，怕他利用手中的兵权做出叛逆之事来。

二是对后宫宫女进行"清宫"。李世民下令宫中妃嫔，无子女者，悉出宫为尼。

做完该做的事后，李世民就驾崩了。于是，李治在三位托孤大臣的主持下，立马登基了。李治登基之日，却是武则天的灾难之日。李治意气风发地走上那万人景仰的宝座。而形成鲜明对比的是，武则天垂头丧气地走向了那一千个一万个不愿去的地方——感业寺。

那么，李世民为什么不杀武则天以绝后患？笔者认为主要原因有二。

一是李世民错爱了武则天。武则天入宫后，李世民曾一度对其极为宠爱，一举提拔她为才人。而这时的武则天毕竟年纪还小，急于表现自己，自从班门弄斧地出了驯马之策后，李世民发现了其野心，再加上武氏当天下之主的谶语的影响，李世民对武则天一度冷到了极点，虽然没有直接把武则天送上法场，却把她打入了冷宫。这暗示，李世民心里显然还是舍不得对武则天痛下杀手的。

二是李世民低估了武则天。当然，李世民不杀武则天，还可能与念及武则天之父是老臣有关。但李世民在处理武则天过程中，明显是低估了武则天，他认为把她打入了冷宫，自己死后再把她发配到感业寺当尼姑，这样她日后只能青灯为伴，再也进不了宫。他却想不到武则天早已"傍"上了他的儿子。

只是唐高宗李治刚刚登基，皇位尚未坐稳，不敢违背先帝李世民遗诏，害怕落人口实，只能忍痛将武则天送走。临行前，他见了武则天一面，并承诺有朝一日定会将武则天接回皇宫册封为妃。

武则天虽然一千个不心甘、一万个不愿意，但也只好在太监的护送下来到了长安城郊的感业寺。

感业寺中的老尼姑们等候已久，她们的工作就是为新入寺的妃嫔剃度。看着前面剃度的妃嫔梨花带雨地哭泣，武则天心中虽然有些悲凉，但并不害怕。

轮到为武则天剃度时，老尼姑刚想要动刀，武则天冷冷说了八字：发落复生，首级不会。意思是说：头发剃光了还会再生，头被砍掉了却不能复生。

这句话话中有话，老尼姑当然听出了弦外之音，再仔细观察她不凡的气度和坚定的眼神，深知武则天日后必定有大造化，为此心一颤，握着剃刀的手一抖，咣当一声掉落在地。

当然，老尼姑最终还是要遵从圣旨为武则天剃度。武则天剃度以后，在感业寺诵经礼佛，心中却期盼着李治能早日将她接回皇宫。

武则天再次见到唐高宗李治已是三年之后的事了。三年来，她盼星星盼月亮，只为盼这一天的到来。

李治之所以来感业寺，名义上是祈祷（在唐太宗的忌日里祈祷），实际上是为了续缘。毕竟自从无可奈何地把武则天驱逐到感业寺后，他多次想去把武则天接回皇宫来，但最终理智战胜了冲动。他选择了等待和观望，结果这一等就是三年。三年的岁月漫长，李治是有苦衷的，也是无奈的。

第一年，李治想去接武则天时，身边的亲信劝说道："武则天是先皇的才人，被驱逐到感业寺，这是天下人都知道的事。如今先皇尸骨未寒，陛下皇位还没有坐稳，千万不可乱来，做出千夫所指的事来啊。"于是，李治长叹一声，无奈作罢。

第二年，李治想去接武则天时，身边的亲信又劝说道："百善孝为先。陛下现在为先皇守孝三年期满，尽了孝心，在朝野上下和天下百姓心中树立良好的口碑才是当务之急，怎么能因为一个女子而损了自己的名节呢？"于是，李治长叹一声，捶胸道："人在皇宫，身不由己。"

到了第三年时，李治这回没有再犹豫，而是直奔感业寺而去。毕竟这时，他找到了去感业寺最充分的理由——祭祀唐太宗李世民。

这下没有人能再阻止李治的步伐了。毕竟一万个理由也比不起祭祀唐太宗李世民这个理由更充分了。也正是因为这样，手下的大臣们眼看李治的决心比天还大，信心比地还足，他们都是识时务的人，自然都支持李治去祭祀了。

在感业寺，李治又见到了朝思暮想的武则天，两人不顾佛门净地，互诉衷肠。一阵缠绵之后，武则天开始了"倾诉"，她拿出了早已精心准备好的"血书"来。

李治接过"血书"时，眼睛是湿润的，心里是激动的，双手颤抖着打开了"血书"，只见上面写着一首相思诗：

> 看朱成碧思纷纷，憔悴支离为忆君。
> 不信比来长下泪，开箱验取石榴裙。

李治被感动得热泪盈眶，《资治通鉴》里的描述是："见之，武氏泣，上亦泣。"

很快，武则天离开了一生之中最为伤心的地方——感业寺。接她的人不是李治，而是王皇后。王皇后之所以这么支持李治把武则天迎回宫，是因为她的地位受到了李治的爱妃——萧淑妃的威胁。

王皇后想利用武则天来对付萧淑妃，于是全力支持李治把在感业寺的武则天迎回宫。

又上枝头的武则天很快被李治封为"武昭仪"。

按照唐制，昭仪是除了皇后和四妃之后的九嫔之一，官阶是正二品，地位直逼正一品的萧淑妃，比唐太宗时的才人连上了多个台阶，名分和地位已是截然不同了，可以说实现了飞跃。

尽管如此，李治还是觉得自己这样对这位梦中情人有点"委屈"了，说了这样一句暖人心的话："给你昭仪这个名分，一方面是因为你刚刚进宫，还不足以服众，另一方面是因为贵、淑、德、贤四大妃位早已名花有主了，所以只好暂时委屈你一下。"

她被封昭仪已经是喜出望外了，此时又见皇帝以如此低微谦逊的语气跟她说话，武则天自然受宠若惊，她赶紧回了这样两句话：

第一句话：只要能回到皇上身边，只要一辈子陪伴在皇上身边，妾身早已知足，别无他求。

第二句话：臣妾看中的是皇上本人，不是名分，只要皇上快乐，妾身也快乐，别无他求。

李治听了，大为高兴，对她更是怜爱有加。

二 冷宫：自古君王多薄幸，最是无情帝王家

1. 相煎何太急

"引进"武则天后，一直觉得势单力薄的王皇后感觉自己的底气足了，信心足了，勇气也更足了，立马和情敌萧淑妃展开了博弈。

而政治嗅觉非常敏锐的武则天当然也知道王皇后接她入宫的险恶用心。她知道后宫中，她的"恩人"王皇后和萧淑妃是最大的情敌。既然王皇后把她当棋子使，她也可以把王皇后当"眼"来用。分析利害关系，她觉得当前的任务就是将计就计，联合王皇后，先打倒萧淑妃再说。

也正是因为这样，武则天马上来了个"三管齐下"：

第一，用心感恩。她把王皇后当作救命恩人和再生父母，可以用无微不至来形容，目的只是为了让她在李治面前替自己美言几句，当自己的挡箭牌。

第二，倾心感染。她极尽自己全身之力，迎合李治，牢牢地抓住他的心，让他更爱自己，甚至只爱自己。

第三，全心感怀。她觉得自己要想站稳脚跟，一定要沉住气，做人处世都要低调、低调、再低调。用史书上话说就是："武氏巧慧多权数，初入宫，卑辞屈体以事后。后爱之，数称其美于上。"这段话清晰地说明了武则天的权谋手段。她广交朋友，特别是跟身边最普通的宫人打成一片。比如，李治给她的赏赐，她都会毫不吝啬地分发给大家，从而笼络人心，树立了威信和口碑。

"三管齐下"，效果是看得见的。首先是迷惑了王皇后，心花怒放的王皇后以为找到了个最好最合适的棋子，对武则天唯恐誉之不及。今天夸武则天这里好，明天夸武则天那里好，总之，武则天哪儿都好。

其次是俘获了众宫人的心。武则天是皇帝的新宠，又这么仗义疏

财，对她们这些下人这么好，让她们很是感动，都对武则天交口称赞。

最后是彻底征服了李治。李治本来就对武则天情有独钟，此时武则天极尽温柔之能事，再加上王皇后的煽风点火和广大宫人的交口称赞，他对武则天的印象怎一个好字了得。李治把万千宠爱都集中到了她身上。

这样，一环连一环，环环相扣，李治如此宠爱武则天的结果是，很快武则天就给他带来了好消息：怀孕了！

螳螂捕蝉，黄雀在后。王皇后和萧淑妃斗智斗勇斗谋，结果却是武则天坐收渔翁之利。直到这时，王皇后才觉醒起来。幡然醒悟的王皇后马上做了两件事。一是寻找镇痛的良药。然而，这个世上没有后悔药，她急火攻心也好，虚汗如雨也罢，一切药物都是于事无补的，治得了身体上的创伤，治不了心灵上的创伤。二是寻找补救的良方。狗逼急了都会跳墙，王皇后这一急，虽然没有一夜白头，却一夜大悟，她想出了一个对付武则天的绝妙办法，那就是与萧淑妃化敌为友，结成同盟，联手抗敌。

王皇后是个雷厉风行的人，再加上此时病急乱投医，想通了这一层之后，马上付诸行动。结果，她的想法和萧淑妃不谋而合。萧淑妃自从武则天来之后，就没有过一天好日子，此时早已把武则天当成了最大的情敌，早就瞄准这只出头鸟了。正愁一个人势单力薄，不知道如何对武则天下黑手的她，此时接到了王皇后释出的善意，哪里有不欢喜、不接受的道理。因此，两人很快达成共识——我们姑且称之为"锵锵二人行"组合吧，并制订了共同伐武的详细计划，概括起来可以称之为"三板斧"。

"锵锵二人行"使出的"第一板斧"：吹枕边风。

俗话说女人是绵里针，她们柔风细雨的话吹进男人心里，胜过九级台风。这次率先出马的是萧淑妃。因为武则天怀孕了，寂寞难耐的李治偶尔会找萧淑妃。这个时候，在王皇后的指使下，萧淑妃利用难得机会吹李治的枕边风。她使出浑身解数，无非是这里说武则天的不好,那里说武则天的不是。为了达到"众口铄金"的目的,王皇后也豁出去了,双管齐下对李治吹枕边风。

萧淑妃吹枕边风时,李治还能理解,毕竟她以前是自己的最爱,现在沦为"千年老二"了,有点牢骚,情有可原。因此,对于她的枕边风,李治采取的对策是,人前"安抚"为主,人后"淡忘"为辅,可以说把她的枕边风成功化解成了耳边风,左耳进右耳出。

王皇后吹枕边风时,李治很不理解,毕竟她以前是武则天的铁姐妹,是她的引路人,曾经对她唯恐誉之不及,姐妹情深,金兰义重,情比金坚。此时,对于她的枕边风,李治采取的对策是,人前"安慰"为主,人后"淡漠"为辅,可以说真正地把她的枕边风当成了耳边风,根本没有入耳,更别说入脑入心了。

"锵锵两人行"使出的"第二板斧":打擦边球。

既然枕边风不行,那么就来点实用的吧,她们决定使用小动作小手段,无非是故意设下圈套,等着武则天往里面钻。这就跟我们现实生活中所说的那样,故意"找碴子",然而事实证明,她们这一招也是行不通的。首先,武则天怀孕之后,本来就很少出宫门,怕动了胎气。其次,武则天广撒人情,特别是怀孕期间,她更是舍得将大把大把的银两往下人、宫女身上使。相比之下,王皇后是个处事简单的人,经常得罪周围人,成了"孤家寡人"自己还没有察觉到。武则天就在这上面下功夫,凡是与王皇后关系不好的,她都去结交,给她们好处,也正是因为这样,她的耳目很快就散布于宫廷内外。因此,"锵锵二人行"的阴险举动,很快就有宫女告诉了武则天,而得到了消息后的武则天更是谨慎小心、超前防范,结果使"锵锵两人行"空有谋划,而无法付诸行动。

"锵锵二人行"使出的"第三班斧":暗杀。

既然以"守株待兔"的方式想要打压武则天,根本上就找不到门路,"锵锵二人行"转变了方式,改为"引蛇出洞"。

萧淑妃担任了打头阵的主角,她认为,自己想要重新得到皇帝的宠爱，就必须除掉武则天这只拦路虎。眼看枕边风和含沙射影都无济于事，她知道得来暗的。按常理来说，下毒就是一种，但这个时候武则天贴身侍女如此多，并且都对武则天忠心耿耿，想要下毒，那是空有毒药而力所不及啊。就算收买到了替死鬼，但成功的概率也是微乎其微。也正是因为这样，她咬咬牙，决定破釜沉舟，走阴狠的一招——暗杀。

要实现这个计划，首先得找到一个超级刺客，这个刺客得具备两个条件。一是武功要高。这个是根本条件，要不然怎么能突破层层阻拦，完成最后一击呢？二是人要靠谱。这个人要做到忠诚、纯粹、能担当，不管成功与否，必须忠于自己。一旦刺杀失败，不成功便成仁，宁可牺牲自己，也不能出卖主子；如果刺杀成功，更要守口如瓶，绝不能因此而成为别人的把柄，成为口舌。

她想啊想啊，终于想到一个人，她的一家远房亲戚——从哥萧中举。这位从哥虽然名叫中举，却从事了"武夫"的职业，打小练就了几手拳脚功夫，仗着家底厚实，带了一帮兄弟，整天游手好闲，欺男霸女。萧淑妃得宠时，也没忘了"一荣俱荣，一损俱损"这个道理，结果在她的点拨下，萧中举摇身一变，成了卫州刺史，做了名震一方的地头蛇。

此时萧淑妃想到让萧中举来当刺客，原因有二：一来他是自己的从哥，与自己有血浓于水的关系；二来萧中举虽然文才不行，拳脚功夫却一点也不赖。

萧淑妃是个雷厉风行的人，很快就把萧中举召进宫来，以商量的口气询问从哥的意见，结果，萧中举很爽快就答应了。萧淑妃自然很高兴，感谢之余递给了他一张图。图纸是她亲自画的，上面清清楚楚、明明白白地标明了武则天所住翠微宫的方位和具体位置等。

萧中举当夜就带了两个铁杆兄弟，夜闯翠微宫。他原本以为这次一定会干得神不知鬼不觉，但哪里料到，武则天早有防备，早已布下了天罗地网。结果三人很快陷入了"迷宫"，料想到不可能全身而退时，选择了不成功便成仁，以自刎的方式结束了各自的性命。

也正是因为这样，这次暗杀计划虽然没有成功，但也没有牵出萧淑妃这个幕后主使，算是不幸中的万幸了。

2.枪打出头鸟

十月怀胎，一朝分娩的时候很快到了，永徽三年（652）七月，武则天不负李治厚望，顺利产下了一个白白胖胖的儿子——李弘。

李治高兴之下，马上封李弘为代王，同时封武则天为宸妃。

"宸妃"是什么意思呢？"宸"表示帝王居住的地方，有时引申为帝王，所以"宸妃"自然比贵、淑、德、贤四大妃子名分要高多了，可以说是直逼皇后啊。

值得一提的是，李治登基后，一直没有立太子，个中原因是，王皇后没有生儿子。因为按常理，母以子贵，子以母荣，皇帝要么不立太子，要立太子，非皇后的儿子不可。也正是因为这样，王皇后"无后"让李治陷入了尴尬境地，所以对太子一位始终空着。萧淑妃尽管有儿子，却排行老四，立她的儿子为太子，名不正言不顺啊。而武则天重入后宫后，李治对她宠爱有加，爱屋及乌，对她的儿子也是溺爱有加。这种形势发展下去，李弘很有可能后来者居上，成为太子啊。

也正是因为这样，王皇后和萧淑妃急得像热锅上的蚂蚁，但两人商量来商量去，就是商量不出好办法、好对策来。最终没办法，王皇后只好向家人——母亲柳氏"问计"。柳氏给她指点"迷津"：找你舅舅商议。

王皇后的舅舅叫柳奭。王皇后之所以选择他做"依靠"，除了血浓于水的亲情外，还有两个原因：

一是柳奭的官职不小，他的职务是中书令，虽然比上不足，但比下有余，好歹在朝中也算是个可以"说得上话"的人物。

二是柳奭的学问不少。他是个足智多谋、城府极深的人，找他出谋划策，那自然是找对象了。

王皇后自然照办，很快毕恭毕敬地把舅舅柳奭请来了。

柳奭开始还不想蹚这趟浑水，但王皇后充分发挥三寸不烂之舌，极为委婉含蓄地说了两个关键句。

第一个关键句：不是一家人，不进一家门。

第二个关键句：一荣俱荣，一损俱损。

两句话的意思已经非常明确了。第一句话一针见血地说了两人血浓于水的血脉关系。第二句话是说：如果我倒台了，对你来说也是不利的，甚至你也有"被黑"的危险。

王皇后都祭出撒手锏了，柳奭还能说什么？他只有硬着头皮上了，就算是一条不归路，也毫无退路可言了。他果然对得起"智囊"这个称号，先是为王皇后解忧打气说："没有儿子不要紧，但任何东西只要你想，就努力去想办法，总会有实现的一天。"

王皇后一听很是高兴，怔怔地听他的下言。果然，柳奭很快就说出了一条"三步走"的妙计，具体如下：

第一步：移花接木——把陈王李忠过继为王皇后的儿子。

策略：威胁利诱。

解析：陈王李忠是皇上的长子，在众皇子中拥有不可动摇的地位，把他过继过来，就等于拥有了一张很好的护身符。而李忠的生母刘氏出身很卑微，在后宫的地位微不足道，因此，要过他生母这一关也是易如反掌。

第二步：树上开花——千方百计把李忠推上太子的位置。

策略：联合逼宫。

解析：把过继过来的李忠推上太子的宝座，那就等于给自己加了一道坚强的后盾，把后宫的大局牢牢地把握在自己的手中。然后，柳奭再出马找朝中托孤元老大臣出面，只要他们出面，这件事皇上没有不答应的道理。

第三步：借尸还魂——集中兵力对付武氏母子。

策略：反戈一击。

解析：继子李忠当了太子，那么就绝了武则天的念头，她的儿子可能永远只是代王，而不能再向前一步。那时，再集中力量，对武则天母子进行反戈一击，她也就无力回天了。

王皇后一听，欢欣鼓舞。

按照柳奭的计策行事，事情果然如他所说，李忠的母亲本是掖庭宫宫女，李治平常都没有正眼看过她，一天，心血来潮，召她侍寝之后，给了她一个御女的封号。刘氏却很争气，为李治生下了一个白白胖胖的儿子——长子李忠。然而，刘氏并没有因子贵而"母荣"，因为李治对她并不感兴趣，因此，为皇帝生了儿子后，也只是被提升为宝林。显然，在李治的眼里，她不能登大雅之堂。

也正是因为这样，当皇后对她的儿子抛来爱意时，刘氏想都没有想就答应了。

李忠这时虽然才九岁，却非常懂事，很快在生母刘氏的"授意"下向王皇后行了过继的跪拜之礼，当他站起身来时，对着王皇后甜腻腻脆生生地叫了声"母后"时，喜得王皇后花枝乱颤，差点没坐稳跌落到地上。

接下来便是为李忠讨封号的时候了。

开弓没有回头箭，已经下了水的柳奭这个时候已经没有退路可言，为了能让王皇后收养的继子李忠顺利登上太子的位置，他再次亲自出头，对李治进行最后的攻关。是啊，此时唐高宗的眼里只有一个人，那就是武则天，王皇后想要通过"温柔风"进行攻关显然是行不通了。既然"柔"的、"脆"的、"软"的都不行，那就只能来"刚"的、"猛"的、"硬"的了。

柳奭果然是个足智多谋的人，尽管他知道自己在皇帝面前说话还是有些分量的，但他并没有进行"孤注一掷"，而是选择了"曲径通幽"。

是啊，以自己和王皇后的关系，如果亲自去找皇帝，也未尝不可，但可能效果并不好。一来，因为他和王皇后的血脉关系，他去找唐高宗便有嫌疑。二来，他虽然在朝中有一定的影响力，但这影响力还没有大到足够让唐高宗"心有余悸"，更没有达到"一言九鼎"。三来，他亲自出面，把自己摆在了明处，很快就会吸引武则天的目光，给了敌人防守还击的机会，起到打草惊蛇的反作用。也正是因为这样，柳奭选择了不走明的"阳关道"，而是走暗的"独木桥"，可谓明智之极。

而此时朝中概括起来有四大元老，分别是长孙无忌、褚遂良、韩瑗、于志宁。

而四大元老中最年长的就是唐高宗的舅舅长孙无忌，长孙无忌的职务是太尉，无论硬件（职务和年龄），还是软件（威望和关系）都是当之无愧的"带头大哥"。可以说，柳奭最缺乏的"一言九鼎"可以在他身上体现。得到了他的支持，就等于拥有了"左膀"。

因此如何攻长孙无忌的关，柳奭也没有少费脑筋。思来想去，他选择了走"两袖清风"的路线，利用交心谈话，站在国家社稷安危的高度，以为国为民着想角度来"威逼"长孙无忌。

事实证明，柳奭的头脑果然不是一般的聪明，当他找到长孙无忌进行滔滔不绝的长篇大论时，长孙无忌很快就打断了他的话：行，行，行，你的长篇大论就不要说了，就直接说到这里来想干什么吧。

柳奭心一横，直接说出了自己的目的。他满以为长孙无忌一定会很为难，哪里料到长孙无忌哈哈大笑两声，当下就拍板："愿尽犬马之劳，助李忠登上太子位置。"并且给出了支持的缘由：

一是自古立长不立幼。李忠既然是皇上的长子，理应立为太子。

二是母以子为贵，子以母为荣。既然李忠已经是王皇后的继子，立为太子更是名正言顺。

这么快这么顺利就搞定了长孙无忌，柳奭信心大增。接下来，他如法炮制，很快搞定了四大长老中的另外三位重量级人物：褚遂良、韩瑗、于志宁。

四大长老那是啥人物，他们联手出马，那当然就只有一句话——"知道有没有"了。四人很快就联合对唐高宗进行了一次赤裸裸的"逼宫"。

唐高宗只好顺"民意"地下了一道准奏的圣旨：立李忠为太子。

此时是永徽三年（652）七月。

李忠被立为太子了，可以说这是王皇后和萧淑妃消除隔阂、摒弃前嫌联手"抗武"的巨大胜利。要知道王皇后把李忠扶上了太子的宝座，太子将来是要继承皇位的，这就意味着武则天的儿子只能当王爷了。

其实王皇后和萧淑妃之所以能这么顺利地打了个翻身战，就是因为武则天此时身怀六甲、无暇他顾，等"后知后觉"的她知道消息时，立太子早已生米煮成熟饭了。对此，愤怒的武则天并没有像一般的女人那样，在唐高宗李治面前上演"一哭二闹三上吊"之类的闹剧，而是有如下两个表现。

一是忍。忍什么？四个字：忍气吞声。聪明的她知道事实已经没法改变了，因此装作很平静，没有在唐高宗面前透露半点怨言，相反还夸赞唐高宗顾大局，能为天下社稷着想，及时册立太子，以安天下百姓之心。当然，她这样做的目的只有一个，那就是：忍辱偷生。

二是养。养什么？四个字：韬光养晦。她此时身怀六甲，而王皇后一伙又人多势众，她此时可以说是根本没有还手之力，因此，她采取的策略是以退为进，按兵不动，以便积蓄更大的力量，等待反戈一击的时刻。当然，她这样做的目的只有一个，那就是：蓄势待发。

而唐高宗出于补偿心理，马上对武则天作了格外关照之举：追封武则天的父亲武士彟为应国公，封武则天的母亲杨氏为荣国夫人，封武则天的姐姐武顺为韩国夫人。要知道武顺先是嫁给贺兰越石，生下一子一女，但贺兰越石英年早逝，武顺早早便成了寡妇，此时能得到韩国夫人的称号，当然是喜从天降了。

唐高宗极具"补偿"意味的封赏让失落之极的武则天稍感心理平衡了些，她静下心来，搞了这样一个超级大手笔的举动——散尽千金，全方位地收买宫里宫外的小人物。也正是因为这样，当她的肚子越来越大、口袋越来越扁时，势力却越来越大，耳目却越来越多，得到的消息也越来越多，很快成了坐在宫里不出门便知天下事的"千里眼，顺风耳"。

小人物成了以后武则天翻盘的决胜砝码，这是武则天本人也没有想到的。这就是武则天的以柔克刚之术：名义上拒绝和王皇后、萧淑妃直接上演"真情对对碰"，实际上却小动作不断，该做的外围工作一点都没有落下。

随着时间一天一天地流逝，武则天的肚子也越来越大，很快便生下了个白嫩的千金。

武则天高兴之余也有淡淡的忧伤，她知道，在后宫威望极高的王皇后一天不除去，对她来说就多一天祸害。

而要想扳倒王皇后，唯一的突破口就是王皇后的过失。可是，如何才寻得到王皇后的过失呢？

狠毒的武则天心一横，想出了一个"嫁祸于人"的计谋。

这天，王皇后来武则天居住的翠微宫探望小公主，武则天很是热情地把小公主给王皇后抱，王皇后抱了小公主一阵，送上礼物便走了。然而，王皇后前脚刚走，武则天就把小公主活活捂死了，然后马上装着很镇定的样子到后宫去散步，制造自己不在现场的假象。

结果乳娘发现小公主被捂死后，火急火燎地找到了武则天。武则天这才哭天喊地去现场。

发生了这么大的事，自然惊动了唐高宗李治。震怒之下的李治下令彻查凶手。

查来查去，种种迹象都表明，最大嫌疑人是王皇后。王皇后百口莫辩。

虽然在朝中元老大臣长孙无忌等人的干涉下，李治没有废掉王皇后,但从此把她打入了"冷宫"。

而废后的事被长孙无忌硬生生拦住后,武则天不可能就此善罢甘休,她思来想去,很快又想出一出毒计——诬陷王皇后在后宫使用"厌胜术",意图谋害皇帝。

唐高宗盛怒之下,不顾以长孙无忌为首的朝中元老大臣们的反对,武断地废掉了王皇后。

王皇后下了台,萧淑妃自然是独木难支了。欲加之罪何患无辞,武则天只一句就断送了其前途:"王皇后之所以行厌胜之术,是萧淑妃献的计谋啊。"

于是,唐高宗把王皇后定为"主凶",而萧淑妃成了"主谋"。当王皇后被贬为庶人时,可怜的萧淑妃,同样成了一介布衣。

关于武则天亲手杀死自己的女儿嫁祸给王皇后的事情,流传得特别广,其来源为《旧唐书》《新唐书》这类官方史书的记载,《资治通鉴》上也是这么写的。

然而,现代的一些学者对此提出了质疑。

关于武则天女儿之死,最早的记录是《唐会要》:"昭仪所生女暴卒,又奏王皇后杀之,上遂有废后之意。"大家能看出来,这句话并没有说是武则天亲手杀了自己的女儿,只是说武则天的女儿突然死了,她利用现场,向唐高宗说是王皇后杀的。

《旧唐书》的记载有些特殊,它并不是在正文里提及的,而是在《则天皇后本纪》的"史臣曰"中,有这样一句评论:"武后夺嫡之谋也,振喉绝襁褓之儿,菹醢碎椒涂之骨,其不道也甚矣,亦奸人妒妇之恒态也。"这句话中的"振喉绝襁褓之儿",指的应该就是武则天杀死自己亲生女儿的事。

《旧唐书》之所以没有在正文里提及,而是以史官个人观点的形式表达出来,很有可能是因为在五代时期,史官在编写《旧唐书》时,已经有了武则天杀女的说法,但是史官并不知道这件事的真假,他没有确凿证据能证明这件事，于是以这样的方式留下了记录。

这件事在《唐会要》《旧唐书》里就一句话，而到了《新唐书》里，就变成了一整段生动的故事。武则天生下女儿，后来王皇后就去看这个小公主。等王皇后离开以后，武则天偷偷杀掉了公主。等着唐高宗来了，武则天假装特别高兴的样子，掀开被子一看，发现小公主已经死了。询问旁边的太监、宫女，都说刚才王皇后来过，武则天马上哭泣，说是皇后杀了自己的女儿，唐高宗非常愤怒，王皇后自己也无法解释，而唐高宗这时候就有废掉王皇后的想法了。

《资治通鉴》直接继承了《新唐书》的相关记载，只不过在细节上更加完善了，比如，《新唐书》只说了是武则天杀死了自己的女儿，但没说是怎么杀的，《资治通鉴》就补充说是掐死的。

令人惊奇的是，记载武则天女儿之死的这四部史书，成书越晚，相关叙述就越详细，细节描写也越生动形象，仿佛是史官自己亲临过现场一般。

根据上面的史料可以看出，武则天杀女这件事是五代北宋时期才开始进入历史记载中的。而在唐朝的时候，并没有这个说法，有两个事例为证。

第一，武则天以太后身份临朝称制后，李敬业以恢复李唐神器为号召，在扬州起兵讨伐武则天。初唐四杰之一的骆宾王为此写了著名的《讨武曌檄》，其中对武则天的攻击是无所不用其极，甚至说武则天弑君鸩母，唯独没提及武则天杀女这件事。当时要有这个事实的话，骆宾王绝不会放过这个攻击武则天的铁证。

第二，一百多年后的唐宪宗时期成书的《大唐新语》，里面记载了大量唐代历史人物的言行故事，也没提到这件事。

由此推断，武则天杀女的真实性令人怀疑。因为就算心狠手辣的武则天是为达目的不择手段的人，但想通过杀女来达到唐高宗废后的目标，中间存在太多不确定的因素，精明的武则天显然不会轻易采用这种办法。

后来唐高宗废掉王皇后的过程也证明，公主之死对唐高宗废后没啥影响，他在和大臣争论废后的事情时，说自己之所以废皇后，就是因为皇后无子，根本都没提到王皇后涉嫌杀害公主这件事。如果当时真有此案且证据确凿，他肯定要提及的，可以很好地堵住反对派的嘴。

总之，武则天的女儿死了，这很有可能就是个意外。古代医疗不发达，婴儿夭折率是很高的，即使是皇室成员，享有普通人不具备的优越条件，也无法完全避免。所以，《新唐书》《资治通鉴》中记载的武则天杀女一事恐怕不是事实，很有可能是根据当时已有的相关传言，再作文学化加工而成的。

3.生死一念间

至此，武则天取得了决定性的成功，但如果你认为武则天就此满足，那就大错特错了。不达目的誓不罢休，这是武则天的作风，她在对王皇后和萧淑妃进行斩草除根之前，还有一件很重要的事要做，什么事呢？三个字：戴凤冠。

然而，武则天要想取代王皇后顺利成为皇后，还仅仅是在路上。因为她还得经过朝中元老大臣们的"考验关"。

朝中元老派资格最高的是长孙无忌。他是三公之首，官居太尉，再加皇帝的亲舅舅这血脉联系，在朝中的分量可想而知。也就是说武则天想要成为皇后，必须过长孙无忌这一关。可是，要如何才能搞定长孙无忌呢？

这一次，武则天使出一个新招数——"借尸还魂"。永徽五年（654）七月，武则天把自己的想法付诸行动：她拉着唐高宗去长孙无忌家串门，并给长孙无忌带了一份丰盛的大礼——一大车金银帛绢。

结果长孙无忌根本不吃她那一套，没有接受她的礼物。而唐高宗开门见山："现在王皇后被废，后宫无主。武宸妃素有恩德，且诞有子嗣，朕想立她为皇后，舅舅以为如何？"

按理说唐高宗把话都挑明了，长孙无忌也不用再藏着掖着了，就直接表个态吧。然而，事实证明，姜还是老的辣。长孙无忌走过的桥比唐高宗走过的路还要多，此时自然是一个老练的政治家了。面对这个难题，长孙无忌不断地岔开话题，避免正面回答。

一个巴掌拍不响。眼看长孙无忌不配合，唐高宗也是无可奈何，最终只好放弃了努力，选择了灰溜溜地打道回府。

通过这次"闭门羹"事件，武则天意识到了岁月不等人，长孙无忌既然不同意，那现在就只有一条路可走了——精心打造自己的班底，以此来获得政治上的支持。可是放眼整个朝廷，完全掌控在以长孙无忌为首的元老手中，要找到忠于自己的班底谈何容易啊。

俗话说："踏破铁鞋无觅处，得来全不费功夫。"就在武则天睁大了一双"慧眼"寻找自己的帮手时，一个人的从天而降，让武则天大喜过望。这个人姓许，名敬宗。他走到了武则天面前，大声叫道："就算全世界都不支持你，至少还有我支持你。"

面对许敬宗的主动投诚，武则天大喜过望。两人一拍即合，很快达成了合作。

许敬宗很快就给武则天带来了一个惊喜，给她引荐了另一个重要人物——李义府。

李义府从小饱读读书，出口成章，入仕途后却备受挫折，特别是朝中元老长孙无忌处处打压他。为了自保，他毅然选择和许敬宗达成联盟，然后开始以实际行动支持武则天。他充分发挥自己的文采，大笔一挥，一封洋洋洒洒的上书一挥而就。

写完之后，李义府马不停蹄，来了个连夜上书。正焦头烂额的唐高宗在收到李义府关于册封武则天为皇后的情真意切的奏章时，喜不自胜，马上上演了"三步走"。

第一步是连夜召见了李义府。

"你为什么支持废王皇后立武宸妃啊？"唐高宗不解地问。

"这不是臣个人的意愿,这是天下百姓的期望啊,他们希望陛下立武宸妃为皇后。臣不敢掠功,只是顺应民心,说出百姓的心声罢了。"李义府从容地答。

只一问一答足矣。一直愁眉苦脸的唐高宗听了李义府的话,喜笑颜开,马上进行了第二步:收回李义府的贬职令。是啊,唐高宗又不是傻子,怎么会让第一个支持者就这样离开长安呢?

非但如此,唐高宗还马上上演第三步:对李义府大加赏赐,升他为中书侍郎。同时,他也没有忘了许敬宗,他得到的职务是礼部尚书。

李义府初试牛刀就取得了出人意料的良好效果,一石惊起千层浪,朝中大臣明显看到了这样一个信号:只有支持武则天才有出路,只有支持武则天才能升官。于是跟长孙无忌"不合群"的官员们纷纷从犹豫徘徊中走出来,从幕后走到了台前,公然站出来要求立武则天为皇后,这其中重量级的人物有御史大夫崔义玄、御史中丞袁公瑜,他们两人和许敬宗、李义府、王德俭三人组成了"拥武五虎行"。

而反对立武则天为后的主要人物是长孙无忌、褚遂良、韩瑗、来济四人,这里姑且称之"反武四人组"。

"拥武五虎行"对阵"反武四人组",一场旷世大战马上揭开帷幕。

考虑到以长孙无忌为首的"四人组"不是好惹的主子,这一次面对面的大比拼前,打先锋的居然是唐高宗。毕竟这一招"投石问路"需要唐高宗来完成。果然,他很快就上演了"问计四臣",四臣分别是太尉长孙无忌、司空李勣、左仆射于志宁、右仆射褚遂良。

唐高宗这样做,目的是试试四人的态度。

果然,李勣被皇帝深夜召见原本就感到很是奇怪,一到宫门口打听,才知道皇帝只召见了他们四个,他马上选择了脚踩西瓜皮——溜之大吉,打道回府后,他给出的理由是:身体有恙。

召见四人,只来了三人,唐高宗不由得眉头微皱,但还是按既定议程,亮出了自己的底牌:我想立武宸妃为皇后,各位以为如何?

面对唐高宗的直言不讳,长孙无忌选择了沉默。

沉默是金,代表着两种可能,一是默许,二是反对。第一种很容易理解,我支持你,而且是默默地支持你,我甘当红花背后的绿叶。第二种很难理解,我反对你,但我又不好当着你的面反对你,所以选择了沉默。

长孙无忌的沉默显然属于第二种。原因很简单,他是朝中重量级最高的臣子,此时唐高宗这样问话,他不能急于表态,如果表态,会弄得唐高宗下不了台,自己也下不了台。这场战役还没有开始,还不到他亲自冲锋陷阵的时候。

于志宁也选择了沉默,他的沉默却是属于第一种。现在这种场合,他不方便也不好直接表态,所以选择这种方式。

而褚遂良选择了"一鸣惊人",只见他一跪(跪地)二磕(磕头)三说(诉说)。说了什么呢?一句话:皇后不能废。

理由有三:"皇后出自名家,先朝所娶,伏事先帝,无愆妇德。先帝不豫,执陛下手以语臣曰:'我好儿好妇,今将付卿。'陛下亲承德音,言犹在耳。皇后自此未闻有愆,恐不可废。臣今不敢曲从,上违先帝之命,特愿再三思审。"一是皇后出身名门,二是皇后是先帝聘娶的,三是皇后没有任何过错。

唐高宗随即进行了反驳,理由有二:一是皇后无子,难以承此大位;二是皇后行巫蛊之事,罪大恶极,影响恶劣。

然而,褚遂良只一句话就令唐高宗语塞了:"欲加之罪何患无辞,陛下口口声声说的罪,能拿出多少铁的证据来?"

唐高宗被驳得怔住了,脸一阵红一阵白,良久,他选择了拂袖而去,宣告这次"投石问路"结束了。结果是老谋深算的长孙无忌不露声色,毫发无伤,顽固不化的褚遂良锋芒毕露,霸道可恶,成了唐高宗亟须打压的"出头鸟"。他知道,以褚遂良火爆的性子,如果不能把这颗钉子拔除,那么立后这件事永无出头之日。

当然,唐高宗这次投石问路还是很有收获的,毕竟他发现了"非一般"的李勣和"神一般"的于志宁。是啊，李勣在这种场合选择了不到场和于志宁到场之后的沉默，似乎隐隐代表他们两人在这件事上是中立的。

中立就好，至少这两人现在还不属于长孙无忌那边，接下来就是如何千方百计把这两个人物争取过来，如何无所不用其极地打压长孙无忌和褚遂良。

褚遂良义正词严的话实际上表达了两层意思。第一层：王皇后不当废，理由就不重复了。第二层：王皇后即便要废也轮不到武氏立后，理由同样有三——一是武氏是先帝的女人；二是武氏出身低微，难登大雅之堂；三是立武氏为后有损圣德。

"愚臣上忤圣颜，罪合万死，但愿不负先朝厚恩，何顾性命。"褚遂良致笏于殿陛，曰："还陛下此笏。"

当然，为了配合自己义愤填膺的语气，他还上演了全武行，步骤有三。一是把手里的笏板扔在地上，二是脱下幞头，三是用头撞向石阶。当然，褚遂良这表演火候要练到炉火纯青才行，因为他只能撞到鲜血直流，但绝不能重伤，更不能撞死，否则这场额外表演就得不偿失了。

上演这样血淋淋的场面后，褚遂良说了第三句话："臣是先帝的托孤之臣，所以尽臣的职责和义务进谏，如果陛下不听从，臣将朝笏交还陛下，辞去官职，别无他求，只求皇上日后能把臣的骨灰运回故乡，死而无憾矣。"

唐高宗这次"投石问路"，原本就是想除去褚遂良这只拦路虎。此时褚遂良摔还朝笏、叩头出血，已经是"大不敬""大罪过"了。就在唐高宗思忖时，一直隐藏在幕后的武则天却不干了，她从幕后发出了一声凄厉的声音："何不扑杀此獠？"

这声音尖锐刺耳，这声音强悍有力，这声音穿透人心，这声音石破天惊。一石激起千层浪，眼看局面到了不可收拾的地步，长孙无忌出面来调解了。他扶起褚遂良，说了这样一句话："遂良是先帝的顾命大臣，他现在只是尽该尽的职责，不应该有什么罪过，就算有罪也不应该获刑。"

唐高宗思忖良久，说了这样一句话："来人，把他拖出去。"

"拖出去"的代价对褚遂良来说很高，因为他很快丢了乌纱帽——被免了右仆射的官职。

褚遂良遭贬，"四人组"不可能不管。首先站出来的是侍中韩瑗。他上演的是一套"双管齐下"的组合拳。

一是"哭"。哭什么呢？大致是哭诉：皇上千万不要因为一叶障目而意气用事，做出一些反常态的事，废一贤后而立一毒后，这天下怕是会大乱啊。总之，其声也悲，其言也哀，其情也伤，其意也痛。

二是"跪"。跪什么呢？扑通跪在地上，砰砰地直磕头，然后一跪就不起，非要逼唐高宗改变主意。总之，其举也真，其止也实，其行也直，其动也率。

然而，唐高宗根本就不吃这一套："韩爱聊啊，你这么一直跪下去，伤的是你的身体，也伤了朕的心啊。"嘴里说得温柔，但行动更是强硬，命人把他直接拖了出去。

第二位救场的是中书令来济。他是直接上书，表达了两个关键意思。

第一个关键意思：前车之鉴，后事之师。为了让自己的论据更充分更明了，他引用《诗经》云："赫赫宗周，褒姒灭之。"意思很明确：大周王朝是如何灭了，还不是因为褒姒这个红颜祸水？个中寓意不言而明。

第二个关键意思：忠言逆耳，良药苦口。意思是，如果皇上不听明言，会导致天下臣民失望，会留下祸患无穷。

同样激动的来济没有注意用词，把武则天比成褒姒。这自然让唐高宗怒不可遏。是啊，如果说武则天是褒姒，那么他岂不是周幽王？

"危言耸听"，这是唐高宗回应来济的四个字。来济没有机会再辩解了，因为他很快被人给轰出去了。

面对"四人组"中的韩瑗和来济上演的"生死救援",唐高宗最终把怒气全部"迁"在褚遂良身上,以前所未有的武断直接把褚遂良贬谪了。

对此,有的人摇头直叹爱莫能助,比如说,长孙无忌。他知道此时铁了心的唐高宗是谁也劝阻不了的,现在是"顺他者昌、逆他者亡"。

对此,有的人幸灾乐祸,火上浇油,比如说,许敬宗,自从选择做武则天的"鹰爪"后,那是尽心尽职、忠心不已。此时他给唐高宗打气的话很经典:"种田的人多收了几斗麦子都会想着换个老婆,现在皇上废立一后是人之常情,有什么大惊小怪、说三道四的。"

对此,天下所有人都心知肚明、一清二楚。也正是因为这样,识时务的朝中大臣们支持武则天为后的呼声渐渐地高涨起来。而唐高宗的底气也厚实起来,他步履更稳了,眼神也更犀利了,他把目光瞄准在了"神龙不见首尾"的司空李勣身上。

两人对话就开门见山。

"我想立武氏为皇后,你觉得如何?"唐高宗第一问。

李勣点了点头,沉默是金。

"现在朝中有褚遂良这样的人坚决反对,是不是这件事就拉倒了啊?"唐高宗第二问。

李勣摇了摇头,沉默是"惊"。

"为了立皇后一事朕很是痛苦很是烦恼,请您帮朕指点迷津。"唐高宗第三问出炉。

李勣点了点头,又摇了摇头,良久,才缓缓地道:"此陛下的家事,何须问外人?"

对话至此结束,接下来,茅塞顿开的唐高宗知道如何去做了。

其实李勣之所以选择这种"中立"的态度,除了唐太宗对他伤得太深、给他打击太大,使他对政事产生了一种"事不关己,高高挂起"的态度,还有一个原因就是他也一直和长孙无忌一伙人格格不入,一直不能融入他们的团队。孤立的他觉得唐高宗立谁为后对他来说都无所谓，都可以接受。

然而，李勣不会料到，他这句话是一言九鼎，是关键一票，就是这一句话，彻底改变了武则天的命运，也改变了整个大唐江山的命运。

一语点醒梦中人。李勣的话给了李治极大的鼓舞，无论是精神还是行动力，都是无与伦比的鼓舞。也正是因为这样，早已箭在弦上的唐高宗这次没有再迟疑，马上以一意孤行的方式下达了《立后诏书》：

"武氏门著勋庸，地华缨黻，往以才行，选入后庭，誉重椒闱，德光兰掖。朕昔在储贰，特荷先慈，常得侍从，弗离朝夕。宫壶之内，恒自饬躬；嫔嫱之间，未尝迕目。圣情鉴悉，每垂赏叹，遂以武氏赐朕，事同政君，可立为皇后。"

诏书言简意赅、条分缕析、高屋建瓴，具有超级的说服力、震慑力。废王皇后，改立武皇后，这道圣旨一出口，便如同平静的湖里投下了一块石子，荡起了无数的涟漪。

涟漪一：武则天原本是先帝的女人，现在成了高宗的女人，有违伦理，怎能令人不惊？

涟漪二：武则天原本是感业寺的尼姑，现在成了后宫的主子，有违道义，怎能令人不讶？

涟漪三：武则天原本是出身卑微之人，现在成了天下最为尊贵的女人，有违常理，怎能令人不叹？

天下论议，唯独长孙无忌满面羞愧，但又愠怒难发，因为唐高宗向天下宣告这个惊天动地的消息后，马上又下了另一条石破天惊的消息——为武则天举行盛大的册后大典。给了武则天名分，还要给她名气，唐高宗在武则天身上可谓动用了老本，可以用倾其所有来形容。

4.斩草也除根

永徽六年（655）十月十三日，对武则天来说是一个很特殊的日子，这一天，她登上了梦寐以求的皇后位置。之后，武则天马上又来了个双管齐下。

第一是论功行赏。她马上给功劳最大的许敬宗封了"待诏"的职务，这个职务相当于武则天的私人秘书了。而"拥后派"的其他成员自然也是水涨船高，都得到不等的封赏。武则天这样做一是为强基固本的需要；二是为了进一步告示天下，跟着我武则天走的人没有错，都有好的前途。

第二是论剑寻仇。她把仇恨的目光盯在了被废被囚被押的王皇后和萧淑妃身上，尽管她们已经构不成任何威胁，武则天还是不放心，她以女人特有的敏感觉察，只要王皇后和萧淑妃存在一天，对自己就是潜在一天的威胁。因此，她举起了手中的倚天剑，时刻瞄着这两颗祸星。

而正在这个关键时刻，天真可爱的唐高宗起到了推波助澜的作用，加快了王、萧两人的死亡。

事实的缘由是这样的。一天，唐高宗心血来潮，突然想起了王皇后、萧淑妃，有了这个想法原本也没有什么大碍，关键是他还马上付诸行动了——微服私访。他带了贴身太监独孤及，悄无声息地来到了囚禁王、萧二人的后院，他没有心思看风景，而是直接寻人。

寻了一圈，就是不见半个人影，只见后院的宫门紧锁着，唐高宗不由得眉头微蹙，而身边的独孤及指着一个小洞口，轻声说："皇上……王皇后和萧淑妃她们……她们被关押在里面。"

唐高宗心里一惊，人住的地方怎么只留狗洞呢，不由得颤抖着走向前，把脸凑到洞口，呼唤道："王皇后、萧淑妃你们在哪儿？"

洞口里并没有回音，仿佛如死一般的寂静。

"难道里面没人？"唐高宗皱眉道。

"她们百分之百在里面。"独孤及拍着胸脯道。

"那怎么没有声音呢?"唐高宗纳闷着。

"她们不知道来的人是谁,心里害怕,不敢出声。"独孤及若有所思地道。

唐高宗心里一颤,大声道:"王皇后、萧淑妃,朕来看你们了。"

"当真是皇上啊。我们在这儿……"里面终于传来了微喘而激动的声音,随后便是低泣之声。

唐高宗心里一怔,眼中一热,心中没来由地涌上一阵酸楚。

"妾失宠蒙羞,得罪于当今国母,已被贬为宫婢,皇上怎可再用旧日的称呼?庶人实在不敢当啊。"王皇后这话里包含有三分无助三分幽怨三分不满一分感叹。

而萧淑妃知道,此时也许是她们一生中最后的机会了,于是王皇后话音未毕,她马上接话道:"如果皇上还念旧情,就放我们出去吧,给我们一点自由,我们情愿当奴婢侍奉皇上。如果皇上实在不需要我们,就让我们出家当尼姑吧。我们以后终生念佛,并且会把这里当作回心院,永远感谢皇上的恩典。"

唐高宗闻言心中一酸,忙不迭地答应着:"别担心,朕来想办法,一定会让你们出去的。"

尽管得到了唐高宗的承诺,但当他要"打道回府"时,却传来了王皇后和萧淑妃凄婉的痛哭声。

事实证明,王皇后和萧淑妃的悲痛并非没有来由,因为她们这一别竟然和唐高宗是永别了。

唐高宗食言了。他之所以食言,不是因为反悔了,而是因为错过了。因为他探访的消息,很快就被武则天知道了。

武则天之所以能打败王皇后和萧淑妃,就是因为她拥有强大的人脉,这关系网里面包含着形形色色的人物,尤其是"小人物"起了决定性作用。此时,她当了皇后,这个"优良传统"还在继续,因此,穿插在皇帝身边的各种眼线很快把皇帝去探望王皇后和萧淑妃的消息向她汇报。

武则天一听，气得花枝乱颤，二话不说，当机立断地作出应对之策，结果有三：一是行动很迅速——快刀斩乱麻；二是过程很简单——血腥而暴力；三是结果很触目——悲壮而悲悯。

武则天派出的"夺命杀手"果然不辱使命，她们严格遵命执行，没有直接将王、萧二人杀无赦，而是选择了先辱后杀。

对此，武则天很满意，她痛快淋漓地冷笑道："让这两个贱人死后都销魂蚀骨吧。"

如果大家认为这件事到此为止，那就大错特错了，武则天就是武则天，她还有更让人惊世骇俗的后续手段：

一是给王、萧两人盖棺定论。两人既然都已经死了，但总得给她们一个评价吧。为此，武则天下了一道懿旨，细数王、萧二人十大罪状：罪大恶极，罪孽深重，罪不可恕，罪恶昭彰……总之，大恶人、大坏人、大奸人就是这两人的代名词。而武则天捏造这些显然也是为处死王、萧二人找名正言顺的托词。

二是让王、萧二人断子绝孙。在诛王、萧二人九族的同时，武则天还将王氏改为"蟒"氏，萧氏改为"枭"氏，以后王、萧二人的同族后人就此销声匿迹、无影无踪了。

痛其体肤、痛其筋骨、痛其心扉、痛其灵魂，其实都不要紧，这个"痛其宗族"才是真正的痛啊。总之，这一套组合拳武则天可谓打得行云流水、痛快淋漓。

当然，这整个过程中，王皇后在早已看透了世态炎凉时，都显得很"配合"，既然死是必然，不如默默地承受这个过程，不如安安静静地离去。而萧淑妃的反应不一样，她不甘心这样含冤地死去，于是选择了拼尽全部力气，进行了最后一次撕心裂肺的"呐喊"："武媚娘，你这个妖孽，但愿我来世变为猫，你为老鼠，让我生生世世扼你喉！"

而当后知后觉的唐高宗听到消息时，自然是痛哭流涕外加痛心疾首。木已成舟，柔弱的唐高宗除了以痛哭来发泄一下自己的情绪，还能做什么?

除去了王、萧二人的潜在威胁,武则天并没有停止手中的倚天剑,她马上把剑又对准了下一个目标。这个目标也有点小,因为他只是一个小孩,但在武则天的眼里非常大,大到手中的剑毫不犹豫地对准了他的胸口。

这个小孩的名字叫李忠,是王皇后的继子,也是当朝太子。

武则天向自己的亲信许敬宗使了一个眼色,许敬宗是个敬业忠诚之人,马上就领悟到了她的意思,于是,第二天就心照不宣地上了一道奏章,引用原文如下:

"伏惟陛下宪章千古,含育万邦,爰立圣慈,母仪天下。既而皇后生子,合处少阳。出自涂山,是谓吾君之胤;凤闻胎教,宜展问竖之心。乃复为孽夺宗,降居藩邸,是使前星匿彩,瑶岳韬峰。臣以愚诚,窃所未喻。且今之守器,素非皇嫡,永徽爰始,国本未生,权引彗星,越升明两。近者元妃载诞,正胤降神,重光日融,爝晖宜息。安可以兹傍统,叨据温文?国有诤臣,孰逃其责!窃惟息姑克让,可以思齐;刘强守藩,宜遵往轨。追迹太伯,不亦休哉?蹱武延陵,故常安矣。宁可反植枝干,久易位于天庭;倒袭衣裳,使违方于震位?蠢尔黎庶,云谁系心?垂裕后昆,将何播美?父子之际,人所难言。臣既分职文昌,典司嘉礼,倍陪宗伯,不敢旷言。事或犯麟,必婴严宪,煎膏染鼎,臣亦甘心。"

唐高宗看着就犯糊涂了,这文绉绉酸溜溜地写着什么呀。于是,他索性把"原著者"许敬宗请过来,来了个"开门见山":"许爱卿啊,你这之乎者也里面写的是什么内容啊?"

许敬宗:"其实……其实也没什么……"

"跟朕还打什么哑谜?"

"其实,真没什么,只是想提醒一下皇上,现在既然封了武皇后,自然也应封她的儿子为太子,这才合情合理,顺国情顺民意。皇上认为如何……"

绕了这么大的圈子，原来中心思想只有五个字：废掉旧太子。

"许敬宗，你吃了熊子心豹子胆啊，居然敢干预朝政，你这是大逆不道之罪啊。"唐高宗厉声道，他是想给许敬宗一个下马威。然而，许敬宗不是吓大的，此时有武则天这个强大的后台撑腰，他更是有恃无恐，于是面不改色心不跳地接着分析了两个关键句。

第一个关键句：有其母必有其子。解析：现在的太子李忠出身原本低微，此时养母因罪遭诛，如果让他继续坐在这个他不应坐的位子上，心里肯定会不安，不但伤了他的心，更伤了天下所有人的心啊。而按照历朝历代的礼制惯例，太子为皇后嫡子，若不遵循，灾祸不远啊。

第二个关键句：上梁不正下梁歪。解析：皇太子乃是国家根本，如果太子都不正，天下人的心怎么会安？如果立太子的事处理不好，小则宫廷不安，大则天下震动啊。

唐高宗哑口无言，隔了半响，才缓缓地道："太子已主动请求退位，朕觉得很是对不起他啊。"出于对王皇后的弥补心理，他心里不太愿意废掉太子。

"本是同根生，相煎何太急？"这是唐高宗对许敬宗说的关键句。

"当断不断，反受其乱。"这是许敬宗回唐高宗的关键句。

"此事重大，从长计议。"唐高宗最后拍板。

然而唐高宗不会料到，这次最终的拍板权并不在他手里，而是在他最心爱的女人武则天手里，因为武则天很快运用撒手锏——枕边风，让他成了俘虏，最终，千言万语抵不过一句话，他无奈地答应了武则天的请求。

显庆元年（656）正月初六，唐高宗正式下诏书，废十四岁的皇太子李忠，立年仅四岁的李弘为太子。

当然，武则天在报公仇时，也做了三件"惠民"的事。

第一件事：太庙祭祖。

在她的眼里，既然上天给了自己这样一个机会，让她当后宫的主人，那么，她就不能辜负上天的厚望，不能辜负民众的期盼，当然不满足于小富即安的，她有更高的要求。封后大典时，她大出风头，马上又策划了一出更大的"露脸"的机会，那就是到太庙祭祖。

当然，这出戏中她是当仁不让的主角，配角唐高宗也是不可少的，在她的一手策划下，很快就付诸行动了。整个过程可以用两句话来形容：一是声势浩大——浩浩荡荡，二是规模空前——前呼后拥。

这个时候的武则天丝毫不用担心有人反对了，她这样做，是想真真切切明明白白地向天下百姓宣告三件事：一来她是皇家名正言顺、明媒正娶的媳妇，忠于李家；二来她会一直追随着唐高宗的，一辈子忠于丈夫；三来她会尽自己最大的努力尽孝道孝心，忠于先祖。

果然，太庙祭祖后，通过口口相传，一时间，天下所有人都记住了，大唐出了个新皇后，她的名字叫武则天。只是所有人都不会料到，日后，太庙会上演生死劫，差点在这个女子手下毁于一旦。

第二件事：养蚕织布。

大家的眼睛没有看错，武则天不但要在后宫中养蚕，而且做到了躬亲操作，尽心尽职。其间，武则天很好地展现出"平民皇后"朴实无华的风采，自然赢得了天下百姓交口称赞。

第三件事：潜心著书。

她召了一批人，组成强大的智囊团，以最短的时间，编著了一本叫《内轨要略》的书，核心内容是向民间妇女讲论生活的美德：如何遵守儒家的礼法，如何服从丈夫，如何善待家人，如何处理好婆媳关系，如何相夫教子，如何家庭和睦……也就是对三从四德之类作了延伸和升华。总而言之，这本书就是告诉人们，一个贤妻是怎么练成的。书编好后，武则天马上剽窃了大家的劳动成果，擅自把书的编著者改成了自己，而书名则改成了《女训》。

当然，整个过程，她做得很是隐秘，结果包括唐高宗在内的人都认为这是武则天潜身在家修炼、苦心编写的结果。《女训》规范了后宫妇德、妇言、妇行，可谓后宫妃嫔道德和礼仪的教科书。后来经过皇家这个主渠道发行后，很快风靡一时，成为宫中所有女性的"内训"。结果水涨船高，武则天的知名度得到了进一步扩大和提高。

总之，武则天所做的这三件"惠民"之事，实质概括起来可以用四个字来形容：欺世盗名。

三 摄宫：顺我者生，逆我者亡

1. 和唐高宗偷情的韩国夫人结局如何

公事做完后，武则天马上做了一件私事：孝敬父母，厚待家人。

首先，来看她的孝敬父母。经不住武则天的软磨硬泡，唐高宗很快追封她的父亲武士彟为司徒、周国公，封她的母亲杨氏为荣国夫人。想必九泉之下的武士彟也含笑吧。

其次，来看她的厚待家人。经不住武则天的胡搅蛮缠，唐高宗很快封她的姐姐武顺为韩国夫人，另外，两个同父异母的哥哥武元庆、武元爽以及堂兄武怀运、武惟良也都得到了升迁，被安排到宫里做官。

什么叫一人得道、鸡犬升天，由此可见一斑。

武则天原本是想通过这样"相逢一笑泯恩仇"的方式帮助武元庆和武元爽。武则天的想法是好的，然而，结果还是出乎她的意料之外，因为很快就上演了一场"窝里斗"。

事情的缘由是这样的：贵为皇后之母，且受封为夫人的武后之母荣国夫人忆苦思甜，联想到当年丈夫死后受到了武元庆和武元爽的窝囊气，心里的气就不打一处来，她没有武则天的大度，见了面后还能相逢一笑。相反，她觉得是打击报复的时候到了。于是，在一次家宴时，一家人正其乐融融地吃吃喝喝，杨母来了个直接摊牌，朝武氏兄弟表达了两层意思：

第一，人不可貌相，海水不可斗量。你们一直处于低层，现在之所以能一步登天，那是因为皇后的关系。现在你们的眼睛终于雪亮了，看清我母女是什么样的人物了吧？我们是以德报怨，念亲情。再看看你们吧，你们以前瞎了眼，良心被狗吃了吧。早知今日何必当初啊。

第二，投之以木桃，报之以琼瑶。你们以前怎么对我们母女，我们会一辈子都记在心里。现在姑且把往事搁一边，希望你们以后不要忘记皇后恩德，诚实做人，踏实做事，千万不要做抹不上墙的泥巴，辜负了皇后的一片厚爱，给家族人丢脸抹黑。

这只是杨母的牢骚之言，毕竟当年孤女寡母受了不少委屈，此时女儿出人头地了，如此"忆苦思甜"也是情有可原的。然而，出乎杨母意料的是，武元庆和武元爽虽然为人猥琐，但"骨头很硬"，他们并没有选择"退一步海阔天空，忍一时风平浪静"，而是选择了"宁可站着死，也不跪着生"，傲然道："我们虽然不才，但靠着父亲的遗荫入宦，本来对自己的现状很满意，没有想要做高官，因此，靠皇后的裙带关系升官不是我们的本意。"

这是典型的泄气话，并且带有以牙还牙、针锋相对的意味，结果自然气得杨母直想吐血。

当年她母女遭武氏兄弟欺凌的一幕幕电光石火般从脑海闪过，此时小女儿贵为皇后，自己和大女儿贵为夫人，武氏兄弟还敢如此放肆，还敢如此嚣张，还敢如此不识抬举，她怒不可遏，马上到武则天那里吹风了。

武则天一听，脸都变绿了。天堂有路你不走，地狱无门你偏进。我已经给你们锦衣玉食，给你们在别人眼里无可限量的仕途，但你们居然还是目空一切。也正是因为这样，怒发冲冠的武则天一挥手，武氏兄弟很快就领会到了什么叫"祸从口出"，武元庆被贬为龙州（今四川省平武县）刺史，武元爽被贬为濠州（今安徽省凤阳县）刺史。

武元庆一到南方的龙州，屁股都没有坐稳，就来了个"无疾而终"，据说是怒火攻心所致。

武元爽到濠州后还想"苟且"地活着，然而，武则天一直盯着他，因此，很快他又被贬到南方更偏远更蛮荒的地方。尽管如此，武元爽还是坚强地活着，他坚信只有活着才有机会，只有活着才有希望。然而，他太小看武则天了，他的生死已经不由他了，武元爽很快被卷入了一个刑事案件中去，结果被论罪而诛。

顺我者昌，逆我者亡。武则天再次用实际行动证明，她才是大唐王朝的"摄政王"，谁跟她作对都没有好下场，包括亲人。

事实证明，武家不止一两个这样"不识时务"的人，很快又有一位至亲撞到武则天的剑锋上来了，这个人便是她的姐姐武顺。

武顺在豆蔻年华时嫁给了青年俊杰贺兰越石，两人夫唱妇随，日子虽然不是很富裕，但也衣食无忧，当真可以用其乐融融来形容。然而，两人的美好时光维持不到三年就结束，原因是贺兰越石突然英年早逝。结果可怜的武顺正值青春年华就守寡了。武则天以加速度登上皇后宝座后，守寡在家的她也时来运转：她很快被唐高宗看上了。原因有三：

一是猎艳之心使然。韩国夫人此时虽然已经过了三十岁了，但因为天生丽质，再加上保养得好，依然身影曼妙，光彩照人。一句话，风韵犹存。唐高宗对这样极具魅力和吸引力的女性自然有倾慕之心、爱慕之意。

二是叛逆之心使然。唐高宗虽然曾一度对武则天迷得死去活来，但自从武则天登上了皇后宝座，在看到王皇后和萧淑妃的惨死后，他终于发现自己其实一点都不了解武则天，他终于对武则天那张冷酷的脸孔感到了迷惘和害怕。也正是因为这样，他对武则天的感情日渐冷淡下来，极度的反感和叛逆之心促使唐高宗"移情别恋"。

三是欲望之心使然。武则天眼里容不下一粒沙子。她当了后宫之主，别的女人谁也不准碰唐高宗已经是众人皆知的秘密。谁敢不从，脑袋就要搬家。也正是因这样，很多时候，唐高宗只能无奈地夜夜守着武则天，而其他的宫女成了摆设。也正因为这样，欲望驱使，偷腥心理使然，他"出轨"了。

总而言之，唐高宗第一眼看到韩国夫人时，就像猫看到了小鱼那样，尘封的心灵打开了，荡起了层层涟漪。

而韩国夫人守寡多年，自然对爱情很是渴望。一个是干柴，一个是烈火，一点就着。也正是因为这样，这两个饮食男女很快就黏在一起难舍难分了。

刚开始两人还有所顾虑，但入魔的人是注定无法自拔的，两人从偷偷摸摸、犹抱琵琶半遮面开始，发展到无所顾虑、肆无忌惮。

两人的地下恋还是传到了武则天耳朵里。开始武则天还真的不太敢相信，毕竟韩国夫人是自己的亲姐姐，而她在后宫发布的对皇帝的"孤立"令是众人皆知的，韩国夫人应该懂得有所为有所不为才对。毕竟，韩国夫人现在能得到这个高贵的封号，全拜她所赐。后来真相揭晓，这一切居然是真的，武则天感到无比的愤怒。

然而，韩国夫人无论如何是亲姐姐，而且是从小相濡以沫的亲姐姐，如何处置她，这是个棘手的问题。武则天陷入了沉思。思来想去，一向心狠手辣的她最终决定给韩国夫人一次改过自新、重新做人的机会。

于是武则天故意当着韩国夫人的面，以"棒杀"的方式处决了一个新入宫的宫女。这个宫女其实进宫后什么也没有做，只是被唐高宗召见，发生了一次侍寝。然而，就是因为这样，她的生命也就走到了尽头。聪明的武则天想用这个方式赤裸裸地告诉韩国夫人，皇帝是她一个人的专属品，谁动了她的"禁脔"，谁的脑袋就要搬家！

事实上韩国夫人也被武则天这样的残忍方式吓得不轻，甚至一度发誓要和唐高宗断绝不正当的关系。然而，唐高宗不干，他在韩国夫人这里得到了前所未有的快乐，正陷入温柔乡里不能自拔，此时自然不想放手。而韩国夫人毕竟也是正值如狼似虎的年龄，禁不起唐高宗的死缠烂打，很快两人又本着今朝有酒今朝醉的原则，不可自拔了。

武则天没有再迟疑，对她来说，能给韩国夫人一次机会，已经是违背了她的原则，她举起了手中的倚天剑对准了韩国夫人。当然，武

则天不会做"一剑穿心"这样没有技术含量的事,而是在"绕指柔"三个字上下功夫,具体实施情况如下:

第一步:绕。

武则天首先以蹲点的方式亲自把唐高宗和韩国夫人两人捉奸在床。按现代人的观念,通常这个时候会拿着照相机和手机之类的现代化高科技手段对两人进行猛拍,以作为证据备用,然后上演大哭大闹之举动。但武则天不一样,她只是静静地看着手忙脚乱的两人,等两人恢复常态时,这才说话,说话的声音还是温柔如许:"皇上,您是一国之君,皇上三宫六院那是很正常的事,既然您喜欢韩国夫人,就把事实公开化好了,这样偷偷摸摸可不是一国之君的风范啊。"

唐高宗不明白武则天葫芦里卖的是什么药,因此,只能选择张大嘴巴,用可以直生生吞入一个鸡蛋的方式来等待武则天的下文。果然,武则天很快侃侃而谈,讲了一个故事给唐高宗听,这个故事就是汉代赵飞燕和赵合德同事一夫、同事一个皇帝的故事。她的故事讲得栩栩如生,千回百转,以至于连一旁瑟瑟发抖的韩国夫人也听得入了迷。

而唐高宗虽然懦弱,但毕竟不是傻瓜,因此,听着听着,原本绷紧神经的他脸色变得光亮起来,因为他闻到了一种和谐的气息。

果然,武则天在讲完故事后,很快给他指明了一条阳光大道:"恳请皇上册封韩国夫人为宸妃,以后我们姐妹共同照顾皇上吧……"

听到这里,唐高宗笑了,笑得比任何时候都灿烂。听到这里,韩国夫人乐了,虽然只是在心里偷偷地乐,但比吃了蜂蜜还要甜。

武则天"绕"了这么大一个圈,给了唐高宗和韩国夫人一对甜枣,让两人燃烧起了对幸福的渴望、对未来的憧憬。

第二步:指。

接下来的过程很简单,武则天主动请缨忙册封大典。看着她忙碌的身影,唐高宗很是感叹:看来自己的眼光还是不错的啊,没看错人啊,皇后这般通情达理,真乃我大唐之福、江山社稷之福啊。

然而,唐高宗高兴得太早了,他不会料到武则天的"一阳指"早已硬生生地对准了他心爱的韩国夫人。

第三步：柔。

百炼钢绕指柔。的确，册封大典可谓大张旗鼓、轰轰烈烈。然而，就在册封大典的前一天，不幸的事发生了，韩国夫人突然中毒了，等唐高宗知道消息赶到现场时，现场除了武则天，还有成群的御医。然而，一切都于事无补了，因为韩国夫人嘴角流血，双眼紧闭，早已没了呼吸。一旁的武则天哭得梨花带雨、肝肠寸断……

食物中毒，这是唐高宗无法接受的事实。

突遭横祸，这是唐高宗感到蹊跷的事情。

然而，此时的唐高宗除了悲痛还能做什么？因为"凶手"，也就是御膳房的庖厨，都被送上了法场。

移花接木、借刀杀人。整个政治斗争中，颇具心机和心计的武则天显然站得高看得远，暗招指使得天衣无缝。她再次用实际行动证明：顺我者昌，逆我者亡。

逼死了两个哥哥，毒死了亲姐姐，武则天对武氏家族的人彻底绝望了。既然都是"扶不起的阿斗"，既然都是"吃里扒外"的白眼狼，留着又有何用？于是她大手一挥，本着一个都不留的原则，很快把武家的其他成员也进行了打压：她的堂哥卫府少卿武惟良被贬为始州（今四川省剑阁、梓潼等县）刺史，武怀运被贬为淄州（今山东省淄博市）刺史。

为此，武则天还专门做了一篇《外戚戒》，向天下人证明自己对待外戚所持的"大义灭亲"的坚决态度。此书出炉后，在全国产生了巨大的连锁反应，结果，天下老百姓又对皇后的行为多了一分赞叹。

2.和武则天作对的长孙无忌结局如何

对此时的武则天来说，所做的一切都是以"善意"为幌子，以"道德"为遮掩，以"作秀"为准则，在对外对内排除异己，打造自己的专权独断时，还不忘给世人展现自己的善良、开明、朴实、大方及厚德。

当然，武则天如果一直这样"行善"，那么，就不是武则天了，因为她所有的举动都是为了自己的理想和前途做更好的铺垫。

"四人组"中的褚遂良在反对武则天立皇后这件事中，充当了"急先锋"的角色，事实证明，他也成了铺路石，成了"枪打出头鸟"的第一人，被贬为潭州（今湖南省长沙市）都督。

走了一个褚遂良，但"四人组"的主要力量还在，长孙无忌和韩瑗、来济组成的铁三角依然是武则天最大的心腹之患。不除去这三人，武则天寝食难安。

而这三人之中，武则天自然知道重中之重在于长孙无忌。而要想扳倒长孙无忌，就必须先除去韩瑗和来济这两个帮凶。机会很快来了。

和武则天以杀人为目的政治眼光不同，韩瑗和来济心里想的却是救人。

救谁？他们的兄弟褚遂良。是啊，他们怎么能让褚遂良一人在京外受苦呢？也正是因为这样，韩瑗很快就为褚遂良写了一封喊冤书。这封书信充分发挥了韩瑗的文采，写得荡气回肠，很有水准，奏章中分三层意思。

第一层意思是陈述褚遂良的功绩和人品："遂良体国忘家，捐身殉物，风霜其操，铁石其心，社稷之旧臣，陛下之贤佐。"

第二层意思是客观评价褚遂良的过失和得失："无闻罪状，斥去朝廷，内外氓黎，咸嗟举措。臣闻晋武弘裕，不贻刘毅之诛；汉祖深仁，无恚周昌之直。"

第三层意思是提出自己的建议和意见："而遂良被迁，已经寒暑，违忤陛下，其罚塞焉。伏愿缅鉴无辜，稍宽非罪，俯矜微款，以顺人情。"

唐高宗听了韩瑗的话，回了三句话："遂良之情，朕亦知之。然其悖戾好犯上，故以此责之，卿何言之深也。"简言之，我很敬重你的说法,我很同情遂良的现状,我无法原谅遂良的过失。

对此,韩瑷马上引用典故进行了劝说。

典故一:"昔微子去之而殷国以亡,张华不死而纲纪不乱,国之欲谢,善人其衰。"

典故二:"伏愿违彼覆车,以收往过,垂劝诫于事君,以群生幸甚。"

应该说,韩瑷的第二个典故用得很是在理,人都有犯错的时候,关键是犯了错知道改正就是好的。

然而,韩瑷心直口快,选错了第一个典故。把褚遂良比作微子、张华,那岂不是将唐高宗比作商纣、晋惠帝?

果然,唐高宗的威严受到了严重的挑战,怒不可遏的他立马喝道:"你可以走了。"

"臣能去哪儿?"韩瑷无奈地耸耸肩。

"从哪里来回到哪里去,有多远走多远,有多远滚多远。"唐高宗咆哮着。

韩瑷果然走了,回到家里,卷起铺盖便要回老家。既然朝廷不需他这样忠诚的人,那不如回家去算了。

然而,关键时刻,唐高宗良心发现,于心不忍,让他继续留在朝中。

而整个过程中武则天什么表示都没有。大家如果认为武则天就此对韩瑷网开一面,那就大错特错了,她建议唐高宗把韩瑷留下,就是为了更好地对他实施打击。

果然,善于后发制人的武则天很快使出了自己的"看家三宝":铁鞭、铁锤和匕首。

此时面对门下侍中韩瑷和来济,她使出的是前两种武器:铁鞭和铁锤。而韩瑷见奏书无效,识趣的他多次请呈,但都遭到了拒绝。武则天决定和他玩猫捉老鼠的游戏。玩着玩着,很快就掺入了其他人,比如说,韩瑷这边就有来济的加入,而武则天也不是一个人在战斗,很快李义府和许敬宗就加入进来了。

来济也不是吃素的，明知道没有多大效果，但还是接连上书，以这种方式公开支持褚遂良和韩瑗。而李义府和许敬宗也不是吃素的，同样以公开上书的方式弹劾韩瑗和来济。这场上书大战进行了数个回合的较量，最终的结果是以武则天完胜告终，因为韩瑗和来济分别被贬为振州（今海南省三亚市）刺史和台州（今浙江省临海市）刺史。

唐高宗最终还是没能坚持自己的原则，继续选择了懦弱，陷入了自甘堕落的万丈深渊。而与之相反的是武则天的"雄起"，在她地位稳固的同时，她的得力干将李义府的官位水涨船高。这期间尽管李义府为官不仁、狂妄自大、嚣张跋扈，甚至做出卖官鬻爵之事，但仕途平步青云，到了显庆二年（657），唐高宗还擢升他为中书令（副宰相）。

武则天不是一个容易满足的人，随着褚遂良、韩瑗和来济等元老派相继被打倒，她把目光瞄准在了"终极目标"长孙无忌身上。为此，她使出了看家三宝中最后的绝招——匕首。但在匕首使出之前，必须选择好时机，必须做到一击便中、万无一失。

与此同时，长孙无忌这个朝中当仁不让的老大，这个唯我独尊的国舅，这个舍我其谁的功臣，却显得越发苍老、越发孤立、越发憔悴。为了明哲保身，他采取了双管齐下的举措。

第一，退隐江湖。他本着惹不起躲得起的原则，主动退居二线，远离了权力中心，不再过问朝中事，大有"红颜枯骨随风散，名利富贵作浮云"之英雄气魄。

第二，著书立说。他本着淡泊明志的志向，从此整天守在家里，潜心研究前朝历史，大有"书中自有黄金屋，书中自有颜如玉"之书生意气。

功夫不负有心人。

长孙无忌通过努力，在著书立说方面取得了巨大的成就，完成了八十卷的历史著作，他把作品献给皇帝看时，唐高宗很是惊讶，再次对这个原本"讨厌"的国舅进行了嘉奖：两千匹丝绸。隐去了名和利，却又收获意想不到的名和利,看来当真印证了"失之东隅,收之桑榆"这句古训啊。

俗话说,物以类聚,人以群分。也正是长孙无忌把兴趣和爱好转型为著书立说后,一些志同道合之士很快便不约而同地聚集到一起,长孙无忌原本冷冷清清的门庭又变得热闹起来,只不过和以前不一样的是,以前所来往的都是达官显宦,现在却成了另一番情景:谈笑有鸿儒,往来无白丁。

树欲静而风不止。就在长孙无忌论文论经、热衷于文学、远离政治而明哲保身时,无孔不入的武则天最终还是抓住了他的尾巴,很快指使许敬宗在唐高宗面前将了他一军:长孙无忌有图谋不轨之心。理由是:襄阳郡公、太子宾客兼中书令杜正伦,中书侍郎李友益,太子太府同中书门下三品、燕国公于志宁,均与长孙无忌交往甚密,常常通宵达旦,似有不轨之举动。

对于许敬宗的"告状",唐高宗做出的处罚有三点:一调二降三免职。具体如下:

调,就是调襄阳郡公、太子宾客兼中书令杜正伦为横州(今广西壮族自治区横县)刺史。

降,就是降中书侍郎李友益为嵩州(今河南省嵩县)普通职员。

免,就是免太子太府同中书门下三品、燕国公于志宁的官职。

从这个处罚单可以看出,其实唐高宗还是在"杀鸡儆猴",通过这样的方式,告诫长孙无忌要忠于朝廷忠于皇帝。但同时也可以看出,唐高宗此时对长孙无忌还是比较忌惮的,不敢对他胡来。总之,这个处罚可以算是擦边球。

但无论如何,杜正伦、李友益、于志宁等长孙无忌新的盟友一夜之间被打压了,对长孙无忌来说还是损失惨重。

在武则天眼里,孤立无援的长孙无忌犹如一只被围困起来的猎物,只待自己来捕杀。机不可失。于是她连夜召了许敬宗等亲信,和他们商量了一番,最终决定趁热打铁,排除异己。

最终，让许敬宗向唐高宗上书，直接指出长孙无忌的一大罪状——图谋不轨。理由有三点：

一是居功自傲。这个很容易理解，无非是说长孙无忌有众多功绩，拥有很高的地位，官位显赫，在朝中无人能和其比肩，他在朝中拥有一呼百应之力，但也正是因为这样，他向来目中无人、目无王法，甚至根本不把皇上放在眼里。

二是施恩自大。许敬宗举了一个例子：长孙无忌当年为什么主张立圣上为太子，目的在于控制皇上。这是司马昭之心，路人皆知。这次皇上废立皇后、废立太子之事，长孙无忌所表现出来的举动就是最好的证明。

三是反迹自露。许敬宗同样检举了一条重大线索：长孙无忌早有取而代之的想法，他的同谋人就是监察御史李巢。

总结陈词：汉初七国之乱、汉末王莽夺权、三国魏武专政，以国舅身份生叛逆、夺取外甥帝位的例子举不胜举。前事不忘后事之师，皇上圣明，不可不明察啊。

这是典型的"莫须有"，唐高宗听后却是"莫名惊"，先是从惊讶中转变，表现为：惊奇无比、惊诧无比。随后由惊讶变成了惊愕，具体表现为：惊慌失措，惊异失措。再到惊惧，具体表现为：惊恐万状、惊骇万状。也正是因为这样，已是惊魂未定的唐高宗顿时冷汗如雨。如果许敬宗所说属实，那么，他这个皇帝岂不是风雨飘摇、岌岌可危？但唐高宗面上不为所动："他应该不会谋反。"

许敬宗很肯定地说："这个一定有！"是啊，在他的心中，此时即使没有抓到证据，也"一定有"！

唐高宗无奈地耸耸肩："既如此，用事实说话。"

此时的长孙无忌已是强弩之末，似乎注定了结果的悲惨。果然，此时唐高宗要证据，武则天自然奉陪到底，她马上向她的"粉丝团"说了一句话，三个字：找朋友。

结果,"粉丝团"心有灵犀地很快找到了"老朋友"监察御史李巢。李巢虽然不属于元老派,却是亲老派的,骨子里流淌的是正义和正直的血统。因此,在武则天等人明说暗挑的"示意"下,他选择了视而不见、无动于衷。

眼看"找朋友"没有达到预期的效果,武则天很快又想到了一个新办法,三个字:找枪手——洛阳人李奉节。

枪手李奉节是个小得不能再小的人物,他的枪口对准的目标当然不是长孙无忌,而同样是一个小人物——韦季方。

太子洗马(太子政事和文理方面的导师,从五品)韦季方原本与李奉节无冤无仇,平常在朝中见了面也只是点头示意,谈不上有交情,也谈不上陌生。套用一句俗话来说就是:没有任何瓜葛。

既然是武氏集团千里挑一选出来的枪手,李奉节也不是吃素的,他打出的这一枪是:韦季方搞朋党。既然是找朋友,李奉节就把韦季方和"不听话"的李巢两人强行凑成了一对朋友,而且是很铁的那种,铁到两人可以搞朋党了。李奉节这样的找朋友方式其实就是欲加之罪、何患无辞。

唐高宗很快知道了这件事,一听要造反,事关重大,马虎不得,他大手一挥,便让许敬宗审理此案。

接手这个案子后,许敬宗充分发挥其心狠手辣的特点,决定从韦季方身上寻找突破口,严刑逼迫他供出幕后指使者——长孙无忌。

事实证明,这是一起简单得不能再简单的案子。没有风,何来浪?正直的韦季方没有被许敬宗的淫威所吓倒,而是坚持原则咬定青山不放松——子虚乌有,臣被冤枉,没人指使。

但许敬宗也不是吃素的,既然你不肯招,那就不要怪我了,大手一挥,十大酷刑轮番在韦季方身上上演。

韦季方毕竟跟在太子身边混过,曾经风光无限,如今突然身陷囹圄,身心受到这样大的污辱,自然是不堪其辱,于是选择了上吊,想以这种方式一了百了。也是他命不该绝,就在他自残时,被狱卒发现,韦季方捡回了这条小命，但也就因此，长孙无忌被拉下了地狱。因为狡猾的许敬宗马上在韦季方自杀未遂这件事上大作文章、大造舆论：畏罪自杀。

韦季方此时百口莫辩，他宁死不肯画押，丝毫不能阻止许敬宗在这件事上继续深挖。许敬宗伪造了一封口供，然后向唐高宗报告：韦季方和李巢谋反案背后确实有靠山，这靠山就是长孙无忌啊。

唐高宗大惊，静坐于龙椅上，良久说了这样两个字：复查。

于是他马上派了另一个人去审理此案，这个人的名字叫辛茂将。辛茂将的职务是侍中，他是许敬宗的心腹。

从这次调遣来看，不知道唐高宗是真糊涂还是故意为之，总之，辛茂将审查的结果，大家自然都可猜到了：事实俱在，完全属实。唐高宗大恸，瘫坐于龙椅上，良久讲了这样两句话：

第一句话运用的是反问词："这怎么可能，国舅这是何苦来着？"

第二句话运用的是感叹词："国舅被人挑拨离间，可能是对朕有所猜忌啊！"

唐高宗这两句话前后矛盾，相互抵触。这说明他当时心里也是矛盾和纠结的，也是拿不定主意的，说白了，他对长孙无忌谋反的事，将信将疑。

关键时刻许敬宗不出面那就不是许敬宗了。许敬宗巧舌如簧，捏造谣言，穿凿附会，结果他的一句话，彻底左右了唐高宗的想法：王子犯法，与庶民同罪。解析：这起案子我亲自参与查过了，长孙无忌千真万确就是那靠山，陛下不应该把国法置于私情之上——您如果再包庇他，就是对朝廷的不负责，对社稷的不负责，也是对自己的不负责啊。

唐高宗听了，大哭，瘫坐于龙椅上，良久，哭泣着又说了两句话：

第一句话：这真是家门的不幸啊，亲人们怎么老是跟朕过不去呢。以前高阳公主和房遗爱谋反，现在国舅又谋反，朕真的惭愧啊。

第二句话：许爱卿，这事如果是真的，朕该怎么办呢?

唐高宗已经完完全全相信了长孙无忌谋反的事实。

接下来,许敬宗开始对唐高宗"灌输"最后一剂猛药,马上苦口婆心地进行了细致的说服,特别是举了隋炀帝杨广如何被姻亲宇文化及所杀的例子,目的无非只有一个,那就是置长孙无忌于死地。

唐高宗虽然是懦夫,但也不是糊涂虫,他最终给予许敬宗的答复是:容我三思。

三思而后行,这是正确的。然而,武则天没有给唐高宗更多三思的时间,她使出了撒手锏——枕边风,讲故事,告诫唐高宗当断不断必受其乱。解析:臣妾闻汉代时,汉文帝的舅舅薄昭犯了杀人罪,汉文帝按国法把他处斩了,结果博得了明主的称号。今天,长孙无忌仗着功勋卓越,便目空一切,不念先帝对他的大恩,不怀陛下对他的大德,却与小人勾结,做出谋反这样的不可饶恕、罪大恶极的事来,现在陛下您为何不快快决断呢?

唐高宗终于停止了"思想上的争斗",上演实际行动:

一是本着死罪可免活罪难逃的原则,下达逮捕令,免除了长孙无忌的太尉和赵国公的爵位,将其贬为扬州都督,并流放到黔州(今四川省彭水县)。

二是本着降职不降薪的原则,下达特赦令,长孙无忌仍享受正一品官员待遇,一路都有重兵护送。

这时唐高宗是糊涂的,他竟然不与长孙无忌对质(或者他不想进行对质),就下达了处罚令。

这时唐高宗是清醒的,他并没有完全忘了与长孙无忌血脉相连的关系,希望以这种特殊的"关照"让长孙无忌安度晚年。

然而,唐高宗显然太天真了,长孙无忌落井,"下石"正是武则天的拿手好戏啊。

果然,随着长孙无忌这棵参天大树一倒,元老派也就等于彻底被打入了万丈深渊。接下来,武则天可以放心大胆地收拾残局了。

许敬宗很快遵照武则天的指示,对唐高宗进行第三次上书,陈述了这样一件事实：其实长孙无忌谋反案还有同盟，是由褚遂良、柳奭、韩瑗煽动发起的，柳奭暗中勾结后宫，妄图投毒，于志宁也是长孙无忌的枪手，他们都是一条船上的蚂蚱，狼狈为奸、胡作妄为，不可不察啊。

唐高宗这时已经被武则天和许敬宗的"洗脑术"完全征服了，当机立断，把韩瑗和柳奭除名，把于志宁就地免职。死去一年的褚遂良也未幸免于难，他被削掉了死后追封的官爵，他的两个儿子褚彦甫、褚彦冲在流放途中被杀。

接下来，长孙无忌的命运已经毫无悬念可言。武则天的"鹰爪"许敬宗很快派中书舍人袁公瑜前往黔州。

看着白发苍苍、瘦骨伶仃的长孙无忌，袁公瑜对长孙无忌进行了最后的劝说，说了一个关键句：人为刀俎，我为鱼肉。解析：现在你已经是板上钉钉的盘中物了，与其要我亲自下手，你何不自缢呢？

士可杀不可辱，被逼无奈之下，六十三岁的长孙无忌最终选择以自杀的方式结束了自己辉煌而凄凉的一生。

长孙无忌死后，他的儿子长孙冲和堂弟长孙诠先被除名，后被杖杀。

彻底解决长孙无忌一家后，武则天如愿以偿地达到了她的预期目的，但她并没有就此善罢甘休，她本着斩草除根的原则，开始了最后的"收网行动"，结果流落在象州（今属广西）的柳奭尽管身在"野外"，却也身不由己了——最终逃不过被斩杀的命运。

解决了柳奭，武则天再派使者去找韩瑗，结果这一次韩瑗料敌于先，没有让武则天多费神，自知无力回天的他在发出"苍天无眼"的感慨后，含恨而死。至此，长孙无忌、柳奭、韩瑗三家被一锅端：剥夺三家族人的所有官爵，没收三家所有私人财产以充公，流放三家近亲到岭南为奴婢。

而唯一的漏网之鱼来济，尽管在显庆五年（660）又被贬为庭州（今新疆维吾尔自治区吉木萨尔县一带）刺史，但他识时务地选择了在战场鞠躬尽瘁、死而后已。

以身殉国，为国效忠，来济的"置之死地而后生"为自己保全了名节和声誉，具体体现有二：一是灵柩还乡，魂归故里；二是被朝廷追封为楚州（今江苏省淮安市）都督。在元老派不得善终的境况中，他的结局算是最好的了。

一朝天子一朝臣，这既是皇权手段，也是古代历史规律，诚可悲也，诚可叹也。

3.充当刽子手的李义府结局如何

显庆五年（660）十月，李治患风眩病，暂时性失明。这样导致的后果是无法正常上朝和处理朝中政事。找个人代为处理是当务之急。思来想去，李治选择了武则天。这不是说李治对武则天有多信任，而是无奈之举。朝中元老大臣死的死，分流的分流，已经所剩无几了。而太子年幼，连自己都照顾不过来，怎么能处理国家大事？只有皇后武则天可以选择，毕竟武则天再怎么样也是他至亲至爱的人。

机遇来敲门。武则天没有让机会白白地溜走，她不但抓住了，而且还牢牢把握在自己手上。在此期间，她在政事的处理上表现得很出色，引用《资治通鉴》里的原话就是："后性明敏，涉猎文史，处事皆称旨。由是始委以政事，权与人主侔矣。"这段话说了武则天两个方面的能力：

一是工作能力强。她天生聪明，反应敏锐，又知书达理，博览群书，处理事务符合李治意旨。

二是工作效果好。她因为处事老练、公道，朝中文武百官甘心臣服，天下百姓交口称赞。

带来的效果也是看得见的，武则天的人气很快就大涨。更为重要的是，她的权力与日俱增，同时也得到了李治的认可。随着李治的病情不断恶化，武则天逐渐得势，最后事权与李治相同。

这个时候的武则天站在权力的一个新起点上，不由得痴了、醉了、飘飘然了、沾沾自喜了，她在认识到权力重要性的同时，也认为唐高宗只是徒有其表了，在欲望和野心的膨胀之下，她无所不用其极，步步侵夺李治的权力，企图打造自己至高无上的权势。

凡是唐高宗想办的事，每次刚行动就被武则天牵掣，最后事事失败。失去了面子和里子的唐高宗表情有三：一是气，二是怒，三是愤。龙朔三年（663）十月，忍无可忍的唐高宗没有再选择沉默，而是开始"亮剑"：一方面安排太子裁决小事，牵制武则天；另一方面剪除武则天羽翼。

唐高宗把打击的目标直接锁定在武则天的心腹李义府身上。

李义府是第一个支持武则天当皇后的人，自然也就得到了丰厚的回报——升中书侍郎，被武则天视为心腹，后来他接二连三地加官晋爵，显庆二年（657）任中书令。他的家人也鸡犬升天，荣宠达到极点。

面对权力诱惑，他毫无戒心。有事实为证：一次，李义府得知大理寺监狱里关着一个长得很漂亮的女犯人，他居然要求监狱长免了她的罪供他玩乐。此事被人告发后，监狱长吓得上吊自杀，他却安之若素。御史王义方感到不平，直接向唐高宗控告李义府，结果在武则天的周旋下，李义府只是被贬官而已。李义府逍遥法外，反而还笑嘻嘻地去问王义方是否感到惭愧。

这件事后，李义府的胆子越来越大，贪欲越来越大。他一方面在皇宫里谄言媚语，尽一切努力得到唐高宗和武则天的欢心；另一方面在外为非作歹，营私舞弊。他不仅自己想方设法敲诈勒索，而且指使亲属出面卖官鬻爵，许诺帮人求官，帮人打官司，以至到他家里送钱财的人像市场上的人一样多。他总是一边微笑，一边接受各种贿赂。

随着时间的推移，唐高宗对他的一些举动也产生了反感。有一次唐高宗召来李义府，与他进行了"单兵较量"，并且委婉提醒他说："李爱卿，朕最近常听说你家人做事很不谨慎，朕也尽可能替你掩饰，你以后千万要注意点。"

谁知狂妄的李义府非但没有及时认罪、反省，反而质问唐高宗："这事是谁告诉陛下的？"不用说，潜台词就是"回头我一定要好好收拾他"。

唐高宗很不高兴，说："朕是从哪儿听来的，你就不要管了！"

按常理，唐高宗的话说到这份儿上，李义府至少应该做出虚心接受教训的态度才对，哪怕是装一下也行，可他没有这样做，而是做出了雷人的行为：让一个叫杜元纪的术士到自己府邸上望气，看看自己究竟怎样才能重获唐高宗的宠信。

按照李义府的要求，术士开始装模作样地推算起来，最后对李义府说："宰相府邸的风水确实出现了严重问题，但这还是可以化解的。只要宰相在某间屋积财两千万缗，便能压住这股不祥之气。"听了术士的话后，李义府频频点头。

平时，李义府通过卖官鬻爵也攒了不少银子，可在此时舍不得掏两千万缗钱出来厌胜。但厌胜之事肯定是要做的，于是李义府想出了一个自认为两全其美的办法——把心思动到了长孙无忌的子孙身上。

长孙无忌倒台后，他的子孙们被流放到了各地，但其中有一个叫长孙延的孙子后来好不容易回到了长安，不过只是一个普通百姓，没有任何官职。于是，李义府找来长孙延，对他说，只要能凑出七百万缗，便想办法帮他谋到一个带品级的好官职。

世上没有不透风的墙，这次他终于惹下了祸。长孙无忌是皇亲加元勋，虽然因反对立武则天为皇后而遭到流放，但毕竟在朝中故旧众多。加之满朝文武平时就恨李义府，只是敢怒不敢言。这一次，查有实据，这边李义府刚向长孙延勒索完毕，那边马上就有人把这事报告给唐高宗。

唐高宗马上要求有关部门对此事进行严查。严查的结果可想而知。最后，李义府不但被免去宰相之职，还被除名，长期流放到巂州（治今四川省西昌市），他的儿子、女婿们也分别被流放到了不同地方。

枪打出头鸟，唐高宗的举动显然是另有深意。尽管那时的李义府依然是武则天手上一颗非常重要的棋子，武则天也很想继续保护他，但武则天毕竟只是皇后，唐高宗才是皇帝。思来想去，武则天没敢和唐高宗"用强"，最终还是忍痛舍弃了李义府。

流放之初，李义府还一直心存幻想，认为这次肯定也能像上次一样，转了一圈又回到原点。但是时过境迁，政局不同了。

接着，唐高宗改年号"乾封"，大赦天下。但朝中不少大臣反对把流放到边疆的官员列在大赦名单之上，原因很简单，这些人回来后对他们现有的地位无疑是一种威胁。

至于武则天，同样也不敢大赦流放到边疆的大臣。众所周知，她在向权力核心攀爬的过程中，对付反对派一般有两种手段：一种是直接干掉，另一种就是贬官流放。假如这次连流放到边远地区的官员也大赦了，这些人回来后能不继续找她的麻烦？

这样一来，李义府自然也就得不到大赦的恩惠了。经过此事，李义府彻底明白，武则天也舍弃他了。很快，李义府就在郁郁寡欢中病亡。

4.鼓动废后的上官仪结局如何

在对付武则天的羽翼李义府的时候，唐高宗还把手中的重拳对准了武则天。功夫不负有心人，很快，他派出的心腹宦官王伏胜便带来了一个具有轰动效应的消息——武则天曾叫道士郭行真入宫，施用法术厌胜。

唐高宗一听，喜怒交加。怒的是武则天果然胆大包天，做出如此大逆不道之事来。喜的是武则天的狐狸尾巴终于露出来了，抓住了把柄便是他亮剑的时候了。于是，他马上叫来丞相上官仪商议对策。

上官仪字游韶，属于典型的"落寞官二代"，他的父亲上官弘在仕途上并不得意，隋朝末年才做到了江都宫副监。因为在江都做官，所以上官一家就把江都认作第二故乡了。江都是隋炀帝最喜欢的地方，那个时代就极有名；后来改名扬州，名气仍然很大，以至于有"人生只合扬州死，禅智山光好墓田"的说法。上官弘在扬州做了几年官，最后扬州还真成了他的"墓田"。大业末年（616），天下大乱，右屯卫将军宇文化及弑隋炀帝，上官弘在兵变中被右御卫将军陈梭杀害。正值幼年的上官仪被父亲的部下藏匿在佛寺中，易服剃发，做了几年和尚。与青灯古佛为伴的这几年，是上官仪人生中艰难却又关键的几年。佛门藏书甚富，上官仪浸淫其中，成了一个佛学专家。当然，他同时还在学习经史，并因此锻炼出了突出的文学才华。

童年的苦难经历，磨砺了上官仪的意志，使他拥有同龄人难以企及的成熟和智慧。他重拾学业，用心苦读，没几年便可写出漂亮诗文。然而，他的才情被乱世的战火给埋没了，等啊等，盼啊盼，直到贞观初年（627），唐太宗李世民执政，上官仪这才等来一展才华的机会，他踌躇满志地踏入了科举考试的考场。结果出来时，上官仪终于笑了，他进了前三名，结果唐太宗对他赏识有加，先是御笔亲点，让他当了弘文馆直学士，随后，又提拔他当了秘书少监，专管校对皇帝的诗文。据说每次宴会群臣，唐太宗都要让他作陪。

而唐高宗即位后，上官仪在仕途上更上一步了，正式成为皇帝的贴身秘书。这是他飞黄腾达的起点。而这个起点来源于上官仪的超凡才华——"上官体"。

唐太宗托孤的几大重臣如长孙无忌、来济、韩瑗和褚遂良等人在和武则天的政治斗争中，死的死、贬的贬，作为高宗亲信的上官仪终于迎来了机会。龙朔二年（662），上官仪被授予银青光禄大夫的荣衔，实职是西台侍郎、同东西台三品。通俗点说，就是以中书省的身份兼任宰相。至此，上官仪达到了人生的顶点。

俗话说"伴君如伴虎"，宰相也不是那么好当的，何况唐高宗这只"病虎"的身边还有一头非常强势的"母老虎"——武则天。上官仪是个疾恶如仇的人，他早就对行事张狂的武则天很是反感，此时接到唐高宗的密召，在受宠若惊之余，也是感恩戴德，面对唐高宗的"问计"，他当即表态："皇后专恣，海内所不与，请废之。"

唐高宗一听来了精神了，一颗激动的心跳动不已，当即任命他撰写诏书。

这是一个重要的历史时刻，如果上官仪把诏书写好，唐高宗便及时地下达了废后诏书，那么，武则天应该无回天之力。

这是一个重要的历史时刻，上官仪的诏书已经写好，唐高宗正在案头上细细品读。

然而，历史没有如果。唐高宗见武则天像疯狗一样扑来，胆怯不安，再被武则天这一怒视，立马像一个泄了气的皮球，豪情、意志一股脑都抛到九霄云外去了。

"皇上这是在干啥呢？"武则天终于发出了愤怒之音，虽然只有一句话，却仿佛震得皇宫摇摇欲坠。

"啊，啊……这……这……"唐高宗语无伦次，当即反悔了，而且推诿，《资治通鉴》载："我初无此心，皆上官仪教我。"

唐高宗果然是个"坦白"的人，不但在口头上"招了"，而且在行动上也"认了"——把诏书递给了武则天。

按理说，废后风波到此就告一段落了。然而，事实并未结束。

武则天很快指使走狗许敬宗发力。许敬宗岂是浪得虚名的人，他将栽赃、诬告、陷害如排山倒海般一气呵成——上官仪和王伏胜、废太子李忠组成"三人帮"，一起谋反。

欲加之罪，何患无辞。面对许敬宗放出的"群咬"，可怜的上官仪准备不足，没有准备好"打狗棒"，结果非但没有还手之力，连招架之功也没有，只有被动的"等咬、等宰"的份儿了。是年十二月，上官仪便到阎王爷那里去报到了，上官仪虽然是不舍的，是悲哀的，但在黄泉路上，他并不孤单，还有王伏胜、废太子李忠做伴，生前没有机会结盟、联手，死后能同路、携手，如果上官仪泉下有知，是否会感慨万千？

三个"主谋"死了,事情并没有结束,追随他们的"后来人"却可以用前赴后继来形容——牵连无辜无数,造成冤魂无数。

废后事件发生后,武则天进行了深刻的反思,她既不愿意完完全全地交出手中的权力来,但又不得不顾及唐高宗的感受和反击能力。最后,为了缓和与唐高宗的关系,她向唐高宗提出了一起临朝的请求。

唐高宗回应的是"三心":心怀内疚(觉得废后之事有点过火了)、心地善良(觉得武则天全都是为了他着想)、心力交瘁(对身体素质一直就不好的唐高宗来说,上朝理政不但是一项技术活,而且还是一项体力活,时间久了很是吃不消)。总之,心有戚戚焉的唐高宗同意了武则天的请求。

就这样,此后唐高宗每次上朝理事,武则天就垂帘于后,一切朝中政事都参与裁决,天下大权,悉归中宫。

都说人的欲望是无穷的,就在武则天在权力的征途中再跨出坚实一步的同时,她并没有满足握在手上的权力,而是决定再"另辟蹊径",进一步提高自己的威望,为此,她做了一件令天下人侧目的事——封禅。

什么叫"封禅"呢?《辞源》的说法是:"帝王祭天地的典礼。在泰山上筑土为坛祭天,报天之功,称为封;在泰山下梁父山上辟场祭地,报地之功,称为禅。"总之,封禅是指中国古代帝王为表明自己受命于天所举行的祭祀天地的大型典礼,多在太平盛世或天降祥瑞之时举行。远古暨夏商周三代,已有封禅的传说。战国时齐鲁部分儒士认为群山中泰山最高,为"天下第一山",因此人间的帝王应到泰山去祭过天地,才算受命于天。说白了,封禅是一个帝王最为浮夸的举动。

武则天提出封禅的请求并非空穴来风。她的父亲武士彟在贞观五年(631)十二月离开利州(今四川省广元市)升迁至荆州时,曾向唐太宗上书,中心思想只有三个字:请封禅。要知道当时逢贞观之治,清平世道、国泰民安,正是封禅的绝好时机。然而,封禅泰山非轻易之事，结果唐太宗拒绝了，理由是国库空虚。当然，真实原因并非如此，唐太宗是个雄心勃勃的皇帝，他当然也想封禅，并且与臣下多次讨论封禅，然而，因为有魏徵在，这面"镜子"陈说利害并加以劝阻，再加上当时老天不给力，水灾、旱灾等频繁发生，因此，结果是屡议屡罢。唐太宗没办法做到"一意孤行"，终未成行。

这次，武则天接过父亲手中的接力棒，继续鼓动封禅。一是为了迎合满足唐高宗的虚荣心，二是为了挑战一下男尊女卑的封建思想和社会地位。

结果唐高宗不但同意封禅，而且还答应武则天的"附加条件"：禅礼由皇后为亚献、越国太妃燕氏（唐太宗嫔妃中唯一在世者）为终献。

此诏一出，天下哗然。原来历代封禅多以天和男性祖先相配，地和女性祖先相配，整个过程用一句话概括就是：祭祖三献，即初献、亚献和终献。其中初献包括祭祀昊天"上帝"的封礼和祭祀地祇的禅礼，由皇帝执行；亚献，由王公大臣执行；终献，由文武百官执行。

以前亚献这项工作都是由公卿来操办，现在改成了皇后武则天完成，这是天下哗然的原因之一。更让人哗然的是，连终献这个最后的机会也被后宫元老级人物德妃燕氏夺去了。

麟德二年（665）十月丙寅（二十八日），武则天苦等的春风如期而至，接下来的过程可以描述如下：

第一，启程东行。

唐高宗率文武百官、扈从仪仗，武则天率内外命妇，从洛阳出发，亲赴泰山封禅。从驾的分两类人，一是大唐人——朝中文武百官、护卫军将、后宫妃嫔，二是外国人——突厥、于阗、波斯、天竺、罽宾、乌苌、昆仑、倭国、新罗、百济、高句丽等国的使节和酋长。随行的队伍和仪仗规模极大，几乎整个权力集团都倾巢出动，几万人的队伍甚是壮观，加上仪仗、法物等，封禅车连绵数百里。目的只有一个，四个字：耀国扬威。

一路上，凡是经过名山大川、帝王古庙、忠烈陵墓，都要行皇帝巡狩四方之礼仪，如此走走停停，经过了两个多月，十二月初九日，浩浩荡荡的队伍抵达齐州（今山东省济南市）灵岩寺，经过一番筹备和休整，月底云集泰山下。

第二，斋戒沐浴。

大队抵达泰山脚下后，有关官员就上山检查封禅的准备情况，工部官员早已按照封禅礼仪，派人在山下南方四里处建圆丘状祀坛，上面装饰五色土，号"封祀坛"；在山顶筑坛，广五丈，高九尺，四面出陛，号"登封坛"；在社首山筑八角方坛，号"降禅坛"。

与此同时，皇帝及主要官员则开始作斋戒、沐浴更衣等准备工作。

第三，柴祭望祭。

柴祭源于远古祭天仪式，就是搭砌圆坛，坛中堆放柴火，点燃柴火，以火祭天。望祭则源于远古祭山旧俗，为了表示虔诚，登封之前，与柴祭配合，帝王在火光中远望泰山。

麟德三年（666）正月元日，唐高宗首先在山下封祀坛祀天；次日登岱顶，封玉册于岱顶登封坛，"封玉牒，上帝册藏以玉匮；配帝册藏以金匮；皆缠以金绳，封以金泥，印以玉玺，藏以石磩"；第三日到社首山降禅坛祭地神。唐高宗行初献礼毕，由武则天升坛行亚献礼。武则天率领后宫"妇女团"，整个过程清一色的女子军团，"酌酒、实俎豆、登歌"皆为女官，莺歌燕舞，加上妙曼身影，形成了一道独特的风景线。这是历史上首次由皇后参加的封禅活动，整个过程，没有朝中文武百官什么事了，他们只要行注目礼就行了。

当燕氏升坛为终献后，盛大而热闹的封禅仪式终于告一段落了。但一波刚平一浪又起，武则天再次以一己之力点燃了众人心中的火焰，在她的提议下，唐高宗下了一道让朝中文武百官热血沸腾的圣旨。圣旨主要包含了三层意思：

一是开天——改元乾封。寓意为从此改头换面，拓出一片新的艳阳天来。

二是辟地——大赦天下。属意为得饶人处且饶人，给所有犯罪之人一次改过自新、开辟新天地的机会。

三是慰臣——大封百官。授意为朝中文武百官辛苦了，朝中百官三品以上赐爵一等，四品以下的加阶一级。

总之，一句话：皆大欢喜。

武则天通过封禅和封赏这两步妙棋，达到的效果也是显而易见的。朝中文武百官莫不对武则天感恩戴德，天下百姓莫不对武则天敬重有加。武则天的声名和威望都盖过了一国之君唐高宗，到达了一个空前的阶段。

四　霸宫：权谋天下，女主临朝

1.嗜血的权术

人心不足蛇吞象。武则天和唐高宗"二圣临朝"从政先后有十个年头，武则天就在威望如登泰山般青云直上时，对权力的欲望却没有一点消退，为此，她又"双管齐下"。

第一，武则天向唐高宗提议以"尽孝"为由，追封先皇宗祖，以显示列祖列宗的丰功伟绩。唐高宗既然放不下武则天，自然就对她言听计从了，很快追封唐太宗为文武圣皇帝，长孙皇后为文德圣皇后。

第二，既然连先皇先后都追封了，为了显示对先皇先后、列祖列宗的"尊敬"，武则天以"避讳"为由，提议对唐高宗和自己改称呼——改皇帝为天皇，皇后为天后。

把"皇"改成"天"，武则天是别有用心的。一来"天命所归"。她的名字里有个大大的"天"字，而"天后"和她的名字相辅相成，相得益彰。二来"天经地义"。"天"神秘而神圣，意味更上一层楼，意味着至高无上，意味着权力无边。

而唐高宗又哪里知晓个中奥妙呢？他想都没有想便鸡啄米似的点头应允了。至此，武则天在追逐权力的道路上又迈出了坚实的一步。

武则天通过自己独有的"媚功",以"炒鱿鱼"和咬耳根的方式对唐高宗展开攻势,牢牢地把控朝政大权的同时,也没有忘了对外戚的进一步培养。

武则天刚进宫时,便是靠母亲杨夫人的鼎力支持。随后在后宫的争斗中,杨夫人没少当武则天的"智囊"。也正是因为这样,杨夫人死时,武则天伤心欲绝、痛不欲生。同时,对于两个同父异母的哥哥,她不惜大义灭亲,以借刀杀人的方式报了年幼时受虐待之仇。而为了使自己在后宫独宠,她不惜毒杀了亲姐姐韩国夫人。就连韩国夫人的女儿魏国夫人,只因和唐高宗有情意缠绵的瓜葛,武则天也没有放过。

父亲早亡,母亲新亡,兄弟姐妹死亡,武则天悲哀地发现,现在想扶植外戚都快是水中月、镜中花了。但她并没有就此放弃,她另辟蹊径,决定从小字辈里物色自己的心腹。

选来选去,武则天瞄准了韩国夫人的儿子贺兰敏之,原因有三。一是择亲。是啊,这个时候武则天在嫡亲中没得选了,贺兰敏之是自己在血缘关系中最亲近的人了,如果连他也弃用的话,那么,自己就成孤家寡人了。二是安心。先后毒杀姐姐和外甥女后,武则天心里多少有些内疚,重用贺兰敏之也可以让自己心里稍安些。三是袭爵。让贺兰敏之继承外祖父武士彟周国公的爵位。

于是乎,凡人贺兰敏之一夜之间变成了武敏之;于是乎,布衣贺兰敏之一夜之间变成了三品高官;于是乎,公子贺兰敏之一夜之间变成了朝中炙手可热的人物。

然而,事实证明这只是武则天一厢情愿而已。贺兰敏之虽然是一个帅得不能再帅的帅哥,但也是一块烂得不能再烂的烂泥,烂泥终究是扶不上墙的。

贺兰敏之的"烂"主要体现为三个字:滥风流。

举个例子来说明一下吧。武则天平日里很宠爱自己的小女儿太平公主。一次,太平公主去姥姥杨夫人那里串门,贺兰敏之竟然在光天化日之下公然强奸了太平公主的随从宫女。

武则天知道后，大为震怒，怒过之后却很快偃旗息鼓了。武则天之所以选择了忍，是出于无奈。她现在可以依靠的娘家人就这么一个，杀之不得；再说贺兰敏之还深得杨夫人宠爱，处置不得。因此，她不得不忍啊。当然，她内心里也希望他能改过自新。然而，事实再一次证明，贺兰敏之这块烂泥是扶不上墙的。

贺兰敏之将放荡进行到底，将风流进行到底，很快就和太子李弘上演了"真情对对碰"。咸亨二年（671），太子李弘已经二十岁了，唐高宗为了子孙后嗣着想，决定为太子选妃。最后，唐高宗和武则天一致选中了司卫少卿杨思俭的女儿。这杨思俭可大有来头，他是隋观德王杨雄之孙，而杨雄和武则天的外祖父杨达又是亲兄弟，因此，武则天和杨思俭是表兄妹的关系，太子李弘和杨思俭女儿联姻，自然是亲上加亲了。杨思俭的女儿不但长得美，而且很有才，更有这层血脉相连的关系，入选太子妃也就在情理之中了。

然而，就是这样一位太子妃人选，在还没有过门之前，竟然被贺兰敏之逼奸了。

武则天知道后，怒发冲冠，但她再一次忍了下来。

杨夫人死后，贺兰敏之作为杨家主人主持丧礼。然而，就在服丧期间，贺兰敏之再次展示自己的"超级兽性"，公然诱奸杨府的侍女。俗话说事不过三，如果说前两次武则天选择忍，那是因为有杨夫人这个后台为贺兰敏之撑腰，那么这一次，忍无可忍的武则天终于选择了爆发。

失去了保护伞的贺兰敏之很快就受到了变本加厉的惩罚：一是被废除武姓，恢复姓氏贺兰；二是被流放岭南，恢复布衣之身；三是途中被刺死。

自作孽，不可活。强奸武则天女儿的宫女，逼奸武则天儿子李弘未过门的媳妇，诱奸武则天母亲杨夫人的侍女，作恶多端的贺兰敏之终于死于自己的愚昧和放荡。

挥泪斩了贺兰敏之后，武则天并没有放弃走培养外戚这条路，她又开始物色新的人选。最终,她无奈地把目光停留在了几个侄子身上。是啊,两个同父异母的哥哥虽然可恶,几个侄子却是无辜的,没有跟她直接有过什么过节。

于是乎,很快,大哥武元爽的长子武承嗣便被从振州迎接到京城,拜为尚衣奉御,袭爵周国公。其他几个侄子也相继得到了掌管皇族事务的五品官位。

武则天重用侄子,目的很明确,即打造"武氏天下",打压"李氏江山"。这个时候,李氏的"掌门人",也就是主宰天下的一国之君唐高宗李治病情越来越严重了,随时都有可能驾崩,而唐高宗的继承人——太子李弘便是一颗重要的棋子了,他的存在,关系到李氏江山的安稳,关系到李氏江山的兴荣。

如果只用一句话来形容太子李弘,那就是:平庸的天才。

李弘的才气主要体现在聪颖能干上。有其母,必有其子。李弘有武则天这样聪慧过人的母亲,他遗传了母亲的个性和特点也就在情理之中了。身为皇子,从小他便受到了良好的教育,"四书五经"及其他儒家经典都没少学。他也没有令人失望,十岁那年,便组织太子府人员博采雅集,编撰了一本五百卷的《瑶山玉彩》。唐高宗高兴之余,赏赐了他三万段丝绸。

如此神童般的人物,唐高宗对他另眼相看,武则天对他高看一眼,再加上他是长子,立为太子也就在情理之中了。天有不测之风云,唐高宗开始感觉身体不适后,对李弘寄予厚望,多次令他监国,希望他能早点接过手中的权力棒,挑起主宰天下的重担。

李弘的平庸主要体现在敦厚柔弱上。《资治通鉴》载:"太子弘仁孝谦谨,上甚爱之。"有其父,必有其子。有唐高宗这样敦厚柔弱性格的爹,他遗传了爹的个性和特点也就在情理之中了。

首先,来看李弘的"柔"。

他的"柔"主要体现在个性上,有事例为证。李弘八岁那年,唐高宗和武则天一起到东都洛阳巡游，为了能让李弘尽快成长起来，唐高宗留李弘在长安第一次监国，让朝中大臣辅佐他，结果李弘不爱国事爱啼哭，整天泪流满面，整天哭得伤心欲绝，任谁都哄不住，眼看这样下去，都要泪淹长安了，大臣们没办法，只好派人快马加鞭禀告唐高宗和武则天。唐高宗和武则天无奈之下，不得不提前结束巡游，匆匆回到长安。一问李弘为什么这般伤心，李弘说："只因思念父皇、母后所致。"现在看来，一个男孩八岁了还如此依恋父母，不能不说，有些太柔软了。

其次，来看李弘的"弱"。

他的"弱"主要体现在思想上，有事例为证。他在学习《春秋》时，每每读到屠杀、暴力、血腥的场面时，便会摇头叹息，特别是读到子弑父夺位、臣弑君篡位时，又是泪流满面。尽管太子傅给他耐心地答疑解惑，他还是不能接受，以至于后来拒绝再读《春秋》。太子傅不得已，只好给他换《礼记》之类的教材。

再次，来看李弘的"敦"。

"敦"正好可以反喻他的体质。李弘把唐高宗体弱多病的体质也遗传下来了，甚至还有过之而无不及。他身为皇子，虽然从小锦衣玉食，但身子从小就虚弱，还患上了"痨瘵"（现代用语叫肺结核）。在那医疗条件不发达的时代，这种病是很难治好的，几乎就是"绝症"。因为身体影响，李弘虽然多次被唐高宗授命为"监国"，但他真正自己处理朝政的时间少之又少，一切都是靠朝中重臣如宰相等帮助处理。

最后，来看李弘的"厚"。

他的"厚"主要体现在品行上。李弘和他的父皇唐高宗一样，生性仁懦、忠厚老实。仁很容易理解，就是仁慈、仁义、仁孝、仁笃的意思，而懦则是懦弱、懦怯、懦庸、懦衰的意思。李弘一方面有慈悲为怀的菩萨之心，另一方面又优柔寡断，有妇人之见。有事例为证。麟德元年（664），当废太子李忠因卷入上官仪的"谋反案"而被诛杀后，太子李弘以大无畏的精神主动站出来，为李忠上书鸣不平，请求保存这位废太子最后的颜面——为其厚葬。这和唐高宗当年要求唐太宗宽容、善待其两个被废的兄长如出一辙。

平庸也好，天才也罢，李弘毕竟是唐高宗和武则天爱的结晶，李弘毕竟是被立了十多年的太子，如果按正常情况发展，他将是大唐江山的继承人和传承者。然而，历史就是如此充满变数，他没有按正常的轨道发展，进入了另一条极为罕见的不正常发展之路。

这条路的产生有两个原因。一是太子李弘自己不懂得珍惜，不懂得拥有，他一步步挥霍掉了自己的青春和梦想，一点点葬送了自己的政治生涯和权力征途。二是武则天不满足于现状，不满足于现实，她步步为营，踏着亲人的身躯前行；她步步为营，朝着权力的殿堂前进。于是乎，在亲情和权力的选择上，母子产生了"真情对对碰"。

此时武则天已坐稳皇后宝座多年，野心勃勃的她虽然对皇位觊觎良久，但"坐二望一"并不能真正成为母子反目成仇的原因。真正的原因是太子李弘年轻气盛、血气方刚而有些愚昧无知，竟然敢主动在太岁头上动土。

太子李弘和武则天的直接对立来自一件突发性事件。一次，李弘在后宫溜达时，撞见了两位"天仙姐姐"——萧淑妃的两个女儿义阳公主和宣城公主。

先来说这两位公主的"天"。萧淑妃被废杀后，这两位公主就一直被幽禁在掖庭中，十多年不见天日，早已"不知今夕是何年"了。

再来说这两位公主的"仙"。因为关押的时间太久，又是绝对隔离，只有青灯为伴、黑夜为侣，两人只能叽叽哇哇地说"仙语"，早已不知道什么才是最好的表达方式了。

看着两位战战兢兢、飘飘欲仙的天仙姐姐，原本就多愁善感的李弘流下了悲悯的眼泪。悲伤过后，李弘马上上疏，请求风风光光地打发两位公主出嫁。

可惜当时参政的是武则天，她看到太子上疏后，感情有三：一惊二怒三发飙。

惊的是太子李弘吃了迷魂药喝了迷魂汤,居然不识时务地为自己情敌的女儿"解难题""谋福利"。怒的是太子李弘吃了熊心豹子胆,居然胳膊肘往外拐,这显然是站出来要和自己作对啊。发飙的是,不给太子李弘一点颜色瞧瞧,她天后的圣威何在。

当然,武则天就是武则天,尽管因李弘的上疏而怒发冲冠,但她并没有像对待别人那样上演"一剑狂花",而是上演了"温柔一刀"。具体行动分三步:

第一步:当机立断——准奏。同意李弘的请求,特许两位天仙公主嫁人。

第二步:天仙绝配——择婿。给两位天仙公主选择的如意郎君是两位当值的翊卫(皇帝身边的亲近侍卫)权毅和王勖。公主配卫士,当真是天仙配,是绝配啊。

第三步:遮人耳目——提携。权毅和王勖成了准驸马后,武则天为了博得好名声,并没有亏待他们,马上对两人进行了提拔,权毅被任命为袁州(今江西省宜春市)刺史,王勖被任命为颍州(今安徽省阜阳市)刺史。

至此,可以说李弘的仁厚善举取得了圆满成功。然而,他不会料到,就在两位名不见经传的准驸马阴差阳错地青云直上时,自己的政治生涯提前断送了。他也遭遇了人生当中的最后"双管齐下"。

"第一管":失爱。

武则天强装着笑脸把两位天仙公主圆圆满满地打发出嫁后,她对李弘的态度来了个一百八十度的大转弯,没有再把李弘当成自己的亲骨肉,反而当成了敌人。

"第二管":失命。

如果仅仅是失爱倒也罢,但是就在这时意外发生了。上元二年(675)四月,唐高宗和武则天带着太子李弘巡游东都洛阳,结果这一去,李弘便再也没有回来。

那么,李弘又是怎么死的呢?众说纷纭。

第一种说法：正常死亡。

这又有两种说法。

一是猝死。有唐高宗死后追封李弘为孝敬皇帝的诏书为证："朕方欲禅位皇太子，而疾遽不起，宜申往命，加以尊名，可谥为孝敬皇帝。"这段话翻译成白话就是：我本来打算让位给太子李弘，但原本就体弱多病的他听闻消息后，一时过于惊喜，过于激动，结果乐极生悲，一病不起，最后竟然死了，我只好妥善安排他的后事，追封他为孝敬皇帝。

当然，按一般逻辑来推断，李弘猝死的可能性几乎为零。

二是病死。据《制书》记载：太子"自琰圭在手，沉瘵婴身"。也就是说李弘从小体弱多病，再加上还犯有严重的"痨瘵"，因病而突然死亡自然也是常人的第一感观。然而，再往深推算和判断就会发现，这个观点很难成立。一方面，李弘再怎么身体不好，但毕竟还没有病入膏肓，因此，也不至于突然就"有疾而终"。另一方面，如果太子李弘果真病情很严重了，这次出巡，唐高宗理应让他在宫中好好歇息保养才对，怎么还会把他带在身边去游山玩水呢？

第二种说法：非正常死亡。

这也有三种说法。

一是被皇帝所杀。这个没得说，君要臣死，臣不得不死，唐高宗要处死李弘，也没有二话可说。但这个也不成立，因为唐高宗对李弘一直很宠爱，一直很期待，他让李弘七次监国，就是希望他能独当一面，早日接过他手中的权力交接棒。如此期待，如此宠爱，如何会没来由地处理李弘呢？显然不成立。

二是被其他皇子所杀。为了争夺太子一位，为了将来能当皇帝，皇子们发生明争暗斗、拼个你死我活似为史上常情。但太子李弘因为是唐高宗的长子，又是皇后武则天的儿子，从小便被立为太子，因此，这种皇子之争就当时而言也是难以站住脚的。

三是被武则天所杀。上面的推断都不成立，那么就只有一种可能，李弘是被武则天所杀,这可以从史书里找到记载。史书《唐历》记载:"弘仁孝英果,深为上所钟爱,自升为太子,敬礼大臣鸿儒之士,未尝居有过之地。以请嫁二公主,失爱于天后,不以寿终。"这段话里的"失爱于天后,不以寿终"可能便是武则天毒杀李弘的原因。

总之,种种迹象表明,太子李弘最大的可能就是死于亲生母亲的"摧花毒手"。

太子李弘死了,唐高宗的表示是:无限哀叹。这具体体现在追封和修恭陵上。唐高宗在追封李弘为孝敬皇帝时,不惜花费大量财力物力,不顾群臣的反对,命人加班加点修建了一座浩大的陵墓。也许只有这样,他才能宣泄自己无限的悲痛之情。

2. 喋血的权斗

太子李弘无疾而终后,悬空的太子之位自然引人侧目。李弘没有子嗣,两个月后,李弘的胞弟雍王李贤被立为太子。

李贤是唐高宗李治的第六子、武则天的第二子。他从小聪明伶俐,尤为好学,因博览群书,才识渊博,被称为神童。李贤不但能文,而且能武,他身体极棒,强壮健硕,尤其擅长骑射,有百步穿杨之神技,在狩猎和马球上有很高的造诣。

后台硬加上才貌佳,年仅二十二岁的李贤在兄长英年早逝后,被迎上太子宝座也就在情理之中了。

事实证明,李贤人如其名,果然对得起"贤能"二字。当上太子后,他马上做了一件令人瞩目的大事:召集了一批学者名士,如张大安、刘纳言、格希元、许叔牙等人,亲自担任主编,为《后汉书》作注。

之后历经数月,才完成《〈后汉书〉注》,之后李贤将书献给唐高宗,得到了唐高宗的赞赏(被喻为天书,藏于皇宫内阁)和嘉奖("优赐段物数万")。后人也对《〈后汉书〉注》给予高度评价,清代学者王先谦称赞道:"章怀(李贤谥号)之注范,不减于颜监之注班。"

李贤在文学上大获成功的同时,在政治上也获得了成功。成为太子后,唐高宗开始悉心培养这位未来的接班人,马上给了他监国的机会。

李贤没有重蹈李弘的覆辙,而是本着"在其位谋其政"的思想,在监国期间,奉行三个原则:

一是忠诚:高调做事,低调做人。

二是干净:处事公正,为人正派。

三是担当:恪尽职守,废寝忘食。

结果,他赢得了朝廷内外一致颂扬。

如果按照这样发展下去,李贤继任唐高宗之位水到渠成、顺理成章。然而,世上的事往往有变数,暴风骤雨很快就落到了他的身上。掀起这场风暴的不是别人,而是他的母亲武则天。

虎毒不食子,武则天之所以再一次"食子",原因有二:

第一,权力的冲突。

武则天早已尝到了权力带来的快感和满足,特别是多年来"垂帘听政"中,她对权力有了更高更远的追求——想当皇帝。下毒手害死了太子李弘便是很好的证明。而李贤继任太子不久,唐高宗身体每况愈下,已不能胜任正常的政务了,于是做出一个大胆而出人意料的举动:令武则天摄政。如果说以前二圣临朝时武则天处理朝政是属于行使参与权的话,那么,摄政后的武则天将拥有包括发号施令在内的所有"决策权"。而交权后的唐高宗实际上是"傀儡皇帝"了。

唐高宗选择权力交接的对象为什么是武则天而不是太子李贤呢?笔者推断,原因有三:

原因一,太子李贤有弱点。李贤虽然各方面都展现出贤能的一面,但毕竟太年轻,继为太子时间毕竟还短,处世阅历毕竟还不多,还难以胜任摄政江山社稷之大任。为了子孙万代、江山社稷着想,把摄政大权暂交给武则天也是一种隐晦之术。

原因二，武则天有实力。武则天和李治平起平坐多年，已拥有自己的势力集团，在权力分配上如果处理不好，会引火上身。为了朝中稳定，为了天下太平，把摄政大权暂交给武则天也是一种无奈之举。

原因三，唐高宗有私心。让武则天摄政，唐高宗身体恢复后还能"顺理成章"地收回权力，但如果让太子李贤摄政，他就是太上皇了，只能永永远远地退居"二线"，再也不可能收回权力了。为了满足自己对权力的欲望，为了日后收回权力的魔杖，把摄政大权交给武则天也是一种权宜之计。

太子李贤仅仅是"监国"，而武则天成了"幕后主使"，权力成了母子之争的导火线。的确，原本温顺的李贤，在成为太子，被任命为监国之后，他的勤恳、他的公道、他的大智、他的老练、他的一切所作所为，在武则天眼里都是挥之不去的阴影。是啊，从已经对权力走火入魔的她看来，如果让李贤牢牢地掌握和把控了朝中大权，那就等于放弃了自己手中的权力，而要想夺回朝中的话语权，甚至想实现自己不可告人的权力渴望——皇帝梦，就必须搬开李贤这绊脚石和拦路虎。因此，从权力掌控的角度来说，武则天自然容不下李贤这个眼中钉、肉中刺。

另外是情感的冲突。按理说，舐犊情深，就算母子之间有点小隔阂、小摩擦、小纠纷，也都是人之常情，事后便会烟消云散。然而，武则天和李贤之间不是这样的，他们很快反目成仇——断绝了母子关系。其实，李贤和武则天根本就不是亲生的母子关系。

一是李贤出生的时间有蹊跷。据史书记载，韩国夫人早年守寡，武则天再次进宫为昭仪后，韩国夫人便以大姨子的身份出入禁宫，深得高宗宠爱。李贤是永徽五年（654）岁末出生，而他的哥哥李弘生于永徽三年（652）岁末，兄弟相差两岁，按常理推算是很合时宜的。但问题在于，兄弟俩之间，武则天还生了一个公主，也就是前文提及的被闷死的公主。三年生了三个小孩，如此"密密麻麻"，按医学角度来看是说不通的，身体等方面也是吃不消的。

二是李贤的出生地点有蹊跷。史书记载太子李贤生于去昭陵进谒途中，时正值寒冬。问题来了，武则天明明有身孕，而且又临产在即，为什么会选择在风霜雨雪的天气外出呢？再说祭祀昭陵之类的，有身孕的人是不能去的，武则天再另类，对这些忌讳应该是懂得并且会避开的。

三是李贤的成长记录有蹊跷。作为皇帝的儿子，作为天后的儿子，太子李弘八岁监国，却哭闹不止，结果硬是父母回到他身边才停止泪流弹的喷射，这个史书有明确记载；三弟李显出生时难产，结果唐高宗为他们母子祈求，并且在龙门开窟筑像，祈求菩萨保佑，这个史书亦有明确记载；四弟李旦小小年纪去边疆任都督时，李旦抱着武则天纤细的大腿哭得伤心欲绝，结果武则天心一软，把他留下来了，此事史书亦有明确记载；小妹太平公主更是掌上明珠，史书里对其明确记载的故事数不胜数。而李贤只有从小聪颖、好读书之记录，却没有任何与父母情深的轶事记载。这是为什么呢？

正是因为权力和情感冲突，武则天没有放任太子李贤"贤德仁义"下去，而是马上上演了双管齐下的打压和攻击。

第一，投石问路。

为了达到防微杜渐的目的，武则天命北门学士撰了《少阳政范》《孝子传》两本书送给李贤，这两本书都是教育怎么为人处世的，其醉翁之意显然不在书，而在人，告诫李贤在为人处世上还嫩得很，还需要改进。同时"又数作书诮让之"，指责李贤的种种过失。李贤不是傻子，自然是心知肚明，结果整天惶惶不安。为此，李贤写了一首《黄台瓜辞》，一是反映他当时躁动不安的心情，是啊，他也很害怕自己遭到其兄李弘那样的悲惨命运；二是暗示武则天，不要杀光自己的儿子，否则她也不会有好处的。结果，当武则天的书信和李贤的诗词相继被曝光后，母子俩剑拔弩张的关系也就公之于世，顿时世人一片哗然。

至此，武则天的"投石问路"在不安分的李贤的反驳下而宣告失败。

第二，栽赃陷害。

"投石问路"的结果自然是出乎武则天的意料，武则天眼看软的不行，马上来硬的，很快上演了一出好戏——造谣滋事。这回给武则天当枪手的不是别人，而是一个叫明崇俨的术士。

明崇俨因为"法术高明"深得唐高宗的信任和宠爱。在武则天的授意下，他曾预言太子不适合继位，而武后的另一个儿子有天子相。不久，明崇俨却不明不白地死了。

明崇俨死了，唐高宗伤心了，因为他失去了一位不可多得的"私人护理师"。

明崇俨死了，武则天悲恸欲绝，因为她失去了一位不可多得的"私人秘书"。

明崇俨无故被杀，唐高宗立马成立了专案组，下达全城搜捕令缉拿凶犯，然而，尽管重赏之下不乏勇夫，凶手却杳无音讯，竟似人间蒸发了一般。

然而，正在这时，东宫的人举报揭发太子李贤一大罪过：断袖。

什么叫断袖呢？按现代的说法就是同性恋。李贤毕竟是"准皇帝"，在当时是万众瞩目的名人，一举一动备受众人关注。也正是因为这样，事情被李贤东宫的内部人员曝光后，顿时一片哗然。

武则天岂会放过这一千载难逢的大好时机？她马上以"妖惑"太子为名，把"同性恋"的另一位主角赵道生逮捕了，随后的事没有什么悬念了，在武则天的指使下，负责审案的裴炎和薛元超充分发挥各自的聪明才智，为了使赵道生如实招供，采取以小见大和严刑逼打的方式，无所不用其极，准备动用十八般刑法……结果赵道生没有像男子汉那样鄙视皇权、而是变成了地地道道的"柔女子"，酷刑还没有上，他早就吓得花容失色、屁滚尿流，如倒豆子般地进行了招供，主要有三点内容：

一是承认了与太子李贤的"地下恋"。

二是招供了方术之士明崇俨是他所杀。

三是招供了杀死明崇俨的幕后指使是太子李贤。

面对赵道生的招供，武则天大喜过望。刺杀皇帝的私人医生，这可是一个天大的政治阴谋。为了找出真正的幕后主使，武则天提醒皇帝要好好追究。要追究，就得搜。结果搜出了太子马房里藏有几百件武器装备。

私藏武器，这不是谋反是干什么？唐高宗接到武则天打来的小报告后如晴天霹雳惊怒交加，同时又百思不得其解疑虑万千。惊怒很容易理解，堂堂太子私藏武器，居心何在，用意何在，已显而易见。唐高宗疑虑的是，李贤已经是太子了，天下迟早是他的，他真会谋反吗，这其中是不是有隐情呢？

思来想去，唐高宗决定从轻处罚太子，只给他记过处分，而不作其他处罚。然而，这一回唐高宗错了，不是他的处罚错了，而是他把自己的位置摆歪了。这个时候掌权的已经是"摄政王"武则天了，他这个名存实亡的"傀儡皇帝"只有建议权，而没有决策权了。

"看在太子的分儿上，饶他一回吧。看在亲情的分上，放他一马吧。"唐高宗不顾身份，几乎是在哀求。

"天子犯法，与庶民同罪。忤逆大罪，必须大义灭亲。"武则天一口回绝了唐高宗的求情。

随后的事没有什么悬念了，太子李贤很快"身不由己"地上演四步走：

第一步：带着走。李贤很快从太子府被武则天派来的执法人员以"谋杀罪"和"谋反罪"带走，幽禁起来。而这一"带"之前，已先把他的身份带走了——由太子变成了庶民。

第二步：撑着走。案子被无限地上纲上线，顺着案子牵扯，从太子集团开始，从上到下，再次导演了又一场清洗大悲剧，杀的杀，贬的贬。平日与李贤亲近的宰相张大安被贬为普州（治今四川省安岳县）刺史，东宫辅官刘纳言更惨，直接被贬到了海南岛，另外还有十余人因牵连此案而被贬官。总之，一夜之间，太子李贤势力荡然无存。

第三步走：赶着走。肃清了外围，孤家寡人的李贤没有被幽禁到底，而是被赶出了京城，赶往荒凉的巴州（今四川省巴中市）。走时李贤衣缕单薄，十分凄凉。

第四步走：逼着走。就在李贤体会到赶路的艰辛时，武则天却对他下了最后一剂猛药，令左金吾将军丘神勋前往巴州对李贤的临时住所进行了突击搜查，随即以"征地"为名对他的家宅进行了强拆，然后叫李贤睡马路。堂堂一介太子居然变成了流浪汉，羞赧难当的李贤没有再苟且偷生，在丘神勋第二波"威逼"到来之前，便选择了自杀，他的才华还来不及完全绽放，便永远定格在三十四岁上。

李贤死后，武则天做了两件事。

第一件事：封赏功臣。

得到封赏的功臣是裴炎和薛元超，他们本就是武则天新提入朝的才俊，在太子案的审讯中，充分发挥了快、狠、准的行事作风，受到了武则天的认可，分别被升任侍中和中书令。

第二件事：沽名钓誉。

为了作秀的需要，为了名誉的需要，武则天开始在对李贤"追思"上下功夫。垂拱元年（685），武则天诏令恢复李贤的雍王爵位。

正如天下不可一日无君一样，东宫不可一日无主。就在李贤被废的第二天，也就是永隆元年（680），唐高宗李治第七子、武则天第三子、英王李哲被立为皇太子，同时改调露二年（680）为永隆元年，大赦天下。

武则天就是以这种雷厉风行、快刀斩乱麻的方式，既处理好了自己的家事，也让天下百姓得到了相应的实惠，皆大欢喜。

折腾完自己的儿子后，武则天马上又开始折腾唐高宗了——极力说服唐高宗和她一起来个"洛阳行"。

唐高宗这时病情已然加重，但在武则天的软磨硬泡之下，还是同意了。唐高宗经过这次车马劳顿病情加剧，精神状态异常糟糕，吃了御医开的各种药也未能见效。最后，唐高宗不得不走上唐太宗的老路，开始服用方士炼制的丹药，但病情依然不见好转。也正是因为这样，原定将于十月举行的嵩山封禅，不得不推迟。

武则天没有让唐高宗一直休养下去，当年十月，在她的唆使下，唐高宗和她从东都洛阳启程，前往嵩山脚下的奉天宫，准备进行一次规模甚大的封禅大典，可一到奉天宫，唐高宗病情就加重了。到了十一月初，唐高宗的病情进一步恶化，眩晕越来越严重，到最后甚至出现了失明的症状。

有一位叫秦鸣鹤的御医在关键时刻挺身而出，仔细观察了高宗的症状后，提出了一个大胆的医治方法：风毒上攻，若刺头出少血，则愈矣。哪知，御医话音刚落，珠帘后就立刻传出武则天惊世骇俗的怒叱："此可斩！天子头上岂是试出血处耶？"

御医当即吓得屁滚尿流，不住地叩头谢罪。好在关键时刻，唐高宗"清醒"了，他说了这样一句话："医之议病，理不加罪。且我头重闷，殆不能忍，出血未必不佳。"意思就是说：我都病成这样了，御医现在就算死马当活马医，也是可以试一试的。武则天只有闭嘴的份儿了。接着，御医的手是颤栗的，对他来说，这一针下去，不仅关系到唐高宗的命运，也关系到自己的命运。接下来是见证奇迹的时候了，但见御医的针刺进唐高宗的头部后，淤血流尽，唐高宗很快发出一声惊喜的呼喊："我的眼睛看得见了，我的眼睛看得见了。"

武则天在帘后见了，立马换上一副笑脸，然后一溜烟地跑出去了：不是独自伤心去了，而是独自背东西来了——亲自背了彩帛赏赐给御医。

对此，《资治通鉴》有这样的记载："上苦头重，不能视，召侍医秦鸣鹤诊之。鸣鹤请刺头出血，可愈。刺，七亦翻。天后在帘中，不欲上疾愈，怒曰：此可斩也，乃欲于天子头刺血！"

然而，秦鸣鹤的医术再高，也只能让唐高宗一时"倍儿爽"，解决他的一时之痛楚，却无法挽回他垂垂老去的生命。

永淳二年（683）十二月初四日，病情再度恶化的唐高宗决定改元弘道，大赦天下。按照惯例，改元都是要举行隆重的庆典，然后由皇帝登上天门楼宣布大赦。然而，这个时候的唐高宗连站起来都是一种奢求——身子离不开床榻，连说话都是一种奢望——心慌气闷哮喘咳嗽得厉害，无奈之下只好退而求其次地把百姓召到殿前，让侍臣代为宣诏。

尽管宣诏的人是由他身边最亲近的侍臣替代的，但老百姓还是极配合地给予了最为热烈的掌声和欢呼声。

面对排山倒海的欢呼声，唐高宗很是欣慰，发出了这样的感叹："苍生虽喜，我命危笃，天地神祇若延吾一两月之命，得还长安，死亦无恨。"是啊，叶落归根，唐高宗此时此刻是多么希望回到生他养他的长安故土啊。

众臣唏嘘，百姓悲悯，苍天垂泪。然而，事实证明，梦回长安永远都是唐高宗的梦了，当天夜里，五十六岁的唐高宗病逝于洛阳贞观殿。

3.含血的权谋

唐高宗死了，太子李哲笑了。因为按照惯例，先皇的离去之日，便是太子登基、君临天下之时。事实上，李哲也的确具备这个资格，唐高宗在临终前留下的《大帝遗诏》对他来说便是"尚方宝剑"，兹引用《大帝遗诏》的原文如下：

> 天下至大，宗社至重，执契承祧，不可暂旷。皇太子可于柩前即皇帝位，其服纪轻重，宜依汉制。以日易月，于事为宜。园陵制度，务从节俭。军国大事有不决者，兼取天后进止。

遗诏虽短，但这几句话已经明明白白、清清楚楚给了太子李哲合法继承皇位的权力。其中"皇太子可于柩前即皇帝位"更是明明白白真真切切地指出了皇太子李哲在皇帝的灵柩前面即位就可以了。

手握这样一份遗诏,苦尽甘来的李哲能不露出欣慰的笑容吗?然而,事实证明,他笑得太早了,他完全忘了前方还有绊脚石。

这块绊脚石不是别人,正是他的母后武则天。武则天手中本来就有权,这个"摄政"的权力,她已经拥有二十多年了。现在突然要被李哲夺去,虽然李哲是自己的亲生儿子,但武则天显然是不愿意的。

按理说不管她愿意不愿意,都得接受这个现实啊。然而,唐高宗并没有绝了她的政治之旅、权力之欲。因为她也握有唐高宗留给她的"尚方宝剑"——《大帝遗诏》。

《大帝遗诏》中"军国大事有不决者,兼取天后进止"这句话给她保留了最后的希望。

有了这一条,对武则天来说已经足够了。接下来,该是母子之间进行残酷的皇权争夺的时候了。

和权臣之间长期的争斗不同的是,武则天和李哲之间的争夺只有一个月的期限,一个月后胜负便会水落石出。之所以会这样快就出结果,除了跟武则天雷厉风行的行事风格这个内在原因有关外,还跟李哲"身不由己"的外在原因有关。

李哲的"身不由己"主要体现在服丧守孝上,在唐朝有这样不成文的规定,父亲死了,当儿子的要服丧守孝三年。但这三年并不是整三年,而是二十七个月。漫漫长夜,孤灯为伴,长长相思,缅怀为侣。八百多个日日夜夜的厮守方能彰显出作为儿子的孝顺和恭敬。但是这一条对皇帝来说显然是不切实际的,毕竟皇帝要以江山社稷为重,不可能因为守孝而误国误民。为此,唐高宗才会在遗诏中作出这样的特殊说明:"皇太子可于柩前即皇帝位,其服纪轻重,宜依汉制。以日易月,于事为宜。"

这段话对新皇帝的服丧作出了明确说明。新皇帝可以依照汉朝的制度,服丧可以用一天来代替一个月,主要还是要以国家大事为重,不能"因孝失大"。

按这个"以日易月"来推算，李哲给唐高宗服丧的时间就变成二十七天了。而这二十七天恰恰是武则天对于权力逆袭的绝佳时机，如果不能抓住这个满打满算不到一个月的时机，那么，等李哲守孝期满、正式掌权后，武则天就算有通天本领，也只能发出"无可奈何权落去"的感叹了。为此，武则天没有迟疑，她选择了主动出击，选择的策略是狐假虎威。

老狐狸武则天很快为自己找到一只"虎"作为靠山和后盾。这只"虎"便是唐高宗的托孤大臣裴炎。

裴炎是个厚道人，也是个聪明人，更是一个识时务的人，在武则天主动对他"示爱"的情况下，他选择了"追随"武则天。

良禽择木而栖，贤臣择主而事。对武则天来说，裴炎便是她的贤臣。而对裴炎来说，武则天便是他的良主。

接下来便是托孤大臣裴炎一展才干的时候了，他很快就为武则天献上了一份大礼——一本沉甸甸的奏章。奏章的中心内容是：请求天后临朝听政，处理朝中大事。理由是新皇帝还在服丧守孝期，还没有正式受封临朝，在这个过渡时期，由天后代掌朝政是理所当然、天经地义的事。

裴炎这个时候的身份是什么？他是先皇唯一指定的顾命大臣，因此，他的金玉良言一出口，群臣都保持了沉默。不管是默认还是观望，不管是默许还是观摩，总之，在武则天看来，没有人直接反对，便是好事一桩，便是喜事一件。

也正是因为这样"狐""虎"的强强联手，武则天得到了"代掌朝政"的权力清单。但她并不是一个小富即安的人，她很快趁热打铁，来了个"四步走"。

第一步，施恩。通过"施"的策略来加恩于唐室宗亲。武则天很快以"摄政皇"身份下了一份诏书，加封皇室李家子孙。具体晋爵原则和名单如下：一是加封唐高祖的儿子进入"三公"之列，如进授泽州（今山西省晋城市）刺史、韩王元嘉为太尉，豫州（今属河南省）刺史、滕王元婴为开府仪同三司，定州（今属河北省）刺史、霍王元轨为司徒，青州（今属山东省）刺史、舒王元名为司空；二是加封唐太宗的儿子进入"三师"之列，如进授绛州（今山西省绛县）刺史、鲁王灵夔为太子太师，相州刺史、越王贞为太子太傅，安州（今湖北省安陆市）都督、纪王慎为太子太保。武则天的施恩之举，效果是看得见的，成功地稳住了皇室宗亲，为其实现不可告人的政治野心赢得了宝贵时间。

第二步，怀柔。通过"调"的举措来调整宰相集团。一方面，武则天把几位新擢升的丞相从"同中书门下平章事"升为"同中书门下三品"，通过晋升爵位的方式，来巴结和拉拢他们，以怀柔的方式让他们为自己效忠。另一方面，为了把裴炎打造成丞相集团中的"一号丞相"，武则天不惜花大本钱，把宰相集中议政的"政事堂"由门下省改为中书省，然后把裴炎从门下侍中升为中书令，从此，裴炎自然也就成了一言九鼎的"一号丞相"。

第三步，安内。通过"转"的目的来掌管中央禁军。军队是国家的命脉，是政治的基石。为了达到对羽林军的控制权和统治权，武则天任命大将程务挺和张虔勖分别为羽林军左右统帅，负责洛阳的安保工作。

第四步，攘外。通过"换"的手段来加强地方控制。在加强对中央政府统治和安保的同时，武则天还加强了对地方的防御。为此，她派出了自己的嫡系部将进驻最为重要的军事重地和要点，分别派左威卫将军王果、左监门将军令狐智通、右金吾将军杨玄俭、右千牛将军郭齐宗往并州、益州、荆州、扬州四大都督府，与府司共同镇守一方，严防地方暴乱。

这样做，效果是看得见的，可以毫不夸张地说，一时间国泰民安。

而与此同时，李哲也不是吃素的，他不可能眼睁睁地看着原本属于自己的权力被母后瓜分掉，他很快发起了"三板斧"的反攻。

第一板斧：扬名。在他的安排部署下，很快完成了登基大典——受册为帝，这样一来，他直接为自己正了名，也拥有了临朝听政的权力。

第二板斧：立万。他很快改元"嗣圣"，大赦天下，也想通过这种怀柔的方式来争取天下人的支持，想靠自己拓出一片新天地来。

第三板斧：亮剑。为了打造属于自己的势力集团，李哲本着亲不亲一家人的原则，果断地封原太子妃为皇后，果断地把自己的岳父韦玄贞从普州（今四川省安岳县）参军提拔为豫州刺史，随后又提拔为侍中，同中书门下三品，直接进入丞相集团，目的很明确，冲击武则天极力打造的以裴炎为首的丞相集团，夺回属于自己的话语权。随后，又果断地授乳母之子为五品官……

就在李哲惊世骇俗地亮剑时，武则天也没有袖手旁观，她选择了"剑拔弩张"，替她打先锋的是"一号丞相"裴炎。裴炎有武则天作为坚强的后盾，自然是有恃无恐，马上以上书的方式对李哲的所作所为表示反对，理由归纳起来为四个字：任人唯亲。

面对裴炎火辣辣的直谏，年轻气盛的李哲选择了赤裸裸的反驳："朕以天下与韦玄贞何不可？而惜侍中邪！"这句话翻译成白话就是：我才是这天下的主子，就算我把整个天下都交给韦玄贞都可以，这是我自己的事，更何况是一个小小的侍中呢。

裴炎没有和李哲进行正面的争辩，而是很识时务地选择了转身离开，他前脚刚离乾元殿，后脚便抵达了武则天的寝殿，通过一番室中谋，两人很快达成一致：废黜李哲，另立新君。是啊，先下手为强，后下手遭殃。既然李哲如此昏庸迂腐、蛮横愚昧，那就只能快刀斩乱麻，把他直接赶下台，另找一个听话的人来当君主。

为了做到万无一失，武则天很快又为自己找到了另一个帮手——刘祎之，选择他的原因有三。

一、刘祎之是一个大学士。刘祎之少年时代与孟利贞、高智周、郭正一齐名，以文章知名天下。后来他与孟利贞等同进昭文馆。上元二年（675），他升迁左史、弘文馆直学士，与著作郎元万顷、左史范履冰及苗楚客、右史周思茂及韩曹宾等，都被召入禁中，共同撰修《列女传》《臣轨》《百寮新诫》《乐书》，共千余卷。

二、刘祎之是一个识时务的人。武则天是个慧眼识珠的人，对刘祎之这样的才子极为敬重。刘祎之是个识时务的人，他很快抓住武则天抛来的"橄榄枝"，摇身一变，成了武则天的忠实"粉丝"和私人保镖，参决奏议表疏，以分宰相权，时谓"北门学士"。

三、刘祎之是一个靠谱的人。他步入仕途以来，在视武则天为自己主子的同时，还把豫王李旦当成自己投资入股的唯一对象，他对李旦忠心之极、孝敬有加，而李旦对刘祎之也是呵护之极、敬重有加，两人的关系铁得如砣离不开秤、秤离不开砣。

刘祎之有才，不但是自己的心腹，而且是李哲的弟弟李旦的"秘书"，武则天早就想好了，废黜了李哲，下一步扶正的便是自己的第四子李旦了。因而找刘祎之当自己的帮手再合适不过了。

有了裴炎和刘祎之这两个左膀右臂的支持，武则天信心大增，一场政治风暴就这样紧张而紧凑地酝酿着。

嗣圣元年（684）二月初六，武则天举行了一场声势浩大的"朝圣"，召集朝中文武百官到乾元殿。

众臣刚到齐，就见丞相裴炎站出来，厉声道："皇帝昏庸无能，荒唐无道，现特奉太后指令，废黜皇帝，贬为庐陵王……"

他的话音未毕，羽林军早已一拥而上，把李哲"请"下了宝座，一直云里雾里的李哲这时似乎才清醒过来。他怎甘心就这么走下历史的舞台？他发出了最后的呐喊："朕有何罪？"

回答他的不是裴炎，而是一个更为色厉内荏的女声："汝欲以天下与韦玄贞，何得无罪！"

欲加之罪，何患无辞。武则天就这样把李哲的皇位废掉了。

4.血染的权变

一家欢喜一家愁,"糊涂虫"兼"倒霉鬼"李哲被赶下台的第二天,豫王李旦成了幸运儿,天上掉馅饼的好事落在了他的头上,他被推上了皇帝的宝座,史称唐睿宗。

这时武则天的四个儿子,死的死,废的废,小儿子李旦是武则天最后值得期待和依靠的人了。事实上,李旦也不辜负武则天的疼爱,登基后,将谦恭敦厚、温文儒雅、知书达礼的优良传统发挥得淋漓尽致,对母后武则天极尽孝敬之能事,主要表现在两个方面:一是乖顺听话,登基当天便当众发下"终生不违天后之命"的誓言,让人大跌眼镜;二是谦让有加,自己居于别殿,凡国之政事,全听天后裁决,让人叹为观止。

年仅二十三岁的李旦将自己的书生意气肆意挥洒,品尝着云淡风轻的生活时,六十一岁的武则天也将自己的独尊霸气无限放大,品尝着权力纵横的"独时代"——从此,她独霸紫宸殿,以紫色纱帐为屏障,处理百官奏疏,成了名副其实的"皇上皇",独领朝纲,独断专行。后人把武则天临朝称制到散朝退位这二十一年统称为女皇时代——则天朝。

武则天的所作所为,就像司马昭之心,路人皆知,作为"一号丞相"的裴炎和中书侍郎刘祎之自然也是洞若观火、心知肚明。面对武则天的狼子野心,他们再也坐不住了,他们没有选择沉默,而是以反对的方式表达了内心的不满。

"皇太后天下之母,圣德临朝,当存至公,不宜追王祖祢,以示自私。且不见吕氏之败乎!臣恐后之视今,犹今之视昔。"裴炎的话里表达了一个逻辑:前事不忘,后事之师。这里包含了三分奉告、三分忠告、三分警告、一分诉苦。把汉高祖刘邦的皇后吕雉拿出来当反面典型作论述,可谓一针见血、直戳痛处。

面对裴炎赤裸裸地威胁,武则天选择的是针锋相对、据理力争:

"吕后是把大权交给生者,今天我是追尊亡者、事归前代。存在的人,与已亡的人是不同的,怎能相提并论?"然后她依然我行我素,将自己的权力欲望践行到底。

也许是鉴于裴炎和刘祎之的"文谏"效果不佳,有三个人以初生牛犊不怕虎之势进行了"武谏"。俗话说老虎屁股摸不得,敢冒天下大不韪,行虎口拔牙之举的,自然不是一般的人。

武谏者一:李敬业。李敬业牛在一个"武"字上。他出身于武将世家,是唐朝开国名将李勣的孙子。英国公李勣名望素著,当年还是武则天的大恩人,一句"此陛下家事,何必问外人"定乾坤,直接帮武则天登上了皇后宝座,从此走上了权力征途。他的长子李震在唐高宗时官至梓州(今四川省三台县)刺史,正当仕途平步青云时,却英年早逝,李震的儿子李敬业得以继袭英国公的爵位。李敬业继承了祖辈"勇猛刚"的优良作风,也沾染上了纨绔子弟"庸懒散"的不良作风,结果因为贪赃枉法,从太仆少卿、眉州(今四川省眉县)刺史的职位上降为柳州(今广西壮族自治区柳州市)司马。连降三级,李敬业自然窝了一肚子火,与此同时,与他同病相怜的是他的弟弟李敬猷,从盩厔(今陕西省周至县)县令贬为庶民。李敬业用实际行动证明,当官是一门技术活,武夫猛士未必能当好官。

武谏者二:骆宾王。骆宾王牛在一个"文"字上。他是婺州(今浙江省金华市)人,是位大才子,他的拿手绝活是写诗,尤其是五言诗,几乎达到了炉火纯青的境界,与王勃、卢照邻、杨炯合称初唐四杰。他文采过人,为官却有欠缺,主要体现在书生气太重。结果他在担任长安主簿时,因为失职,被贬为临海(今属浙江省)丞。骆宾王用实际行动证明,当官是一门技术活,文人骚客未必能当好官。

武谏者三:魏思温。魏思温牛在一个"全"字上。他能文能武,有胆识有谋略,政治头脑强,深谙为官之道,深知立身之本。也正是因为这样,他初入仕途便平步青云,扶摇直上,很快爬到了令人羡慕的监察御史位置上。就在百官对这位后起之秀翘首以待时,他却来了个自毁前程：一时糊涂，知法犯法，因包庇罪被贬为鳌屋县尉。经受不住这个打击，他开始自暴自弃，过度沉沦，结果再因受贿罪，被贬为平民。从天堂到地狱，只隔着一扇门；从顶峰到谷底，只在一眨眼间。魏思温用实际行动证明，当官是一门技术活，文武全才也未必能当好官。

俗话说物以类聚，人以群分。几乎同样的遭遇，几乎同样的境遇，三个人不但同病相怜，而且在美丽如画的扬州相遇了。李敬业是因为降职心情不好，到扬州散心；骆宾王是因为被贬到了与扬州毗邻的临海，扬州是他的借酒消愁之地；魏思温是因为被革职后，流浪到了扬州。结果，三个人便如同三国时期的刘备、关羽、张飞一样，在美丽的扬州相识后，几杯烈酒下肚，几番话出口，几多愤懑共享，几分豪情上心，顿时上演了真实版的"扬州三结义"。

李敬业、骆宾王、魏思温三人各有所长，决定联手向武则天发难。于是，马上上演了"双管齐下"的好戏。

"第一管"：强基。

这里分两个步骤。一是分工。拥有强大政治背景的英国公李敬业毫无悬念地成了统帅，拥有超级智慧和谋略的"智多星"魏思温毫无争议地成了军师，拥有超级才华和胆识的"诗赋王"骆宾王毫不推辞成了记室。明确了分工，明确了职责，起义的最高组织机构也宣布正式成立。二是拉人。一个好汉三个帮，为了达到众人拾柴火焰高的目的，"铁三角"开始挖朝廷的墙脚——拉拢人才。值得一提的是，军师魏思温大展才干，他凭借着自己以前的人脉优势，把和自己共过事的监察御史薛仲璋拉拢到起义的队伍中，让起义一下变得生机勃勃起来。

"第二管"：固本。

这里又分两个步骤。一是借兵。从哪里借兵？朝廷。怎么借？找人。找什么人？该是薛仲璋一展才干的时候了。薛仲璋可不是一般的人，他还有一个身份是朝中"一号丞相"裴炎的外甥。

也正是因为这层关系，薛仲璋很快谋求到了出使扬州的机会，到了扬州，他使出了"坑蒙拐骗"的看家本事。首先是"坑"，他收买了雍州人韦超，让他出面诬告扬州长史陈敬之谋反。其次是"蒙"，他妄称奉旨将陈敬之等扬州长官给抓起来，打入狱中，严刑逼供。再次是"拐"，他谎称李敬业是朝廷任命的扬州长官，把李敬业推上了扬州司马的位置，接管扬州。最后是"骗"，这一招由李敬业代他执行，李敬业上任后，又妄称"高州酋长冯子猷谋反，奉朝廷密旨，发兵征讨"，于是，学秦末骁将章邯的做法，打开监狱，放出囚犯，给他们配备兵械，称只要戴罪立功，不但可以免刑，而且还可以获得高官厚禄。为了起到杀鸡儆猴的目的，把陈敬之斩首以祭旗，然后带着这几百名囚犯，把扬州城给完完全全地拿下了。李敬业马上设立"匡复府、英国公府、大都督府"等三府，自封为扬州大都督、匡复府上将。

二是借势。有了扬州作为根据地，李敬业信心大增，为此他一不做二不休，马上打出了"匡复庐陵王"的旗帜。有了这面鲜明的旗帜作宣传，不到半个月，便收获了十多万人马。

随后，李敬业再接再厉，马上打出了三张强有力的牌。

第一张牌——舆论牌。尝到了舆论宣传的甜头，李敬业继续将舆论宣传优势成果进行巩固和扩大。这个时候，轮到文采飞扬的骆宾王大显身手的时候了，只见他一挥而就《讨武曌檄》。这篇檄文极为经典，成了后人争相传阅的典范。

檄文高屋建瓴、条分缕析，如同行云流水，百姓争相传颂，起义队伍顿时声名大振。李敬业的第一张"舆论牌"显然是成功的，四个字：效果显著。

第二张牌——王牌。起义队伍既然打出的是"匡复庐陵王"的旗号，李敬业首要任务当然是要找到废皇帝李哲，然而李哲在庐陵（今江西省吉安市），和他所在的扬州相隔不止千里，远水解不了近渴，等李哲主动来"投怀送抱"显然不现实。李敬业充分发挥聪明才智，想出了"取而代之"的计谋——以哥哥李贤来代替弟弟李哲。为了让这戏做得更逼真，以寻找"开心明星脸"的方式，成功找到了一位长相有几分酷似废太子李贤的草根人物，让他做李贤的替身，然后，对外发布惊天动地的假消息：太子李贤还活着，现在就在扬州城中。

李敬业满以为打出这张王牌，一定会收到事半功倍的效果。他没有料到，此举却是搬起石头砸了自己的脚。一方面，李贤已经死了，"让他复活"显然不是明智之举。另一方面，既然口口声声说要"匡复庐陵王"，就不应该把李贤扯进来，难不成让哥哥和弟弟上演争权夺位的好戏吗？让兄弟阋于墙，有违人伦。

百姓的眼睛都是雪亮的，这一切他们自然都会看得明明白白、清清楚楚。李敬业的欺骗让原本闻风而来参军的百姓望而却步，原本热火朝天的起义形势也因此一落千丈。李敬业的第二张牌显然是失败的，四个字：画蛇添足。

第三张牌——亲情牌。有了领导机构，有了兵马粮草，下一步就是何去何从的问题了。"何去"没有悬念，战略目标直指武则天所掌控的朝廷。"何从"倒成了一个问题，路线方针是个艰难的选择。这个时候两个派别顺应形势产生了。

一是主攻派。主攻派进军路线：北上直捣神都——洛阳。理由：出其不意，攻其无备。趁现在队伍人多势众，趁天下人心骚动，趁洛阳防备空虚，以"勤王"为理由，一鼓作气，一举拿下洛阳，直接把武则天赶下台。策略：积极主动，锐意进取，大有不成功便成仁的英雄气概。

二是保守派。保守派进军路线：南下称霸江南——金陵（今江苏省南京市）。理由：脚踏实地，步步为营。金陵不但是风水宝地，藏龙脉之气，而且还有长江天险，易守难攻。占据了这里，进可以审时度势，取常州和润州（今江苏省镇江市），北上攻打洛阳，占中原称霸业；退可以明哲保身，有所归，富枭雄末路之气概。策略：进取皆在自我掌控之中，何乐而不为。

主攻派的代表人物是军师魏思温，保守派的代表人物是司马薛仲璋，两人都是队伍中响当当的人物，两人提出不同的策略和方针后，起义人士中有支持魏思温的，有支持薛仲璋的，也有保持中立的。中立派是一种等待和观望的心理，目光却停留在了李敬业身上，毕竟如何抉择，需要他一锤定音。

出人意料的是，一向以勇猛刚强著称的李敬业，他选择了"保守"——立马率军向江南挺进。原因是金窝、银窝不如自己的狗窝，只有先谋求到了属于自己的巢穴，把脚根站稳了，才能图谋扩张，才能图谋天下。李敬业的第三张牌把亲情挺在前面，以接地气为理，以凝人心为由，显然是失败的，只是一厢情愿，四个字：自毁前程。

面对李敬业来势汹汹的反叛，武则天又是如何应对的呢？她的应对之策概括起来为五个字：攘外先安内。具体表现在三个方面。

首先，盛赞一个人。

这个让武则天盛赞的人，名字叫骆宾王。看到了他写的檄文后，武则天发出了这样的感叹声："宰相之过也。人有才如此，而使之流落不偶，宰相之过也！"

武则天面对骆宾王谩骂加诬陷的"攻心计"，非但不恼，反而淡然一笑，大赞其才，其冷静的处事风格，其宽阔的胸襟，其为人的大度，让朝中文武百官和天下百姓钦佩。

其次，打压一个人。

当李敬业谋叛的消息传到宫中，武则天的第一反应是找人问计。她马上把颇为器重的"一号丞相"裴炎找来商谈应对之策，结果裴炎的表现让她大跌眼镜：

表现一："示闲暇不急讨"。

表现二，上奏："皇帝年长，未俾亲政，乃致猾竖有词。若太后返政，即此贼不讨而解矣。"

意思很明确，征讨不是上策，太后主动让贤，归政于皇帝，祸乱自然就平息了。

面对裴炎不战而屈于人的战略，武则天的表情有二：

一是怒，愤怒，怒不可遏。裴炎作为"受顾命重臣，大权在握"，自己视为心腹中的心腹，待他也不薄，此时怎么能献出这样令人心碎的计谋来呢？

二是疑，怀疑，疑神疑鬼。裴炎的外甥薛仲璋现在是起义队伍中重量级人物，很难排除裴炎也有里应外合、内外勾结的嫌疑啊。

正在这时，监察御史崔詧来了个落井下石之举，说："炎受顾托，大权在己，若无异图，何故请太后归政？"此时正值火烧眉毛之际，武则天没有丝毫犹豫，立马将裴炎打入大牢。

原来负责主审裴炎的御史大夫骞味道和御史鱼承晔充分发挥快、准、狠的特长，很快就给出了审理答复：裴炎谋反证据确凿，理当问斩。理由归纳起来大致有两点。

一是有童谣为证。几乎在一夜之间，大街小巷流传着这样一首童谣："一片火，两片火，绯衣小儿当殿坐。"这是一段解字谜，解析如下："一片火，两片火"即炎，"绯衣"谐音"非衣"，即裴，"小儿当殿坐"即子隆（裴炎的字），童谣的完整意思就是裴炎要当皇帝了。据说这首童谣是骆宾王的杰作，目的是想通过这样"无中生有"的手段，达到先入为主的目的——拉裴炎加入起义的队伍。

二是有书信为证。查获了裴炎写给李敬业的一封信，据说信上只有两个字："青鹅。"这是一道拆字谜，解析如下："青"字拆开来就是"十二月"，"鹅"字当时写作"鵞"，拆开来就是"我自与"。信的完整意思就是"我（裴炎）要在十二月亲自参与（起义）"。

面对裴炎从天而降的"谋反罪"，侍中刘景先、凤阁侍郎胡元范、右卫大将军程务挺、侍中刘齐贤、吏部侍郎郭待举等人都挺身而出，为裴炎说情。

但武则天并没有因此而手下留情，她回复道："裴炎谋反是有真凭实据的，只是你们都蒙在鼓里，不知道罢了。"

"如果裴炎有谋反之心，那臣等都有谋反之心了。"众人都愿意以自家性命和人格为裴炎担保。

面对众人的"逼迫",武则天以不变应万变,很是老练地回答:"我知道是裴炎谋反,我也知道你们没有谋反。"

就这样,武则天力排众议,硬是把裴炎推向了法场。她这样做,传递了这样一种信号:顺我者昌、逆我者亡。裴炎被斩杀的同时,为他说情的刘景先、胡元范等人也锒铛入狱。而支持武则天的崔詧和骞味道等人则分别得到了提升。

最后,重用一个人。

重拳出击"安了内"后,武则天开始调兵遣将,去平息叛乱。结果在短短的一个星期时间就征调到了三十多万大军,这个数量是叛乱军队的两倍有余,而且这些正规军训练有素,战斗力岂是那支临时拼凑起来的叛军所能比的?有了军队,武则天的心稍安了,接着是选任主帅的问题了。她一番思索,最终决定让唐高祖的堂侄李孝逸挂帅亲征。武则天之所以选中李孝逸,不是选中了他非凡的军事才能,而是选中了他超强的政治背景。李孝逸是唐高宗的叔叔辈,也是唐睿宗李旦的爷爷辈了,是皇室宗亲中辈分和威望首屈一指的人物。让他出征,既可以稳住李氏子弟不安的心,又可以堵住天下悠悠众口:李敬业不是要"匡复庐陵王"、匡复李氏吗?现在我们李氏皇亲并不认可你的所作所为。

武则天重用李孝逸只是因为政治的需要,除此之外武则天还专门为李孝逸配了一个超级助手——魏元忠。魏元忠原本是黑道一号大混混,但武则天和唐高宗来洛阳时,他临危受命,没有出一点点乱子,一路平安顺利。他扎扎实实的安保工作得到了武则天的赏识。此时,武则天名义上是重用李孝逸,其实是重用魏元忠,给了他一个"监军"的职务,让他去平拳。

就这样,武则天以雷厉风行的作风,以霹雳的铁腕手段,成功地完成了"安内",这为她腾出精力、全力平叛打下了坚实的基础。

事实证明,武则天果然没有看错人,魏元忠很快用实际行动证明了自己。他给主帅李孝逸献上了三条计谋。

第一计：攻心计。信心比黄金更重要，李敬业率领叛军因为在舆论宣传上下功夫，取得了良好成效，此时的魏元忠也在这方面做文章，一方面指出叛军只是一群乌合之众，不足为虑，鼓励主帅李孝逸大胆地向前走，鼓励将士们勇往直前；另一方面宣称，一旦平乱成功，所有将士们都有机会封妻荫子，尽享荣华富贵。兵马未行，舆论先行。果然，一番宣传之后，朝廷军信心大增，士气高涨。

第二计：苦肉计。此时李敬业已经排好兵布好阵，恭候朝廷军的到来。李孝逸的首战选择点有很多，比如说，李敬业所在的扬州，李敬业部将韦超所在的梁山，等等。魏元忠却建议李孝逸首先拿李敬猷这个特殊人物开刀，原因有两方面：一方面李敬猷是李敬业的弟弟，颇具影响力；另一方面李敬猷是典型的纨绔子弟，出身武将世家，但早就忘了本了，除了吃喝嫖赌，简直就是废物一个。总之，能把盘踞在淮阴的李敬猷拿下，对打击对方士气、提升官军士气将起到不可估量的作用。

李孝逸虽然对行军打仗一窍不通，但善纳谏言，面对魏元忠的分析，他当机立断拍板：就这么办！结果不出所料，面对突如其来的从天而降的官军，李敬猷吓破了胆，连必要的抵抗这个程序都免了，直接撒腿就跑，就这样，官军兵不血刃地拿下了淮阴，取得了和叛军第一次较量的大胜利。出师首战告捷。这一战过后，官军信心倍增，士气倍涨。

第三计：火攻计。随后双方又经过了几次或大或小的较量，迎来了终极较量。李敬业为此以破釜沉舟之势，集结了叛军的主力，聚集于阿溪（今安徽省白塔河），期待和官军一决高低。官军也毫不示弱，欣然应战。魏元忠又审时度势，在决战地阿溪两岸渐已枯萎的芦苇上作文章，最终定下了火攻的计策。这把火烧得叛军鬼哭狼嚎、丢盔弃甲而逃。结果这一仗成了官军的"屠龙"表演了，七千叛军被杀，数万叛军溺死于河中，数千叛军选择了放下屠刀、立地成佛。还有一部分人跟随李敬业退回扬州。扬州这座孤城如何能抵挡住潮水般的官军?因此,李敬业早就给自己选好了后退之路,他到扬州接上家眷,准备逃亡高丽。

结果在半路上,部将王那相突然发动叛乱,将李敬业、李敬猷、骆宾王等人的脑袋砍下来,主动归顺朝廷。军师魏思温、大将唐之奇等人都未能逃过被擒问斩的命运。

就这样,从李敬业未雨绸缪、大话起义,到马失前蹄、喋血荒山,一场轰轰烈烈、声势浩大的叛乱前前后后只有一个多月的时间就告败了,用四个字来形容就是:虎头蛇尾。

5.骇血的权谲

李敬业谋反案虽然有惊无险,但还是把武则天惊出了一身汗。通过这件事,她发现了在对待李敬业的问题上,朝中大臣可分为三派,一是图谋不轨派,二是明哲保身派,三是左右逢源派。对此,她吃一堑长一智,决定加强对大臣们的控制,并马上采取了赏罚分明的大举措。

一是杀鸡儆猴之举——肃清朝中"不类己"的大臣。

结果大将军程务挺成了武则天枪打出头鸟的对象。程务挺在武则天发动宫廷政变、废黜唐中宗李哲时发挥了重要作用,当时他率领的羽林军成了"中流砥柱"。但此时之所以会和武则天反目成仇,原因是程务挺写了一封不该写的信。裴炎下狱后,作为好朋友的程务挺情急之下,做出了上书申冤之举,结果诉冤没有成功,而他本人倒成了武则天的眼中钉肉中刺。在平息李敬业的叛乱后,武则天充分发挥雷厉风行、心狠手辣的作风,直接把程务挺送上了法场。就连与程务挺共事的夏州(今陕西省靖边市)都督王方翼也被捉拿下狱,后将其流放至崖州(今海南省三亚市崖州区),途中病逝。武则天通过这种方式,剪除朝中"不安分子",防微杜渐,防患未然。

二是笼络人心之举——封赏镇压叛乱的有功之臣。

对顽强抵抗李敬业叛军的刘仁举连升三级，位列三公；追封在平叛中英勇献身的将士，并由官府抚养其子嗣；封平叛有功的高子贡为朝散大夫、成均助教，封大义灭亲的李敬业叔父李思文为司仆少卿，赐姓为武，并表示"永不复夺"。

三是打造丞相之举——提拔年轻人才参与顶层设计。

正在武则天一手打压"不忠、不仁、不义"的大臣，一手栽培"忠诚、干净、担当"的宰相时，八十四岁的文昌左相、同凤阁鸾台三品刘仁轨寿终正寝。武则天一边假慈悲地为他举行了隆重的葬礼：废朝三日，令在京百官前往赴吊，同时"赠开府仪同三司、并州大都督，谥文献公，陪葬乾陵"，可谓给足了刘仁轨"身后名"；另一边，垂拱元年（685），武则天任命春官尚书武承嗣、秋官尚书裴居道、右肃政大夫韦思谦同凤阁鸾台平章事，成为新的宰相，进一步形成了对丞相集团的控制。

采取了赏罚分明的举措后，武则天上演了"三板斧"。

第一板斧：进一步提升自己的威望。主要在怀柔上下功夫。

武则天下达了一道这样的诏书："朝堂所置登闻鼓及肺石，无须防守，其有挝鼓石者，令御史受状为奏。"这便是"升堂击鼓"的由来，开启了"明主纳谏"的先河。

第二板斧：进一步提升自己的威慑力。主要在法律法规上下功夫。

为了达到惩治腐败、惩前毖后的目的，武则天对朝中重臣作风建设抓得相当严厉，下敕颁发了《垂拱格》，进一步明确律令，规范官吏行为。特别是针对朝中内史、纳言职位要求更为严格，就连其亲属也不能享受特权。比如说，武则天最宠爱的侄子武承嗣因为工作"作风不实"，在丞相位置上只干了三个月，便被降为礼部尚书，后来又让武承嗣恢复原职，但武承嗣在处理政务上再度出现了失误，不久又被罢免。

第三板斧：进一步提升自己的威名。主要在个人头衔上下功夫。

武则天自从参与摄政以来，在她的授意下，先是把自己皇后的头衔改成了天后，然后在唐高宗病逝后，承袭了天后的称号，此时在平息李敬业的叛乱后，为了进一步彰显自己的威名和权势，她居然给自己重新量身定制了一个称号——圣母神皇。"圣母"可以理解，但"神皇"二字未免过于托大了，要知道当时还有傀儡皇帝李旦在呢。单从这一点来看，她的政治野心更加昭然若揭了。

而武则天自封为圣母神皇后，一石激起千层浪，激起了李氏宗亲的悸动之情和反叛之心。

面对这样任人宰割的严峻局面，李氏宗亲并没有坐以待毙，而是选择了鱼死网破的"起兵"之路。

要起兵总要有引路人，这一回没有千呼万唤，韩王李元嘉主动挑起了这个大梁，因为他具备当这个带头人的气质和潜力。一是他威望高，已经年逾七旬的他是唐高祖李渊的儿子，在李氏宗族里论辈分、论资历、论威望都是首屈一指的，具备当带头人的号召力和感应力。二是他才能强，写诗作赋、吟弄风月无所不能，舞刀弄剑、弯弓射雕无所不会，具备当带头人的才华和能力。

李元嘉果然有勇有谋，有胆有识，很快使出了无中生有之计。为了能让李氏宗亲牢牢抱成团，义无反顾地踏上起兵之路，李元嘉给自己的兄弟，也就是唐高祖的其他两个儿子青州刺史霍王李元轨、邢州刺史鲁王李灵夔和唐太宗的儿子、豫州刺史、越王李贞等人写了封信，十六个字："内人浸重，当速疗之，若至今冬，恐成痼疾。"意思就是说，我的妻子病得很厉害，必须尽快治疗，如果拖到冬天再治，恐怕成了顽固型疾病，就是神仙也无力回天了。信中含蓄地指出，先下手为强，后下手遭殃，动手须趁早，切莫失良机。这既是一封家书，也是一封战书，很快，李元轨、李灵夔、李贞等人被他的激将法所鼓动，发出了热烈响应之声，组成了密不可分的"四人组"。再接着，几乎所有的李氏宗亲都收到了一封家书："神皇欲于大享之际使人告密，尽收宗室，诛之无遗"，结果引得宗亲们趋之若鹜，反武的骨干力量和后援团就形成了。总之，李元嘉通过这种无中生有之计，通过造谣生事之举，以谣传谣，以讹传讹，达到了一呼百应的目的。

就在李元嘉周密部署、精心组织、磨刀霍霍、准备大干一场时，意想不到的事发生了，队伍中出现了叛徒。这位"超级叛徒"便是李元嘉的侄子李蔼。

李蔼本来是骨干力量，但在关键时刻，暴露了不成熟的心理素质，他放不下心理包袱，前怕狼后怕虎，最后怕来怕去，决定自保，做出了背信弃义之举——向朝廷举报了这件大事。

面对这种突如其来的情况，只有一种选择了——提前发动叛乱。事实证明，带头起事的不是李元嘉，而是李贞的儿子李冲。李冲之所以第一个冲在前面，除了告密者让他感觉箭在弦上不得不发的危机感和紧迫感之外，还有一个原因就是当时在东都洛阳一带，发生了六级以上的地震，聪明的李冲认为这是武则天下台的预兆。

李冲果然人如其名，敢打敢拼，敢作敢为，马上上演双管齐下：一是派人分别向韩王李元嘉，青州刺史、霍王李元轨，邢州刺史、鲁王李灵夔，豫州刺史、越王李贞等人送亲笔信，八个字：共同起兵，相约洛阳。二是当机立断，立马起兵。接着，李冲率五千精兵在博州（今山东省聊城市）起兵了，结果非但没有起到出奇制胜的效果，反而打草惊蛇，在博州的武水县遭到了官军的顽强抵抗，李冲使出了"火攻计"，满以为可以烧毁城门，攻入城中，结果柴火刚点燃，风向突然大变，成了倒吹风，城没烧着，反而烧着了自己人，只有败逃的份儿了。在途上，他意志不坚定的弱点再次爆发出来，大将董玄寂在逃跑的途上，直接质问李冲："琅琊王与国家交战，此乃造反！"李冲气得怒发冲冠，回应他的就是一剑。

董玄寂死了，士兵们的心也死了，开始四处逃散，李冲再也无力阻止他们，只好自己选择"倦鸟归巢"——带着几十个家童逃回博州。结果博州成了李冲的葬身之地，守城的士兵眼看李冲败得如此惨淡，败得如此黯淡，没有跟他多扯淡，而是直接上演了"射箭比赛"。李冲没有三头六臂，更没有金刚不坏之身，很快倒在血泊之中，就此结束了自己的传奇。

李冲死了，接过他手中起义棒的不是别人，而是他的父亲李贞。原来，接到李冲的起义信后，诸王还在观望时，就传来李冲兵败人亡的消息，这样一来，他们浑身哆嗦，哪里还敢再轻举妄动。越王李贞当时正在招兵买马，眼看儿子都起兵造反了，只好硬着头皮行动。很快，以摧枯拉朽之势攻陷了上蔡，好消息还没传出去，李冲败亡的坏消息就传进来了，原本火热的起事无疑遭遇到了当头一棒。更为严峻的是，此时武则天并没有坐视不管，她命左豹韬卫麴崇裕为中军大总管、夏官尚书岑长倩为后军大总管，率十万大军前来镇压。

面对十万火急的严峻形势，李贞作出了最后的挣扎。一方面使出瞒天过海之计，先是封锁李冲兵败的消息，然后大张旗鼓、虚张声势，扬言李冲的起义军已经攻破魏州、相州等地，拥兵二十万，朝夕即来支援他们；同时，给士兵、家僮们戴上护身符，找了一批和尚、道士作法诵经，祈求神灵保佑。另一方面使出抛砖引玉之计：先是许以高官厚禄，成功招募到了七千兵马；接着，为了稳住手下将士的心，将爱女嫁大将裴守德为妻，并封他为大将军，同时，授九品以上官员五百余人，以收买人心。

很快，就是验证李贞功力的时候了。在和人数占压倒性优势的官军交战中，起义军一触即败，最终走投无路的李贞和妻儿等亲人集体自杀，这个时候离他起义的时间也不过半个月而已。

李贞父子死了，但武则天并没有因此就舒一口气，李氏宗亲里还有多少人具有"反骨"，还有多少人参与了反叛，她必须一网打尽。为此，她派监察御史苏珦来调查审理这个谋反案。为了达到预期的目的，她给苏珦下令：无论什么人，无论涉及谁，无论其职务多高，只要谋反，我们都要一查到底，决不姑息。

武则天的意思已经很明显了：要把这件事上纲上线，掀得越大越好，做得越大越好，尽最大可能地把李氏宗亲一网打尽。

然而，事实证明，武则天这回看错了人，苏珦是一个正直得不能再正直的人。身为"法官",要他做知法犯法、贪赃枉法的事;身为高官,要他做乱扣帽子、嫁祸于人的事;身为忠臣,要他做违背良心、人面兽心的事——他心里只有三个字:做不到。他风风火火地调查了一圈,最后正儿八经地向武则天汇报:没有查到韩、鲁诸王子有谋反的证据。

武则天一听,气得牙根痒痒:这个不识时务的蠢臣,留着有什么用?既然你不愿给诸王扣帽子,那不好意思,只好给你戴上一顶帽子,一顶高得不能再高的帽子:"卿大雅之士,朕当别有任使,此狱不必卿也。"意思就是说:像你这样才高八斗的人才,做狱警官实在是太屈才了,我一定要重新重用你,充分发挥你的聪明才智。结果马上把他下放,当"河西监军"去了,果然是重重地任用啊。

取苏珦而代之的是周兴。周兴以冷酷、无情著称,被称为酷吏。他果然对得起自己的绰号,在他的大肆追查和淫威逼迫下,李氏宗亲的韩王李元嘉父子、鲁王李灵夔父子及常乐公主等人全部以自杀的方式结束了自己的生命。

摧毁了李氏宗亲反叛的核心力量后,武则天还不解气,马上有两大创新之举。一是赐姓。武则天大手一挥,把李元嘉等谋反人士的姓改为"虺",表示彻底与这样大逆不道之人划分界线。二是斩草除根。《旧唐书》记载,当时惩治越王李贞党羽,"连坐者六七百口,籍没者五千人"。武则天把构成威胁的李氏宗亲几乎一锅端了,饶是如此,她还是不放心,任命文昌左相狄仁杰为豫州刺史,去"清"李氏宗亲的"场"。狄仁杰到现场看到因为李贞父子谋反案被诛的李氏宗亲已经够多了,悲悯之心油然而生,给武则天写了一封密奏,中心思想是:得饶人处且饶人,谋反案的元凶已被诛殆尽了,其他很多人都是被迫跟随李贞父子闹事的,现在不应该再诛及无辜,否则,只怕有违神皇的仁义之名啊。

武则天这回听从了狄仁杰的建议,下令:罪不宜诛者皆流丰州(今内蒙古自治区五原县西南)。

值得一提的是，告密者李蔼先是被封爵封侯，然后被武则天找了个借口推向了法场。或许只有在生命最后结束的那一刻，李蔼才能真真切切地体会到什么叫卸磨杀驴，诚可悲也。

第四章　还政李唐

一　情商，智商

1.君权神授为哪般

平息李氏宗亲的叛乱后，武则天在天时、地利、人和上下功夫，目的只是为了扫清通往皇冠之路的最后障碍。

首先，来看武则天围绕"地利"做的三件事。

第一件事：行"拜洛受图"之典。

垂拱四年（688）十二月二十五日，武则天起驾至东都洛阳南郊圣图泉畔，举行盛大的拜洛受图大典。

之所以称其为盛大，原因有三：

一是规模大。除了武则天本人外，唐睿宗李旦及其长子皇太子成器，后宫诸妃、公主，文武百官，四夷酋长，各国使节及各州都督、刺史、乐人、舞人、卫士各就其位，珍禽异兽杂宝陈列于坛前，规模岂是宏大两字可以形容的。史称"文物卤簿之盛，唐兴以来未之有也"。

二是声势大。为了营造拜洛受图大典的浓厚氛围，武则天命太常乐队编排演奏了专门的拜洛受图乐章。乐章分昭和、致和、咸和、九和，正式拜洛用显和，乘舆起驾用九和。这样的声势岂是浩大两字可以形容的。

三是礼仪大。当圣母神皇武则天头戴珍珠翡翠嵌成的七宝冠、身着大红礼服出场时，盛大的乐队立马开始演奏，围观的人群中响起雷鸣般的掌声和欢呼声。武则天在太常卿导引下缓步至坛前，叩拜昊天上帝。赞礼郎赞礼起拜，太祝读祝文，乐队演奏拜洛乐章："菲躬承睿顾，薄德忝坤仪。乾乾遵后命，翼翼奉先规。抚俗勤虽切，还淳化尚亏。未能弘至道，何以契明祇。"乐词庄严神圣而铿锵有力，现场庄严肃穆。

总之，武则天拜洛阳受图，是为了达到彰显"君权神授"的目的。

第二件事：创"天子坐明堂"之举。

明堂，传说在远古时代始于黄帝，是专为祭祀昊天上帝而设立的。夏朝叫"世室"，商朝叫"重屋"，周代才有"明堂"。周明堂为周公时所建，也有的说是周文王所建。所谓明堂，即"明正教之堂"，是"天子之庙"，有道是"王者造明堂、辟雍，所以承天行化也，天称明，故命曰明堂"，"天子造明堂，所以通神灵，感天地，正四时，出教化，崇有德，重有道，显有能，褒有行者也"。

明堂的主要意义在于借神权以布政，宣扬君权神授。历经一年时间，武则天精心设计、花费大量精力物力财力的明堂建成了。明堂气势恢宏、壮观华丽、巍峨参天，有吞天吐地、包罗万象之气。

明堂修好后，武则天在明堂里祭天祭祖。在这里，她首次穿上了帝王专用的衮冕，佩玉圭，执镇圭，行初献之礼，唐睿宗李旦为亚献，皇太子李成器为终献。这个礼数首次体现了帝王千秋大业的传承序列。同时，武则天宣布改元"永昌"，在明堂里大宴群臣后，正式在明堂里处理政务。"天子坐明堂"预示着改朝换代即将到来。

第三件事：改"咬文嚼字"之实。

凤阁侍郎宗秦客是武则天堂姑母的儿子，为了配合武则天完成"千秋之梦想"，他创造了一些颇有典型意义的汉字，后人称谓则天文字。武则天挑选了宗秦客所献的一个新字"曌"作为自己的名字，改诏书为制书。"曌"字尽管意思与"照"字相同，但结构特殊，能使人联想到日月当空、光芒万丈这一磅礴景象，这也可能是武则天独钟情于它，并选作自己名字的主要原因。"则天"二字是后世对她的称谓。

日月当空,宣告着新的主子即将出炉。

其次,来看武则天围绕"天时"做的两件事。

第一件事:腾飞吧,祥瑞。

在个人魅力达到登峰造极、个人威望达到前所未有高度之际,武则天马上做的就是顺应天意之举了。为了凸显天人感应、天人合一的预兆,武则天在祥瑞上下功夫。在拜洛受图大典时,武则天以洛水中找出的石头上书写的"圣母临人、永昌帝业"为祥瑞,称"天授宝图",之后自称"圣母神皇"。此时,她又杜撰出一个"景星庆云"的祥瑞:有凤凰自明堂飞入上阳宫,飞回来后,又栖息在左台梧桐树上,很久才向南方飞去;还有数万赤雀飞集于朝堂屋脊上。此后,朝中文武百官争相报祥瑞,一时间出现了祥瑞满天飞的局面。

第二件事:向善吧,佛祖。

武则天为了让自己女主天下的合法性进一步得到天下百姓的认可,开始在儒家的天人感应上下功夫,她让东魏国寺的僧人法明与薛怀义为《大云经》作注:"女既承正,威伏天下,所有国土,翻来承奉,无违抗者。此明当今大臣及百姓等,尽忠赤者,即得子孙昌炽……如有背叛作逆者,纵使国家不诛,上天降罚并自灭。"注经时阐明这样一个逻辑:弥勒菩萨转世为天女,天女当了女皇;武则天就是弥勒托生,当取代大唐皇帝为天下之主。

武则天大喜,将《大云经》奉为天书,颁布天下,要求各州都建一座大云寺作为《大云经》藏经之用,并由德高望重的高僧开坛讲解,普及经文知识。很快,把武则天推向了"天命所归"的舆论高潮。

最后,来看武则天围绕"人和"做的一件事。

拥有了地利和天时,只差最后的人和了。为了能让"人和"尽快地表达出来,在武则天的"暗示"和"策划"下,一轮又一轮大规模的请愿活动接连不断地上演了。

载初元年(690)九月初三日,侍御史傅游艺率关中百姓九百多人伏阙上表,请求武则天上顺天意下顺民心称帝,赐皇帝为武姓,改国号为大周。

武则天自然不能答应，中国不是讲究礼仪之德、谦让之风吗？不能大臣们一请愿就答应，这样显得自己太急于求成，显得太没城府太没水平了。她虽然没有答应，却立即把傅游艺提升为正五品的门下省给事中。连升十阶啊，释放了这样一个信号：欢迎大家来请愿。

果然，朝中文武百官、宗室外戚、四夷酋长、四方百姓，甚至和尚道士都坐不住了，六万余人抱成团一起上书，请武则天称帝。

尽管这次联名请愿中官、工、农、士、四夷酋长等各种代表都有，武则天还是不能答应，她还需要等待，等待一个关键人物表态。这个人物便是唐睿宗李旦。

李旦虽然一直是傀儡皇帝，是被架空的天下主子，但毕竟是名义上的皇帝，此时他的表态至关重要，去还是留，隐还是退，一言一行，至关重要。

事实证明李旦是个识时务的人，他自从当上皇帝后，品尝着如坐针毡的痛苦，忍受着禁锢自由的煎熬，那种宫门怨的滋味别人是无法体会到的。此时他冷眼看着闹哄哄的万人请愿场景，那种不可阻挡的必然趋势已蔚然成风，孤立无援的他是怎样的一种万念俱灰的心情呢？

与其在这种痛苦中继续坠落，与其在这种煎熬中无限沉沦，与其生不如死，不如抛弃一切，获得那份原本属于自己的自由。想到这里，李旦没有再迟疑，他马上顺应形势，也来了个请愿，四个字：禅让皇位。

李旦第一次请愿，武则天婉拒了。

李旦第二次请愿，武则天严拒了。

李旦第三次请愿，群臣们帮忙了，他们再次联名上书说："今士庶归心，四夷咸服，皇帝让位神皇，历数所在，请神皇接受皇帝请求，正位大统，以顺天意人心。"并且，他们还加上一个传说：凤凰来翔。具体解析为：他们都看到一只美丽的金凤凰飞入上阳宫，聚集在左台梧桐之上，良久，才向东南方飞去……

眼看秀做得够实了，火候也差不多了，武则天终于由摇头变成了点头，她说了这样一句话："俞哉！此亦天授也！"

九月初九日，这是一个艳阳高照的重阳节，对六十七岁的武则天来说是不同寻常的一天，是意义非凡的一天，是承前启后的一天，是彪炳千秋的一天！奋斗了五十多年，拼搏了五十多年，她登上了宫殿正门则天门楼，在文武百官和京城士庶的见证下，完成了自己的由"凤"转"龙"的登基大典，开启了一代女皇的新纪元。

武则天在登基大典上完成了"改朝"的三件事：改国号为大周，改元天授，大赦天下。随后武则天开始"换代"，她下令按天子之礼在洛阳立武氏七庙，追封先祖。

同时，为了政权的需要，封武承嗣为魏王，武三思为梁王，武攸宁为建昌王。总之，武氏一门二十三人为王，家族"忽如一夜春风来，千树万树梨花开"，论权势、论地位、论富贵都是无与伦比的。

2.铁血酷吏为哪般

完成了"改朝换代"后，为了安抚朝中文武百官，武则天又有一个论功行赏之举。

一是重用功臣。

第一个上书请愿的傅游艺得以重用，升迁为鸾台侍郎、同凤阁鸾台平章事，进入宰相集团。他在短短的一年时间里，从九品芝麻官合官主簿开始，历封补阙、给事中，成为三品的宰相，如同四季的交替一样，换了青、绿、朱、紫四色官服，这种火箭式的提拔让人咋舌，世人便给了他一个新的称号"四时宰相"。在武则天完成登基中有功之臣夏官尚书岑长倩、右玉钤卫大将军张虔勖、左金吾卫大将军丘神勣、侍御史来子珣等，都赐为武姓。

二是重用酷吏。

古代酷吏，专事抓捕、审讯，擅长严刑拷打、刑讯逼供。武则天刚当上皇帝，为了坐稳江山，为了防微杜渐，必须通过肃清一切"不安分子"，保住自己的皇位。于是乎，顺应形势的需要，很快出现了"夺命四酷"：周兴、索元礼、来俊臣、侯思止。

"夺命四酷"之所以能脱颖而出，得益于武则天改朝换代后发起的一场自下而上的告密运动。她下发命令，只要有告密者，臣子们不得过问，还要提供当时最快捷的交通工具——驿马，以五品官员的待遇供其饮食，让其一路顺风地抵达京都皇宫。武则天还特意强调，要打破贫富界限，即便告密者是农夫或者打柴之人，也由武则天本人亲自召见，并安排告密者住高级馆舍。如果告密者所说的话符合武则天心意，此人马上就会得到重用。如果告密者所说的是虚构的，武则天也不会予以追究。这样的机制无疑是对投机告密者有极大的怂恿作用，于是，四方告密者蜂起云涌。结果"夺命四酷"因为抓住了机遇，表现突出，一夜之间成了天下人闻风丧胆的铁血人物。

武则天每次想要整人的时候，就把差事交给酷吏们。索元礼等人争先恐后审讯囚犯、制造酷法。他们在用刑上可以说是无所不用，什么破招、损招、狠招、坏招、歪招、滥招都想得出来做得到。每当有囚犯进来，就先领其到刑具陈列室参观。往往还没有动手，囚犯们就已经两腿发抖冷汗直冒，精神开始崩溃，再清白的人也都变得不清白。官吏一旦落到酷吏之手，无论是否有罪，几乎无法生还。

就这样，武则天通过重用酷吏，把一切政敌消灭于萌芽或无形当中，使得自己统治的基础稳如磐石。

俗话说，善有善报，恶有恶报。酷吏横行，看似风光，实则危险。武则天重用酷吏其实是万不得已为之，都是出于政治原因。而当政敌被杀、政局稳定之后，武则天对酷吏的态度便由重用变成了抑制。总之，她采取了太极推手的两面手法：用得着的时候，就笼络之；用不着的时候，就变通地利用，将这些吃人的狼变为替罪的羊。

也正是因为这样，"夺命四酷"的下场都是悲惨的。

最终，武则天将曾重用的所谓功臣和酷吏几乎一网打尽，这就叫兔死狗烹。

二　谋位，夺位

1.野心勃勃的武承嗣

武则天称帝，建立了武周政权，当时太子的人选有两位。

第一位候选人：武承嗣。

武承嗣是武则天同父异母的哥哥武元爽的儿子，武则天以天后身份临朝称制，为巩固自己的权势，开始重用其武氏亲属。而武则天最为器重的贺兰敏之是扶不起的"阿斗"，罪恶多端的贺兰敏之死后，武承嗣被从岭南召回京，授职尚书奉御，不久提拔为秘书监，承袭祖父武士彟周国公爵位。

文明元年（684），凭借裙带关系爬到了礼部尚书位置的武承嗣，不久又被封为太常卿、同中书门下三品，一跃成为宰相集团一分子，便在力推武则天称帝上做了大量工作。

也正是因为这样，武则天称帝后，封武承嗣为魏王，实封千户，监修国史。

此时天下是武周王朝，身为武则天的侄子且又权势在握的武承嗣更是野心勃勃，把目标瞄准太子的宝座也就不足为奇了。

第二位候选人：李旦。

李旦在武则天正式称帝前是皇帝，是天下名义上的主子。武则天取而代之称帝后，李旦头上的皇冠被摘除掉了，被戴上了另一顶崭新而奇特的乌纱帽——皇嗣，姓也由李变成了武。皇嗣两字和皇太子有本质上的区别，仅仅是证明了"我是谁"（李旦是李旦），证明了"我来自哪里"（李旦是唐高宗和武则天的儿子），而没有证明"我将去何方"（武周王朝的接班人）。

武则天显然在给李旦"皇嗣"这个称呼上动了不少脑筋,费了不少心血,花了不少精力,当然,效果也是看得见的,在太子问题上模棱两可、含糊其词,正如一首歌所唱的那样:像雾像雨又像风。这样,她给自己留下了回旋余地,给李旦留下了希望空间,给天下人留下了无尽悬念。同时,也给武承嗣留下了遐想机会。

俗话说:心有多大,梦想就有多大。武承嗣此时身为魏王,认为自己有义务挑起传承和发扬武周天下的重担,因此,把目标瞄准了太子这个位置。他懂得只有先当上太子,将来才能当上皇帝。而要想当上太子,皇嗣李旦无疑是最大的竞争对手,只有把李旦打趴下,才能抵达成功的彼岸——顺利登上太子宝座。也正是因为这样,一场血腥的夺嫡战也就毫无征兆地上演了。

武承嗣和李旦之间的较量概括起来可以分为两场。

首先来看第一场:外围争夺战。

外围争夺战是由武承嗣发起的。武承嗣一方面极力讨好武则天及其宠臣,谋求争得他们的支持和赞同;另一方面借鉴了武则天称帝时的成功经验,率先发起了声势浩大的请愿活动。

天授二年(691)九月,武承嗣令凤阁舍人张嘉福唆使洛阳人王庆之等数百人上表,请立武承嗣为太子。

这个时候的武则天其实心里是很矛盾的。她传位有两种选择,一是李家子孙,一是武家子孙。李家子孙如李旦,尽管被武则天改了姓,跟着她姓武,但骨子里李家的血液改不了,李家子孙的身份改不了,如果立他为继承人,那么武周政权将成为昙花一现的王朝,成为天下的笑柄和奇谈,武则天终其一生的精力和心血,奋斗打拼了这么多年,不就是希望自己君临天下,不就是希望自己创下的不世功业能代代传承下去吗?总之,立李家子孙为接班人,一生心血付之东流,她心有戚戚焉。

而选武家子弟,就只能选武承嗣、武三思等侄子辈了。可侄子毕竟不如儿子亲,一旦选择了侄子辈,她武氏江山是传承下去了,但李氏命脉也彻底断了，自己的儿孙辈也必然难逃毒手。另外，还有一个问题：侄子上位后，会怎么对待自己这位姑姑呢？总之，立武家子孙为接班人，她心有戚戚焉。

于公，武则天理所当然要选儿子；于私，她又可以理直气壮地选择侄子。儿子和侄儿，一边是至亲一边是至爱。侄儿和儿子，一边是手背一边是手心。如何选择，确实难啊。

武则天很快召见了上书请愿的带头人王庆之，并且吐露了自己的心声："皇嗣是我的亲生儿子，怎么能够说废就废了呢？"

王庆之显然是有备而来，马上回了这样一句话："神不歆非类，民不祀非族。现在天下是武家的天下，怎么能让李家人来当继承者呢？"

一问一答足矣，无言以对的武则天对他摆摆手，意思就是：你可以下去了，容我慢慢来思考。

但王庆之马上一气呵成地上演跪地、磕头、申斥三个连贯动作，并且演得活灵活现、生动逼真。只见他磕头如捣蒜，头上鲜血直流，嘴里兀自喃喃道："我此次是为民请愿而来，皇上要是不答应，我宁愿一死。"

武则天眼看要闹出人命来了，只好忽悠他说："你是个大忠臣，你的意见朕很愿意采纳，但这件事也不是朕一个人说了算，总得召开朝会，征得朝中文武大臣同意才行啊。你先下去吧，有好消息朕第一时间告诉你。"武则天并且给他一张进入宫门的"通行证"，凭着这张"通行证"，他可以随时畅通无阻地进入宫中。

握着"通行证"，王庆之笑了，他乐颠屁颠地走了。而缓过神来的武则天，马上召见了丞相集团的重要级人物——文昌右相，即尚书右仆射岑长倩。

岑长倩是荆州（今属湖北省）人，他的父母早亡，由时任中书令的叔父岑文本抚养成人。有了自身的努力，再加叔父这块跳板，他步入仕途后的第一个官职是兵部侍郎，随后，一路平步青云，永淳元年（682）四月进同中书门下平章事，参与朝政。垂拱年间，自夏官尚书迁为内史。垂拱四年（688），李唐宗室起兵反武则天，岑长倩出任武则天后军大总管，征讨越王李贞，获胜。天授元年（690），岑长倩拜为文昌右相，封邓国公，权势仅在武承嗣之下。天授二年（691），加岑长倩特进、辅国大将军。

此时岑长倩作为丞相集团的二号人物，自然拥有很重要的话语权，因此，面对王庆之的"逼宫"，武则天第一个想到找他征求意见和询问对策。

岑长倩可是个李氏江山的忠臣贤士，当初让李旦改跟母后姓武，就是他出的主意。这个在外人看来龌龊的举动，表面上迎合了武则天，实暗地里保护了李旦，使得他不再受到迫害。此时，他必然在立太子一事上靠边站队，关于王庆之的请愿，他斩钉截铁地说了三个字：臣反对。理由有两点。一是伸手不打笑脸人。皇嗣李旦没有过错，且已在东宫，怎么能废黜呢？二是立储之事，国之大事，岂能妄议？理应严惩妖言惑众者。

武则天一听，有道理啊，但她还是不动声色，又征求地官尚书、同平章事格辅元的意见，格元辅也同样认为不可以。这样一来，武则天没辙了，她没有直接对王庆之问罪，却选择了一个折中的办法：将立储之事继续高高挂起，将悬念继续保留到底。

好事被岑长倩搅黄后，武承嗣怒不可遏，马上做出了拔刺行动，为此使出了三招看家本领。第一招是引蛇出洞。武承嗣以吐蕃犯边为理由，向武则天请求派文武双全的岑长倩挂帅亲征，保疆卫土。武则天同意了。就这样，武承嗣把岑长倩这条蛇成功引出洞后，马上使出了第二招独门绝技——无中生有。岑长倩率军刚走到半路，武承嗣马上向武则天打了个小报告，说岑长倩谋反。武则天当时正大兴告密之风，一听到风吹草动就会高度紧张，此时更何况是武承嗣告的密，因此，她马上派人把岑长倩抓回京城来，投入大牢里进行审问。接下来，武承嗣充分发挥其心狠手辣的特长和风格，上演第三招独门绝技——上屋抽梯。为了将岑长倩和格辅元的势力一网打尽，他极力指使酷吏诬陷岑长倩、格辅元和司礼卿兼判纳言事欧阳通等数十人谋反。很快，这个谋反案就铁证如山，岑长倩、格辅元及欧阳通等数十人就被处死。

至此，武承嗣巧施妙计，拔刺行动取得了圆满成功。没有岑长倩、格辅元这些"顽固派"的保护，皇嗣仿佛裸露的婴儿，不堪一击。武承嗣决定一鼓作气，继续向太子的宝座冲刺。于是乎，该是王庆之继续大展身手的时候了。

王庆之于是乎隔三岔五带人向武则天请愿。请愿词只有一句："自古未闻天子以异姓为嗣者。"这句直击要害，直抵痛处，武则天原本强大的心灵也被戳出个大窟窿来。

正如一首词所说的那样，要剥开伤口总是很残忍，劝你别做痴情人。终于，武则天忍受不了王庆之赤裸裸的折磨了，于是对凤阁侍郎李昭德使了个眼色，让他以杖责的方式教训教训王庆之，让他不要太过分。

李昭德出身于陇西李氏丹阳房，为人精明干练，有其父李乾祐之风，年轻时考中明经，累迁至御史中丞。永昌元年（689），李昭德因罪被贬为振州陵水县尉，后又被召回朝中，担任夏官侍郎。长寿元年（692），李昭德升任凤阁侍郎、同凤阁鸾台平章事，成为宰相，并奉命营建东都，筹划创建文昌台以及定鼎、上东诸门。他也主张李家子弟为皇位继承者，属于"顽固派"一类。

此时接到了武则天的命令，他充分发挥自己严、实的办事风格，别人的杖责是以打得皮开肉绽为目标，他的杖责是以打得魂飞魄散为目的，结果可怜的王庆之没有等到胜利的到来，便一命呜呼，到阎王那里报到去了。

王庆之死了，李昭德醒了，他知道自己闯祸了，索性豁出去了，对武则天打了个小报告，表达两个方面的意思。

第一方面：劝谏。在立太子一事上，他说了这样一句话："自古没有侄子为天子，而为姑母立庙的。陛下应将皇位传于子孙，以为万代之计。况且陛下的天下来自天皇，若立武承嗣为太子，恐怕以后天皇不能享受血食。"意思是于法于规、于情于理，继承皇位的人都应该是皇子，而不是皇侄子。

第二方面：还是劝谏。关于武承嗣其人，他说了这样一句话："武承嗣已然封王，不宜再任宰相，这会使百姓生出疑惑。自古帝王，父子之间，犹相篡夺权力，何况姑侄？"

为此，武则天作出以下两点回复。第一，太子一事从长再议。第二，将武承嗣罢为太子少保。

至此，武承嗣和李旦之间的太子争夺战第一场外围比拼战告一段落，整个过程是武承嗣先发制人，招式不断，攻势如潮。而李旦只是被动地防守，艰难地自保。但因为有朝中"元老派"兼"顽固派"的舍命支持和拼死保护，最终武承嗣非但没有如愿以偿地登上太子宝座，反而丢官降职，这当真印证了这样一句话：偷鸡不成蚀把米。

2."躺着中枪"的李旦

下面，来看武承嗣和李旦之间争斗的第二场：内部争夺战。

失势的武承嗣自然很快又把目标瞄准在李昭德身上，他故技重施，将无中生有的诋毁和诽谤进行到底，多次在武则天面前告李昭德的状，岂料，这时的武则天心知肚明，回复道："自从我任用昭德为宰相，常能睡得安稳。他能为我分忧，不是你们能比的。"

武则天这句话等于给李昭德安上了一道护身符，武承嗣眼看一下子动摇不得李昭德，只得调整思想，调转方向，开大马力，再度向李旦发起更为猛烈的攻势。他这回吸取了第一轮"直线攻击"失败的经验教训，采取了"曲线攻击"战略。

很快，他找到了突破防线的"拐点"——李旦的后院。

李旦虽然是废皇帝，虽然是落魄的皇子，但他毕竟是堂堂的皇嗣，他的后宫虽然简化得不能再简化了，但瘦死的骆驼比马大，正室和妃嫔还是有的。这里主要介绍他的一正一侧两个妃子。正妃刘氏是李旦的结发之妻，曾被封为皇后，为李旦生了唐让帝李宪、寿昌公主、代国公主李华。而侧妃窦氏曾被封为德妃，为李旦生了唐玄宗李隆基、金仙公主、玉真公主。其他的妃嫔如王德妃、王贤妃、柳宫人、崔孺人、唐孺人等，都为李旦生了一儿半女的，构成了他的"秘密花园"。总之，李旦身为皇嗣，简约而不简单，风雅而不风流，懂得洁身自爱，懂得明哲保身，他深居简出，和妃嫔们相敬如宾、相安无事。

然而，正所谓树欲静而风不止，正在这时，一个女人的出现彻底打破了这个和谐的局面。这个女人的名字叫韦团儿。

韦团儿有三个特点。特点一：人微权大——她出身虽然卑微，入宫后却成了武则天身边的户婢（掌管宫中门户的宫女），在后宫这半边天里，具有极大的权力。特点二：才貌双全——史书记载她既聪明能干，又长得有几分姿色，可谓秀外慧中，颇得武则天的赏识。特点三：我行我素——她做事雷厉风行、风风火火，做人大大咧咧、敢爱敢恨，有点类似于我们现在所说的"野蛮女友"。这个有事例为证。有一天，韦团儿当着李旦的面说了这样一句话："我喜欢你，我要做你的女人。"

原来李旦每次拜见武则天，都是韦团儿来当"领路人"。这个时候的李旦虽然是废皇帝，但刚过而立之年，长得英俊潇洒、风度翩翩，再加上经历过大起大落的沧桑感，用现代的流行用语就是别样的有气质。

面对韦团儿赤裸裸的真情告白，李旦却以默默地转身离开的方式来表达自己的心声：你的柔情我永远不懂。

是啊，经历了人生大起大落的李旦此时哪儿还有心思来谈情说爱呢？然而，人往往是这样，越是得不到的东西越想得到，越是征服不了的东西越想要征服。对于李旦的婉拒，韦团儿并没有灰心，她总认为女追男隔层纱，充分发挥死皮赖脸、死缠烂打的风格，锲而不舍地对李旦发起了一轮又一轮的攻击。

长痛不如短痛，眼看韦团儿执迷不悟，李旦索性直言不讳对她来个严拒。

面对李旦的绝情，韦团儿绝望了，由爱生恨的她决定报复这个绝情郎，于是向武则天打了个小报告，说是李旦的刘妃和窦妃在宫中用厌胜之术诅咒皇帝。

宫中最忌厌胜之术，因此，武则天马上召见了刘、窦二妃。

刘、窦二妃骤然得到了武则天的召见，欣喜若狂，以为时来运转的机会到了。然而，她们不会料到，她们这一去就再也没有回来——竟然离奇失踪了。据史书记载，后来李旦翻身后，把嘉德殿里里外外、上上下下掘地三尺也没有找到二妃的尸首。这确实是个遗留千古的失踪案。

其实李旦心里很清楚是怎么回事。武则天此时要弄死自己的两个妃子就像踩死两只蚂蚁，说失踪只是让他在感情上更容易接受些，让他的面子上更过得去些。

伤心归伤心，痛苦归痛苦，但李旦就是李旦，多年来的风风雨雨，潮起潮落，早已打磨了他坚韧的意志力和顽强的忍耐力。他压抑住自己的情感，面上装着若无其事，该向武则天请安就请安，似乎什么事也没有发生。

而武承嗣获知后，觉得这是个对付李旦的绝好机会，主动降低身份，联系韦团儿，想把她引为"内援"，共同来打击李旦。而此时的韦团儿因爱生恨，眼看这一轮并没有击倒他，气得花枝乱颤，于是乎，她抓住武承嗣抛来的善意，索性一不做二不休，将陷害李旦进行到底。

天下没有不透风的墙。韦团儿还正在思索新的计谋时，有人获悉个中原委，向武则天告密。

而此时的武则天为了震慑李旦，将他五个儿子的爵位从亲王贬为郡王，实际上令他们过着软禁的生活。为了彻底孤立李旦，将私谒李旦的前尚方监裴匪躬和内常侍范云仙腰斩于市。李旦从此彻底成了孤家寡人，每天沉溺于琴棋书画，自娱自乐度日。

树欲静而风不止，李旦并没有因此就过上安稳日子，因为"幕后操盘手"武承嗣马上指使人将诬陷进行到底——密告李旦谋反。

武则天此时对谋反两字已是闻之色变，视之草木皆兵，马上派人把李旦身边的仆人、乐工抓来审问。

主审官先摆起刑具，这些仆人、乐工一看这架势，吓得面如土色，魂飞魄散，个个缩头缩脑。正在这个节骨眼上，只见一个人大喝一声，从人群中挺身而出，大义凛然地说："皇嗣不曾谋反。"

主审官对这位名叫安金藏的人进行了威逼利诱，无奈十八般武艺用尽，安金藏竟然还是这句话："皇嗣不曾谋反。"敬酒不吃吃罚酒，来俊臣手一挥，决定动用酷刑。

安金藏大声道："如果你们不相信我说的话，我愿意剖心以证清白。"他说着掏出身上暗藏的刀子，刺进了自己的腹部，顿时鲜血直流。武则天派来的"监视官"马上把事情进行了上报。武则天一听，又惊又叹，马上派人把安金藏抬到大内，并命御医给他进行紧急治疗。

御医们果然没有浪得虚名，很快运用妙手回春之术，把安金藏从死亡线上救回来了。武则天来看望他时，说了这样一句话："吾有子不能自明，使汝至此。"意思就是说：我的儿子太没有用了，自己不能证明自己的清白，还要连累到你。随即，武则天下令，暂停追查此事，李旦无罪释放。后来李旦复位后，封安金藏为右武卫中郎将，让其子孙皆享受朝廷优待，可谓知恩图报的典范。

至此，武承嗣和李旦之间的太子争夺战第二场——内部争斗暂告一段落，整个过程尽管武承嗣改变了策略，采取了曲线攻击，但每到关键时刻，总有小人物及时出现为李旦排忧解难，最终使得他惊险过关。最终武承嗣拼尽了全力，却还是没有如愿以偿地登上太子宝座。

3.铁面无私的狄仁杰

太子之位悬而未定，武承嗣尽管连出数招都没有奏效，但他相信"精诚所至，金石为开"，继续锲而不舍地对太子之位发起进攻。然而，原本就才疏识浅的他，此时已是黔驴技穷，再也没有什么有效的新招了。他只好故技重演，重走请愿的路。

如果说王庆之以前只是搞小规模的"百人请愿活动"的话，那么武承嗣这回在规模上进行了扩大，先是搞了个"千人请愿活动"，打出的口号还是老调重弹："自古天子未有以异姓为嗣者。"成千人投之所好地请求武则天在"圣神皇帝"的基础上加尊号为"金轮圣神皇帝"。

之后，他又发动了"万人请愿活动"，打出的口号永远不变："自古天子未有以异姓为嗣者。"成万人投之所好地请求武则天加尊号为"越古金轮圣神皇帝"。

单看这些尊号，真是芝麻开花节节高啊，眼看这样任武承嗣放肆下去，倘若当时有足够的人口作支撑，说不定又会整出个什么"亿人请愿活动"，那样局势将无法收拾啊。对此，有点蠢蠢欲动，又有点飘飘欲仙，还有点欲说还休的武则天决定再次征求朝中重臣们的意见。

就在这时，一个人主动找上门来了。这个人便是一代名相狄仁杰。

狄仁杰的一生，可以说是宦海浮沉。他为人正直，疾恶如仇，把孝、忠、廉称之为大义。狄仁杰作为一个封建统治阶级中杰出的政治家，每任一职，都心系民生、政绩卓著。在他身居宰相之位后，辅国安邦，对武则天的弊政多所匡正；他在上承贞观之治、下启开元盛世的武则天时代，做出了卓越的贡献。下面就让我们来看看武则天最欣赏的丞相狄仁杰的官场沉浮录。

狄仁杰，字怀英，并州太原人，经历了唐高宗与武则天两个时代。根据史料记载，狄仁杰由明经科中第，从此踏上仕途。狄仁杰是一个普通人，却拥有六大亮点，书写了非一般的人生之路。

第一个亮点：胆识过人。有事例为证。狄仁杰还是很小的时候，有一天，狄家发生了一起杀人案，一个门人被杀了，县吏跑来破案，全家人都接受质问去了，唯独小小的狄仁杰坐在书房读书。县吏见状很生气："小孩子，你为什么不动弹？"狄仁杰回答："黄卷之中，圣贤备在，犹不能接对，何暇偶俗吏，而见责耶！"书本之中，我正想和圣贤对话，这还忙不过来呢，我哪里有空跟你们这些俗人说话！要是一般的小孩子，看热闹还来不及呢，哪能坐得住？对县吏他竟如此对答如流，一点也不怵，很酷。这就是狄仁杰的性格——有胆识、有主见，遇事沉稳冷静，同时又执拗、倜傥不羁。

第二个亮点：品德高尚。有事例为证。按照唐代规定，明经科上来的人，根据考试成绩，授予不同品级的官职。狄仁杰被派到汴州担任判佐，是个从七品下的官。汴州治所就是今河南开封。当时那一带属于经济发达、人口稠密的地方，狄仁杰初生牛犊不怕虎，放开手脚，铁腕治州。不过很快他就遭受了仕途上第一个打击——有人向上级诬告他，这让他经历了不大不小的一番折腾。此事由时任河南道黜陟使的阎立本来处理。唐代前期为了监察地方官，经常派遣官员担任黜陟使，不定期巡察各地，惩处违法官员。阎立本把这事审查了一番，得出了结论——狄仁杰不但不是个坏官，而且是个大大的好官。于是，狄仁杰非但没有受到处分，反倒被推荐任并州都督府法曹，因祸得福。

第三个亮点：仁慈孝义。有事例为证。年轻时的狄仁杰就很孝顺，去并州赴任途中，登上太行山，向南边看到有一朵白云孤飞，不禁潸然泪下："吾亲所居，在此云下。"我的尊亲就住在这朵白云下面啊！他于是悲泣，仰望伫立许久，一直等云朵远去才重新上路。这种大孝子在唐代是很受人器重的。

第四个亮点：铁面无私。有事例为证。上元二年（675），他被调到了长安担任大理寺丞。由法曹到大理寺丞，都是司法官员，他获得此职，一定是因为在法曹任上的杰出表现。可见历史上狄仁杰获得善于断案的美誉不是浪得虚名。当了大理寺丞后，狄仁杰创造了一年断案一万七千余起的纪录。这意味着一年不休息的话，平均每天要断案四十余起。审理卷宗不是看小说，多数人看小说的速度都没这么快。并且还没有一人喊冤，一时间，狄仁杰成为世人推崇的"神探"。

第五个亮点：爱民如子。有事例为证。垂拱四年（688），狄仁杰任豫州刺史。当时，越王李贞在豫州起兵反抗武则天失败，六七百人受到株连，五千余人没入官籍。司刑使逼狄仁杰行刑，狄仁杰认为判决有误，先请求延缓行刑，然后秘奏武则天道："臣本想正大光明地上奏，但似乎有为谋逆的人说情之嫌；但是如果臣明白什么是对的又不说的话，恐怕违背了陛下您怜悯天下百姓之心。这些人做出谋逆之事并非他们自愿，希望陛下怜悯他们的不得已。"武则天于是下旨赦免了他们的死罪，改为发配到丰州。囚犯们被押至宁州（今甘肃省宁县、正宁县）时，宁州父老到郊外迎接，并道："是我们的狄使君救了你们的命吧？"囚犯们相互搀扶着，到百姓为狄仁杰立的石碑旁哭成一片，斋戒三日，这才离开宁州。

第六个亮点：不畏权贵。有事例为证。宰相张光辅率军讨平李贞之乱时，部下将士自恃功劳，大肆勒索，狄仁杰一概不予听从。张光辅怒道："你这州官是要怠慢元帅吗？"狄仁杰说："祸乱河南的只是一个李贞而已。现在一个李贞死了，而千万个李贞又生了。"张光辅不解其意，狄仁杰道："您率领三十万军队平定叛乱，但是不能约束士兵，反而纵容他们的暴行。那些百姓无辜死亡或损失惨重，令人不忍目睹，这不是一个越王死了而千万个越王又生了吗？况且，那些遭胁迫跟随越王的人，他们势必不愿坚守，等到朝廷军队突然攻来，放弃城池归顺朝廷的不可胜数，那些归顺的人顺着绳子从城墙上滑下，城池四周踏出一条条的小路，你为什么纵容那些贪求战功的人去追杀这些准备归顺投降的人呢？只恐怕冤声沸腾直冲云天！我如能请来尚方斩马剑，就杀了你这罪人，到时我再向朝廷请罪，即使我死了，我的功德也将永远铭记在百姓的心中。"张光辅无言以对，却怀恨在心，回朝后便弹劾狄仁杰出言不逊。狄仁杰被贬为复州（今湖北省仙桃市西南）刺史，后出任洛州司马。

武则天叹服，对狄仁杰更为赞赏。狄仁杰一生不以物喜，不以己悲，一切行为都以大局为重，而他的肚量大也被广泛传颂，以至于后人经常说他是"宰相肚里能撑船"。

此时，在朝中官居宰相的狄仁杰如果不挺身而出就不是狄仁杰了,他找到武则天,说了这样一番话:"文皇帝(太宗)栉风沐雨,亲冒锋镝,以定天下,传之子孙。大帝(高宗)以二子托陛下,陛下今欲移之他族,无乃非天意乎!且姑侄之与母子孰亲?陛下立子,则于千万岁后,配食太庙,承继无穷;立侄,则未闻侄为天子而附姑于庙者也。"

这段话表达了三层意思。一是责任与担当。这个天下不是你武则天一个人的天下,是先祖打下来的,你有传承下去的义务和使命,不能太任性地交给他族。二是亲疏与远近。母子之情浓于血,舐犊情深。姑侄之情淡如水,若即若离。儿子和侄子,哪个亲哪个疏,哪个重要哪个次要,明眼人一看便知。三是千秋与万代。立儿子为继承人,则千秋万代后,配食太庙,子孙长继。如果立侄子为继承人,还没听说过侄子为姑妈立庙的先例呢。

对此,武则天沉默半晌,才喃喃地回了一句:"此朕家事,卿无预知。"当年李勣一句"此陛下家事",使武则天得以成功登上皇后的宝座;此时武则天关键时刻引用了此类经典之言。

然而狄仁杰可不是那么好忽悠的,他马上回了一个关键句:溥天之下,莫非王土;率土之滨,莫非王臣。解析:王者以四海为家,四海之内的事都是陛下的事。国君是元首,大臣是股肱,义同一体,更何况我还是一个宰相,怎么就不能过问国中之事、朝中之事、帝王家中之事呢?

此处应有掌声。此时狄仁杰身边只有武则天一个,她心中立储的天平第一次向儿子这边倾斜了。

4.一言千金的张氏兄弟

武则天虽然在狄仁杰等人的强大攻势下"意稍悟",但要她做出最后的决定,还差最后一哆嗦,毕竟从感性到理性的转变需要时间和过程。

就在这个节骨眼上，有人给武则天烧了一把火，彻底融化了她的铁石心肠，起到了上演最后一哆嗦、一锤定音的作用。

烧火的人是人称"面首"的张易之、张昌宗两兄弟。

张氏兄弟出身于官宦世家，属于典型的美男子，面如傅粉，唇若涂脂。哥哥张易之智商高，还是少年时就靠祖辈的功勋步入了仕途，逐渐升为尚乘奉御。到了二十岁，他身材修长，皮肤白皙，姿态优美，音乐技艺多数通晓。弟弟张昌宗情商高，还在青年时就被太平公主慧眼相中，推荐给了她的母后武则天。眉清目秀、聪明伶俐的张昌宗很快得到了武则天的宠幸。

张昌宗很快向武则天推荐了自己的哥哥张易之，称张易之长相英俊优美，通晓音乐技艺，善于炼制药物。武则天一听，大为感兴趣，马上召见他"面试"，结果果然如张昌宗所言，张易之才貌双全，武则天当即就对这位远道而来的翩翩公子发出了"留客令"——任命张易之为司卫少卿，赐给住宅一处，绢帛五百段，大量的男仆女婢、骆驼、牛马供他使用。结识新情人，武则天也没有忘了旧情人，任命张昌宗为云麾将军，行使左千牛卫中郎将职务，不久，又提升他为银青光禄大夫。同时，连张氏兄弟的父母也沾上了光，父亲张希臧被追赠为襄州刺史，母亲韦阿臧被封为太夫人，宫中女官尚宫每天去看望请安。

不到半个月的时间，张氏兄弟异军突起，权势震惊天下，成了朝中炙手可热的风云人物，就连武承嗣、武三思这些权倾朝野、不可一世的大人物也极力讨好巴结，甚至亲自替张氏兄弟牵马递鞭，称张易之为"五郎"，张昌宗为"六郎"。有一个谄媚小人内史杨再思一次阿谀张昌宗道："人言六郎面似莲花。再思以为莲花似六郎，非六郎似莲花。"张氏兄弟虽蒙武后赐有宅第、仆役、车马，实则都居于宫中。

张易之深得武则天的恩宠，受赐田宅、玉帛无数，官职也迅速蹿升，历任司卫少卿、控鹤监内供奉、奉宸令、麟台监，封恒国公。

这两位靠脸吃饭的帅哥，很快就证明了他们不仅仅是花瓶，而且还是花痴。有一个人利用张氏兄弟和武则天的特殊关系，打起了擦边球。

这个人的名字叫吉顼。吉顼拥有四个特点：一是身材好——高大魁梧；二是长得帅——面容英俊；三是本领强——才高八斗；四是口才佳——《资治通鉴》说他善"辩口"。身材与长相是天生的，这个没有什么可说的，当然这也是爹妈给的。才能高是他走上仕途的敲门砖，他进士出身，调明堂尉后在仕途上平步青云。唯独后人对吉顼的"辩口"褒贬不一，但有一件事，当时百姓对他的所作所为还是褒扬有加——奏请诛杀著名酷吏来俊臣。

来俊臣凶残狡诈，贪婪暴戾，滥施酷刑，罪行暴露下狱后武则天却迟迟舍不得杀掉他。吉顼此时却敢冒天下之大不韪，一次陪武则天逛后花园时，趁机进言说："天下百姓都在奇怪为什么还没有处死来俊臣。"武则天说："来俊臣有功于国，朕正在考虑此事。"吉顼又道："来俊臣集结为非作歹之徒，诬赖好人，罪恶如山，贪赃受贿所得财物堆积如山，被其冤死之鬼魂满路，这样的国贼，有什么可怜惜的！"武则天终于下令斩杀来俊臣。据说神功元年（697）六月初三来俊臣被处死，暴尸于市，百姓争割来俊臣的肉，辗转践踏成泥，其痛恨之情可见一斑。

这一次的"刻毒敢言"却让吉顼颇受武则天的赏识，很快他就被擢升为右肃政台中丞。圣历元年（698），武则天成立控鹤监，吉顼与张易之、张昌宗、田归道等人一同担任控鹤监内供奉。因为是同事，吉顼很快对张氏兄弟又来了个"刻毒敢言"。

如果说对来俊臣是"刻毒"的成分多一些，那么此时就是"敢言"的成分多一点。

一天，吉顼把张氏兄弟约到家里，并美其名曰喝杯小酒，唠个嗑儿。张氏兄弟自然欣然赴约。三人喝得正浓情蜜意之际，吉顼乘着酒性，对留一半清醒留一半醉的张氏兄弟说道："你们兄弟现在深受皇上宠信，富贵自不可言。但作为朋友，我为此很忧心啊。因为你们兄弟并不是靠德行和业绩爬到这个位置的，明明可以靠才华吃饭，却偏偏靠脸，天下很多人不知道其中原因，都对你们颇有怨言，斜着眼睛看你们，咬牙切齿恨之入骨。消除不良影响、保全自己，是当务之急啊。"

张氏兄弟一听，感到事情很严重，一种莫名的伤感涌上心头，一边流着泪一边向吉顼求教。吉顼早已胸有成竹，但还是故意沉默半晌，才喃喃地说："天下官民未忘唐德，都思念庐陵王，皇上年事已高，要有人继承，武氏诸王非其属意，你们何不从容劝皇上立庐陵王以适应百姓所望？这样，你们既可免祸，还可保富贵。"

其实吉顼之所以这么支持李唐江山，除了他拥有超前的政治眼光外，还有一个原因，就是他和武承嗣有隙。原来，早些年吉顼的父亲吉哲担任易州（今河北省易县）刺史期间，因受贿被判死刑。吉顼便去求见魏王武承嗣，请他帮忙，但武承嗣头摇得像拨浪鼓，表示无能为力。就在武承嗣要下逐客令那一瞬间，吉顼眼珠一转，咬咬牙表示愿意把两个妹妹献给武承嗣为妾。武承嗣大喜，用牛车将二女接入府。但二女接连三天都不说话，武承嗣非常奇怪。二女道："父亲犯法要被处死，所以担忧。"武承嗣这回心动了，随即上表皇帝，请求免除吉哲的死罪。最终武则天念在裙带关系的分上，不但饶了吉哲，还升了吉顼的官职。自命清高的吉顼却把这件事视为奇耻大辱，毕竟这一切是靠牺牲两个妹妹换来的，因此，他打骨子里对武承嗣鄙夷和痛恨，此时，在太子争夺战白热化的关键时刻，他胳膊肘外拐，反戈一击，也就在情理之中了。

张氏兄弟听了心悦诚服，觉得这样的举手之劳就能立下赫赫功名，没有理由不去做啊。于是乎，他们的枕边风很快就向武则天的耳边吹去了，八个字：请立庐陵王为太子。武则天一听，惊喜交加。喜的是自己生活中的这对"男闺密"善解人意，出谋划策，主动为自己排忧解难。惊的是这对政治上的"愣头青"，外表光鲜，毫无内才，此时出此大计谋，令人惊疑。果然，她一问，张氏兄弟就"招认"了。武后知道这个主意是吉顼所出，就召见吉顼细问，吉顼再次发挥他善于

"辩口"的特色，在武则天面前，晓之以理，动之以情，陈之利害，述之兴亡，彻底把武则天说服了。且不谈吉顼是一个什么样的人，可以肯定的是他是李唐王朝的忠实"粉丝"。只是为什么他推荐的是庐陵王李哲，而不是皇嗣李旦呢？

虽然李哲和李旦都是武则天的儿子，但庐陵王李哲相比于皇嗣李旦有两大优势。一是年龄优势。李哲是李旦的哥哥，按立嫡为长的原则来说，显然此时立李哲为太子理由更充分些；二是人脉优势。李哲是唐高宗钦定的继承人，虽然接位只一个月就被武则天赶下台来，但天下百姓对他的"敢作敢为"的作风和正直的人品还是认可和拥护的。并且李哲被废为庐陵王后，徙于房州（今湖北省房县）十多年时间，接地气，早已真正和当地民众打成了一片。而李旦虽然也当过皇帝，而且时间远比李哲长，但他当的是忍气吞声的傀儡皇帝，在臣民心里的威望值显然也就大打折扣了。

总之，支持李旦当太子，那是有"迎合"之功，而支持李哲太子，那是有"拥立"之功。"迎合"是顺水推舟，朝中所有支持李唐江山的大臣们都会做，也都在做这件事。而"拥立"是排除万难，朝中还鲜有人这么做。吉顼是这么想的，也是这么做的，所以他才会这么言之凿凿地全力拥护庐陵王李哲了。

经过吉顼的一番努力，武则天的心终于尘埃落定，做出了传子不传侄的决定。但在选谁上，她还在费思量，毕竟李哲和李旦是她目前仅存的两个儿子，一个是手心，一个是手背，手心手背都是肉，选谁很难办。但最终武则天还是选定了李哲。除了上述所说的李哲拥有年龄优势和人脉优势外，还有两个原因：

一是内部原因。李哲毕竟曾名正言顺当了皇帝，尽管权力被武则天牢牢地抓在自己的手上，但不管怎么样，他在洛阳也拥有自己的根基，有一定的号召力。而在这场太子争夺战中，武家子弟中的代表人物武承嗣、武三思等人都和李旦有极深的过节，甚至闹到了你死我活的地步。在这样的背景下，武则天权衡利弊，觉得她有权力也有义务保护武氏家族日后不受伤害，让武氏一脉顺利地传承下去。而如果立李旦，他一旦上位，肯定会将武家子弟一网打尽。而李哲呢，相对李旦来说，显得单纯多了，他因为远离洛阳，没有直接参与这场太子争夺战，没有和武家子弟进行过面对面的争斗，没有深仇大恨，因此，如果他当了皇帝，感念自己的恩情，会对武家子弟网开一面，和平共处的概率显然也是很大的。总之，从保全武家子弟这个内部原因来说，当然选李哲比选李旦更有保障些。

二是外部原因。就在武则天犹豫不决之际，皇嗣李旦却上演了主动让贤之举，他三次上书请愿复立庐陵王为太子。李旦之所以这么做，显然除了他知道哥哥李哲拥有上述优势外，还有一点，他从小就接受儒学的教育，在儒家思想的熏陶下，为人忠厚，谦卑礼让。况且多年的傀儡皇帝生涯，能不让他心灰？在和武承嗣等武家子弟的争斗中，他九死一生，体会到了亲情的冷酷，体会到了人世的沧桑，能不让他心灰意冷？他敏锐地意识到，如果自己不主动让贤，怕夜长梦多：如武则天改变主意，重立侄子为太子，与其受武家子弟的凌毒，不如主动让贤于自己的亲哥哥，至少一生保个荣华富贵还是绰绰有余的。总之，从保全李唐江山这个外部原因来说，李旦主动让贤算是极为明智之举。

正是基于上述种种原因，圣历元年（698）三月初九日，武则天召回庐陵王李哲和王妃韦香儿。为了做到"慎言"，武则天找的理由是：庐陵王李哲病了，需要接回宫来治疗（托言有疾）。为了做到"慎行"，武则天对这件事下达了"保密令"，除了具体落实接待任务的人，旁人一概不知。

庐陵王被召回来的第二天，武则天把狄仁杰叫过来，一阵寒暄过后，让他看了场魔术表演。只见那帷屏转后，出现一个人，那人缓缓转过身来，狄仁杰定睛细看，又惊又喜，一边急忙跪拜于地，一边老泪纵横地哽咽着。此时此地见到庐陵王，他能不激动，能不感动，能不悸动吗？

世事茫茫难自料，冥冥之中却有定数。

此后，李哲很快由武则天从幕后推到了前台，他的名字也由李哲恢复为原名李显。很快，全天下人都知道李显是"准太子"候选人。而后知后觉的武承嗣终于知道太子争夺战已经尘埃落定，尽管面对权力的诱惑，他总是放不下心中的结，但在强悍的武则天一手遮天之下，他的百谋千计都是小儿科，再怎么努力也是徒劳，再怎么幻想也只是痴心。因此，雄心勃勃的他很快就得了抑郁症，郁郁寡欢，不久便死了。

5.贤奸参半的吉顼

没有了武承嗣这个心结，武则天再无顾忌，圣历元年（698）九月十九日，武则天正式立时年四十三岁的庐陵王李显为太子，同时封三十七岁的皇嗣李旦为相王，朝中文武大臣欢欣鼓舞，一致为李唐江山后继有人而舒了一口气。

两天后，武则天封太子李显为河北道行军元帅，征讨突厥，朝中文武大臣唏嘘一片，心急火燎，一致为皇太子远征而担心。唯独武则天镇定自若，因为她早已心有定数：太子如果不能建功立业，将来怎么能坐稳江山？

说白了，武则天派太子李显亲征，打出的是政治牌。一方面对不安分的突厥形成强大的政治压力——大唐王朝连太子都派来了，您这次"反叛"是不是闹得有点过了，是不是该收敛收敛了？另一方面对不服气的武家子弟形成强大的政治威慑——太子能上得了战场，你们不服不行啊。

为了让这次军事行动万无一失，武则天给太子李显派了强大的智囊团，任狄仁杰为副帅，右丞宋元爽为长史，右台中丞崔献为司马，左台中丞吉顼为监军使。有了这"四大将军"在，李显想不立功都难啊。

当然，立头功的肯定是开路先锋，这次"四大将军"中吉顼有幸成了打头阵的人。此时突厥已经攻陷了唐朝边境的赵州、定州等地，吉顼临危受命，却又不敢直接以自己的先头部队和突厥直接对阵，只好到相州大张旗鼓地张榜招兵。然而，他不但善"辩口"，而且为人"阴冷险毒"，有"老毒"的绰号，正是由于这个不良的名声，他的招兵失败，一开始没一个百姓来应征，吉顼急得如热锅上的蚂蚁。好在他头脑好使，眼看打出自己的名声不管用，马上打出了皇太子的金字招牌，结果这一招收到了奇效，百姓踊跃应募，人数很快突破五位数。而此时突厥见好就收，没等唐军的大部队到，他们就"不羞遁走"，退出唐境了。

吉顼一边抹去头上的冷汗，一边赶紧写奏章表功。武则天接到捷报，自然很是高兴，不久便将吉顼擢升为宰相了。

当宰相后，吉顼有点飘飘然、得意忘形了，居然和武家子弟武懿宗直接干了起来。武懿宗长得极为矮小，相貌丑陋，有个人写诗嘲笑他："长弓度短箭，蜀马临阶骗。去贼七百里，偎墙独自战。甲仗纵抛却，骑猪正南还。"意思是武懿宗虽然带着"长弓"，射出箭的距离却很短。他连四川出产的小马也爬不上去，只能就着台阶往马上爬。敌人离开了七百里，他才有胆量在墙角下作英勇作战状。（敌人真的来了，）他总是把兵器全扔掉，只敢骑着一头猪向南仓皇逃跑。

但就是这样一个其貌不扬的人物，很受武则天的赏识，被封为河内王。特别是武承嗣病亡后，为了让武家后继有人，武则天把春官尚书武三思提升为检校内史（中书令），对武懿宗也是更为重视，又是加官又是晋爵。有次，吉顼、武懿宗这样两位颇受武则天重视的大臣，却在朝堂公然争功，争吵的是在赵州之战中谁的功劳更大。吉顼身材高大魁梧，一张利嘴又口若悬河，引经据典，夸夸其谈，盛气凌人。武懿宗身材矮小且驼背，一张小嘴又像贴了膏药，半天打不出一个雷。结果争执很快成了一边倒。

整个过程，都在武则天的眼皮子底下，打狗还得看主人，武懿宗再不济也是武家子弟，吉顼未免太嚣张跋扈了。武则天终于忍不住，站起身来，制止了这场不公平的争论，然后说了这样一句话："吉顼在朕面前，还敢轻视我们姓武的，以后岂可依靠？"吉顼赶紧跪拜认罪，武则天没有再给他辩解的机会，发怒说："你的话，朕听腻了，别说了。想当年，太宗有名马狮子骢，健壮任性，无人能驯服。我说能制服它，但需三样东西：铁鞭、铁锤、匕首。先用铁鞭打它，不服，就用铁锤锤它脑袋，还不服，则用匕首断其喉。今天你吉顼是否也想让朕用一用匕首啊？"吉顼只觉得一股凉意冷透心窝，彻底瘫倒于地，他知道自己的政治生涯就此结束了。

果然，不久武家子弟便联名"揭发"其弟吉琚冒官一事，于是吉顼被降职，贬到安固担任一个小小的县尉。

从堂堂丞相到小小芝麻官，只在弹指一挥间。哀莫大于心死，吉顼的心虽然死了，却在临行前，进行了最后的演出，他主动到武则天那里请辞。

武则天念在君臣一场的分上接见了他，吉顼一边流着泪，一边说："此去一别，只怕再也没有见到陛下的机会了。"武则天不为所动，冷冷地道："相见不如怀念，不管你来不来，不管见与不见，我就在这个皇宫里。"吉顼收起眼泪，傲然道："请允许臣问陛下一个问题吧？"武则天点了点头："但说无妨。"吉顼问："水和土会有纷争吗？"武则天道："不会。"吉顼又问："那和成一块泥，会有纷争吗？"武则天仍摇头。吉顼道："那把泥分为两半，分别塑成佛祖和天尊呢？"武则天道："有纷争。"吉顼正色道："那就是了。如果宗室（李氏）和外戚（武氏）各守本分，则天下必安。如今陛下已经立了太子，武家还有那么多的王，以后必然相争，双方都不得安宁啊。"武则天无言以对，只能长叹一声。是啊，她也早就意识到了这个问题，但一直找不到补救的办法啊。

吉顼告别时的一番话，体现了他的忠诚，却挽不回他的命运，最后，毫无悬念，被贬一隅之地的吉顼难逃凄凉病死的噩运。

后来，武氏覆没，睿宗李旦复位后，专门为已故的吉顼下诏书曰："故吏部侍郎、同中书门下平章事吉顼，体识宏远，风规久大。尝以经纬之才，允膺匡佐之委。时王命中否，人谋未楫，首陈返政之议，克副祈天之基。永怀遗烈，宁忘厥效。可赠左御史台大夫。"这段话意思就是：原吏部侍郎、同宰相职衔的吉顼，其体验和学识宽广、深邃，其作风和影响长久、强烈。他以治国经邦的才干，担当匡扶、辅佐朝廷的重任。当时唐王室的命运危殆，人们要求中兴唐王室的思谋尚无头绪之时，吉顼却首倡还政唐王室之议，打下了能够得到上天赐福的基础。他遗留的事迹永远值得怀念，他的功劳和效绩永远不应忘记。特追赠他为左御史台大夫。

这也算是对这位似贤非贤、似奸非奸的臣子最后的缅怀和补偿吧。

但是吉顼没有白死，武则天进一步意识到了宗室和外戚冲突的严重性，如果说以前她还停留在"想"的境界，现在就是该"行"的时候了。的确，现已立李显为太子了，李唐江山传承下去肯定是没有问题，问题是武家子弟该怎么办？如果按照"胜者为王败者寇"来推算，武家子弟将来在李显上台后，肯定是如霜打的茄子——蔫了。但武则天毕竟和武家子弟是一脉相连的，毕竟自己奋斗了一生建立的武周王朝也是属于武氏家族的荣誉，她自然不愿意自己千秋之后，武家子弟就彻底退出历史的舞台。

如何保全武家子弟日后不受凌毒？如何让李家和武家化干戈为玉帛，和平相处下去？如何让武家子弟的富贵延续下去，让武家子孙兴旺发达？武则天煞费苦心，冥思苦想，很快以快如风、疾如电的态势，打了一个快、准、狠的组合拳——"销魂三剑"。

第一招——横扫千军。

拳头硬声音大。的确，有了兵权在握，别人也不敢轻举妄动。为此，武则天让武家子弟转型，把他们从油水足、职能轻、权力大的岗位上调整下来，让他们担任军政要职；无论中央朝廷，还是地方州县，武家子弟都掌握着重要岗位和重要地区的兵权。俗话说：未雨绸缪，防患未然，武则天的眼界的确高。总之，这一招横扫千军突出了一个"快"字，达到了快人一拍、先人一步的效果。

第二招——旱地拔葱。

武则天知道，此时如果稳住了太子李显就等于稳住了整个李氏宗亲，为此，她决定"归化"太子李显。圣历二年（699）腊月，武则天赐太子李显姓武。对此，太子李显很高兴，一朝被蛇咬，十年怕井绳，他曾经被武则天这条毒蛇咬过，此时尽管王者归来，心中的余悸却不是容易消除的；武则天此时赐他姓武，他也成了名正言顺的武家子弟了，这样无疑给自己加了一道护身符，能不高兴吗？以武三思为首的武家子弟也高兴，连太子都姓武了，那么他们将是永远的皇亲国戚了。总之，这一招旱地拔葱突出了一个"准"字，达到了精准发力、事半功倍的效果。

第三招——双剑合璧。

为了让李家子弟和武家子弟进一步融合，武则天借鉴了江湖侠士之义仁，命自己的两个儿子——太子李显、相王李旦和女儿太平公主等人，和以武三思为首的武家子弟发毒誓、结同盟。目的就是表达以后要相亲相爱、相互促进、永不相残、永不争斗、永志不忘。

就这样，武则天通过阴谋，终于达到了让李、武两家和平共处的目的。

武则天历经千辛万苦，解决了后继人的问题，化解了李、武两家的矛盾和仇怨，在成功"安内"的同时，"攘外"也取得了良好的成效。

三　情欲，私欲

1.宫斗那些事

武则天原本以为自己把张氏兄弟提升为公卿之后，便是等于进一步提高了张氏兄弟的身份和威望，再加上在自己的高压态势下，大臣们应该三缄其口，不会再闹什么风言风语了。

然而，正所谓树欲静而风不止，就在此时，一代名相狄仁杰偏偏是哪壶不开提哪壶，他给武则天打了个小报告，引经据典地表示：傲不可长，欲不可纵，乐不可极，志不可满。他直截了当地表达了两层意思：一是请求"扫黄"——拆除"控鹤监"，彻底整治这个名动天下的藏污纳垢的肮脏之所；二是请求"拔刺"——为了皇帝的名节和声誉，为了千秋帝业、万代江山，痛下决心，忍痛割爱，罢离张氏兄弟，割除吸附在身上的"毒瘤"，让这两个"蓝颜祸水"滚得越远越好。

面对狄仁杰的"真情告白"，武则天没有欲语还休，她脸不红心不跳，一本正经地进行了反驳，她毫无忌讳地表达了两层意思。一是自己过去躬奉先帝，因为生育过繁，血气衰耗已竭，因而病魔时相缠绕，虽然经常服食参茸之类的补剂，但都没有什么效果。二是采阳补阴，万病不生。自己嬖幸张氏兄弟，不是好色，而是为了保养身体。

对此，狄仁杰无言以对。此后，第二个向张氏兄弟"开炮"的人便是魏元忠。

魏元忠最开始发迹是因武则天选他参加从长安到洛阳的那次护驾之旅，因为不远千里的路途都做到了平安无事，结果武则天对他极为赞赏，并提拔重用。在平定李敬业叛乱的过程中，他担任了李孝逸平乱大军的监军，结果很快平息战乱，再立战功。

然而，随后他的仕途非但没有飞流直上，反而接二连三地遭遇"滑铁卢"。武则天为了坐稳江山，重用酷吏，结果刚正不阿的魏元忠成了酷吏打击的对象，最终被流放到岭南。好在武则天没有忘记这位功臣，一年后又把他召回朝中，并提升为御史中丞，结果引起了酷吏之王来俊臣的忌妒，来俊臣利用栽赃陷害的手段直接把魏元忠推向了法场。好在千钧一发之际，上演了真实版的"刀下留人"之经典故事，最终他死罪可免，活罪难逃，又被流放到了费州。

后来，武则天某天心血来潮，又想到了魏元忠，于是把他召回，重新任用他为中丞。但酷吏依然容不下这颗眼中钉，以"莫须有"的罪名再次把魏元忠拉下狱，他再次被流放外地。因为形势关系，很快酷吏消亡殆尽，武则天这时又想到了魏元忠，再次把魏元忠召回朝中。这个时候的魏元忠已经是三进三出，早已历经生死考验，早已看破红尘，早已百炼成钢。武则天再次给了他立功的机会，任命他为凤阁侍郎、同凤阁鸾台平章事，后迁左肃政台御史大夫，兼检校洛州长史，任务只有一个，防御和打击突厥。

安定突厥后，魏元忠当仁不让地成了丞相。魏元忠为人刚正不阿，眼里自然容不下二张的胡作非为。如果说胸怀大智的狄仁杰是以柔弱的方式对武则天进行劝诫的话，那么魏元忠就是以刚猛的态势对武则天进行逼宫了。

事情的导火线是武则天的一次官吏任免。武则天想把张易之的兄弟张昌期提拔为雍州长史，便征求丞相集团的意见，结果丞相们都恭维说"陛下得人矣"。只有魏元忠一个人站出来唱反调，理由很直接明了：张昌期没有当长史的能力，而精明能干的薛季昶能胜任这个职务。结果武则天屈服了，非但没有再提拔张昌期，反而重用了薛季昶。

魏元忠这次初试牛刀，取得了良好的成效后，他并没有满足，很快又找了个机会，向武则天打了个小报告："臣承先帝顾盼，陛下厚恩，不徇忠死节，使小人得在君侧，臣之罪也。"这段话表达了两层意思：一是感恩。我之所以能有今天，之所以能位极人臣，要感谢先帝对我的知遇之恩，要感谢皇上对我的提携之恩。二是感怀。目前朝中皇上身边小人在侧，是我这个当丞相的失职，没有尽到应尽的责任和义务。

武则天看了很不高兴，眉头皱得像湖面的波纹，因为魏元忠的话里折射出她是"昏君"。

张氏兄弟听了很不高兴，眉头同样皱得像湖面的波纹，因为魏元忠的话里折射出他们是"奸臣"。

先发制人，后发制于人。对此，张氏兄弟决定先发制人，与其等魏元忠亮剑开炮，不如先出招直接将他打倒。于是，很快向武则天吹了一道枕边风："魏元忠与司礼丞高戬私议：皇帝年老，不如侍奉太子长久。"

张氏兄弟打击魏元忠没有商量，那么这个高戬又是谁呢？高戬大有来头，是太平公主的情夫。原来，太平公主在前任丈夫薛绍死后，改嫁武攸暨。薛绍长得一表人才，又温柔体贴，太平公主嫁给他后，两人相亲相爱，相敬如宾，甜蜜之极。而武攸暨长得其貌不扬，又凶残霸道，太平公主因为"政治联姻"改嫁他后，两人同床异梦。再后来，武攸暨成天在外鬼混，而太平公主也不干涉，她也寻自己的乐，很快也找了一个高大帅气的情人，这个人便是高戬。武攸暨知道自己戴了绿帽子也无可奈何，毕竟太平公主的身份和地位摆在那里，自己虽然也是武氏子弟，但对武则天来说，两人明显有"主""客"之分。他只好睁一只眼闭一只眼。

而太平公主个性果然很分明，她不但公然找情夫，而且还公然反对二张，多次公开发表驳斥二张的言论，认为他们两个堪比"红颜祸水"。张氏兄弟于是对太平公主怀恨在心，此次借此机会，索性把太平公主的情夫高戬和魏元忠牵扯在一起，意图一网打尽。

武则天内心很是愤怒，脸上却显然很平静，喃喃地问张氏兄弟："口说无凭，可有证据？"

张氏兄弟当然是有备而来的，马上说了一个证人，这个证人也姓张，叫张说。张说不是一般的人，是个文武全才。论文才，在武则天第一次创建并举行的殿试考试时，张说一举夺得状元，才华出众。论武功，武则天派王孝杰讨伐契丹时，张说成了军中的"参谋长"（充任管记），再后来武懿宗平定南下的契丹时，张说依然成了军中的"参谋长"，金戈铁马、烽烟万里，张说铁骨铮铮，深入一线，勇往直前，撰文论著，赢得赞声一片。武则天对他另看一眼，重用一筹，于是乎，张说三十而立时便成了凤阁舍人，名噪朝野。此时张氏兄弟说张说可以为证人，武则天自然更是惊讶不已。好，既然人证物证俱在，那就对簿公堂。

于是乎,第二天朝堂之上,武则天亲自担任主审官,太子李显和相王李旦挂名副审官,朝中重臣担任陪审员,而原告自然是张氏兄弟,被告自然是魏元忠和高戬。

朝堂上各方的表情不一,"主审官"武则天神情冷峻,一脸的严肃。显然这不是一般的案子,一旦成立,不但丞相集团又得大换血,连太子李显也会牵扯其中,这样势必又要引发一起朝廷的政治风波,会产生多大的动荡,那就不得而知了,如此严峻微妙的案子,她能不做出一副铁面无私的样子来吗?太子李显和相王李旦一脸的无辜,朝中重臣一脸的惊疑,被告魏元忠和高戬则是一脸的悲愤。而原告张氏兄弟则一脸轻松和愉悦,毕竟证人张说是他们找的,因此显得胸有成竹。

原来,张说和张氏兄弟共过事,关系非同一般,此次,张氏兄弟又许以高官厚禄收买了张说,让他出庭作伪证,控告魏元忠。

此时,张说站在殿外玉阶下,静候武则天的宣见,心里如同十五只水桶打水——七上八下,好不惶恐,好不心乱,好不胆怯。就在这个关键时刻,张说的同事凤阁舍人宋璟抓住了这个稍纵即逝的时机,握着张说的手说了这样一段话:"名义至重,鬼神难欺,不可党邪陷正以求苟免。若获罪流窜,其荣多矣。若事有不测,璟当叩阁力争,与子同死,努力为之。万代瞻仰,在此举也!"这段话传递了这样一个信息:一荣俱荣,一损俱损;承诺了这样一个誓言:风雨同舟,生死与共。

宋璟的正义和无畏感染了张说,他还在犹豫,左史刘知几主动向他进行了"表白":无污青史,为子孙累!这八字暗示张说一定要守住做人的底线,守住做人的情操,守住做人的道义,不要做出遗臭万年甚至让子子孙孙蒙羞受辱的事。

再接着,殿中侍御史张廷珪同样挺身而出,在此千钧一发的时候,他惜字如金地说了七个字:"朝闻道,夕死可矣。"

震撼,超级震撼。虽然只有短短的几分钟,只有短短的几句话,如同春风拂面,张说的灵魂仿佛受到了一次深刻的洗礼,他的良知被一点一点地唤醒,那些向上向善的正能量破土而出、拔节而上……

进殿之后,武则天直接让张说进行"当庭陈诉",而陷入良心谴责和内疚的张说呆立当场,沉默不语。

魏元忠是个急性子,大声喝道:"张说,你想当奸臣的走狗,一起来陷害我吗?"

张说脸一阵红一阵白,嗫嚅道:"魏公身为丞相,怎么像个妇道人家,婆婆妈妈,啰里啰唆,莫不是——听风就是雨……"

眼看两人没完没了,张昌宗也等得心急了,怒斥道:"张说,你废什么话,赶紧把你那天所见所听与大家分享一下啊。"

张说耸了耸肩,道:"陛下啊,您在场时张昌宗都敢如此放肆地威逼臣,您不在场时张昌宗还不把臣这根骨头给捏碎啊?他现在在朝中无法无天、得意忘形。今天臣得当着满朝文武的面,说句大实话,说句公道话:臣从来没有听到过魏公说过那番大逆不道的话,这一切都是张昌宗在威逼我作伪证。"

惊世骇俗之言,愤世嫉俗之举,顿时引得朝堂哗然,嘘声一片。张氏兄弟四目相对,摇头长叹,好在张易之反应挺快,他马上调转枪头对准了张说:"启禀皇上,张说与魏元忠一同谋反。"分分秒秒的事,准证人变成了谋反人,不得不佩服张氏兄弟的"秒杀"能力。

朝堂上的变化显然也出乎武则天的意料,沉默了片刻,她马上恢复了主审官的本色,质问张易之:"口说无凭。证据呢?"

"无凭无据。"张易之说着顿了顿,然后在众人惊讶的目光中,接着道,"臣曾经听到张说对魏元忠说:我把你比作伊尹和周公,不差毫厘啦……那伊尹是什么样的人物呢?他流放了自己的主君太甲。那周公是什么样的人物呢?他把主君晾在一边长期摄政。张说这样说显然是贼心贼胆俱全,要和魏元忠一起上贼船啊。"

张说一听,先是嘿嘿一笑,然后慢条斯理地说道:"皇上,的确是这样的，当初陛下任命魏元忠当宰相时，臣前往祝贺，啥礼物也没有带，只带了两袖清风，臣当时勉励他争做伊尹和周公这样的人。学习伊尹辅佐商汤成就商朝，学习周公辅佐成王成就周朝，难道有错吗？"

张说话匣子一打开，说得有理有据，张氏兄弟顿时成了哑炮。张说得理不饶人，继续开炮："我当然知道今天我如果依附二张，便可以当上宰相。如果我帮魏公说情，我不但人头难保，我的家族也要遭殃。但是，男子汉大丈夫，岂是贪图富贵、贪生怕死之辈？头可断血可流，我的一腔正气不会灭。"

张氏兄弟自己找的枪手上演胳膊肘往外拐的好戏，反打一耳光的滋味不好受，但是果子是自己种的，他们只好咽着苦果不能也不好叫苦。

张氏兄弟的"尴尬"显然被洞若观火的武则天看得清清楚楚、明明白白，她决定为自己的小情人解困出气，于是，马上阻止了张说的继续自由发挥，直接以审判长的身份宣判张说的罪行：欺上瞒下，欺软怕硬，欺世盗名，欺人太甚。理由是：反反复复，颠三倒四，先说魏元忠谋反，又说魏元忠忠直，先说二张的好，又说二张的坏，简直是目无王法、大逆不道。结果是：把张说和魏元忠、高戬一同打入大牢，一起问罪。

尽管魏元忠、高戬和张说三人打死也不肯认罪，但最终武则天还是无情地下了处罚令：贬魏元忠为高要（治今广东省肇庆市）县尉，流放张说和太平公主的情人高戬到岭南。

2."门清"那些事

通过和魏元忠的"单兵较量"，获胜的二张并没有沾沾自喜，相反，通过这件事，他们发现了一个问题，原来在朝中反对他们的人数如此之多，势力如此之众。对此，二张感到了潜在的危机。

的确，张氏兄弟尽管有武则天帮他们支撑起"一片艳阳天"，但武则天毕竟已经是年逾八旬的老人了，她在的时候画一个圈就能保护好他们，她一旦驾鹤西去，给他们一百个圈也是零的代表。为此，他们决定在朝中寻找新的"保护伞"。朝中御史中丞宋璟便成了他们苦苦寻找的最佳人选。

宋璟字广平，邢州南和（今河北省邢台市南和县）阎里乡宋台人。他有四大特点。一是名门之后。他的祖上是北魏、北齐的名宦，世代尊贵。二是胸怀大才。宋璟不但聪颖，而且好学，从小便博览群书，在文学上造诣很深。三是仕途顺意。正是因为才华横溢，宋璟少年便步入了仕途，先是中进士，随后迁升为凤阁舍人、左台御史中丞，成了朝中名动一时的后起之秀。四是为人正直。宋璟做事兢兢业业、一丝不苟，做人清清白白、两袖清风，有"阳春有脚"的美称，意思是说宋璟像长了脚的春天，走到哪里，就把光明和温暖带到哪里。

张氏兄弟认为能争取到这样一位"暖男"的支持，对他们的前程很有帮助，因此，很快转变态度，对宋璟实行了拉拢。据《资治通鉴》记载，有一天，武则天举行家宴，邀请朝中重臣把酒言欢，联络联络感情，化解化解矛盾。结果张氏兄弟为了巴结宋璟，主动让出自己的座位，恭敬地对宋璟说："请，请坐，请上坐。"为此，宋璟的表现让人大跌眼镜，他摇头晃脑答："不，不坐，不能坐。"理由是：我才劣位卑，张卿却认为我是朝中一号大臣，是不懂装懂、不明政治规矩，有意为难下官？

张氏兄弟主动献殷勤，宋璟却一点面子都不给，让这对小白脸的脸往哪里搁啊？好在天官侍郎郑杲是个见风使舵的马屁精，他马上站出来，解围说："宋中丞还未入席莫非就醉了，你岂能叫五郎为卿呢？"

宋璟没有顺着竿子往下滑，继续厉声道："论官职，应该叫卿；论排行，应该叫张五；论家奴，才叫他为郎。莫非你就是他的家奴？"

此语一出，满座皆惊。此事一闹，满城风雨。拥张集团和反张集团剑拔弩张、你争我夺的争斗也由此正式拉开了序幕。

这回该轮到反张集团率先出招了。因为张氏兄弟走的是"顶层设计路线",普通老百姓虽然对他们恨之入骨,但他们深居简出,且不说想给他们一点颜色瞧瞧,就连见上一面恐怕也是此生无缘的憾事。

这下没辙了,百姓只好发挥自身优势,很快瞄准了张氏集团其他成员。

张氏集团除了张易之、张昌宗,还有其他张氏子弟做骨干成员,比如说,二张的几个弟弟就是张氏集团的重要人员,都靠二张的关系做了高官,拥有一方"诸侯"的地位。当时二张的弟弟张昌仪在洛阳修建了一所豪宅,其豪华程度让皇亲国戚都自愧不如。老百姓对此恨之入骨,很快自发地选了几个代表,在一个伸手不见五指的夜里,在张昌仪家的豪宅大门上写了这样一行字:"一日丝能作几日络?"意思就是说,这样的朱门能维持多久呢?

张昌仪大怒,马上有三个举动:一是骂——责骂了看门的人;二是擦——擦去门上的大字;三是守——严防死守,不许再出现类似的事。

门卫一夜没有合眼,但第二天一看大门,就傻了眼,那八个触目惊心的大字又出现在大门上了。张昌仪重新上演了"骂、擦、守",但不管如何防、如何守,第二天那八个大字准时"问候"他家大门。一连过了一个星期,张昌仪没办法了,只好改变策略,上演了"操"——亲自操刀,亲自挥毫泼墨,往那八个大字后面补了四个字:"一日亦足。"你们不是问我能狂妄多久吗?我现在就一本正经地告诉你们:我是做一天和尚撞一天钟,得过且过,混也是一种生活;我是当一天王爷享一天福,及时行乐,醉也是一种生活。

老百姓原本是想通过这种"隔山震牛"的方式来提醒教育张昌仪,让他自警、自励,及时悬崖勒马,及时回头是岸,但张昌仪的回答已经很明确清晰,他已经自沦、自坠,叫他回头,那是白日做梦、痴心妄想。

软的劝诫的方式不行，那就只有硬的惩罚的方式了。果然，从此以后，张家大宅"门清"了。但历史的辩证法则已经开启，张家离"清门"也不远了。

相对于老百姓对张氏的"文明"打击，朝中百官的策略显然完全相反，他们动用的是武力。他们的封喉剑首先对准的是二张的一个好帮手、铁后台：李迥秀。李迥秀不但是二张的铁帮凶，而且还有一层特殊的身份——二张的"后爸"，因为李迥秀是张氏兄弟母亲韦夫人的情夫。

李迥秀靠着裙带关系连升数级，成了宰相，自然也成了张氏集团"两大中流砥柱"之一。

张氏集团另一大中流砥柱则是梁王武三思。自从武承嗣因立太子无望抑郁而死后，武三思便取而代之，成了武家子弟的核心人物。甚至连武则天后来还有过改立武三思为太子的念头。二张因为太嚣张，逼死武延基而彻底得罪了武家子弟，武家子弟纷纷加入反张集团。然而，武三思是个例外，他成了拥张集团的一员，是为了政治前途考虑。在武则天的调解下，李家和武家的关系得到了大大的改善，从剑拔弩张到和风细雨，虽不敢说融洽合一，但也相安无事。但武三思毕竟是武氏子弟中的重量级人物，他又怎么愿意看到李显当皇帝，怎么愿意看到李氏王朝复辟，怎么愿意看到武家子弟从此沦为普通人呢？也正是因为这样，他表面上和李家亲如一家人，实际上却是二张的忠实拥护者。

据说，武三思的站队和立场，也让武家子弟为难，于是乎，他们很快就分成了三派：一派是继续追随武三思，加入了张氏集团；另一派坚定不移地走和平路线，和李家子弟和平共处；第三派则是中立派，他们哪边都不站，而是选择了归隐山林，拿个典型的例子来说，就是安平王武攸绪，为了不卷入朝中的政治博弈，他选择了主动辞官，归隐嵩山。

下面还是来看张氏集团两大中流砥柱联手的精彩表演吧。

长安四年（704），或许是叶落归根的思想在作怪，或许是衣锦还乡的心理在作祟，年迈的武则天从长安回到了阔别已久的洛阳。为了武则天，武三思提出了"毁掉三阳宫，在万安山新建泰宫"的建议。武则天认为是该好好享受的时候了，因此，不顾朝中左拾遗卢藏用等大臣的反对，批准了这个"万安兴泰"的项目。武三思为了巴结李迥秀，又在武则天面前提议由李迥秀来负责"万安兴泰"项目的实施。武则天为了哄逗二张这两个小情人开心，自然顺水推舟地答应了。

李迥秀油光秀丽的外表下，隐藏着一颗肮脏的心。他靠权色交易，达到了在仕途上的飞黄腾达，此时接到这么大一个工程，自然想通过权钱交易，赢得家财万贯。于是乎，他接下来做的事都是围绕工程项目进行的各种奇葩之举：比如说，空手套白狼，买空卖空；比如说，狮子大张嘴，吃拿回扣；比如说，以假充真，以次充好，草菅人命。总之，可以捞到的油水，可以省下的油费，他都做得圆滑、圆满之极。

然而，他不知道，反张集团的目光早就盯在他身上，围绕这个工程，他们已经撒开了一张密不透风的大网，李迥秀的一举一动、所作所为被尽收眼底。眼看时机差不多了，反张集团派出了监察御史马怀素为"代表"出马收网。马怀素是个雷厉风行的人，他先是大义凛然地公开"亮相"——身份，然后大刀阔斧地公然"亮剑"——弹劾李迥秀两项罪名（贪污受贿、贪赃枉法），最后大大咧咧地公正"亮绝活"——证据。

人证物证俱在，武则天没辙了，只好铁面无私地"公法""量刑"了——罢免李迥秀丞相一职、贬到庐州（治今天安徽省合肥市）当刺史。

罢相、贬放，张氏集团的一大中流砥柱就这样倒下去了，反张集团小试牛刀，就取得了良好成效。但张氏集团还没有意识到事情的严重性，他们依然我行我素，肆无忌惮。

话说武三思巴结李迥秀不成，并没有灰心丧气，继续巴结二张，他很快又向武则天打了一个小报告，请求修建一尊巨大的佛像。武则天这个时候因为身体不好，正想求佛保佑，自然也就答应了。而二张自然也就成了这项工程的"承包者"。

为了解决"经费问题"，张氏兄弟想出了向天下僧尼收税的奇思妙想，结果举全国寺庙之力，共向僧尼征到了十七万余贯的税费。然而二张并没有吸取李迥秀"失足"的教训，依然我行我素，指使他们的三个弟弟司礼少卿张同休、汴州刺史张昌期、司府少卿兼尚访少监张昌仪通过买卖材料，把大把大把的真金白银往口袋里装。

结果他们摊上事了，摊上大事了，摊上了反张集团撒下的天罗地网。很快，就有反张人士大义凛然地公开"亮相"——现身说法，然后大刀阔斧地公然"亮剑"——状告张同休、张昌期、张昌仪两项罪名（贪污受贿、贪赃枉法），最后大义凛然地"亮绝活"——证据。

又一次人证物证俱在，武则天没辙了，只好铁面无私地"公法""量刑"了。

被收监后的张同休、张昌期、张昌仪很快就招了：张易之和张昌宗才是真正的幕后指使。

要钓的就是这两条大鱼，张易之和张昌宗因此也被捉拿入狱、立案调查。很快调查结果的初审结论出来了，拥张派的司刑正贾敬宣布：张昌宗强买人田，罚铜二十斤。

罚铜二十斤，这是无关痛痒的处罚啊。武则天自然同意这个处罚。但反张集团自然不会答应，提出控诉，于是案子进入了复查阶段，很快御史大夫李承嘉和御史中丞桓彦范便拿出了"复审"意见：张氏兄弟受贿四千余缗，按照法律，张昌宗应该免官罢职。

免官罢职，这不是等于被打回了原形吗？二张自然不服，马上进行了上诉，并且说了这样一句："臣有功于国，所犯过错甚小，不应当被免职。"

这是一个功与过的问题，武则天不好下定论，于是问众臣："众爱卿站在公平公正的角度说说看，昌宗是否有功啊？"

众臣一听，面面相觑，都选择了沉默，毕竟这个问题不好回答啊，弄不好便要祸从口出啊。就在这时，"两脚狐狸"杨再思再次挺身而出，不愿意做个沉默的"内史"，而想做个飞翔的"天鹅"，以准张氏集团成员的身份说了这样一句石破天惊的话："张昌宗为陛下合药，圣躬服之有验，此莫大之功。"

武则天要的就是这样的效果，她赶紧以快刀斩乱麻的方式，当众宣布张昌宗无罪。当然，为了给众臣及天下百姓一个交代，武则天也作了让步，将二张的弟弟们进行"小惩大戒"式惩罚：贬张同休为岐山丞，贬张昌仪为博望丞。这样的处罚虽然还是不痛不痒，但多多少少还是给众人挽回了一点面子。

反张集团不可能就此让二张逍遥法外，宰相韦安石和唐休璟义不容辞担起了急先锋的角色，他们联合再度上奏检举二张的罪行。面对来势汹汹的两位德高望重的老丞相，武则天选择了避其锋芒的战术，以保疆卫国、人人有责的理由，把他们先后调离了朝廷：以防突厥为借口，任命韦安石兼检校扬州长史，让他去镇守一方；以防契丹为借口，任命唐休璟兼幽营都督、安东都护，让他也去镇守一方。

至此拥张集团和反张集团面对面的大比拼告一段落，尽管反张集团拼尽了全力，但因为一国之君武则天的极力"偏袒"和竭力"维护"，二张依然逍遥法外，而仅仅让张氏集团的李迥秀和张同休、张昌仪等人受到了"小惩大戒"式处罚。相反，反张集团蓄势已久的力量不但打在了棉花上，反而自伤了韦安石和唐休璟两位顶梁柱，确实是有点得不偿失。

四 政变，政治

1.张柬之沉浮记

长安四年（704）十二月，这是一个寒气逼人的时节，洛阳城的大街小巷一夜之间突然出现了一个美丽的奇观：天空中飞着无数的东西，不是雾霾，不是风筝，而是飞书。这飞书换成现代用语就是传单，传递着什么呢？传递着这样一个信息：张氏兄弟想要谋反。飞书满天飞，武则天没有为之着急，而是在听了之后，一笑了之。武则天潜意识里是在说：宝贝，飞书又不是飞刀，别怕，有我在呢。

出乎武则天意料之外的是，飞书很快变成了飞刀，不出几日，许州人杨元嗣状告二张谋反："昌宗曾经让一个叫李弘泰的术士给他看相，李弘泰说昌宗有天子的富贵相，并劝他在定州大力建造佛寺，极力传导佛教，这样一来，天下人自然归心，天下指日可待。"

这是一起以推动佛教发展为幌子的谋反叛逆案。武则天对谋反两字最为敏感，于是很快派宰相韦承庆、司刑卿崔神庆和御史中丞宋璟去严查此事。韦承庆和崔神庆是拥张集团的人物，而宋璟是反张集团的代表人物，因此，韦承庆和崔神庆自然极力为二张开脱罪名，很快就上奏说："张昌宗主动承认并交代了李弘泰的事，属于自首，按照法律可以免罪。李弘泰妖言惑众，理应严惩。"意思就是坦白从宽、抗拒从严，以从严的方式把李弘泰当政治牺牲品，以从宽的方式让张昌宗重生。结果他们的移花接木之策遭到了宋璟的强烈反对，他大义凛然地提了三点疑问。

疑问一：张昌宗如此大红大紫、大富大贵之人，怎么还找术士看相？他心里到底打的是什么主意呢？

疑问二：张昌宗并不是主动自首。既然李弘泰说他为张昌宗占卜到的是乾卦，如果张昌宗认为也是妖言，为什么当时不把李弘泰直接送官？

疑问三：不管张昌宗是自首还是自我防守，不管张昌宗是自称已经奏报了，还是包藏祸心，怎么能逍遥法外呢？

对此，武则天选择了息事宁人的"三字经"，一是一直"拖"着不下处罚决定，二是想以这种方式将这件事"凉"下去，三是最终达到"沉"下去的目的。

面对武则天的"三字经",急性子的宋璟三番五次向武则天申诉,大致内容有两点:

第一点:王子犯法,尚且与庶民同罪,更何况是臣子呢?

第二点:天网恢恢,疏而不漏,岂能因一个臣子而乱了国纪国法?

面对宋璟的咄咄逼人,武则天选择了眼不见心不烦的"二指禅",先后派宋璟到扬州去办案、到幽州去查案、到川蜀去巡视,结果宋璟根本不吃这一套,都义正词严地拒绝了:"地方的案件由地方处理,地方的贪官由地方审理,地方的治安由地方负责,臣作为御史中丞,除非军国大事,否则请恕臣难以从命。"

面对这样一个"难剃头",武则天只有摇头叹息的份儿了。随后反张集团的另两位骨干成员司刑少卿桓彦范和天官侍郎崔玄暐趁机联合向武则天上书,指控张昌宗的滔天罪行。

宋璟和桓彦范、崔玄暐三个男人上演的是联合逼宫的好戏,而三个男人再加上一个女人就是一个绝佳的好戏了。最终在三个男人的围攻下,势单力孤的武则天只好屈服了,她答应让张昌宗去御史台接受调查。

事情发展到这里,可以说宋璟取得了圆满成功,现在只要经过正常的审案,就可以名正言顺地给张昌宗定罪了。然而,事实证明,宋璟高兴得太早了点,因为武则天表面上的屈服,并不代表她就束手无策了,她很快使出的是一招令人防不胜防的"釜底抽薪"。

宋璟正在争分夺秒地对张昌宗进行审讯时,武则天的"钦差大臣"到了,一道特赦令把张昌宗从现场给"劫"走了。事情来得太突然,面对这样的愚弄,以至于见多识广的宋璟也只有呆若木鸡的份儿了,当他回过神来时,只有气得大骂来解气:"愚蠢啊愚蠢,无知啊无知,早知如此,我还审个头!直接把他乱棒打死再说。"

鉴于宋璟以一己之力没能撼动二张,一代名相姚崇不干了,他开始怒剑出鞘了。

姚崇是吴兴姚氏的第二十一世孙，他出生在陕州（今河南省三门峡市陕州区）一个武将之家。他先天遗传了"将门之风"，加上后天又不断努力认真研究军事知识，很快成了一个"军事通"。也正是因为这样，每逢被问起边防要务，他都一清二楚娓娓道来，于是又有了"活地图"的绰号。

在平息契丹叛乱中，武则天虽多次调动大军讨伐，但都以失败告终。契丹人攻破幽州（今北京市西南）后，各地告急的文书像雪片一样飞向朝廷。当时姚崇所在的兵部，是战时信息中心，姚崇则善于处理复杂事务。关键时刻，武则天以她独特的慧眼破格提拔姚崇为夏官侍郎。

姚崇没有令武则天失望，在他的组织策划下，唐军制订了周密详细的作战计划，结果在决战阶段，唐军对契丹军九战九胜，最终使得闹腾了一年多的契丹叛乱得以平定。

姚崇不但有特殊才干，而且还有一身正气。当时的武则天在巩固皇位的过程中，实施酷吏政治。后来随着政权的稳定，武则天又决定实施"安抚政策"，于是召见朝中文武百官，询问以前有没有冤案、错案、假案、疑难杂症的案件。

因为上升到了政治高度，群臣们都三缄其口，一言不发，生怕祸从口出。姚崇却挺身而出，表示愿意以全家人的性命担保，朝廷官员中没有谋反之人。意思就是说酷吏以前所做的大案、特案基本上都是子虚乌有的冤案、错案。面对姚崇的直言，武则天不但没有怪罪姚崇，反而对他进行了赐银千两的奖励。不久，武则天便略有"悔悟"地废除了酷吏政治。随后，姚崇被任命为凤阁侍郎。

长安四年（704），姚崇作出出人意料的举动，以母亲年老为由，请求告老还乡，侍奉老母。不要仕途要仁孝，武则天对其孝心很是敬佩，于是采取这样一个折中方案：停职留薪。行孝完毕，武则天又命姚崇兼夏官尚书、同凤阁鸾台三品。姚崇再次提出出人意料的请辞，理由是："微臣身为相王府属，为朝廷统率兵马实在不便，不是微臣怕死，而是考虑到此事对相王不利。"武则天觉得有道理，马上把姚崇的官职改为春官尚书。

二张横行朝野后，眼里揉不下一粒沙子的姚崇自然恨之入骨，力除之而后快。因此，就在反张集团的宋璟奋不顾身地向二张开炮时，姚崇也没有闲着，他也亲冒矢石，冲在了倒张的最前面。

当时，二张亟须加强自身力量，于是想把长安大德寺中的十名身怀绝技的高僧调到定州，充当自己的私人保镖。面对二张一厢情愿、一意孤行的"私人定制"之举，自由自在的高僧们自然不愿意，于是设法告发朝廷。姚崇听说后，以尚书身份阻止了二张的"野蛮行动"。其间，二张多次找他说情，好话说尽，威逼使尽，姚崇却一点都不为所动。对此，怀恨在心的二张充分发挥近水楼台先得月的独特优势，以吹枕边风的形式在武则天面前对姚崇进行极力诽谤。

武则天虽然有心帮二张，但出于对姚崇的敬重，做到了忍而不发。但此时朝中重臣对二张贪污受贿一案群起而攻之，让武则天心有余悸，因此，在调离了韦安石和唐休璟后，她索性一不做二不休，把"难剃头"的姚崇也"挪开"——保留他宰相的头衔，给了他新的职务司仆寺卿，兼灵武道行军大总管、安抚大使。这其实都是给姚崇面子而已。

临走时，武则天特意为他饯行，以安其心。末了，武则天说了这样一句话："你走之后，朝堂空矣。"

姚崇很是感动："大唐盛世江山，人才辈出，我走之后，有的是后来人啊。"接着他向武则天推荐了一个人，这个人的名字叫张柬之。推荐词是：办事有谋、沉稳有度、决断有力、果敢有智。忠告是：廉颇老矣，重任再迟的话则晚矣。

那么，张柬之又是何许人也？

张柬之，字孟将，襄州襄阳（今湖北省襄阳市）人。如果只用一个词来形容张柬之，就是大器晚成。张柬之少年的时候便成了太学中的一员，博览群书，才高八斗。祭酒令狐德棻认为他是奇才，便以帝王的辅臣期待他。中年的时候中进士后，他担任清源县丞，但仕途从此就在这个小小的县丞上徘徊不前。直到老年他还是混在地方，毫不显赫。

是金子总会发光，张柬之这颗金子在老年时还是发光了，这除了自身的努力，还离不开别人的推荐。他一生主要有三个伯乐。

第一个伯乐是武则天。永昌元年（689），武则天开启了科举考试，结果年过六旬的张柬之在一千多人中脱颖而出，名列对策第一，擢升为监察御史，再后来迁升为凤阁舍人，他的仕途之路得以青云直上。总之，这次科举考试成了张柬之人生的转折点，可以说武则天是他的第一个伯乐。

第二个伯乐是狄仁杰。国公狄仁杰是最受武则天器重的，他不但自己兢兢业业，为国为民，而且还积极为武则天推荐人才，朝中很多名流之士都是狄仁杰推荐的，这其中就包括张柬之。他在武则天面前给张柬之的推荐语是：经天纬地之才，定国安邦之士。结果爱才如命的武则天不顾张柬之年老体弱，提拔他为洛州司马。狄仁杰知道后，再次对武则天劝谏说："以张柬之的才干，任此职务，那是大材小用啊。他是宰相之选啊。"在狄仁杰的接连推荐下，武则天破格任用张柬之为刑部侍郎。

第三个伯乐便是姚崇。姚崇在离开朝廷之前，也不忘拉张柬之一把，正是因为他的推荐，出于"内疚"心理的武则天破格任用已经年近八旬的张柬之为宰相。

事实证明，姚崇果然没有看错人，张柬之上任后，马上接过姚崇手中的权力棒，挑起了扳倒二张的重担，成了倒张集团的主力。

二张的能力张柬之也是知道的，短短数年，二张已经成功赶走了魏元忠、韦安石、唐休璟、姚崇等多位名相，此时如果不动用脑筋、巧施计谋，只怕自己也步人后尘。为此，张柬之很快上演了三步走：

第一步：夺兵权。

当时负责京城保卫工作的是羽林军，而羽林军又分左右两支。为了争取到这两支羽林军的支持，张柬之采取了各个攻心的战术。首先，他把目光瞄准了右羽林军统帅李多祚。李多祚是个另类人物，虽然生长在中原，但他先世为靺鞨酋长，所以他从小就识弯弓射大雕，勇猛异常，后来在平服黑水靺鞨、室韦及营州契丹叛乱中多次立了大功，迁升为右羽林卫大将军。在拥张和倒张上，他最初属于中立派。

张柬之当然知道李多祚此时的重要性，为此，他以个人名义请李多祚到家里吃了一顿晚餐。堂堂一国丞相请自己吃饭，荣幸之至，没有不去的道理啊，李多祚自然欣然应约。酒至三巡、菜过五味之际，张柬之便开始亮剑了，他上演的是"攻心术"："将军今日的荣华富贵，是谁给的？"李多祚流着眼泪回答说："是高宗大帝给的。"张柬之说："现在大帝的儿子受到张易之和张昌宗这两个小人的威胁，难道将军不想报答大帝的恩德吗？"李多祚不傻，当然明白张柬之话里的弦外之音，于是昂首道："只要对大唐有利，我一切都听相国安排，不敢顾及自身以及妻儿的安危。"就这样，李多祚正式加入了反张集团。

搞定了李多祚，也就等于搞定了右羽林军。张柬之再接再厉，马上又把目标锁定在了左羽林军。鉴于左羽林军统帅由张氏集团的人担任，张柬之没法用对付李多祚的办法来搞定左羽林军，于是顺应形势地采取了"调虎离山"的计策。他先是极力向武则天推荐武攸宜为左羽林军统帅。武攸宜是武则天的堂侄，在武家子弟中属于重量级人物，更重要的是，这个武攸宜和武三思一样，都是属于拥张集团的人。武则天一看，让武攸宜担任左羽林军统帅，既安了武家子弟的心，又取悦了二张，两全其美，何乐而不为呢？于是她马上让武攸宜当上了左羽林军统帅。下一步，张柬之没有收买武攸宜，而是利用自己手中丞相的人事权，采取了步步渗透、步步蚕食的策略，把倒张集团的一些骨干人物，如李湛、杨元琰等安排去当武攸宜的裨将，很快就"架空"了武攸宜，这支羽林军尽管不能说完全加入了倒张集团，但基本上处于被策反的瘫痪状态。

第二步：找后台。

二张之所以嚣张和狂妄，就是因为他们拥有铁后台武则天。而倒张集团之所以屡屡碰壁，也是因为武则天对二张的偏袒和保护。因此，倒张集团亟须找一个强大的后台来作支撑，这样才能立于不败之地。鉴于武则天和二张的特殊亲密关系，争夺武则天这个铁后台那是不现实的事，为此，张柬之以自己的慧眼寻找到了一个新的后台——太子李显。

李显被重立为太子后，变得很低调很沉稳，为人做事不显山不露水，一副老好人的态势。但随着武则天一天天地变老，他这个继承人的言行也逐渐被捕风捉影，瑕疵逐渐被放大。而此时，张柬之要想彻底扳倒二张，不得不争取李显的支持，否则他们的所有行动都没有合法性，都是以下犯上，都是背叛和谋逆。而太子李显也不是孤家寡人，相王李旦和太平公主和他是利益共同体，因此组成了一个小的组合——三人同盟。拉拢了李显，也就等于拉拢了三人同盟，这样的话，等于进一步扩大了反张集团的力量。

第三步：搞政变。

这是"三步走"的重中之重，前面两步只是为了这一步作铺垫的。反张集团经过数轮和张氏集团的比拼，意识到，要想彻底扳倒二张，用弹劾、上书、请愿等"文"的方式方法显然是行不通的，只有通过发动政变，以"武"的血腥方式才能成功。

当然，要想搞政变，就必须拥有天时、地利、人和。

先说"人和"。张柬之的前面两步已经让反张集团争取到了更多人的支持，可以说已经拥有了"人和"。

而"天时"又是什么呢？其实这个很容易理解，那就是一切准备工作就绪后，对二张的最后一击不能乱来，得等机会。只有等到了机会，才能进行，否则，操之过急，会引火上身。

事实证明，"天时"很快就来了，年迈的武则天的病情加重了，大有病入膏肓的迹象。皇帝病重，连自身都难保了，更别说保护两个小情人了，因此，这个时候动手，显然是最好的天时啊。

拥有了"人和"和"天时",那么怎样捕获"地利"呢?事实上,反张集团并没有任何优势,武则天病重后,在长生殿卧床养病,而服侍的人员便是二张。其他人根本见不着武则天的面了。"地利"的缺失显然对发动政变不利。毕竟不掌握武则天的病情,不把二张调离武则天的身边,一旦武则天有什么意外,二张会不会假传圣旨、假造遗诏,率先发难呢?

为了夺回这个极为重要极为关键的"地利",反张集团的另一位重量级人物、天官侍郎崔玄晖给武则天上了一道奏书,内容主要有两点:一是宫禁事重,请禁止异姓之臣入宫侍疾;二是舐犊情深,请允许皇太子和相王入宫侍疾。

对此,武则天很是温柔地回了这样一句话:"谢卿厚意,朕已知矣。"然后呢?然后就没有下文了,山还是那座山,水还是那道水,二张还是二张,天天在武则天身边侍寝。

2.武则天下台记

长安四年(704)终于到了岁末,这一年冬天似乎格外漫长。武则天突然在这个冬春交替的季节里支撑着病弱的身子,竭尽最后的力气,做了三件属于女皇"真情三斗"的事:

一是与天斗。武则天如何与天斗呢?用不着到东海龙王那里取金箍棒去捅天,而是在新的一年改元,改使用了四年之久的年号"长安"为"神龙"。新年新气象,她祈求着自己会一直龙马精神地活下去。

二是与地斗。对天下罪犯来说,大牢更甚于十八层地狱,对此,武则天决定以自身之力和地斗一斗,她选择了智斗——大赦天下,放了关押的罪犯,这个地狱就什么都不是了。而相对于以往的大赦,这次的力度更大,自文明元年(684)以来关押的罪犯全部赦放。这一斗当真是地动山摇啊。

三是与人斗。与谁斗呢?不是朝中文武百官,武则天要斗的人是二张。不管生老病死，二张就是她的血、她的肉、她生命的全部。于是，在自己生病的长达数月的时间里，她一直让二张留在自己身边，当真做到了"乐朝夕与之共"。

就在武则天上演"真情三斗"时，以张柬之为首的反张集团也不甘寂寞，他们上演的是"唯我独斗"。

女皇与天斗，与地斗，与二张斗，唯独不与众臣斗。反张集团愈来愈感到时不我待，是啊，一旦女皇斗累了，力竭了，松手了，归西了，那么接替她的就是更为棘手的二张。到那时候，只怕就要斗得天翻地覆、天昏地暗了。

历史上的政治斗争从来没有情面可讲，胜者为王败者寇。与其等女皇归西后，局势恶化到难以收拾的地步再来拼死一搏，再来收拾残局，不如先下手为强，先发制人，先声夺人，先斩后奏，先入为主。为此，张柬之率领反张集团很快上演了最后一搏——铁血政变。

经过精心组织、周密部署，政变采取了"双管齐下"的方式进行。

第一，主攻。这个主攻分两队人马。

第一队：先锋队。领头羊：由张柬之和崔玄暐这两位反张集团的"元老级"人物担任，他们率领一队精锐的禁军。目标：玄武门。目的：控制进出皇宫的交通枢纽。

第二队：武装队。领头羊：李多祚。过程：率领一队精锐的禁军，到东宫把太子李显迎接到玄武门，号令天下。目标：两军合一，攻占皇宫。目的：先杀死二张，再逼武则天退位。

第二，掩攻。这个掩攻也分两队人马。

第一队：敌内潜伏队。领头羊：太平公主。她率领由宫女、嫔妃组成的后宫娘子军。目标：内宫。目的：为先锋队作内应。

第二队：敌后保障队。领头羊：相王李旦和相王司马袁恕己。由他们率领南衙的士兵。目标：朝廷。目的：控制整个京城的局势。

不得不佩服张柬之的才干，在他的组织下，政变主次结合、井然有序、环环相扣地进行，几乎做到了有条不紊、滴水不漏。

然而谋事在人，成事在天。这不，神龙元年（705）正月二十二日拉响政变的导火线后，事情并没有想象中的那么简单和顺利，主攻环节很快就遭到了意外的波折。

首先来看主攻的第一队：先锋队。这一队人马在张柬之和崔玄暐的带领下来到玄武门。按照张柬之的预想，这里应该是一座空城，可以大摇大摆地走进去。然而，正在这个关键的时候，一个人大喝一声，拦住了他们的进路。

这个人便是殿中监田归道。原来，守玄武门有两方面兵力，除了主力军——羽林军，还有一支非主力军"千骑"。"千骑"名义上是挂靠在羽林军下，实际上是独立的军队，他们不接受任何人的调遣，而是直接听从皇帝的指挥。

张柬之显然估计不足，认为"万人团"羽林军都搞定了，一个小小的"千骑"算什么，还不是自己一来就俯首称臣。事实却恰恰相反，这个"千骑"成了张柬之发动政变的拦路虎。

张柬之要进玄武门，田归道却表示不同意。原来，田归道虽然不是张氏集团的人，却对皇帝忠诚，对朝廷忠诚，此时没有皇帝的口谕，他自然是不会放张柬之等人进去。

政变军队虽然人多势众，但"千骑"也不是好惹的，再说，一旦出现武装冲突，势必打草惊蛇，后果不堪设想。于是，双方就这样君子动口不动手地僵持着。

出人意料的是，主攻军的第一队先锋队受到了"内阻"后，第二队武装队也发生了"内讧"。

原来，第二队在李多祚的带领下，率羽林军来东宫迎接太子李显。结果太子李显的表现却出人意料。

一是大姑娘上轿——头一回：躲在东宫，避而不见。

二是扁担无钩——两头滑：心在颤抖，摇摆不定。

的确，头一回面临这样的政变，他反悔了。原因有二：

一是心理素质不过硬。二十多年前正是那场政变，导致了他被幽废多年，个中艰辛，个中困苦，个中滋味，只有他自己知道。此时这么突然地进行政变，那种茫茫无知，那种心有余悸，那种残留的阴影，那种担心失败、害怕失败、畏惧失败的心理在作怪，让他心跳加快、心神不定。

二是思想觉悟不过关。不成功，便成仁。知母莫若子，武则天的铁血凶残、冷酷无情他是最清楚的。毕竟他现在是太子，是武则天指定的接班人，如果不发动这场政变，按正常程序来说，应该是自己来接班的。而一旦走上政变这条路，开弓就没有回头箭。尽管有二张这两块绊脚石，还是不足为虑的。求稳怕乱，合情合理。

吃了闭门羹的李多祚急得像热锅上的蚂蚁，不知道如何是好。此时已箭在弦上，不得不发了。面对太子李显的求稳怕乱，需要做的是在最短的时间内说服他。

解铃还须系铃人，就在这千钧一发的关键时刻，很快出现一个解铃人——太子的女婿王同皎。

王同皎凭着和太子的特殊关系，很快"叩"开了太子紧锁的大门，然后开始努力尝试着"叩"开他的心扉："先帝以神器付殿下，横遇幽废，人神共愤，二十三年矣。今天诱其衷，北门、南衙同心协力，诛凶竖，复李氏社稷，愿陛下暂至玄武门以孚众望。"

太子李显点了点头，又摇了摇头，然后嗫嚅道："诛小人、清君侧，是每个人义不容辞的责任，但是现在皇上正在病榻上，这个时候举兵，会不会惊吓她老人家呢？我看还是从长计议吧。"

时间在一点一滴地流逝，形势已经到了白热化的状态了。另一位将领李湛挺身而出，从三个方面对李显进行了"攻心"。

我们对政变的态度：抛妻弃子，甘冒风险。

我们对政变的认识：勠力同心，视死如归。

我们发动政变的目的：保卫李唐，匡扶社稷。

结论是：我们已经仁至义尽，现在是太子最后决断的时候——如果太子殿下真的不愿意去，就请出来说一声，让大家放下武器束手待毙吧。

其实李湛话里的关键信息只有一个：一荣俱荣，一损俱损。

一语惊醒"梦中人"，李显显然也意识到了临时中断政变的后果，罢了，罢了，与其再品失利的苦果，不如放手一搏。他终于从东宫里走出来，跨上马直奔玄武门而去。

太子李显快马加鞭来到了玄武门，张柬之和田归道的对峙已经升级了，从怒目而视到横眉冷对，从横眉冷对到剑拔弩张，空气里弥漫着浓重的硝烟味，仿佛一点即着，一触即发。

太子的到来，立马平息了这个局面。田归道因为职责所在，可以不给张柬之面子，但他不可能不给太子面子，他及时地呼应太子，"请进"，"请恕不能奉陪"（自己不能率千骑一同入内）。

接下来的故事就没有什么悬念可言了，羽林军通过玄武门，直扑武则天的寝宫迎仙宫。沿途有宫女发现有士兵闯进来，想第一时间进去给武则天报信，结果在宫内恭候多时作内应的太平公主开始发力了，手一挥，娘子军便毫不留情地将这些宫女解决掉了。

羽林军一路畅通无阻来到了迎仙宫外廊，后知后觉的二张想要逃，但显然已经来不及，很快成了刀下鬼。

羽林军很快直奔武则天的"老穴"。

接下来该轮到武则天的"最后表演"了。她上演的是听、看、说"三字诀"。

听——聆听、仔细听、洗耳恭听，她听得宫外嘈杂人语的声响，听到兵戈交鸣的脆响，听到脚步急促的异响，猛然从病梦中惊醒过来，似乎猜到了什么，顿时冷汗如雨，心沉如海，又仿佛听到了一种叫死亡的气息。

看——眺看、抬头看、回眸环看，她看到了一群鱼贯而入的羽林军，很快进入她所在的迎仙宫，刹那间，人满为患。

说——诉说、细声说、喃喃地说。她没有一丝畏惧，镇定自若，依然我行我素。我们现在流行"重要的事说三遍"，此时武则天却是重要的人问三个。

武则天"问候"的第一个人是张柬之,这个问可以用"厉声"两字来形容:"何人在此兴兵作乱?"

张柬之毕恭毕敬地答:"张易之和张昌宗谋反,臣等奉太子之令诛杀之,因为怕打草惊蛇,所以事先没有通知陛下,擅闯禁宫,罪该万死。"

同样的年纪,同样的白发,这对本属于上下级关系的君臣此时上演的是"真情对对碰"的决战,不知是冥冥当中的天意,还是命运的捉弄。

"既然张氏兄弟已经被诛杀,太子殿下可以带领大家回去了。"武则天尽管病入膏肓,但虎威犹存,此时微坐着身子,双眼迸发出如鹰隼般的寒光,令人不寒而栗。

问题上升到"领导权"的高度了,张柬之赶忙把目光转向了太子李显,显然是想要李显直接表态。

然而,太子李显关键时刻心理素质不过硬的弱点又暴露出来了,他竟然被吓得双腿打颤,舌头打卷,整个人"失语"了。

好在关键时刻,政变集团的代表人物桓彦范主动站出来解围:"太子回不去了。当年高宗将太子托付给陛下,现在太子早已长大成人了,天下人都在思念李唐,思念太宗与高宗的恩德,所以我们才会共同拥护太子,诛灭了陛下身边的乱臣贼子。还请陛下顺天意民心,现在就还位于太子。"

武则天一听,已然明白他们搞的不单单是清君侧——诛杀二张这么单纯的事了,而是上升到了政治谋反、谋篡帝位的高度了。她此时尚贵为女皇,环顾四周,却发现自己成了真正的孤家寡人了,一股悲哀涌上心头。

武则天"问候"的第二个人是政变集团的重量级人物李湛,这个问可以用"惊疑"两字来形容:"李湛,你也参与了他们的军事行动吗?朕平常待你们父子不薄,你们怎么能这么回报朕呢?"李湛就是武则天当年第一个拥趸者李义府的儿子，当年李义府鞍前马后，没少为武则天办实事，因此武则天把他视为心腹中的心腹，不想，此时他的儿子却成了要革自己命的人了，她能不悲愤万分吗？

李湛满脸绯红，"铁嘴"变成了"哑炮"，以低头沉默的方式化解了矛盾的激发，进一步烘托了压抑、紧张的气氛。

武则天"问候"的第三个人是政变集团的元老级人物崔玄暐，这个问可以用"愤怒"两字来形容："别人的相位都是受人推荐才上来的，只有你的相位是朕亲自提拔的，你怎么能这么回报朕呢？"

崔玄暐毕竟是历经风雨之人，面对武则天的指责，他一脸平静，喃喃地说："知恩图报，我正是用这种方式来报答陛下的啊。"

武则天闻言长叹一声，悠悠地闭上双眼，不再发一言。至此，她在皇位上的最后表演结束。

接下来，是捷报频传的时候了，负责"掩攻"的相王李旦和袁恕己不负厚望，完美地完成了任务，他们斩杀了二张的三个弟弟，并且成功抓捕到了二张在朝廷中的骨干党羽，控制住了整个京城。至此，武力政变取得了圆满的成功。

3.无字碑诞生记

武力政变成功，就意味着"神龙政权"彻底瓦解了，下面就看武则天是怎么交权了，是自己主动交，还是被动交。武则天是聪明的人，她自然选择了主动交，很快上演了交权四部曲。

第一部曲：政变后的第二天，武则天敕令太子李显监国，大赦天下。

第二部曲：政变后的第三天，武则天下诏传位给太子李显。

第三部曲：政变后的第四天，武则天正式交权，李显在洛阳通天宫正式登基。

第四部曲：政变后的第五天，武则天退出迎仙宫，迁居上阳宫。

接下来，就轮到上位的唐中宗李显的表演时间了。二十一年前，李显这个唐高宗钦点的皇帝，在皇位上坐了只一个月，便被武则天所派出的双剑客裴炎、程务挺所率领的羽林军拉下台。二十一年后，他亲率双剑客张柬之、李多祚所率的羽林军把自己扶上台。命运仿佛对这个睿智而忠厚的人开了一个不大不小的玩笑，但好人有好报，"老好人"李显最终还是笑到了最后，开启了属于自己的时代。

他重新登基后，马上做了三件事。

首先，重置政权。

一是废武周政权，恢复大唐国号，越轨的历史终究是要回归的。二是把社稷、官名、寝宫、旗帜、官服都恢复到唐高宗时的规制，包括武则天所改过的一些"创新字"，除了"曌"字，其他都废除。长安依然为首都，洛阳依然为东都，北都的名字依旧还叫并州。

其次，重造班底。

在任人唯亲方面：加封相王李旦为安国相王，妹妹太平公主为镇国太平公主，女婿王同皎为右千牛将军、琅琊郡公，李氏皇族所有被武则天"开除"的族人都官复原职。

在任人唯贤方面：授一号功臣张柬之为夏官尚书、同凤阁鸾台三品，崔玄暐为内史，袁恕己为同凤阁鸾台三品，敬晖、桓彦范皆为纳言、赐爵郡公，李多祚赐爵辽阳郡王，李湛为右羽林大将军、赵国公。其他参与政变者都按功劳大小得到了相应的封赏。

值得一提的是殿中监田归道，这个曾经差点坏了好事的"拦路虎"，有人建议对他进行重罚——推向法场，但唐中宗李显给了他最后的申诉机会。田归道说了两点意思。其一是不想当将军的士兵不是好士兵，不严格履职的将军也不是好将军。其二是当时那个情况，面对突如其来的外来兵马，自己身为千骑统领，如果不坚守岗位，坚守原则，那就是失职啊，自己不愿成为千古罪人，所以才会那样做。李显被他的申诉感动了，不但赦免了他的罪行，反而迁升他为太仆卿。

在择人为伴方面，立韦香儿为皇后，追赠皇后韦香儿父韦玄贞为上洛王,韦香儿母崔氏为王妃。

最后,重塑母后形象。

武则天被逼退位后,精神受到严重打击的她有了两种表现:

一是自娱自乐。她迁到上阳宫后,深居简出,甚至深居不出,陪伴她的不能再有二张,而是一李——李义府的儿子李湛成了她的"大管家",这种被软禁的生活,武则天不自娱自乐都不行啊。

二是自暴自弃。对权力的控制欲达到了走火入魔地步的人,此时骤然失去了全部权力,那种孤独、绝望的心是无法用语言表达的。经过这样的身心打击,武则天因为"不复栉沐"而"形容羸悴",因为自暴自弃而直线衰老。

事实证明,尽管唐中宗李显长期受到了武则天的压迫,甚至权力被剥夺,但他还是深明大义、懂得回报的人,他没有让武则天在那个寂寞宫廷、在那个深深庭院里自生自灭,而是以行动"感恩回馈",主要举动有三。

一是尊重。武则天尽管交了权、下了台,唐中宗还是给了她一个极为尊贵的名号——则天大圣皇帝。则天大圣皇帝是毫无实权的,但是,这种一国二皇现象是不多见的,这是唐中宗对武则天独有的"尊敬"之法——给面子。

二是自爱。李显很快制定了一条不成文的规矩:每隔一旬带朝中文武百官到上阳宫看望武则天一次,尽嘘寒问暖之能事,谈血脉相连之温情。这种忠厚仁义也是不多见的,这是唐中宗对自己身份的重复确认——自爱,也是对武则天独有的尽孝方式——送温暖。

三是自重。为了保持武氏家族的繁荣不变,唐中宗李显主动和武家代表人物武三思和解,甚至有很多私人来往,并提拔武三思为官达一品的司空,武家子弟的另一位重量级人物武攸暨为司徒,并且下了"武氏三代讳,奏事者皆不可得犯"之诏书,从而使得李、武二家的关系真正达到了融洽。这种容人之量也是不多见的,这是唐中宗独有的自重。

然而，唐中宗李显的所作所为虽挽回了母子之间的关系，却挽回不了武则天的生命。神龙元年（705）十一月，离铁血政变过去刚好十个月的时候，武则天含笑走完了八十二年的传奇人生。在向世人挥手告别之前，她还上演了最后一哆嗦——留遗诏。

据《旧唐书》记载："则天将大渐，遗制祔庙、归陵，令去帝号，称则天大圣皇后；其王、萧二家及褚遂良、韩瑗等子孙亲属当时缘累者，咸令复业。"

这个遗诏主要包含了三层意思：

一是主动认夫为妻纲。武则天要求自己在归西之后和唐高宗葬在一起。

二是主动降低身份。武则天要求取消自己的帝号，恢复唐高宗皇后的身份，自称为则天大圣皇后。

三是主动消除仇恨。她本着冤家宜解不宜结的原则，要求赦免和宽恕王皇后、萧淑妃两族及褚遂良、韩瑗、柳奭等人的亲属。都是九泉之下的人了，在地底下相逢一笑泯恩仇多好啊。同时她还主动要求为活着的大臣平冤，切实做到亡羊补牢。

唐中宗是个孝子，武则天死后，他一丝不苟地遵照遗诏来办。神龙二年（706）五月，将武则天与唐高宗合葬于乾陵。盛大的陵墓前，树起了两块直耸云霄的石碑。

一块是有字碑，上面密密麻麻地刻满了字，内容都是歌颂唐高宗的丰功伟绩，显然这块碑是专门为唐高宗而做的颂碑。

另一块是无字碑，上面空荡荡的一个字也没有，却是武则天的墓碑。千秋功过，任凭后人评说。

武则天去世之后，其立无字碑引发后人无限猜想。

有人说武则天立一块无字碑是她别出心裁之举，取《论语》中"民无德而名焉"之意，故立一无字碑，体现的是她的功德无量，无法用文字来表述，用语言来形容。

有人认为武则天自感罪孽深重，无脸述字。她生前做了很多残害忠良的事，特别是改李唐为武周，大逆不道，愧对李唐列祖列宗，因此立下无字碑来"赎罪"。

还有一种折中的说法，那就是武则天有自知之明，知道时人对她看法不一，议论颇多，于是干脆遗言留下无字碑，"是非功过，留与后人评说"。

也正是因为这样，武则天的无字碑引发千年之谜。

直到近代这一谜团才被一名老农解开。

1982年，一位河南的老农在嵩山山顶发现武则天的除罪金简，上面刻着十个字："乞三官九府除武曌罪名。"

后来专家证实这个金简确实是武则天之物，除罪金简上面的十个字，明明白白地道出了她晚年为了赎自己杀戮所犯之罪而进行"赎罪和祈祷"。单从这一点来看，武则天立无字墓碑的真实目的也是显而易见：自感罪孽深重，立无字碑赎罪。

近年来，有专家对武则天的无字碑又有新说，他们认为无字碑的碑文可能埋在了地宫里。因为无字碑的阳面已经打上了方方正正的格子，似乎当初已经做好了镌刻碑文的准备。

乾陵因为防盗措施极为巧妙，再加上历朝历代的重点保护，所以直到现在还没有被打开。但是其墓中肯定有很多陪葬品。文物专家郭沫若先生说过："毫无疑问，肯定有不少字画书籍保存在墓室里！打开乾陵，说不定武则天的《垂拱集》百卷和《金轮集》十卷可重见天日！也说不定武后的画像、上官婉儿等人的手迹都能见到！"

也正是因为这样，有人才会猜想"谨慎"的武则天其实在"无字碑"上是写有字的，只是字被埋在了地宫底下。这一说法是否属实，只有待时间去验证了。

第五章 盛唐兴衰的内在逻辑

一 权力转换的因果

1. 女皇梦：异想天开的韦后

话说长安五年（705），震惊天下的神龙政变发生后，武则天被迫退位，太子李显继位，是为唐中宗。

唐中宗复位后，自然大封特封功臣。张柬之等人都升了官，相王李旦加封安国相王，太平公主加封镇国太平公主。同时唐中宗还封和他患难与共的结发妻子韦氏为皇后。

唐中宗不会料到，他此后对韦皇后的纵容，使得朝中再起风云。

大家都知道，唐中宗李显在皇帝的宝座上属于典型的"二进二出"。弘道元年（683）十二月，太子李显在洛阳即位，他即位后也是雄心勃勃，准备组织一批自己的亲信班底，干出一番属于自己的政绩来。

然而，不幸的是，他有一个对权力嗜好到了极限的狠毒母后武则天，结果在武则天的打压下，他众叛亲离，仅有的两个亲信就是乳母和皇后韦氏。为此，唐中宗千方百计地想将岳父韦玄贞从小小的地方参军直接提拔为中央级官员侍中，同时，还给乳母的儿子授了一个五品官职。

武则天一怒之下，直接摘了傀儡皇帝唐中宗的皇冠，将其戴在第四子李旦头上。李旦就是唐睿宗。而武则天随后索性也不再作秀，自立为帝，改国号为周。

而即位只有两个月的李显则被贬为庐陵王。李显被废，韦后当然也遭殃，她追随夫君先是至房州（今湖北省房县），接着又迁往均州（今湖北省丹江口市均县镇），后来又回到房州，一路颠沛流离。而就是在被贬的途中，身怀六甲的韦后产下一个女婴。因为当时的条件实在是有限，竟然连婴儿的襁褓都没有，李显只得用自己的衣物把婴儿裹起来，后来便直接给这个婴儿取了"裹儿"的乳名。她就是日后的安乐公主。

李显被贬的当年，李敬业以"清君侧"为号召，在扬州举兵造反，反对武则天专权，这让李显很是欣慰，认为自己的出头之日不远了。然而，李敬业因为犯了军事路线的错误，举事仅两个月就兵败被杀。深知母亲手段之狠辣的李显认为自己绝无幸免之理，一定会被赐死，为了避免受辱，他想自杀来了结自己。

关键时刻，韦后阻止了他的荒唐行为，并且说了这样十二个字："祸福无常，宁失一死，何遽如是。"李显被韦后的话镇住了，他决心在艰难困苦中勇敢地活下去。就这样，光阴荏苒，十四年过去了，因为有韦后的支持和鼓励，李显一直没有放弃对"生"的渴望。

李显感动于妻子的不离不弃，对天发誓说："复见天日，当惟卿所欲，不相禁制。"

圣历元年（698），李显终于守得云开日出，武则天在仁相狄仁杰的劝谏下，将一直漂泊流浪在外的李显接回了长安。回京后，尽管他过着的依然是"禁锢"的生活，但生活条件已大为改观，更重要的是这给他提供了新的政治通道。

六年后，机遇来敲门。当时的朝中丞相张柬之联合桓彦范、敬晖、袁恕己、崔玄昉等重臣，趁武则天卧病之际发动政变，诛杀了擅权的张易之兄弟，用武力逼迫武则天退位。几个月后，八十二岁的武则天离开了人世。而随着武则天的退，李显在失位二十多年后，重新登上了皇帝宝座。

唐中宗李显复位后，没有忘了患难与共的妻子，立即封韦氏为皇后,并履行承诺:仿照当年高宗李治和武则天的样子,让韦皇后和自己一同听政。同时,李显还追封韦皇后之父为上洛王,终于兑现了当年的诺言。

然而,因为唐中宗过于溺爱韦后,每次朝议时,都让韦后垂帘听政,长此以往,朝中大小事务一律需要韦后来裁决。

唐中宗的懦弱和韦后的霸道形成鲜明对比,大臣们却心有余悸,他们害怕再出一个"韦则天"来,祸国殃民不说,只怕连他们都会成为政治牺牲品,于是纷纷上书表示反对韦后参政。然而,唐中宗采取的态度是不闻不问、不理不睬。

而真实的韦后又是怎样的一个人呢?没错,她当年一直不离不弃跟随流浪的唐中宗是真,但她掌权后想做第二个武则天也是真。为了实现"女皇梦",韦后决定找几个得力帮手,于是她首先把目光停留在了武则天的侄子武三思身上。在她怂恿下,唐中宗把爱女安乐公主嫁给了武三思的儿子。结为亲家后,韦后和武三思便成了"同船人",一荣俱荣,一损俱损。

此后,韦后还把武则天当年的贴身秘书上官婉儿纳入麾下,让其为自己卖命。于是他和武三思、安乐公主、上官婉儿组成了四人组。并很快在朝中大肆排挤、打压政敌,并把枪口对准了张柬之、桓彦范等五人。拥立李显复位的功臣想发动政变,李显很快削了他们的官职,发配岭南,然后派出刀斧手,在发配的路上杀死了他们。

唐中宗名为天子,实为傀儡。一次,安乐公主新宅落成,乔迁之喜,唐中宗和韦后亲临祝贺。席间,安乐公主的儿子跑过来拜见帝后,整个过程都做到了有礼有节有序,对此,韦后很是高兴,于是把孩子抱在膝上,马上给他一个大奖励:以手诏的形式直接封他为太常卿、镐国公,食邑五百户。

韦后擅自做主,这让在场的唐中宗很是难堪,为此,他委婉地说:"皇后先不要下诏,等朕回宫去,再作计较。"谁知韦后听了冷笑道:"还要计较什么?陛下在房州时候,不是说将来不禁止妾身所为吗?为何这等小事都要来干涉妾身呢？"并且她还说了句狠话："人而无信，不知其可也。"

韦后的话点到了唐中宗的要害，他虽然心里气恼，嘴上却一句话也不敢再说，只好转身离去。而韦后也毫不惊慌，继续在安乐公主府中饮酒作乐，直闹到半夜时分才归。

事实上，韦后不但临朝干政，嗜权如命，而且还飞扬跋扈、放纵声色。为了政治利益，她竟然勾搭上了亲家公武三思，刚开始两人还是偷偷摸摸地鬼混，后来便"光明正大"起来，甚至敢当着唐中宗李显的面和武三思鬼混。

唐中宗的懦弱更让韦氏的贪欲不断膨胀，她又找了三个男宠，一个是厨子杨均，一个是御医马秦客，第三个就是马贩子叶静。这三个人公然在后宫中跟韦后打情骂俏，对此，贵为皇帝的李显却无动于衷。

如此荒唐之举令人侧目，自然引起众怒。一个名叫燕钦融的地方小官不惜冒死上书揭露韦后的罪行："皇后淫乱，干预国政，宗族强盛，安乐公主、武延秀、宗楚客等图危社稷。"

唐中宗这回没有选择沉默，而是马上把燕钦融召到京城来当面质问。燕钦融慷慨直言，毫无惧色，唐中宗听后脸色沉重。武三思和韦后在床上打情骂俏玩打赌游戏时，他就坐在一边旁观，还帮他们数钱。现在，这些丑事连地方小官都知道了，想必他头上所戴的绿帽子压得他有点喘不过气来。因为失了面子，他默默放走了燕钦融。

然而，当燕钦融刚走出殿时，韦后派来的"夺命符"出现了，她指使亲信兵部尚书宗楚客矫诏，然后以"大逆不道"之罪把燕钦融摔死在殿外的石阶上。

唐中宗知道后脸都绿了，但无可奈何，只能叹息。

韦后擅权淫荡，胡作非为，她女儿安乐公主也丝毫不逊色。据悉，安乐公主公然和长宁公主攀比豪宅。为此，她大兴土木，广建宅第，其宅第不仅建筑规模完全模仿皇宫，精巧程度甚至超过了皇宫。

安乐公主开府置官，势倾朝野。她把国家官爵分别标定价格，县令若干，刺史若干，公开兜售，价款缴足，不管是屠夫酒肆之徒，还是为他人当奴婢的人，都能由公主立降墨敕授官，一时所授官职竟有五六千人。据悉，安乐公主常常自写诏书，拿进宫去，一手掩住诏书上的文字，一手捉住唐中宗的手在诏书上署名。唐中宗爱女心切，全然不看到底写些什么，胡乱签名了事。因此宰相以下的官员多出安乐公主之门。常有土豪劣绅，走了安乐公主的门路，忽然诏书下来拜了高官，不但吏部衙门不知情，唐中宗也毫不知情。

安乐公主从小受独断朝纲的武则天影响，她异想天开想要做皇太女。为此，唐中宗抚着公主的脖子开玩笑说："等你母后做了女皇帝，再立你为皇太女也不迟。"安乐公主便天天在背地里怂恿韦氏效仿武则天临朝听政。

此后，体弱多病的唐中宗终日躲在宫中，一切军国大事全听韦后和安乐公主裁决，朝野上下处于一片水深火热之中。

唐中宗对韦后的放纵到了无以复加的地步，此时，唐中宗的儿子们不干了。

唐中宗有四个儿子，分别是老大李重润、老二李重福、老三李重俊、老四李重茂。其中长子李重润永淳元年（682）被唐高宗立为皇太孙，中宗失位，坐废。圣历元年（698）中宗为太子，李重润封为邵王。然而，因为有人诬告李重润和永泰郡主夫妻私下"妄议"武则天的私生活，而被武则天下令处死。李重润惨死后，李重福在朝臣的支持下终于被平反，然而，又有人诬蔑李重福参与了陷害李重润之事，结果李重福遭遇到了流放的命运。也正是因为这样，排行老三的李重俊时来运转，成了唐中宗钦点的继承人。

然而，李重俊从小就是个顽冥的孩子，不爱读书，也不爱写字，桀骜不驯。但他有一个爱好就是勤练武艺，具有领兵打仗之谋略，而且英明决断，雷厉风行，敢作敢为。

神龙元年（705），小小年纪的李重俊就被唐中宗李显封为卫王，同时拜洛阳牧。第二年，因为两位哥哥李重润和李重福相继出事，他出人意料地被封为皇太子，作为大唐帝国的储备接班人来培养。

李重俊被立为皇太子后，成了很多人的眼中钉肉中刺，韦后和安乐公主就对他恨之入骨，欲除之而后快。造成这样局面的主要原因有二：一是血脉关系的影响——李重俊是庶出的皇子，不是韦后所生；因为没有血脉之情，韦后和安乐公主想除掉他就不足为奇了；二是权力斗争的结果——韦后和女儿安乐公主都想要做女皇帝，李重俊成了她们的政治对手。

首先发难的是安乐公主。为了打压和羞辱李重俊，安乐公主甚至在大庭广众之下直呼李重俊为奴。李重俊尽管感到很难堪，却选择了隐忍。

得寸进尺的安乐公主直接向唐中宗打了一个小报告：请求封她为皇太女。一向懦弱的唐中宗这次的表现出人意料，他果断地拒绝了安乐公主的无理要求。

接着发难的是韦后。眼看唐中宗没有满足爱女安乐公主的请求，韦后很生气，她决定联合武三思等人向唐中宗逼宫，要求废掉太子李重俊。

面对安乐公主和韦后的先后发难，李重俊并没有选择坐以待毙。本着先下手为强的原则，他联系了几位朝廷或宗室要人，准备发动政变。当时的兵部尚书魏元忠因为一直受韦后的气，成了李重俊政变的主谋。金武大将军李千里属于皇室子嗣，他是唐太宗的孙子、吴王李恪的儿子，他也对韦后等人的专政很不满，便加入了李重俊的密谋队伍。同时，左羽林大将军李多祚曾参与神龙政变，直接杀死了擅政的张昌宗、张易之兄弟，逼一代女皇武则天下位。他也被李重俊拉下水，决定加入拯救大唐帝国的行动中来。

此外，还有宰相李敬玄的儿子即右羽林将军李思冲、唐宗室李灵龟的孙子李承况等，都成了李重俊的马前卒。

有了这么多人的支持，李重俊信心足了。神龙三年（707）七月，李重俊采用矫诏的方式，征调了御林军三百多名士兵，出其不意地诛杀了韦氏集团的重量级人物武三思和武崇训父子，然后带兵进皇宫去找韦皇后和安乐公主算账。

因为韦皇后和安乐公主毫无防备，李重俊的御林军很快冲进了内宫。韦皇后和安乐公主听到风声不对，只好以百米冲刺的速度往唐中宗宫殿跑去。唐中宗慌忙之下带着韦皇后等人和一百余名士兵逃到了玄武门。这时，李重俊和三百多名御林军也已抵达玄武门。

只要李重俊一声令下，令士兵们开始"屠龙"表演，那么唐朝的第二次玄武门之变真实发生了。然而，关键时刻，李重俊犹豫了，他害怕背上"弑父篡位"的罪名。

就在李重俊进行思想斗争时，唐中宗却在安乐公主和韦皇后的鼓励下把握了这一线生机，他及时站出来发声了，他对李重俊所率的御林军大声喊了十二个字：只要放下刀枪，可以既往不咎。

御林军见了皇帝原本就有些心怯，听说皇帝赦免他们的罪行，于是纷纷临阵倒戈了。

就这样，李重俊已经左右不了局势了，眼看情势已非，他只好选择了"不羞遁走"。尽管他成功逃出了宫，逃到了深山老林中——终南山，但他并没有因此过上"小隐隐于野"的生活，而是很快死于部下的刀剑之下。

一步行来错，回头已百年，就这样，李重俊复制版的玄武门之变阴差阳错彻底失败。

事后，唐中宗竟然命人砍了李重俊的头颅，去祭奠武三思和武崇训，其做法令人心寒。

直到唐睿宗即位，才为李重俊平反。唐睿宗说，李重俊虽然有谋逆罪，但初衷是为了"清君侧"，下诏追封李重俊为皇太子，谥号节愍，陪葬中宗定陵。同时还封李重俊之子李宗晖为清河王，以延续宗嗣。

《新唐书》里说："中宗失道，身为母所废，妻所弑，而四子皆不得其死，嗣亦不传，殆天秽其德而绝之，何耶？彼固自绝于天云尔。"

这或许也算是对唐中宗李显最公正的评价吧。

2.南柯梦：忽然暴毙的唐中宗

好不容易化解了一场政治危机，唐中宗还没来得及舒一口气，竟忽然暴毙。唐中宗到底是怎么死的呢？

《资治通鉴》给出的答案是，韦皇后和安乐公主联手毒死了唐中宗。李重俊的事件发生后，韦皇后害怕唐中宗收回她手中的权力，于是联合想做皇太女的女儿安乐公主在食物中下了毒，结果毫无防备的唐中宗中毒而死。

唐中宗死后，韦后一方面封锁消息，秘不发丧。另一方面，她派她的侄子和外甥领兵五万进京，并在各个要害部门安插自己的亲信，然后伪造遗诏，立温王李重茂为太子，自己以太后的身份临朝称制。

一切都按计划处理完，韦后才召集百官，向天下臣民公布了唐中宗的死讯，并宣读假遗诏。韦后的计划完全是武则天称帝的一个翻版：先夺政权，再谋登基。

然而，就在这时，相王李旦的儿子临淄王李隆基出手了。

李隆基有三大特点：

一是天生贵胄。垂拱元年（685），李隆基出生。父亲是相王（后来成唐睿宗）李旦，母亲窦氏也出身世族大家，是名将窦抗之后。这样的身世只能用显赫二字形容。

二是童年受挫。李隆基出生不久，家族遭遇骤变，祖父唐高宗病死后，祖母武则天为了实现皇帝梦，不但对李氏宗亲进行无情的打压，甚至对自己的亲生儿子也痛下杀手。她不惜杀掉自己的二子李贤，废掉三子李显，改立四子也就是李隆基的父亲李旦为皇帝。然而，李隆基并没有体会到当皇子的快乐，因为父皇李旦只是个傀儡，几乎是被"软禁"的。李隆基四岁时，武则天利用宗亲李贞父子反叛一事大作文章,开始血洗李氏宗亲,只剩下她自己亲生的两个儿子李显和李旦及女儿太平公主幸免于难。两年后,也就是载初元年(690),李隆基六岁时,武则天撕开伪善的面目,废李旦为皇嗣,随后武则天自己取而代之为皇帝,并改唐为周,开始了"女主天下"的武周时代。

而李隆基八岁时,母亲窦妃去宫中见武则天后离奇失踪,再也没有回来。而小小年纪的李隆基也经历了丧母的刻骨铭心之痛。

随后,李隆基外祖父的家族势力也被一网打尽。到此时,李隆基本人的身份也经过了三连变,他三岁时是一方之王——楚王,六岁时被降为郡王——临淄王,八岁时虽然临淄王的身份没有被免,但成了"囚王"——幽禁在后宫中。如此的童年,岂是悲惨二字可以形容?

而因为身处绝境,小小年纪的他表现出了超过同龄人的成熟。武则天有一次举行祭祀仪式,不到七岁的李隆基也去参加。结果在祭祀过程中,有一个武氏出身的大将军一点都不顾及身在公众场合,竟然大声呵斥侍从护卫。这位武将军的喧宾夺主引起了李隆基的不满:在众人面前如此嚣张放肆,皇室颜面何存?于是他挺身而出,直接对武将军说:"这是我们李家的朝堂,你怎么敢这样训斥我们家的护卫?"李隆基说完转身离开,留下一脸惊讶的众人。

三是命运多舛。圣历元年(698),当了六年"囚王"的李隆基迎来艳阳天,年迈的武则天在选择立儿子还是立侄子为接班人左右摇摆很长时间后,最终选择了让儿子接班。于是李显摇身一变,又成了太子,而已是少年的李隆基也借此得以恢复自由身。神龙元年(705),宰相张柬之等五大朝中重臣联合太子李显、相王李旦及太平公主发动了政变,杀死了武则天宠爱的张易之兄弟,迫使武则天退位,使得李显得以顺利继位,是为唐中宗。之后,流落民间的李氏皇族都被找回来封官晋爵。李隆基得到的官职是卫尉少卿,又过上了锦衣玉食的生活。

然而,两年后,当太子李重俊为了免遭韦皇后和安乐公主的毒手发动政变而失败后,相王李旦及其儿子们也被牵连进来,遭遇打压。

李隆基也因此被降为"潞州别驾"。

潞州别驾实际上是个虚职。别人都为李隆基摇头，他却很高兴，他知道这是"修炼"和"守拙"的最好时机。

果然，到了潞州，李隆基恢复了自由身，他很快干了一件重要的事：广交豪杰，于是身边有了一批真正的"死党"。

景龙四年（710），在潞州"修炼"了两年的李隆基又回到了京城，原来，唐中宗在韦后的鼓动下，准备举行一次盛大的祭天大典，李隆基被召入朝陪祭。这次回长安，李隆基虽然心里很惶恐，但他没有拒绝的理由，还是惶惶不安地上路了。

祭天大典很是隆重，对李隆基来说，却如芒在背。在祭天活动中，唐中宗是首献，他首先向天神奉上祭品。然后就是亚献，竟然是韦后向上天献上祭品。要知道，当年武则天就曾在封禅泰山时充当了亚献的角色，向世人展示了其高人一等的政治地位。李隆基当然知道祖上的事，因此，看到这一幕，他心里震撼之余，也十分悲凉。

果然，祭天大典刚过不久，唐中宗就暴毙了。韦后和安乐公主先是秘不发丧，然后急调五万府兵进入长安，最后把唐中宗最小的儿子李重茂推上皇帝之位，韦后以太后身份临朝听政。

同时，掌管军事的六个最高将领都由韦家子弟或是女婿担任。

韦后想称帝之心已是路人皆知了，而李隆基也没有闲着，他也做了双管齐下之举。

一方面，他自回到长安后，就继续结交英雄人物，进一步培养自己的势力。比如说，结交了长安城最有人缘的"游侠"王崇晔，并且通过王崇晔，把皇帝贴身卫队的万骑军官葛福顺和陈玄礼纳入自己的心腹阵营中。

另一方面，他采取了抱团取暖的方式，联合了一位重量级人物——姑姑太平公主。尽管身在皇宫、身不由己，但他从小和太平公主亲近，此时，太平公主可以说是他最大的政治依靠了。

太平公主自然也不希望李唐江山被韦后篡夺，两人一拍即合。当李隆基提出联合发动政变的提议时，太平公主的表现是三个字：喜而从。

事实上，李隆基不但得到了太平公主的相助，还得到兵部侍郎崔日用的相助。

崔日用原本是韦后的党羽，他和定昌寺的和尚普润是莫逆之交，而普润是李隆基的"座上宾"。于是普润主动帮李隆基拉拢崔日用。

崔日用于是开始在韦皇后和李隆基之间摇摆不定，但最终还是决定弃暗投明，选择支持李隆基，并提醒李隆基先下手为强：韦皇后耳目极多，为防夜长梦多，得赶紧下手才对。

李隆基于是加快了政变的步伐。要发动政变，军队是成败的关键。当时京城的护卫队是由万骑、飞骑和府兵三大阵营组成的。李隆基虽然通过不懈努力，结交了万骑中级将领葛福顺和陈玄礼等人，但万骑领头雁是韦播和高嵩，同时飞骑和府兵还被韦后牢牢抓在手中。

短时间要想再搞定飞骑和府兵显然是不现实的。为此，李隆基决定重点以万骑为突破口，于是让葛福顺和陈玄礼去做万骑的思想工作，争取部众的支持。结果喜讯很快传来，部众都愿效忠临淄王。

原来，韦播和高嵩是被韦皇后一手提拔上来的亲信，为了树立威信，他们总是鞭打士兵。结果威是树起来了，却寒了士兵们的心，士兵们都视体贴仁爱的葛福顺和陈玄礼为真正的将领。因此，葛福顺和陈玄礼对士兵们进行鼓动时，得到了他们的一致拥护。

有了万骑的支持，李隆基于六月二十日发起了政变。

整个政变并没有想象中的那么顺利，共经历了三大生死关。

第一关："友谊关"。李隆基带着军师李幽求、和尚普润、保镖李宜德、太平公主之子薛崇简等人神不知鬼不觉地来到了宫城北面的禁苑，找禁苑总监钟绍京时，竟然遭遇闭门羹。钟绍京是李隆基在回长安途中结识的朋友，他担任的禁苑总监这个职务很重要，要知道禁苑的最南端就是皇宫的北门，进了北门就是后宫了。

李隆基想把这里作为政变的阵前指挥部。

但当李隆基率众抵达城门下时，钟绍京突然害怕了，不敢开门放他们进来。李隆基在城下喊破了嗓子，钟绍京在城上抓破了脑袋。就在这个节骨眼上，钟绍京的老婆许氏说："你平常和他们同谋，现在反水，肯定没有好下场。再说为大唐出力，天神都会保佑你的，大胆干吧。"

就这样，钟绍京的心结被打开，他终于打开了门。李隆基有惊无险地顺利进入禁苑，成功地通过政变的第一个生死关。

第二关：鬼门关。

万骑中级将领葛福顺和陈玄礼早已在禁苑腹地来接应他们，李隆基给士兵们鼓劲说："现在是大家报效社稷、博取功名的时候了。"于是葛福顺和陈玄礼率领士兵们直奔万骑和飞骑营，斩杀了韦后派来的三个将军及女婿武延秀。眼看主将被斩杀，万骑和飞骑的士兵们纷纷放下武器，选择了投降。

这样的结果很好，过程却是惊心动魄的。一旦有不测，士兵们并不拥护葛福顺，产生哗变，那形势就相当危险了。可以说，李隆基从鬼门关上走了一趟。

第三关："娘子关"。

成功搞定万骑和飞骑后，李隆基坐镇玄武门，葛福顺和陈玄礼兵分两路杀进宫去。他们面对的最后考验是人数众多的府兵。

然而，出人意料地是，府兵在黑灯瞎火之下，根本没有组织有效的抵抗，很快葛福顺和陈玄礼就在内宫会师了。

李隆基见状也率大队人马杀进宫来，韦后、安乐公主以及上官婉儿等为首的韦氏集团重量级人物都被屠杀殆尽。之后，韦氏集团的其他党羽也被一网打尽，韦氏的女皇梦瞬间化为乌有。

结局虽然完美，过程却是惊险的，主要是韦后及安乐公主警惕不够，如果她们早点惊醒，这两位拥有强大号召力的"娘子"及时组织人数众多的府兵来对抗李隆基，那么，李隆基的军队在这场比拼中能否笑到最后还是个未知数。

推翻韦氏政权后，李隆基把父亲相王李旦推上了皇帝的宝座，历史也因此翻开了新的一页。

3. 如梦令：笑傲宫廷的李隆基

唐睿宗李旦继承皇位后，面临一大难题：立谁为太子。

按常理说，当然是立政变有功的李隆基为太子了。但情况并非如此简单。一是李隆基出身有"短板"。要知道，李旦的嫡长子是宋王李成器，而李隆基只是第三子，按照立嫡长子为太子的原则，李隆基显然是不符合条件的。二是李隆基自身有"长处"。他的个人能力太强，政变是李隆基发动的，诛杀韦后及党羽的功劳也是他的，名声和威望也摆在那里，这显然有"功高震主"之嫌，让李旦心有余悸。

正是因为这样，他冒险发动政变，最后注定是要给别人作嫁衣了。好在，他很快得到了两位重量级人物的大力支持。第一个人就是大哥李成器。李成器是个忠厚仁义之人，他主动让贤，并且对李旦进行了"涕泣固请"——请求立李隆基为太子。理由是，"国家安则先嫡长，国家危则先有功"。第二个人就是政变功臣刘幽求。李旦上任后，刘幽求被任命为侍中。他功成名就后，主动到李旦面前替李隆基说话。刘幽求的话在朝中分量当然是很重的，在他影响下，朝中很多大臣都附和支持。

也正是因为李成器的"谦让"和刘幽求的"推荐"，最终唐睿宗李旦下诏立李隆基为太子。

而李隆基当上太子后，也面临一大难题：如何处理和姑姑太平公主的关系。

太平公主的一生充满着传奇，她从小体会最深的两个字就是"皇帝"：她的父亲是皇帝（唐高宗），她的母亲是皇帝（武则天），她的两位哥哥都是皇帝（唐中宗和唐睿宗）。而她长大后，理想也很简单：当皇帝。为了实现这个梦想，她一直在努力着。

其实太平公主的少女时期可以用三个字来形容：孝顺女。根据《新唐书》记载，太平公主很小的时候，就代母亲向自己的外祖母行孝心，出家做了道士。

太平公主的外祖母杨夫人出身富贵，四十岁时才嫁给武则天的父亲，生了三个女儿。此外，杨夫人不仅养育了武则天，还在事业上为她保驾护航。不管是武则天进宫还是当皇后，背后都有母亲杨夫人的协助。可见，杨夫人对武则天的一生都非常重要。

咸亨元年（670），杨夫人过世，已成为皇后的武则天伤心欲绝，为了尽孝，武则天便让太平公主出家当道士，让她代替自己尽孝心。

之后，太平公主一直受宠。她长大成人后，却差点嫁给了吐蕃人。为了能够友好相处，唐太宗选择了和亲的方式，把文成公主嫁给了吐蕃的首领，成就了汉藏友谊的一段佳话。

到了唐高宗的时候，唐高宗的女儿只有三个，大女儿和二女儿都是萧淑妃所生，此时都已出嫁。所以，留在皇帝身边的只有小女儿太平公主。太平公主当时已有十三四岁了，可以出嫁了。吐蕃人早就知道了这个情况，于是直接向唐高宗索要太平公主，说是只要她嫁过来，双方可永世友好下去。

当时唐高宗和武则天都不舍得小女儿嫁到吐蕃，但又不好直接拒绝吐蕃人，为此，武则天想出了一个好点子，让太平公主重回道观当道士。为此，武则天专门给太平公主修建了一座道观，取名为"太平观"，由太平公主当观主。道观加班加点修建完成后，就立即让太平公主搬了进去。

因为太平公主的身份由公主变成了道士，吐蕃人也无可奈何，只能放下和亲的打算。

太平公主出家只是权宜之计，事后她当然是要还俗的。只是后来武则天和唐高宗陷入权力的争夺中，渐有把太平公主遗忘的态势。

为此，太平公主没有选择一直等待，而是主动出击。一次，唐高宗在宫里宴请宗室亲人。正当宴会进行到关键时刻，太平公主突然降临。她身穿紫色袍子，腰间围着玉带，头上戴着黑色幞巾，手上拿着弓箭。她来到父皇母后面前，深深鞠了一个躬后说："我是来跳舞助兴的。"话音未毕，立时起舞，她一身武官打扮再加上夸张的舞姿，竟然把唐高宗和武则天都逗乐了："你又不是武官，怎么这身打扮？"

太平公主马上回应："既然我不适合这样穿，那请父皇母后赏赐我一个驸马吧！"唐高宗和武则天这才想起太平公主已经十七岁了，在当时早该嫁人了。

最终，唐高宗给太平公主挑了一个如意驸马——薛绍，主要原因有二：

一是出身名门。薛绍的父亲也是驸马，担任过左奉宸卫将军。他的母亲是城阳公主，即唐高宗的亲姐姐。所以，对唐高宗来说，薛绍是自己的亲外甥，招过来当女婿，非常合适。

二是长相俊俏。薛绍长得很帅气，可以用玉树临风来形容。

而且他从小和太平公主熟络，虽然不是青梅竹马，但也是"交往甚密"。再加上薛绍的父母过世很早，太平公主嫁过去可以直接组成小家庭，有利于出身娇贵的太平公主在夫家生活。

开耀元年（681），唐高宗为太平公主举办了盛大的婚礼，场面十分壮观。据《新唐书》记载，婚礼的礼堂设在万年县，"门隘不能容翟车，有司毁垣以入，自兴安门设燎相属，道樾为枯"。

当时，长安城只有两个下辖县，一个是长安县，一个是万年县。太平公主的结婚庆典礼堂设在万年县县衙，相当于官府办公场所，这种待遇可不是普通人能享受的。当时，公主的婚车非常豪华、庞大，根本进不去万年县衙门的大门。不得已，办事的人只能拆墙，让公主的婚车进去。

从此，太平公主过起了幸福的生活。然而，这种幸福并没有一直维持下去，权力的争斗改变了一切。

李隆基和姑姑的关系归纳起来可以分为四个阶段。

第一阶段：如胶似漆的甜蜜期。

李隆基从小和姑姑太平公主的关系是柔和的。因为政治斗争,当年武则天对李氏宗亲非杀即贬,李隆基的父亲李旦因为是武则天的亲生儿子才得以幸免于难,在万马齐喑的时期,安然无事的太平公主对李隆基这些为数不多的晚辈进行关照也不足为奇了。特别是李隆基在发动政变前,为了大唐李氏江山,为了共同利益追求,李隆基和姑姑太平公主达成联盟。两人通过抱团取暖,最终搬掉了拦路虎韦后。这期间,两人的关系当然可以称之为甜蜜期。

第二阶段:貌合神离的磨合期。

政变成功后,李隆基和太平公主的关系由盟友转变成了政敌,原因还是权力的争夺。太平公主和韦后及安乐公主一样,有着强烈的权力欲望,因为政变有功,她在朝中的地位同样是无与伦比的。然而,有时因为政见不同,李隆基和太平公主在朝堂之上公然争得面红耳赤,而李旦本着手心手背都是肉的原则也不好表态。这样,导致两人关系越来越紧张,渐渐明争暗斗起来。

为此太平公主率先出招,她使出了三板斧。

第一板斧:揭老底——在李隆基身份上做文章。

她四处造谣生事,攻击李隆基不是嫡长子,不具备继承权。也正是因为这样,李隆基成为太子不到半年,长安内外就出现了这样一句流言,七个字:太子非长,不当立。而这个流言的制造者就是太平公主。她派人四处煽风点火,结果这个流言很快世人皆知。

第二板斧:拉老脸——在朝中重臣身上做文章。

为了策动朝中大臣们反对李隆基,太平公主可谓无所不用其极,甚至不惜放下身份,拉下脸面,拉拢群臣。《资治通鉴》记载,她曾经坐轿邀请宰相们相聚于光范门,请求他们跟皇帝说李隆基不是嫡长子,不适合当太子,应另换人选。

第三板斧:攻心术——在唐睿宗的身上做文章。

太平公主请术士向唐睿宗打报告说:"五日内当有急兵入宫",诽谤太子有狼子野心,一直在朝中收买人心,图谋不轨,想提前抢班夺权,取而代之。

太平公主的三板斧取得的效果当然也是实实在在的,很快李隆基陷入了不利的舆论风波当中。就在这个节骨眼上,李隆基没有坐以待毙,他见招拆招,马上上演双管齐下之举。

第一,以退为进——主动提出让位给大哥李成器。太平公主挑拨他和大哥的关系,他便以退为进,一方面承认大哥的合法继承权,另一方面通过以低姿态换取大哥的同情和支持。

第二,以点带面——极力争取朝中大臣们的支持。为此,李隆基主动找到正直之臣宋璟、韦安石、张说、姚崇等,让他们出面直击太平公主的流言蜚语。宋璟、韦安石、张说、姚崇等人在朝中话语权极重,当太平公主拦住宰相,请求同意换太子时,宋璟当场就说:"东宫有大功于天下,真宗庙社稷之主,公主奈何忽有此议!"当唐睿宗言称有术士语五日内有急兵而质疑李隆基时,韦安石马上反驳:"此必太平之谋耳。太子有功于社稷,仁明孝友,天下所知。愿陛下无惑谗言。"张说也说:"此必谗人欲离间东宫,愿陛下使太子监国,则流言自息矣。"

唐睿宗虽然懦弱,但头脑还是清楚的,尽管对李隆基的"强势"有所忌惮,但他显然不希望出现太平公主再度擅权的局面,权衡再三,景云二年(711),他做出两大决定。

第一,授神权:给予李隆基政治权力——以太子的身份监国。

第二,清君侧:贬太平公主出居蒲州(今山西省永济市),调长子李成器和次子李守礼到州郡担任刺史。通过一贬一调把李隆基政治上的两大危险都化解在无形中。

经过这场内力大比拼,李隆基的太子地位得以稳固。

整个过程可以说是李隆基和太平公主的关系由甜蜜期迅速转入钩心斗角的磨合期。

第三阶段:剑拔弩张的决裂期。

太平公主被贬到地方后,大打舆论牌,争取天下百姓的同情。而李隆基也对姑姑心怀愧意,于是主动向唐睿宗求情,召太平公主回宫。

唐睿宗本是想通过敲山震虎的方式让太平公主收敛,因此,他很快"顺应民意"把太平公主召回了长安。

而通过这次风波,太平公主在心里已经彻底和李隆基决裂了。为此,再进宫后,她开始大力拉拢人才,培植亲信,然后利用这些亲信对李隆基的亲信进行攻击,结果,宋璟、张说和姚崇等人很快被贬到地方去了,韦安石则是明升暗降,迁为二品的左仆射,却毫无实权。很快太子监国的李隆基就被架空了。

延和元年(712)七月,一颗流星划过长安城的夜空,太平公主指使术士向唐睿宗打了一个小报告,中心思想只有一个:废黜太子李隆基。理由是:流星皆有变,要提防太子谋夺天子之位啊。

唐睿宗一听,决定顺应天意,传位太子。

其实这不是唐睿宗心血来潮之举,而是深思熟虑之举。一方面他一生经历了数次大起大落、大风大浪,早已看出了太平公主的野心,早已厌倦了政治斗争,早已看淡名利,提前传位不失为防微杜渐之举。另一方面,大唐自武则天以来,已"拐"了几十年的弯路了,现在好不容易走上正轨,他不想再节外生枝,为了大唐的前程着想,他决定传位给太子李隆基。

就这样,一个月后,唐睿宗把皇位禅让给了年仅二十七岁的李隆基,自己当了太上皇。

就这样,太平公主的"天女散花剑"原本逼得李隆基毫无招架之功,却因为唐睿宗的"搅和",意外败得一塌糊涂。

第四阶段:剑剑封喉的生死期。

权力是把双刃剑,唐睿宗让位给李隆基后,很快就后悔了,要把手中的权力拱手交出去,他当然是不愿意的。为此,他对任免权进行了分工划界。凡是重要官员(三品以上)任免、重大政治决定、重大军事问题、大额资金调动使用等重大事项都归太上皇管,其余的事可由皇帝全权处理。

李隆基刚上任，只有唯命是从的份儿。结果太上皇李旦继续掌握朝中实权后，心太软的他对妹妹太平公主也是关爱有加。于是乎，太平公主见缝插针，赶紧把自己的亲信往宰相等重要岗位上推。结果，"七位宰相，五出其门"。可想而知，皇帝李隆基成了"傀儡皇帝"，连太平公主的势力都远远不如。

对此，李隆基的军师刘幽求劝他再搞一场政变。刘幽求认为，忍无可忍时，就无须再忍；与其坐以待毙，不如放手一搏。

但李隆基还是下不了决心。

正在这时，被贬到东都洛阳的尚书左丞张说派人给李隆基送了一把佩剑来，其意不言而喻。同时，帮助李隆基诛杀韦皇后的功臣崔日用也利用从荆州到长安汇报工作的机会力劝李隆基赶紧发动政变，否则一切都晚矣。

一再忍让的李隆基终于下定决心铲除太平公主。于是李隆基把自己这些年精心培养起来的亲信都组织起来，并联合支持自己的两个弟弟和舅舅王守一等人制订了政变的详细计划。

先天二年（713）七月初三日，这注定又是一个不平凡的日子，李隆基开始出手，主要分五步走。

第一步：偷梁换柱——李隆基托亲信王毛仲策反禁军万骑将士神不知鬼不觉地率三百骑兵进驻禁军驻地虔化门。

第二步：请君入瓮——李隆基以皇帝的名义召见两个效忠太平公主的禁军首领。两人没有提防，结果一去就脑袋落地。之后，禁军全部被李隆基控制。

第三步：关门捉贼——李隆基以迅雷不及掩耳之势控制了禁军后，立即率众马不停蹄地闯入朝堂，诛杀了太平公主安插在内宫的党羽，即正在等着上朝的宰相。

第四步：抛砖引玉——李隆基派亲信郭元振"保护"太上皇李旦。当李旦听闻李隆基发动政变的消息后，逃到了承天门城楼上。郭元振劝李旦说："皇帝是奉您之命诛杀逆臣，您不用担忧啊。"这给了李旦一个台阶下,他于是宣布彻底放权。

第五步:借刀杀人——李隆基逼李旦彻底放权退位后,马上对逃亡的太平公主及其党羽展开追杀,最终太平公主在走投无路之下自缢,其党羽也被诛杀殆尽。

至此,李隆基和太平公主之间的生死较量终于画上了句号。在四个回合的争斗中,李隆基凭借着隐忍、坚毅和果敢,在清除太平公主势力的同时,还让太上皇彻底放权。从此,大唐成了唐玄宗李隆基一个人的天下。

二 开元盛世的硕果

1.姚崇:贤就一个字

唐玄宗李隆基发动政变,成为掌管实权的"真皇帝"后,开始对朝中大臣进行"大洗牌",打造了自己的嫡系班底。

对于朝中职务最重要的丞相人选,唐玄宗把目光停留在了姚崇身上。

武则天时,姚崇累迁官职至夏官郎中。当时正值野心勃勃的契丹入侵中原,军事压力极大,结果论军情时,姚崇不但分析得头头是道,而且处理得有理有节。圣历元年(698),以夏官侍郎同平章事,位列宰相。这期间,他整顿国防,抵御外侵;整理盐务,发展生产;和诗女皇,繁荣文化;忠心耿耿,辅弼朝政:一时间成为武周政权的"定海神针"。

武则天晚年时,忠厚耿直的姚崇因为得罪了武则天的男宠张易之、张昌宗被贬为灵武道安抚大使。姚崇临行时,武则天让这位担任了六年之久的老宰相推荐一位合适的宰相继位人选,他直言不讳地举荐良臣张柬之。神龙元年(705),姚崇从边关返京"探望"病重的武则天,结果参加了张柬之为首发动的神龙政变,最终逼武则天退位,归政李唐。

唐中宗复位后,在政治斗争中,"另类大臣"姚崇被贬出朝廷,任亳州、许州等地方刺史。之后,李隆基联合太平公主发动政变诛灭韦氏集团。唐睿宗继位,姚崇又被拜为兵部尚书、同中书门下三品,随即任中书令,他和宋璟共同辅政,改革创新。

后来,在李隆基和太平公主的政治斗争中,姚崇再次成为政治牺牲品,被唐睿宗贬为申州刺史,转扬州、同州(今陕西省大荔县)。

唐玄宗挣开权力的桎梏和羁绊后,决定放手大干:励精图治,振兴唐朝。于是他又想到了老宰相姚崇。

姚崇不但政治经验丰富、政治智慧极高,而且有远见卓识,在朝中德高望重。为此,唐玄宗找了个借口,把老功臣郭元振给撤掉了,准备把姚崇捧上正位。

当然姚崇想要顺利上任,还得经过两大考验。

一是功臣们的考验。

功臣宰相张说听说此事后,极力阻挠,想出一个调虎离山之计,并且采取"李代桃僵"的方式,吩咐另外一位政变功臣姜皎当枪手。

姜皎于是按张说的吩咐主动去找唐玄宗:"臣听说陛下想找一个能人当河东(今山西省运城地区)总管,不知道找到了没有?"

唐玄宗摇了摇头,说:"暂时还没有。"姜皎于是继续说:"臣觉得有一个人是最合适人选。"

唐玄宗点了点头,问:"谁可以胜任?"姜皎于是胸有成竹地说:"姚崇文武全才,臣认为他最合适不过了。"

唐玄宗是何等聪明之人,马上明白了其中的"是非曲直",厉声说:"姜皎啊,这不是你的主意,是张说的主意吧?你这可是犯了欺君之罪啊。"

姜皎吓得魂飞魄散,赶紧主动"招供"是张说指使的。

事后,唐玄宗虽然没有处罚姜皎和张说,但内心明了功臣集团的眼里是容不下姚崇这粒沙子的。

二是政治的考验。

为了考验姚崇，唐玄宗在骊山脚下举行了一次特殊的渭川打猎，并把六十三岁的姚崇以"特邀贵宾"的身份请到了猎场。结果姚崇的表现让人眼前一亮，他不但才情过人，而且老当益壮，骑射和指挥猎鹰猎犬都游刃有余。事后，唐玄宗对姚崇说了这样一句话：你以后和宰相们同列，当朕的超级顾问吧。

出人意料的是姚崇没有马上谢恩，而是沉默不语。唐玄宗对此很奇怪：莫非嫌官小？

接下来剧情反转，轮到姚崇考验唐玄宗的时候了，他跪地说："陛下，臣有十条建议，如果陛下能答应，臣才敢接受任命。"

唐玄宗一听来了精神。

姚崇于是马上胸有成竹地说出了十条建议，后世称之为"姚崇十策"，其主要内容概括起来就是：一是实施仁政，二是对外不征战，三是宦官不参政，四是皇亲国戚不擅权，五是法律面前都平等，六是官员不进贡，七是寺庙不扩建，八是君臣不分家，九是进谏无过失，十是外戚不专权。

面对姚崇的大挑刺，出人意料的是，唐玄宗几乎没有犹豫，都答应了。事实证明，唐玄宗是英明的，他坚定地执行"姚崇十策"，吹响了开元之治的号角。开元二年（714），姚崇第三次任宰相，兼兵部尚书。

据悉，姚崇出任地方刺史时，由于为官清廉，执政有方，深受百姓爱戴。《浙江通志》记载："姚崇，景龙初（707），曾任越州郡守。时内宫专权，贿赂公行，大兴佛事，縻费浩大，民负不堪。独崇在越州、政尚简肃，推重教化，不以官势治民，越民得以休养生息。在越四年，唐睿宗即位，政声日高，擢为宰相。离越时，士民送至钱塘江干者数以千计，望舟远去，才号泣而返。"后人王仁裕撰写《开元天宝遗事》，记载了姚崇离职荆州时的情景：告别的那天，全城的官吏、百姓都来送行，痛哭流涕地簇拥着他的马头，不舍得他离去；姚崇所用的马鞭和马镫被百姓留下，用作纪念。后来，"截镫留鞭"广为流传，成为典故，表达百姓对离职官员的不舍之情。

姚崇成为宰相后所做的第一件大实事是建立了谏诤制度。

关于进谏，姚崇特别对唐玄宗说："臣请凡在臣子，皆得触龙鳞，犯忌讳，可乎？"而唐玄宗满口答应了。姚崇上任后，在纳谏方面特别对唐玄宗进行了"监督"。话说唐玄宗的生母窦妃当年被武则天秘密杀害，连尸骨都没有找到，这令唐玄宗一直感到很心酸。出于弥补心理，唐玄宗决定在洛阳靖陵前立一块碑，以表达对生母的缅怀和敬重。

这原本是一件家事，但唐玄宗的举动遭遇了一些正直大臣的反对，汝州刺史韦凑上表进谏，劝阻他不要这么做，理由是：自古园陵没有建碑的礼法，现在天下正倡导行节俭之事，此时千万不可兴功，成天下人之诟啊。

唐玄宗为此再征求姚崇的意见，姚崇直言不讳地说："树碑既不符合礼法，又浪费人力财力物力，当然不要滋长这种歪风邪气的盛行。"

唐玄宗于是采纳了他们的意见，没有树碑。

而谏诤制度的实行也让唐玄宗能听到基层最多的声音，这为他的励精图治提供了坚实的保障。

姚崇成为宰相后所做的第二件大实事是灭蝗。

俗话说大旱之后，必有大蝗。开元初年，因为山东等地持续干旱，暴发了蝗灾，导致庄稼颗粒无收。

当时的科学条件和认知水平有限，百姓眼看无法制止蝗灾，只好在田间地头进行膜拜，乞求蝗虫不吃他们的庄稼，结果自然是无效的。

连锁反应，因为蝗灾影响，粮食歉收，百姓饥馑，天下混乱，满朝文武也是长吁短叹，一筹莫展。对此，姚崇马上组织大规模的灭蝗行动，具体来说就是"双管齐下"：

第一，飞蝗扑火。利用蝗虫的趋火习性，夜晚在田间地头点燃篝火，吸引蝗虫前赴后继地往火堆里扑，自取灭亡。

第二，人工扑打。以各个州县为主体，大力捕杀蝗虫，集中烧毁深埋，以杜绝蝗卵死灰复燃。

当然，灭蝗行动也受到了很大的阻力，比如说，姚崇的同事门下侍中卢怀慎就坚决反对，反对的理由很可笑：蝗虫是生灵，杀生是伤和气招祸端的行为。

卢怀慎的反对让唐玄宗也犹豫了，但姚崇进行了有力的反驳：蝗虫是生灵，人更是生灵，如果因为捕杀蝗虫而带来灾祸，我姚崇一人承担全部责任。

就这样，姚崇力排众议，派遣御史分赴各地，广泛动员百姓大力捕杀蝗虫，并且制定了奖惩措施，奖励典型，惩罚不力者，成效很快彰显出来。仅汴州就捕杀蝗虫十四万石，大概相当于现在的七百万公斤。

最终因为灭蝗及时，到了秋收时，虽然粮食因为蝗灾而减产，但并非颗粒无收，百姓基本上是"人不甚饥"，没有出现流离失所的恐怖局面。

唐玄宗任用姚崇为宰相后，在灭蝗和政治斗争方面取得了良好成效，两人也进入如胶似漆的蜜月期。

当时唐玄宗对姚崇很是器重，每次殿见，唐玄宗都会亲自相迎，而告别时又临轩相送，这是一种前所未有的礼遇。

而姚崇如果生病了，唐玄宗不但亲自去探望，而且还会把公文搬到他的病房里，请他审阅。

姚崇不但能力出众，而且生活节俭，更重要的是潜心为唐玄宗服务。有一次，姚崇因一批郎吏的事向唐玄宗进行专题汇报，出人意料的是，姚崇汇报时，唐玄宗一言不发，眼睛一直盯着屋顶。姚崇心里纳闷：屋顶并没有什么好看的啊。当他很识趣地退出来后，唐玄宗的宠宦高力士悄声说："陛下，宰相刚才奏事，您不置可否，这会不会让他很难堪啊？"唐玄宗这才回过神来，笑道："宰相的职责就是帮我分忧解难，任命郎吏这些低级官员的事，宰相完全可以自己裁决，再问我岂不让天下人认为我对宰相不放心？"

这件事也可以从另一个侧面证明唐玄宗对姚崇的信任。

面对唐玄宗的器重和厚爱，姚崇也是竭智尽力地辅政，短短三年多时间，就成效显著，他因此有了"救时宰相"和"开元贤相"的美称。

然而人无百日好、花无百日红，唐玄宗和姚崇的关系很快就进入了磨合期。

俗话说人无完人，尽管姚崇能力出众，才干出众，但也有缺点，主要体现在两个方面：一是居功自傲，二是对身边的人特别是对子女管束不严。有事例为证。

朝中大臣魏知古是小吏出身，但因为他也是政变功臣，凭借姚崇的帮助，他后来一路高升至黄门监，成了朝中重臣。

姚崇却一直看不起他。开元二年（714），朝野上下公开选拔官员。身为黄门监的魏知古本应该主持长安的选举工作，姚崇却认为他水平不够，于是向唐玄宗打了个小报告，让他到东都洛阳去主持选举工作。不巧姚崇的两个儿子就在东都洛阳，两人仗着父亲在朝中的地位和对魏知古的恩情，找魏知古托关系走后门，从中牟取私利。魏知古回到长安后便向唐玄宗进行了举报。

唐玄宗听了很震惊，也很生气，但城府很深的他装作没事一样，找姚崇拉家常，问他家里，特别是儿子的情况。

姚崇是聪明人，立马听出唐玄宗话里有话，于是眉头一皱，计上心来，来了个实话实说：臣有三子，其中两个在洛阳为官，他们两个从小我没有教育好，贪财好利，一定是给魏知古添了麻烦，我都还没来得及问他们呢。

唐玄宗见姚崇如此坦诚，魏知古倒成了背后使阴的小人了，于是事后不但没有处罚姚崇，反而将魏知古贬到地方去了。

然而，事后姚崇的两个儿子非但不知悔改，反而变本加厉，公然做收受贿赂、胡作非为的事，弄得民众怨声载道。而对此，唐玄宗也有耳闻，渐渐地，他对姚崇的阴影面积也在一点一点地扩大，最终导致了两人的关系进入了"决裂期"。

决裂期的爆发点在一个小人物赵诲身上。

姚崇对下属赵诲很是信任。赵诲虽然只是一个小吏,但是办事果敢,为人机警,善解人意,深得姚崇喜爱。然而,赵诲是个贪婪的人,他最终因收受胡人的贿赂被人举报而入狱。唐玄宗高度重视这起案子,亲自去审问,并判处赵诲死刑。

姚崇挺身而出,替赵诲申冤求情,想把他救出来。这下彻底惹怒了唐玄宗,为此,他下达了一份大赦令:京城的罪犯只要不是犯有人命案的死囚,一律赦免。

姚崇一听大喜过望,认为唐玄宗是变着法子帮他救人。然而,当看到唐玄宗后面的"附件"时,姚崇的心沉下去了。因为唐玄宗在敕书里特别申明:赵诲不在此列,杖责一百,流放岭南。

唐玄宗这是直生生地打了姚崇的脸啊。姚崇也是有个性的人,却"自是忧惧,频面陈避相位"。不干了,要辞职。唐玄宗连客套的挽留都免了,直接批准了他的请求,免了他的宰相之职。

唐玄宗这么做,其实是深思熟虑之举,他早就想拿姚崇开刀了。原因有二。

一是姚崇有短板。他教子无方,其子所作所为显然和他的"十策"是背道而驰的。不能正己,何以正天下?免了他的职务,是杀鸡儆猴的需要,也是肃正朝纲的需要,更是唐玄宗励精图治的需要。

二是唐玄宗有私心。为了限制宰相权力,唐玄宗吸取以往权力斗争的政治经验,继续实行多宰相制,就是让他们相互牵制。而姚崇在宰相位置上三年多,虽然做了一些大实事,也帮唐玄宗进一步打压了政敌,通过拨乱反正而稳住了天下的局势,但他的权势也在一天天增大,长此以往,易形成一家独大的不利局面,这是唐玄宗不愿看到的。为此,他撤了姚崇也不足为奇了。

总之,宰相姚崇就这样光荣地"下岗"了,好在唐玄宗还是聘用他当"顾问",并且还授予他一个职务——开府仪同三司,让姚崇每周入朝一次,参与朝议,如果遇到重要的军国之事,依然要咨询姚崇。

而姚崇在"内退"后也毫无怨言,为大唐继续发挥余热,主要体现在两个方面。

一是推荐了一个人。姚崇卸任时,唐玄宗询问他谁可以接任他的职权,姚崇坚定地推荐了宋璟。事实证明,姚崇的眼光是独到和犀利的,宋璟后来也成为一代贤相。

二是劝谏一件事。当时关中地区闹粮荒,为了减轻关中地区百姓的负担,节省开支,渡过危机,唐玄宗想带着文武百官及家眷前往东都洛阳"就食"。正要出行时,太庙却突然崩塌了,这可不是个好兆头啊,众大臣都说这是神灵的告诫,劝唐玄宗要三思而后行。

唐玄宗进退两难之际,又想到了姚崇,于是找来询问对策。姚崇说了两句话。

第一句话:"太庙殿本是苻坚时所造,隋文帝创立新都,移宇文庙故殿,改造此庙。岁月滋深,朽蠹而毁。山有朽壤,尚不免崩。木朽而摧,偶与行期相会,不是缘行乃崩。"太庙已有两百多年的历史了,年久失修,崩塌很正常,千万不要小题大做,用自然现象影射政治问题。

第二句话:"且四海为家,两京相接,陛下以关中不甚丰熟,转运又有劳费,所以为人行幸,岂是无事烦劳?东都百司已作供拟,不可失信于天下。"皇帝带百官去洛阳的事早已世人皆知,洛阳那边做好了迎接等各项准备工作,皇帝如果无缘无故不去了,岂不是失信于人,失信于天下,如此不是毁了皇帝的威信和声誉吗?

唐玄宗听了直呼"卿言正合朕意",于是按期移驾东都洛阳,渡过了缺粮危机。

开元九年(721),姚崇去世,后被安葬于伊阙万安山之南原(今河南省伊川县彭婆镇许营村北),追封扬州大都督,谥曰"文贞"。开元十七年(729),朝廷又追封他为太子太保。

姚崇一生"以不贪为宝""以廉慎为师",清正廉洁直至生命尽头。

姚崇临死前，害怕子孙依照当时盛行的厚葬之风为他操办后事，于是写下《遗令诫子孙文》，劝诫子孙不要厚葬他，并严禁为他"请僧道荐福"而大量挥霍财物。

宋代大史学家司马光在《资治通鉴》中把姚崇列入唐朝的四大贤相。姚崇以显赫的政绩被载入史册，其倡廉自廉的美德流传后世，并著有《扑满赋》《口箴》《五诫》和《遗令诫子孙文》等，以劝诫当时的官吏和后代。

安史之乱爆发后，唐玄宗被迫逃往四川避难，一路奔波狼狈至极，当得知唐肃宗任命房琯为相时，他伤感地说：如果姚崇还在，怎么会是这个样子呢？此时离姚崇罢相已近四十年，离他去世也已三十多年了。人活着掌握权力时被人夸赞不难，离世三十多年还能被君王怀念，这就不是一般人能有的待遇了。

千百年来，姚崇故里人民均以大唐贤相姚崇为荣。如今，河南省三门峡市渑池县、陕州区的姚崇后裔已传到四十多代，他们将姚崇家训代代相传。

2. 宋璟：廉就一个字

与姚崇相媲美的还有一位宰相——宋璟。

宋璟生于龙朔三年（663），邢州南和（今河北省邢台市南和区）人。他是典型的官二代——祖上是著名的官宦之家。良好的家庭环境熏陶，加上敏而好学，勤奋努力，宋璟少年时便博学多才，文采斐然。十七岁时，宋璟就进士及第，荣耀四方。要知道当时有"三十老明经，五十少进士"的说法，说明唐朝进士科的考试是件难事，很多人屡试不中，而五十岁能中进士也是牛人了。宋璟却在弱冠之前便中了进士，可见他的才华之高。

步入仕途后，武则天很快发现了他的才华，对他器重有加，因此，宋璟的官职很快迁升至御史中丞。当时武则天的男宠张易之、张昌宗兄弟专横跋扈，结党营私，扰乱朝政。朝中大臣对张氏兄弟颇为不满，但畏于他们的权势，往往敢怒不敢言。宋璟是个例外，他不畏权势，与他们反复进行斗争。二张于是改变策略，想把宋璟巴结拉拢过去，和他们同流合污，但宋璟不为所动，宋璟的行为当然让二张很是难堪，从此与宋璟彻底交恶了。好在武则天非常爱才，在她的保护下，宋璟才得以安然无恙。如前文所述，宋璟通过一系列正直的举动而名震天下。

唐中宗复位以后，重用宋璟，把他迁升为黄门侍郎。当时朝中大权掌握在皇后韦氏和武则天的侄儿武三思手中。京兆人韦月将揭发武三思的罪行：潜通宫掖，必为逆乱。武三思知道后，反咬一口，利用权势指责韦月将是公报私仇、大逆不道。唐中宗迫于武三思的权势，于是下令处死韦月将。宋璟却说："人家告韦后与三思有私情，陛下不加过问就问斩，臣恐天下会议论，请查实后用刑。"然后提出，自己认为案情不实，请求查实验证。唐中宗大怒："朕已决定斩首，做臣子执行就是。"对此，宋璟毫无惧色，坚定地说："请陛下先将臣斩首，不然臣是不会执行陛下这一命令的。"唐中宗无奈之下，只好免除韦月将死刑，改为发配岭南。

因为得罪了权倾一时的武三思，宋璟遭到排挤，被调离京师，担任贝州刺史。

塞翁失马，焉知非福。到了外地做官，宋璟阴差阳错地躲过了血腥的宫廷斗争，得以明哲保身。

唐睿宗时，宋璟又回到了京师长安。权势日重的太平公主威胁到太子李隆基的地位，宋璟和姚崇奏请令公主出居东都洛阳，以防内乱。

结果，宋璟也被挤出了朝廷，贬职于外。

直到李隆基发动政变夺权新政、逼太平公主自杀后，宋璟又被任命为广州都督。这个官职听来显赫威风，但是今天繁华热闹的广州在唐朝时还是偏远落后的贫陋之地。然而，宋璟并没有怨天尤人，到了广州，他一心扑在了民生的改善上，并且亲力亲为地教会百姓烧瓦来建造房屋，改造店肆，取代简陋的茅、竹之屋。这样一来，不仅改善了百姓的居住条件，也使得火灾的发生大为减少。很快，广州一带百姓对廉洁清正、勤政爱民的宋璟赞赏有加。

他的事迹也传到了唐玄宗的耳中，唐玄宗认为他是大唐不可多得的人才，想把他调任刑部尚书。面对这样的大好事，宋璟却上书说"难从命"，理由是："臣在广州的作为，不值得称颂。臣还没有作出大功绩来，现在调臣担任朝中要职，别人是不服的。朝中要想正风肃纪，就从臣开始吧！"

三年后，也就是姚崇"内退"时，极力推荐宋璟为接班人。这回唐玄宗没有再犹豫和迟疑，马上下了诏书。

开元四年（716），宋璟回到了阔别多年的京师，代任吏部尚书，兼黄门监。宋璟上任后，很快烧出了三把火。

第一，敢于直谏。

宋璟是有名的才子，一次，唐玄宗请宋璟与中书侍郎苏颋给皇子取名，给公主取邑号。原来唐玄宗事先各取了三十个备用名字，并特别交代，在这三十个之中，挑一个响亮的名字和封号。

因为是唐玄宗最喜欢的武惠妃为他所生的可爱小皇子和小公主，他想让他们与众不同。

结果出人意料，宋璟等拒绝了："王子将封三十余国，周之麟趾，汉之犬牙，彼何足云，于斯为盛。窃以郯、郏王等傍有古邑字，臣等以类推择，谨件三十国名。又王子先有名者，皆上有'嗣'字，又公主邑号，亦选择三十美名，皆文不害意，言足定体。又令臣等别撰一佳名及一美邑号者。七子均养，百王至仁，今若同等别封，或缘母宠子爱，骨肉之际，人所难言，天地之中，典有常度。昔袁盎降慎夫人之席，文帝竟纳之，慎夫人亦不以为嫌，美其得久长之计。臣等故同进，更不别封，上彰覆载无偏之德。"血浓于水，陛下的儿女都是陛下的骨肉，不能因为生母受宠程度不同就区别对待。国有国法，家有家规，陛下不能因为感情用事而妨害规矩、破坏制度。

作为宰相的宋璟，敢于这样犯颜直谏，唐玄宗自然对他敬畏有加。

不久，宋璟陪唐玄宗东巡。途经崤谷，由于道路狭窄不平，车骑拥挤，只得走走停停。唐玄宗十分生气，下令撤换两位有关官员。宋璟劝止说："陛下，来日方长，刚一出巡就以道路不平处理两位官员，恐怕以后大家的日子就艰难了。"唐玄宗于是收回了成命。

第二，大公无私。

宋璟成为宰相后，广州官员立了一块功德碑来宣扬他的功绩，上面还刻了"遗爱颂"三个字，以此来讨好宋璟。宋璟知道这件事后，立马对广州官员作出批示：拆除功德碑。理由是：我在广州任职时，作为当地父母官，只是做了自己应该做的事，尽了自己应该尽的责，哪里值得歌功颂德呢？不能因为我当了宰相，就做这样阿谀奉承的事。

宋璟不但自己淡泊名利，而且在大是大非面前敢于坚持原则。开元七年（719），唐玄宗的岳父王仁皎去世了。王仁皎是王皇后生父，当年唐玄宗落魄时，慧眼识珠的王仁皎就把女儿嫁给了他，这令唐玄宗很感动。更感动的是王仁皎此后一直对他很好，唐玄宗为此没少去他家蹭饭吃。后来岳父家也衰落了。一次，唐玄宗到岳父家过生日，王仁皎想煮长寿面给他吃，然而，当时家里竟然没有一点面，为此，王仁皎把自己身上的紫色半臂衫脱下来，到当铺当了，买了一斗面，给唐玄宗做了一顿面条，这让唐玄宗感动得终生难忘。

也正是因为这样，岳父王仁皎去世后，其子奏请比照昭成皇后父窦孝谌旧例，修一座高五丈一尺的大坟，唐玄宗先是反对，后来又同意了。结果宋璟站出来坚决反对，理由是：这不符合制度。按照制度规定，一品官的坟不过一丈九尺，现在要修五丈一尺的大坟，这不是轻易改变制度吗？以后还怎么保证制度执行下去呢？

最终，唐玄宗不但听从了他的劝谏，没有为岳父修大坟，还赏赐了宋璟四百匹彩绢。

第三，整顿吏治。

宋璟当了宰相后，尽管手握大权，但为政清廉，从来不徇私情。他选拔官吏出自公心，对人对己无一例外，这样便使得百官各任其职。

宋璟的叔父宋元超成为朝廷的候选官员，为了能够优先录取，他就倚仗宋璟的权势，要求吏部官员优先录取自己。天下没有不透风的墙，消息不胫而走，传到了宋璟的耳中。宋璟很是震惊，马上给吏部回函一封，直接要求吏部不要因为他搞特殊照顾，千万不能录取宋元超。就这样，宋元超失去了这次任职的良机。

岐山县令王仁琛是唐玄宗称帝前的藩邸故吏，唐玄宗念于旧情，特降敕令授他五品官。宋璟知道后，立马上疏力阻。唐玄宗权衡再三，还是听从了宋璟的劝谏，并对他这种不徇私情的作风称赞有加。

此后，宋璟乘机又提出恢复贞观年间的对仗奏事制度，以避免朝廷大臣的独断专行。唐玄宗也批准恢复了这项制度，使得官场作风更加务实，官员更加清正廉洁。

在宋璟身上，我们看到了盛世的风华和气度——开明包容、言论自由；我们看到一代明君的胸怀和抱负——知人善任、从谏如流；我们看到一个时代的激情和梦想——泱泱大国、人才济济。贤臣遇明主，其铁骨铮铮令人敬，高尚品行令人赞，朝野赞誉他为"有脚阳春"。

然而，宋璟和姚崇一样，也只当了三年多宰相就光荣"下岗"了。原因是宋璟也不是完人，他也有短板，那就是为人过于固执和呆板，不懂得变通之道，不懂得以柔克刚。主要体现如下：恶钱事件。

恶钱就是民间铸造的私钱，它的流通扰乱了社会经济秩序。恶钱大量流行，使得贫者愈贫，奸诈豪强之人更为富有。疾恶如仇的宋璟马上进行了严禁，具体措施是："切断天下恶钱，行二铢四累钱，不堪行用者，并销破复铸。"宋璟的建议触犯了铸钱富豪的利益，他们纷纷上奏反对。加上恶钱禁用后，市场上很快就出现了"现金流"断层的现象，经济和贸易受到了严重影响，弄得民怨载道。

迫于各方压力，唐玄宗终于忍痛割爱——罢免了宋璟的相位，封了他一个没有实权却地位尊崇的官职——开府仪同三司。而毫无实权的宋璟仍直言敢谏，唐玄宗也依然对他敬重有加。九年后，唐玄宗再一次任命宋璟为尚书右丞相。然而，毕竟岁月不饶人，宋璟以年老体弱为由请求辞官，然后选择了归隐田园——到东都洛阳过起了隐居生活。五年后，也就是开元二十五年（737），七十五岁的宋璟在洛阳家中去世。据说，宋璟病重弥留之际，唐玄宗特派专使为宋璟熬药，以表达自己对他的尊重和关怀。

宋璟死后，唐玄宗感念他的功勋，遂特别下旨，赠太尉，谥文贞。

宋璟为官，清廉鲠介。《新唐书》称赞，"宋璟刚正又过于（姚）崇"，"姚崇善应变以成天下之务，璟善守文以持天下之正"。历史上与姚崇并称"姚宋"。

3. 张说：才就一个字

开元八年（720），宋璟罢相后，唐玄宗同时任用张嘉贞、源乾曜、张说三位宰相，结果宰相之间并没有相互合作，而是进行了残酷的权力争夺战。

张嘉贞的上位很富戏剧性。宋璟离职后，唐玄宗为找继任者很是费脑筋，后来终于想到了一个合适的人，于是把中书侍郎叫过来，说了这样一段话："北方有位将军，他的能力和品行都不错，他当宰相最合适，我只记得他姓张，记不得他的名字了。你帮我查一下他是谁。"

中书侍郎想了想，说："是不是现在担任朔方节度使的张齐丘啊？"

唐玄宗点了点头，说："很可能就是他，你给我起草一份任命他为宰相的诏书。"

中书侍郎应允着下去了。

唐玄宗觉得心里还是没有底，于是翻阅堆积在案前的旧奏疏。功夫不负有心人，他翻到深夜，看到了一个叫"张嘉贞"的奏疏，高兴地叫道："是他，是他。"然后他马上派人把那个中书侍郎叫过来，说："名字搞错了，不是张齐丘，是张嘉贞，你赶紧重新拟一份诏书。"

就这样，张嘉贞被火速提拔为宰相。

张嘉贞不但办事精明强干，而且口才极好，有"断决敏速，善于敷奏"之美称,可见唐玄宗是慧眼识才。但张嘉贞也有一个大弱点:思想过于陈旧,做事过于按部就班。因此,在唐玄宗眼里,他还不是全能型宰相。

为此,唐玄宗又重用了源乾曜、张说两位宰相。

张说字道济,原籍范阳(今河北省涿州市),世居河东,后徙洛阳。他少年时就因为敏而好学、博才多识而被称为天才,弱冠参加科举考试,高中状元。武则天因为慕其才而格外喜欢他。张说擅长诗文,入相后其文尤曾冠一时,当时朝廷重要文诰多出其手,与许国公苏颋并称"燕许大手笔"。

武则天时,因为二张兄弟的打压,他在仕途上受挫。到了唐中宗时,张说这颗金子又开始发光,被升任为兵部侍郎,加弘文馆学士。

景云二年(711),张说进中书侍郎、同平章事,跻身于宰相行列。当时,太子李隆基和姑姑太平公主正进行你死我活的权力争斗。在张说的极力推荐下,唐睿宗李旦命太子李隆基监国。

李隆基继位后,继续和太平公主展开权力争夺战。太平公主以强大的实力,把亲信萧至忠、崔湜等人引荐为宰相,而张说则被贬为尚书左丞,流放到洛阳任留守。张说对第一次被罢相可谓刻骨铭心。

开元元年(713),张说从洛阳派亲信觐见李隆基,送了一件特殊的礼物:一把佩剑。李隆基心知肚明,知道张说是在劝告他尽快除去太平公主。后来,李隆基发动政变,终于除掉了太平公主,而张说也因为有"拥立"之功被升任为中书令,第二次拜为宰相。

然而,好景不长,几个月后,张说在仕途上再遇打击,再度被罢相,流放外地。当然,这次罢相是拜当时的首辅宰相姚崇所赐。原因很简单:文人相轻。原来唐玄宗除掉太平公主后,想励精图治的他决定任用人品好口碑好的姚崇为相,干一番新事业。结果这令张说很不高兴,他当然不想姚崇来约束自己,于是千方百计来阻止姚崇任相。为此,他找了御史大夫赵彦昭和殿中监姜皎等人当枪手。然而,唐玄宗还是坚决地任命姚崇为宰相。

姚崇上任后，也对张说很不满，很快抓到了张说的把柄。当时张说到唐玄宗的弟弟、岐王李隆范的府中拜会，这触犯了朝臣不能私自结交藩王的禁忌。于是姚崇把这件事打了个小报告送到了唐玄宗那里去了。唐玄宗大手一挥，张说被罢相了，下放到地方当刺史去了。

开元四年（716），张说的老友苏瑰的儿子苏颋成为宰相。张说饱含深情地写了一篇《五君咏》，其中就有一首诗倾诉了张说与苏瑰的深情厚谊。接下来是见证奇迹的时候了，被感动的苏颋在唐玄宗面前力荐张说，张说的仕途这才又回暖，历任荆州长史、幽州都督等职。

此后，张说不断被唐玄宗委以重任，历任检校并州大都督府长史兼天兵军大使等职。开元八年（720），张说不畏凶险，深入并州的异族部落，安抚各部，平息了各部因朔方大使王晙诛杀突厥降户引起的恐惧。次年，张说又率部平定了突厥降将康待宾的叛乱。不久，张说因平定叛胡，升任兵部尚书，第三次成为宰相。

张说在唐中宗时是张嘉贞的上司，此时两人都是宰相，但张嘉贞是中书令，是正式宰相，张说为同平章事，相当于候补。这当然让张说大为不服气，再加上两人都有才，但都有个性，因此，两人开始了内力的大比拼。

两人的直接对碰从打板子事件开始。

当时有个地方官员犯了错，唐玄宗就召集宰相集团商量对策，结果源乾曜和稀泥，不作主张。而张嘉贞和张说就对着干上了。张嘉贞主张严惩，建议当朝杖责，以示羞辱，达到杀一儆百的效果。而张说主张宽饶，建议给予流放等其他惩罚，切不可羞辱官员，寒了天下士人的心。张说话里有话，有含沙射影的作用，毕竟张嘉贞以前就多次使用这种羞辱的方式处理了一些违纪违法的官员。

两人在朝堂进行了大争论，最终唐玄宗的裁决是：按张说的主张办。

事后张嘉贞觉得很没面子，对张说也是恨之入骨。

此后，争斗结果都是张说略占上风，唐玄宗逐渐偏爱张说起来。

而压倒张嘉贞的最后一根稻草很快也来了。

开元十年（722），张嘉贞的弟弟张嘉佑因为贪污而被人告发。张嘉贞从小父母双亡，和弟弟相依为命，两人的关系非常好。张嘉贞入相后，张嘉佑在官场上也混得风生水起。随着权力的增大，张嘉佑做了违纪犯法的事。结果这些事很快被告到了朝廷，连唐玄宗也知道了。

情同手足的弟弟犯了罪，最着急的还是张嘉贞。他正在思忖对策时，张说出现了。这回他不是来挑刺的，而是献良策的。张说给张嘉贞的建议是：装病在家不去上朝。理由是：现在皇帝肯定正在气头上，这样可以避免惹怒皇帝，皇帝见你识大体，自然就对你弟弟从轻处理了。

张嘉贞认为张说的话言之有理，于是依言而行，结果上了张说的当。

唐玄宗对臣子要求很严格，同时希望臣子忠诚、廉洁、有担当，遇事能坦诚相告。他原本就期待张嘉贞给他一个"解释"，但不见张嘉贞的人影，更不用说主动来求情。再加上张嘉贞平时以严厉著称，在朝中得罪了不少人，他们在张说的蛊惑下落井下石，又是曝内幕，又是揭罪行。结果可想而知，唐玄宗一怒之下做出决定：一是免了张嘉佑的官职，二是贬张嘉贞去幽州当刺史。

至此，两人之争以张说的完胜告终，朝中宰相只剩下了张说和源乾曜，而张说取代张嘉贞成了首席宰相——右丞相兼中书令，宰相制度又回到了一主一辅的老套路上去了。此年为开元十三年（725）。

张说站在权力的巅峰后，马上有以下举动。

第一，裁军务农。

唐朝当时的边疆士兵多达六十万，而边境因为唐朝的强大也日趋稳定，边疆显然用不着这么多军队。于是张说向唐玄宗建议裁军二十万，让他们回家种田，为国家的经济建设贡献力量。唐玄宗听了有点担忧：裁这么多军队会不会带来混乱啊？对此，张说表示愿立军令状：如果因为裁军而导致边疆骚乱，我张说愿以全家人的性命抵罪。

唐玄宗被他的举动震撼了,最终同意了他的建议。

结果随着驻边军队减少、军事条件的完善,部队的战斗力反而增加了。裁去的二十万大军回家务农,进一步释放了劳动力。

第二,改革体制。

宰相虽然位居一人之下万人之上,却是苦差,事多工作累点倒也没事,关键是当时机制有缺陷,在三省六部制下,宰相只有决策权,没有行政权,因此办起事来很是别扭,效率不高。

为此,张说经过深思熟虑后,向唐玄宗建议对宰相机构进行大刀阔斧的改革,把以前宰相议政的"政事堂"改为"中书门下",下设吏房、枢机房、兵房、户房、刑礼房五房。这样,一旦形成决议,就直接交五房办理,绕过了尚书省六部。

唐玄宗采纳了他的建议。

第三,以文安邦。

张说为了让天下的文人都有出头的机会,建议唐玄宗办一个集书院。同样重视文学的唐玄宗同意了,于是一个叫丽正书院的机构正式出炉了,书院负责修撰和整理图书、研究礼仪、给皇帝讲课。张说兼任书院的院长——修书使。

后来,丽正书院改名集贤殿书院,其院生也叫集贤殿学士,张说还是院长。而因为有了这个国家书院,天下奇士能人都有机会汇集其中,纳入唐玄宗选拔官员的人才库。

经过近十年的励精图治,唐朝政局平稳,边疆安宁,天下太平。开元十三年(725),唐玄宗已经年满四十岁了,他想到了封禅,以便告成功于天地。

张说领会到了唐玄宗的意思后,极力支持唐玄宗的这一想法,并且联合朝中文武百官进行上书表达心声。唐玄宗当然要作秀一番,于是在推托了好几次后,他才"勉为其难"地答应了。

是年十月,唐玄宗领着文武百官、皇亲国戚、四夷酋长及一些外国贵宾从洛阳出发,来了个"封泰山,禅梁父,答厚德,告成功"。

泰山封禅可以说成了张说人生的威风时刻，但也是他从巅峰跌落到谷底的转折期。因为张说在封禅的关键时刻，利用职务之便，为亲朋好友谋福利。张说的女婿郑镒原本只是个九品芝麻官，但泰山封禅后，在张说的帮助下，很快升为五品高官了。

当时朝廷规定，五品官员的着装是红色官服，结果，一次唐玄宗看到郑镒穿着红色官服很是吃惊，他的印象中，郑镒是一个小官，怎么一下子成了五品官了呢？面对皇帝的质问，郑镒面色绯红，无言以答。好在唐玄宗身边的一个伶人替他解围了，说："此泰山之力也。"据说，后来人们把岳父称为泰山就是因此而来。

张说利用职务之便任人唯亲，四处捞好处，长此以往，引起了朝廷上下的不满。于是有人把他贪赃枉法、徇私舞弊的事向唐玄宗进行了告发。而唐玄宗也早看出了张说的"劣迹"，于是把张说掌管的吏部铨选大权剥离，交给吏部其他大臣管理。

唐玄宗原本只是给张说敲警钟，让张说马上悔改。然而，张说对唐玄宗的处罚非常不满，蓬头垢面地坐在家里的草席上，用瓦盆吃饭，等皇帝降罪。

唐玄宗没有手下留情，马上撤了张说宰相的职务，但念其旧情，还是保留了一些余职，并且和对待姚崇和宋璟一样，遇有军国大事，便派人去征求他的意见。

最终，张说内退在家修史，安详地度过了晚年。

4.张九龄：斗就一个字

张说之后，宰相可以用轮流坐庄来形容。先是李元纮和杜暹之争，随后又是萧嵩和裴光庭之争，再之后又是萧嵩和韩休之争，争斗的结果四个字可形容：两败俱伤。

而最有名的争斗是开元二十二年（734）之后的张九龄和李林甫之间的大斗法。

张九龄,字子寿,号博物,仪凤三年(678)生于韶州曲江(今属广东省)。他有四大特点。

一是才华高。张九龄从小天赋过人,七岁就能写文章,十三岁神童之名远播,二十岁时考上进士。随后张九龄引起了当时的文坛领袖张说的注目,他见了张九龄的文章后,赞叹道:后来词人称首也。于是他做出惊人之举:一是主动放低姿态,把张九龄认作"同宗";二是开元十一年(723)提拔他为中书舍人,当心腹来培养。张九龄有才华有气质,而且还有张说这样的牛人推荐,因此仕途上也是扶摇直上。

二是气质佳。张九龄虽然是草根出身,但举手投足之间充满了贵族气质,连唐玄宗都为之叹服。当时,官员上朝都带着笏板,下朝后插在腰带上,骑马回家。张九龄长得偏瘦,带着笏板上马很吃力,为此他想出了一个绝妙的办法,将笏板装在一个精致的护囊里,让下人捧着,等他上马之后再递给他。结果这一举动被唐玄宗看到了,被他的雍容典雅吸引住了,大为赞叹。于是,护囊很快成为官员们的流行时尚。开元二十一年(733),张九龄升迁为中书侍郎、同中书门下平章事,第二年升为中书令,监修国史。

三是业绩好。张九龄当宰相期间,不但把政务处理得井井有条,而且还做出了一件惠及千秋的大实事——开辟大庾岭新路。

岭南远离中原,经济极为落后,被称为蛮荒之地;自秦汉以后道路失修,关隘尽废,与中原交通又变得极为不便。张九龄决定开凿新路。为此,他亲自到现场勘探路线,经过精心设计,又积极筹集资金,很快组织民众开始施工。经过一年多的努力,一条"方五轨"(可以并行五辆车)的大道出炉了,沿途还设有驿站馆舍供人休息。

这条路打开了岭南和内地的通道,从此,岭南得到了开发,可以说张九龄功不可没。

四是性格直。张九龄为人正直,凡事秉公守则,直言敢谏,不徇私枉法、不附权贵、不肯妥协。因此,他也得罪了不少人,其中有一位重量级的人物,名字叫李林甫。

李林甫有三大特点。

一是出身高贵。他是贵族出身，属于李唐宗室的成员，他的祖上李叔良是高祖李渊的堂弟，从辈分上说，唐玄宗还得叫他曾叔祖父。这个高贵的身份也是李林甫通往仕途的敲门砖和铺路石。

二是目不识丁。李林甫从小不学无术，被称为白字先生。据悉，李林甫因白字闹了笑话，他的表弟生了儿子，理应写封贺信。他隐约觉得有一个词叫"弄璋之喜"，但不加思索就写成了"弄獐之喜"。本来祝贺表弟得到像美玉一样的男孩，结果表达成像野兽一样的男孩！闹了大笑话，后来他当了宰相后，被人戏称为"弄獐宰相"。

三是口蜜腹剑。李林甫为人圆滑，道德败坏，司马光《资治通鉴》评价他"口有蜜，腹有剑"，即典型的人前一套，人后另一套，两面三刀。

李林甫的舅舅名叫姜皎，是玄宗的发小兼宠臣。姜皎时常凑在唐玄宗身边击球斗鸡、歌舞宴乐，而李林甫则时常凑在姜皎身边阿谀奉承、溜须拍马，甥舅二人臭味相投。姜皎于是时常在唐玄宗面前说外甥的好话。

李林甫还极力结交宦官，巴结上了唐玄宗身边的第一红人、宦官高力士，很快摸清了唐玄宗的脾气与喜好。同时，李林甫还极力巴结后宫嫔妃，后来竟和玄宗宠妃武惠妃打得火热。于是武惠妃也经常给唐玄宗吹枕边风，夸赞李林甫。

唐玄宗看到身边的人都说李林甫的好话，而且李林甫说话办事也很合自己的心意，于是，提拔他进入新一届宰相团队。

开元二十二年（734）五月二十八日，唐玄宗新的宰相团队出炉，可称之为三人宰相团：张九龄、裴耀卿与李林甫。三人之中，不论权力还是资历，李林甫都稍逊一筹，他只能居于第三的位置。

张九龄和裴耀卿都属于才子，两人意气相投，相处融洽，但张九龄瞧不起白字先生李林甫，对人说："李林甫议事，如醉汉脑语也，不足可言。"意思就是说，李林甫议事就像酒喝多了一样胡说八道，没必要与他商议政事。

李林甫气得把张九龄的祖宗十八代问候了个遍,心中愤愤不平、伺机报复,当面却唯唯诺诺、笑脸相迎。因为张九龄是中书令、首席宰相,而他自己只是个三把手。

李林甫这个人眼睛很贼,对事情的分析很透彻。他很快发现张九龄的软肋:直言敢谏,脾气与当年的宋璟如出一辙。

于是,李林甫发挥了自己两面三刀的特长,从背后给张九龄布陷阱、使绊子。李林甫还注意到,张九龄与裴耀卿关系密切,若能扳倒张九龄,裴耀卿也将不能自保,这样,即可"一雕挟两兔",自己可集宰相大权于一身。李林甫心里这样谋划,但他并未马上付诸行动。因为他深知张、裴二相在朝中有很高的威望,若急于求成,不仅难以如愿,弄不好还会搬起石头砸了自己的脚。所以,李林甫表面上不露声色,甚至还有意讨好二人。唐玄宗因此认为李林甫有度量,不计仇怨,并勉励三人亲密合作,辅佐大唐。

其实,唐玄宗对于张九龄,一直是真心喜欢的。《开元天宝遗事》记载了唐玄宗对张九龄的"仰慕"之情:"张九龄文章,自有唐名公皆弗如也。朕终身师之,不得其一二。此人真文场之元帅也。"唐玄宗不但当众赞美张九龄,而且还送给张九龄一个美称——"文场元帅"。

然而,唐玄宗也有不满,张九龄过于刻板,经常因为坚持原则而让他下不了台。

工于心计的李林甫也在机警地注意着张九龄与唐玄宗的关系。每当看到张九龄和唐玄宗的意见不一致时,他当场总是低头不语,认真倾听,绝不多说一句话,背后再思应对之策。一次,唐玄宗想从东都洛阳回长安,张九龄说:"现在是农忙时节,待到冬天再说吧。"而李林甫当面不表态,背后对唐玄宗说:"东都、西京,都是陛下的宫殿,想来便来,想往便往,只要给百姓一些补贴,何必选择时间呢!"唐玄宗听了很高兴,认为还是李林甫贴心,于是执意回长安了。

开元二十三年(735)春天,唐玄宗和张九龄在是否任用张守珪为宰相的问题上出现了严重分歧。

智勇双全的边将张守珪在大败契丹、解除东北边疆威胁方面立下过大功,唐玄宗为了表彰其功绩,竟然要提拔他当宰相,结果遭到了敢于直言的张九龄的反对,他说:"宰相是代表天子治理国家的,而不是为了赏功而封的官。张守珪固然英勇善战,但并无治国之才,不可为相。"最终,正是因为张九龄据理力争,直言进谏,唐玄宗才打消了任命张守珪为宰相的念头。

虽然张九龄在这场争论中笑到了最后,但他和唐玄宗之间的裂痕也越来越大。

诸如此类的事情还有很多,所表现出来的都是张九龄处处忤逆,李林甫处处贴心,结果唐玄宗逐渐把感情的天平偏向了李林甫。

但张九龄还没有警觉,依然我行我素。当唐玄宗想废掉太子时,尚古礼的张九龄力言古人重嫡长之义。结果事后,李林甫在唐玄宗面前讥嘲说:"张九龄这是'拘古义,失大体'。"

开元二十四年(736),唐玄宗欲重用李林甫推荐的牛仙客为相,张九龄又谏止,认为牛仙客"不知书",不宜受重用,令唐玄宗很是难堪。

唐玄宗的忍耐也有限,果然,在其中一次争执时,"帝变色曰:'事总由卿?'"翻译成白话就是:(大唐的)事都由你说了算?

于是,两人关系进入了决裂期。张九龄被罢相也进入倒计时。

当时,范阳节度使张守珪向张九龄报告,他手下有一员番将在讨伐契丹时失利,违犯军法,已将其执送京师,请朝廷将其斩首,以正朝典。张九龄立马表示同意。

张九龄会同意,不仅仅是因为这个番将犯了军法,还因为此人他早就认识。几年前,在这个番将入京汇报工作时,张九龄就见过此人。当时,他就神奇地对其有个判断:"乱幽州者,必此胡也。"

现在,正好此人犯了军法,送上门来。张九龄决定借此机会,杀了他,永绝后患。

唐玄宗李隆基却不同意，下令将这个番将放了。

开元二十四年（736）八月初五日，唐玄宗生日，群臣多献宝镜，张九龄独上《千秋金镜灵》五卷，具陈前代帝王兴衰之迹，以申讽谏。

不久，张九龄被扣上了结党的帽子，以尚书右丞相罢知政事，后受牵连被贬为荆州长史，而李林甫荣升为中书令。从此，唐玄宗心满意足地看到了一团和气的朝堂，竟然一直重用了李林甫十九年。

这期间，大唐虽然国力依旧强盛，但政治上日趋腐败，慢慢走向了乱局。而李林甫战胜张九龄，则是唐玄宗走向昏庸的第一步。

张九龄罢相，以诗寄情，作《感遇》诗十二首，托物抒怀。他被贬荆州时写的《望月怀远》则成了旷世佳作，其中"海上生明月，天涯共此时"被广为传颂，至今仍被津津乐道。

开元二十八年（740）春天，六十三岁的张九龄在家乡去世。

天宝十五载（756）七月，当唐玄宗李隆基躲在蜀中一隅之地时，他泪流满面地、深深地想起了张九龄。

《唐语林》记录，唐玄宗仓皇幸蜀之时，曾对高力士说："吾取张九龄之言，不至于此。"

原来，当年张九龄执意要杀掉的那个番将，名字叫安禄山。清人赵翼评价说："是曲江生平，此一事最关国家之大。"此句中的"曲江"，就是指张九龄。

张九龄罢相，绝对是唐朝历史上的一个分水岭。

唐玄宗后来"因思九龄"，于是在那个兵荒马乱之际，仍然从蜀中派使前往张九龄的家乡韶州曲江（今广东省韶关市），专程去祭奠这位已经去世多年的前宰相。只是，世上没有后悔药可吃，唐玄宗悔青了肠子又如何？还是只能自吞苦果。

安禄山发动的那场暴乱是大唐由盛转衰的分水岭。其实，唐玄宗罢免铁面无私的张九龄，任口蜜腹剑的李林甫为中书令时，巍巍盛唐已经不可避免地走上衰败之路。

三　天宝危机的恶果

1. 开元盛世起落记

先天二年（713），唐玄宗李隆基发动政变，彻底铲除太平公主的势力，完全掌握朝中大权后，马上做了五件强基固本的事。

第一件事：立威。

政变成功后，唐玄宗李隆基马上在骊山举行了一次声势浩大的阅兵活动。二十万大军严阵以待，威风凛凛，唐玄宗穿着铠甲，手持大枪，亲自指挥。

然而，就在这时，一个插曲的发生改变了整个局势。就在唐玄宗指挥得正起劲时，一个人却搅和进来，硬生生地按下了"暂停键"。这个人就是时任朔方大总管郭元振。

郭元振之所以这么大胆，是因为他大有来头。郭元振进士出身，他的军事能力和外交能力都很出众。

唐中宗执政时，授他安西大都护一职出使突骑施。结果在和突骑施大可汗乌质勒会晤时，为了能更好地"交心"，他邀请乌质勒到帐篷外进行交谈。乌质勒年纪大了，哪受得了这样的风寒，当天夜里就发烧了，第二天竟然一命呜呼了。乌质勒突然死亡，他的儿子不干了，要以谋杀罪处死郭元振。郭元振临危不乱，他一个举动就化解了危机——主动到大帐内凭吊乌质勒，哭得涕泗横流，好不伤心。最终郭元振的眼泪感动了乌质勒的儿子，不但赦免了他，而且还答应和唐朝永结同心、世代友好。

整个过程中，郭元振的胆略和外交才能展现得淋漓尽致。

郭元振还是唐玄宗李隆基的坚定支持者，当年李隆基还没有得势，郭元振却暗地里唯他马首是瞻。在李隆基和太平公主的权力争夺战中，正是郭元振的支持和帮助，政变才最终成功。因此，李隆基把这位政变第一功臣定为这次阅兵的现场总指挥也就不足为奇了。

只是军事演习时,唐玄宗为了一展权威,竟然亲自当起了指挥员。也不知是郭元振不甘寂寞,或是出于不满,还是指挥失误,总之,当李隆基挥旗鸣金收兵时,军队无所适从,如长龙般的队伍顿时骚动起来。这样的军队如何能打仗呢?

好好的局面突然变得一团糟,唐玄宗怒不可遏,直接派人把郭元振抓起来,要就地正法。唐玄宗之所以不念郭元振的功绩,要拿这位头号功臣开刀,原因很简单:树权威。

郭元振当然没有死,因为群臣及时向唐玄宗求情。唐玄宗当然没有真想处死郭元振,只是想杀鸡儆猴。眼看大臣们集体求情,也就饶恕了他。死罪可免,活罪难逃,郭元振以军容不整罪,被流放新州(治今广东省新兴市),旋改饶州(治今江西省潘阳县)司马。

郭元振显然无法接受这样"断崖式"的地位转变,无法平衡这样突如其来的心境变化,很快抑郁而死。

而通过骊山演武事件,唐玄宗的权威进一步树立了,连身边最亲近的功臣都能做到铁面无私,朝中其他大臣又怎么不战战兢兢、如履薄冰呢?

第二件事:立政。

古人云:法令、刑罚者,治之末也。唐玄宗掌权后,立志要开创一个与众不同的时代,实现自己远大的理想抱负,青史留名,万代景仰。为此,他开始除旧布新,以法治国,制定了很多规章制度,并且严格执行。很快,官场作风大为改善,朝中政治风景焕然一新。

第三件事:立德。

唐玄宗想要励精图治,当然知道人才是重要支撑,为此,他唯才是举,知人善任。一方面,他注重人才培养,通过科举选拔出大量的文学之才、吏才和将才为己用。另一方面,他特别注重协调国之命脉——宰相之间的关系,确保中枢的稳定,以及行政的决策力和执行力。

育才、引才、重才,这为唐玄宗开创盛世打下了坚实的人才基础。

第四件事：立本。

封建社会，农业是经济的根本，而土地制度是农业之根本。唐朝开国之初实行的是均田制。

所谓均田制就是"均天下之田"。推行均田，奖励垦荒，首先要有田可种。唐高祖曾颁布均田令，规定："丁男、中男给（田）一顷……所授之田，十分之二为世业，八为口分。世业之田，身死则承户者便授之；口分，则收入官，更以给人。"这种计口授田的土地分配法，在一定程度上限制了士族、豪强对土地的垄断。然而，因为皇室宗亲的干扰，均田令并没有完全落实到位。唐太宗即位后，才开始切实地推行。他极力鼓励农民迁往空荒地较多的地区即"宽乡"，以便给足田数。贞观元年（627），关内旱灾，粮食歉收，唐太宗下令组织饥民到关外"分房就食"。贞观二年（628），唐太宗提出："安置客口，官人支配得所，并令考司录为功最"，希望地方官"善相劝勉"。所谓"客口"，就是迁居客地附籍的客户。其中有灾民、流民，也有部分自耕农，他们迁居的地方主要是宽乡。

唐太宗时颁布的《唐律疏议》中有这样的硬性规定，宽乡占田逾限不作违反律令论处，移民垦荒可以得到减免租税的优待。而官员不按赋役令执行，要受"徒二年"的刑律处分。通过这种宽乡占田、奖励垦荒的方式来推行均田制的进一步落实。

然而，后来随着时间流逝，土地买卖频繁，老百姓逃避徭役兵役负担，产生了好多逃户。唐玄宗时，沿用了据户籍按人丁收税的政策，但纳税人跑了，国家财政岌岌可危。这时，唐玄宗任命宇文融为覆田劝农使，不受任何衙门节制，直接对皇帝负责。三年中，宇文融恩威并施，查出逃户八十万户，扩大了赋税收入。

同时，唐玄宗还组织屯田、大兴水利、减免赋税等措施，来盘活农业生产，结果是粮食大丰收，物价平稳，百姓安居乐业，整个社会呈现一片欣欣向荣之势。开元二十五年（737），再次颁布均田令，将既有成果以政策形式巩固下来。

第五件事：立根。

唐玄宗高度重视儒家思想教育，大力提倡孝道，尤其重视典章制度建设，如组织编纂行政法典《唐六典》、礼仪规章《大唐开元礼》，从而将政令制度化。此外，将文化教育纳入了国家考核体系之中，涌现出一大批文豪，形成了强大的文化底蕴，唐诗的创作到了一个前所未有的高度，形成了中国文学史上的"诗国高潮"。

然而，唐玄宗开创的开元盛世并没有维持多久，就因为一件事而夭折了。

众所周知，中国古代的继承人争斗最为残酷无情，太子是皇子们最开始追求的目标，然而太子并不一定就是未来的皇帝，历史上好些太子沦为废太子，只有真正继位的人才笑到了最后。唐玄宗时期的继承人之争同样复杂曲折。

开元三年（715），唐玄宗立李瑛为太子。李瑛，本名李嗣谦，是唐玄宗的第二子，按照立嫡以长的原则，李瑛并没有机会成为太子。然而，他的大哥李琮是个扶不起的阿斗，在两个方面有致命的短板。

一是出身卑微。

古代实行一夫一妻多妾制，皇帝只有一个正妻，就是皇后。其他的嫔妃，再得宠也只能是妾。正妻的儿子是嫡子，妾的儿子是庶子。

李琮虽然是唐玄宗的长子，但他是妾所出，庶长子的身份让他失势不少。

二是自身有硬伤。

李琮很小的时候随唐玄宗去狩猎时，非但没有展示本领，还被野兽抓伤了脸。因为"毁容"，形象不好，于是唐玄宗把他排除出太子之列。

李瑛是唐玄宗的第二子，虽然也是庶出，但王皇后无子，其生母赵丽妃又曾一度得到了唐玄宗的宠爱，因此他顺理成章地成了太子。

然而，李瑛成为太子后，日子并不好过。原因是后宫风云突变。

这时风流的唐玄宗开始独宠武惠妃，其生母赵丽妃被打入了冷宫。

武惠妃是武则天的侄孙女，她的父亲是武则天堂侄武攸止，武惠妃不但长得貌若天仙，能歌善舞，而且会献媚能生子，她一口气为唐玄宗生了七个孩子，虽然前三个都夭折了，但第四子李瑁长得一表人才，深受唐玄宗的喜爱。

唐玄宗作为报答，想立武惠妃为皇后。然而，唐玄宗的这一决定遭到了朝中大臣的一致反对，理由是：太子已立，若立武惠妃为皇后，会引来太子之争的风波。唐玄宗见朝中百官都反对，只好暂时作罢。

武惠妃眼看自己在后宫"转正"遥遥无期，便打起了儿子的主意。虽然儿子李瑁七岁时便被封为寿王，但她并没有满足，她想让儿子取代李瑛成为太子。这时，她得到一个强有力的人的支持——李林甫。

武惠妃和李林甫强强联合后，太子李瑛的地位更加岌岌可危。为此，太子李瑛经常和两个弟弟鄂王李瑶、光王李琚聚在一起，饮酒解忧，酒到浓时，三人一起痛斥武惠妃和李瑁。

结果祸从口出，有人向武惠妃进行了举报。武惠妃正愁找不到太子李瑛的把柄，听说后马上跑去向唐玄宗揭发太子罪行：结党欲图不轨。

唐玄宗一听怒不可遏，立马决定将太子废黜。好在关键时刻，宰相张九龄挺身而出，直言不讳地进行了劝谏，并且举出了历史上一些废黜太子而导致动乱的例子给唐玄宗听。唐玄宗听了左右为难，不知道如何决断。

而武惠妃知道，张九龄这一关不过，一切都是徒劳，于是派亲信对张九龄说："太子是迟早要换的，您要是听我的，可保宰相之位无忧。"

面对这赤裸裸的警告和恫吓，张九龄并没有屈服，而是马上向唐玄宗上奏，警醒他：后妃干政，后患无穷。唐玄宗虽然因为国泰民安而有些骄傲自满，但他头脑还是很清醒的，觉得张九龄说得有道理，于是打消了废黜太子李瑛的念头。

开元二十四年（736）十一月，主张稳定太子李瑛地位的宰相张九龄下台了，李林甫成了第一权臣。而这一变化，使得太子李瑛顿时变得孤立无援，随时都有被废的危险。

张九龄刚下台，武惠妃就让女婿杨洄充当枪手，举报太子李瑛和两个弟弟鄂王李瑶、光王李琚与太子妃兄薛锈图谋造反。

听说太子要造反，唐玄宗本着据实查处原则，马上派人去现场查看真相，结果令他大吃一惊：太子李瑛正调兵遣将，严阵以待。对此，唐玄宗无奈地摇了摇头，认定太子李瑛果然是在谋反。

其实太子李瑛完全是着了武惠妃的道。原来武惠妃一边派女婿杨洄去向唐玄宗打小报告，另一边派人向太子传旨说内宫出现了刺客，请太子马上带兵前去护驾。太子哪知是计，马上联合鄂王李瑶、光王李琚集合各自的卫队准备去救驾。

结果他们就被唐玄宗认定是在谋反。接下来就没有什么悬念了，唐玄宗走过场似的召集朝臣商议此事，而朝中第一权臣李林甫明确表示支持废黜太子李瑛，并且还说调换太子是皇帝的家事。唐玄宗于是不再犹豫，马上把太子李瑛和鄂王李瑶、光王李琚三人同时废为庶人。半个月后，李瑛兄弟三人被赐死在长安城东的驿站里。

太子李瑛死亡后，武惠妃的儿子李瑁转正只是时间问题了。然而，在这个节骨眼上，武惠妃病了，随之一病不起，最终一命呜呼。

武惠妃究竟是怎么死的？有一种说法是被吓死的。李瑛三兄弟死后，她老觉得鬼魂缠着她，请医问药没有效果，又请术士作法驱鬼依然没有效果，最终有心病的她被活活吓死了。

武惠妃死了，唐玄宗却醒了。通过这件事，他明白太子李瑛三人肯定是冤枉的。也正是因为这样，唐玄宗对立李瑁为太子一事变得犹豫不决起来。

而这时李林甫当然还是支持立李瑁为太子。唐玄宗为此整天闷闷不乐、寝食难安。他身边最亲近的高力士见状，问道："陛下是为太子之事而烦恼吧？"唐玄宗叹道："手心手背都是肉，这立太子之事让朕犯难啊。"

高力士说:"您将年长的皇子立为储君,谁敢有非议?"(推长而立,孰敢争?)

唐玄宗一听,高兴地说:"你的话非常有道理。"于是,他马上册立第三子李亨为太子。

随着李林甫成为首相,唐玄宗一日杀三子,最后立第三子为新太子,开元盛世也在这些骤变中宣告结束。

2.杨贵妃的受宠史

众所周知,唐玄宗李隆基执政前期最宠爱的女人是武惠妃,而后期最宠爱的女人是杨贵妃。

杨贵妃是我国古代四大美人之一,有"闭月羞花"的美誉,有"回眸一笑百媚生,六宫粉黛无颜色"的魅力,有"贵妃出浴"的美谈,有倾国倾城的容颜。正如《资治通鉴》所说:"或言寿王妃杨氏之美,绝世无双。"

杨贵妃名杨玉环,她出生于官宦世家。高祖父曾是隋朝的高官,唐朝初年被李世民所杀。她的父亲也是唐朝的高官(蜀州司户杨玄琰),然而在杨玉环十岁的时候,她的父亲去世了,因此只能投奔洛阳的叔叔。杨玉环长得十分美艳,自小接受过良好的教育,性格温顺,又擅长歌舞,通音律,聪明过人。开元二十三年(725)被选为寿王妃,婚后小两口十分甜蜜。

根据史书记载,唐玄宗第一次在寿王府无意中看到杨玉环时,就被她的绝世姿色所吸引。

当然,按照《长恨歌传》记载,杨玉环是宦官高力士"发掘"出来的,高力士最懂唐玄宗,他给失去武惠妃的唐玄宗物色了一个才貌俱佳的女子——杨玉环。结果,唐玄宗一见杨玉环,便惊为天人,产生了"回眸一笑百媚生,六宫粉黛无颜色"的感觉。

为了得到杨玉环，唐玄宗于是上演了横刀夺爱三部曲。

第一步：李代桃僵。开元二十五年（727），寿王母亲武惠妃去世，父子关系渐变。天宝初（741），唐玄宗以"孝道"为名，以为母亲窦太后荐福为由，下诏让杨玉环自请为女官，住进太真宫。此后，他经常在夜深人静的时候私访太真宫。

第二步：乱点鸳鸯谱。将大臣韦昭训的女儿许配给寿王李瑁，并立为妃，以安寿王之心。寿王李瑁对杨玉环也是极为宠爱的，此时明知父皇横刀夺爱，但也是敢怒不敢言。

第三步：曲径通幽。五年之后，杨玉环守戒期满，唐玄宗下诏让杨玉环还俗，光明正大地将她接进宫中，正式册封为贵妃。

唐玄宗因为极宠爱杨玉环，爱屋及乌，连她的亲戚朋友都给予高官厚禄，甚至一度改变了当时百姓的生育观，有了"遂令天下父母心，不重生男重生女"的风气。

杨贵妃之所以能集三千宠爱于一身，是因为她有"独门三绝技"。一是长相美。没有倾国倾城之姿容，她又怎么能入唐玄宗的法眼呢？二是人丰满。杨玉环长得"微胖"，"微胖"正是她的敲门砖，因为唐玄宗就好这一口。三是舞技好。杨贵妃的舞技是一绝，特别是她的代表作《霓裳羽衣曲》，舞姿优美动人，据说当时天下无不为之惊艳。

"霓裳一曲千峰上，舞破中原始下来。"据悉，唐玄宗看了杨玉环娇媚多姿的舞姿后，激动地大加赞赏道："仙姿妙乐、仙姿妙乐啊！绝配、绝配！"

唐玄宗自从宠爱杨玉环后，整天沉迷女色，天天笙歌燕舞，甚至对后宫人夸赞地说了十个字："朕得杨贵妃，如得至宝也。"

唐玄宗为此还在开元和天宝年间两次大规模扩建温泉宫，修建成功后，把温泉宫更名为华清宫，而这里也成了他和杨贵妃享乐的地方。

杨玉环喜欢吃荔枝，但长安不产荔枝，为了让心爱的人吃上荔枝，唐玄宗令沿途驿站都备好快马，昼夜兼程，以最快速度把岭南的荔枝运到长安来。据悉，一些人和马都在这个传递过程中被活活累死了。

诗人杜牧为此在《过华清宫》里这样写道:"长安回望绣成堆,山顶千门次第开。一骑红尘妃子笑,无人知是荔枝来。"

可以说为了美人,唐玄宗倾尽了老本。

唐玄宗对杨玉环宠爱到了极点,两人朝朝暮暮,形影不离,"春宵苦短日高起,从此帝王不早朝。"而这盛宠竟然长达十一年。

杨玉环受到唐玄宗的恩宠后,摇身一变,名为大唐贵妃,实际上却享受了皇后的待遇。由于杨玉环在宫中得势,她的亲戚都被封为高官,连杨玉环的远房哥哥杨国忠都开始操纵朝政。杨家一族,娶了两位公主、两位郡主,唐玄宗还亲自为杨氏御撰家庙碑。杨玉环多次向唐玄宗为自己的亲戚要官,唐玄宗无一例外全部答应。杨家一时权倾朝野。

3.杨国忠的发迹史

因为杨贵妃得到唐玄宗的宠爱,杨家人都得到了重用,并在朝中形成了一股强大的政治力量。

首先,杨氏三姐妹得到了重用。据《旧唐书》记载:"有姊三人,皆有才貌,玄宗并封国夫人之号:长曰大姨,封韩国;三姨,封虢国;八姨,封秦国。并承恩泽,出入宫掖,势倾天下。"

秦国夫人、韩国夫人、虢国夫人的住宅是相连的,据说她们的屋瓦是连成片的。而唐玄宗每次去华清宫,杨氏三姐妹都会随行。

而杨氏三姐妹中,虢国夫人最为高调和嚣张,据说她每次出游,马队都是花枝招展,就连身边的奴婢都披金戴银、威风凛凛。其马队过后,路人经常捡到她们掉下来的首饰。

虢国夫人不但奢侈无度,而且胡作非为,劣迹斑斑。更令人侧目的是私生活极为放纵,不但和唐玄宗有私情,而且还留下很多风流情债。

相对于虢国夫人的好色,韩国夫人则好财。她凭借着杨贵妃这个重量级后台,做起了"提篮子"的事儿,经常给皇子皇孙和达官显贵等保媒拉纤,并从中收取高昂的报酬,挣得盆满钵满。

而秦国夫人好权。她虽然为人还算正派,但眼里容不下一粒沙子,对于政敌毫不手软,曾间接害死了贤臣杨慎矜。

《新唐书》这样描述杨氏三姐妹:"出入宫掖,恩宠声焰震天下。每命妇入班,持盈公主等皆让不敢就位。台省、州县奉请托,奔走期会过诏敕。四方献饷结纳,门若市然。"也就是说,受宠的杨氏三姐妹让唐玄宗的妹妹持盈公主都得礼让三分,各级机构、地方政府执行她们的命令比执行诏敕还要快,各地方都争相给她们送礼,每天络绎不绝。

有事例为证。天宝九载(750),杨氏姐妹上街看灯会,结果在长安城的西市门口邂逅了唐玄宗的女儿广平公主,因为门比较窄,不能令两家同时通过。为了抢得头筹,杨家的家奴使劲抽马鞭,结果一鞭子没抽好,竟然抽到了广平公主身上。广平公主顿时被打倒在地。一旁的驸马赶紧去扶广平公主,结果杨家的家奴还没有住手,继续抽马鞭,驸马也被打伤了。第二天,广平公主去找唐玄宗哭诉。唐玄宗虽然处死了杨家那个家奴,同时还免了驸马的官职,对杨氏姐妹却没有任何处罚。可见杨氏在当时有多么得势、嚣张。

其次,杨家兄弟得到了重用。其中最为出名的就是杨贵妃的族兄杨国忠。

如果用一个词来形容他的童年,那就是"穷困潦倒"。

杨国忠原名杨钊,他从小父母双亡,可谓无依无靠,但有一个好舅舅——武则天著名的男宠张易之。张易之发迹很早,杨国忠还很小的时候,张易之已经死于神龙政变之中。因此,他非但没能得到舅舅的帮助,还被世人耻笑。在这样的背景下,杨国忠在童年受的苦难也就可想而知了。

如果用一个词来形容他的少年,那就是"放荡不羁"。

杨国忠尽管一直处在饥饿和温饱线上挣扎,却长得高大帅气。长年寄人篱下的杨国忠小小年纪便放荡不羁、嗜酒好赌，可谓臭名远扬。良家女子都对他避之不及。无奈，杨国忠最终和出身娼妓的裴柔结了婚。

如果用一个词来形容他的壮年，那就是飞黄腾达。

三十而立，杨国忠终于清醒了，他不想再这样沉沦下去，他决定发愤用功，在四川从了军，兢兢业业干了一年。其间，他主持过屯田的工作，取得了良好的业绩。但是他的顶头上司益州长史张宽恶其为人，因事笞之，最终以屯田绩效好，授他新都尉。稍后，提拔他为金吾卫曹参军。这时候他生命中的第一个贵人鲜于仲通，把他推荐给了剑南节度使。节度使见了杨国忠，觉得他身材魁梧，一表人才，而且能说会道，就把他留下来做宾佐，拜为监察御史，这也给了他在基层官场历练的机会。

天宝四载（745），杨国忠的族妹杨玉环被册为贵妃，杨国忠也因此时来运转，他在杨玉环的推荐下，被唐玄宗召唤到长安，从此开启了飞黄腾达的道路。

虽然靠着杨贵妃顺利地进入了唐玄宗的视线，但杨国忠还是靠着自己的本事得到了唐玄宗的宠信。

杨国忠除了能说会道这个优点外，还有另一个优点：善于察言观色。杨国忠依靠杨贵妃和几个姐妹日夜陪伴唐玄宗这一得天独厚优势，把唐玄宗所思所想、一举一动都打探得清清楚楚、明明白白。因此，每当办差的时候，杨国忠都能充分展现自己的外交本领和聪明才智，顺应唐玄宗的心思把事情处理好。长此以往，唐玄宗自然对杨国忠这样善解人意的"心理学大师"器重有加了。也正是因为这样，一年时间内，他竟然担任了内中市买使，专门负责为宫廷宴会采购时鲜的果蔬食料，可见唐玄宗对他有多信任。

同时，杨国忠还是理财高手。据悉，在他迁升为检校度支员外郎、负责管理钱库后，大唐的财政便进入了日进斗金的时代。天宝八载（749），唐玄宗带领百官视察左藏库，当库房的大门缓缓打开后，众人都惊呆了，只见左藏库中的钱币堆积如山，无数金银财宝差点没闪瞎了唐玄宗的眼睛。

会办事、会来事、会管事，杨国忠成为唐玄宗最宠信的臣子也就不足为奇了。而水涨船高，他的官运一路亨通，终于掌握了大内的财权，"以椒房之亲，出入中禁"。

杨国忠的后台足，不但有杨玉环这个裙带关系，而且还有一位牛人——宰相李林甫支持。刚进入朝堂时，李林甫的权力在朝中可谓一家独大。聪明的杨国忠自然不会放过结交他的机会，因此主动"高攀"李林甫。而李林甫为了能长久专权，正和太子进行激烈的争夺战。他认为杨国忠是个很好的枪手。一方面他是杨贵妃的堂哥，和他结盟，就等于把杨贵妃纳入了自己的权力体系范围。另一方面杨国忠作风果敢独行，心狠手辣，这正符合李林甫的办事风格。

就这样，杨国忠和李林甫如同干柴烈火一般一点就着，两人很快如胶似漆起来。

然而，随着杨国忠的权力越来越大，李林甫越来越感到压力，担心长此以往，他宰相的位置也会不保了。因此，两人的裂痕出现了。

天宝九载（750），御史大夫的位置空缺，当时的杨国忠和王鉷都是御史中丞，究竟让谁接任呢？

揭晓答案之前，得知道王鉷的来头。王鉷，并州祁县（今属山西省）人，属于典型的官二代出身。他的祖父王方翼是唐朝名将，曾历任肃州刺史、庭州刺史、夏州（今陕西省榆林市靖边县）都督，为地方军政长官，因平定白铁余之乱有功，被封为太原郡公。父亲王璿曾任中书舍人，掌管制诰，即起草和撰写皇帝诏令。

王鉷耳濡目染，从小就熟悉为官之道，熟悉官场运行规则，知道如何巴结逢迎上司。因此，他步入仕途后，一路青云直上。王鉷最初任鄠县县尉，后升任监察御史，又被提拔为户部郎中。之后，他深得唐玄宗赏识。原因是他能揣摩出唐玄宗的心思，同时善于搜刮财产，能为唐玄宗"理财"。

要知道开元以来，先有宇文融实施括田检户，再有杨崇礼为国理财锱铢必较，使得开元年间整个大唐上上下下都不差钱。

后来，便逐渐形成了一个不成文的规定：谁能为皇帝解决财政经费的问题，谁就能升高官。

王鉷就是在这样一个历史背景下，被李林甫一党的杨慎矜推荐，在天宝年间被任命为负责财政的朝中要员之一。王鉷上任之后，通过伪造基础数据，把本该免除的百姓赋税变成加倍征收，有些人一次性需要补交三十年的赋税。结果"每岁进钱百亿"，还有大量的珍宝进献。这些收入都进了唐玄宗的内库，供他宴乐赏赐。

也正是因为这样，唐玄宗高兴之余，对王鉷日益受宠信，数年间连升数级。王鉷最牛的时候身兼银青光禄大夫、殿中监、闲厩使、御史中丞、京畿关内道黜陟使、加检察内作等二十余职。后来，王鉷被封为太原县公，兼殿中监，与杨国忠等同列朝班。

王鉷的儿子叫王准，在宫中为唐玄宗斗鸡，号称"七郎"。王准和其他一些爪牙路过一个驸马的家，驸马远远地行礼，王准用弹弓一下射断了驸马头上的玉簪，众人以此为乐。甚至唐玄宗的女儿都说过，不怕天子怒，"但性命系七郎，哪敢说不怕"。

《梦溪笔谈》里还讲了王鉷的一个故事，说王鉷在陕州寿圣寺调集天下优秀画师画壁画，画完之后，把十八名画师都杀掉，埋在一起，"使天下不复有此笔"。（沈括说他那个时候还有十余堵墙上的壁画尚存，"迎佛舍利""佛母壁"艺术成就最高。）

当然，嚣张的王鉷唯独对李林甫十分尊重和服从，而王鉷的努力换来的是李林甫的信任，连王鉷的儿子欺负李林甫的儿子，李林甫都不过问，颇有将来把一切都交给王鉷的架势。因此，在接任御史中丞这一问题上，李林甫最终选择了王鉷。理由有二：一是王鉷不但出道早，还是杨国忠的老领导——王鉷任户部郎中时，杨国忠在他旗下当判官，推荐他名正言顺；二是李林甫想要把他提升上去，成为杨国忠强有力的对手，这样自己就可以坐山观虎斗了。

当然，王铁能坐上御史中丞的位置，还离不开杨慎矜的提携。杨慎矜是隋炀帝杨广玄孙、齐王杨暕曾孙、隋王杨政道之孙、弘农郡公杨崇礼之子。按血缘关系来说，杨慎矜是王铁的表叔，对王铁一直非常关照。王铁是聪明人，会来事，深得杨慎矜赏识。杨慎矜先得势，一直提携他。王铁任御史中丞，杨慎矜显然也有推荐和提携之恩。

然而杨慎矜性子狂傲，一直把王铁当晚辈看待，王铁的生母出身低下，杨慎矜便经常揭他的短。王铁成为御史中丞后，杨慎矜因其是自己的晚辈，所以在公众场合也比较随便，与他说话时仍然直呼他的姓名，这让王铁逐渐心有不满。此后，王铁担任侍御史审问韦坚的狱案时，杨慎矜没有迎合王铁的意思，而是保持中立观察事态，王铁便对杨慎矜心生怨恨。加上自恃与当时丞相李林甫交好，王铁已不把杨慎矜放在眼里。同时他知道杨慎矜与李林甫有矛盾，想利用这种矛盾，达到自己往上爬的目的，于是想出了最阴险的一招，控告其欲复辟隋业。唐玄宗听说后勃然大怒，下令逮捕了杨慎矜。最终引起了被构陷的"复隋"大冤案，牵连数十人。杨慎矜兄弟三人全部被赐死。

可以说，为了一己私欲，为了讨好李林甫，王铁一下子弄掉了自己三个表叔，其冷酷无情可见一斑。之后的王铁权势更盛，成了朝中重臣。

王铁在朝中胡作非为，而聪明的杨国忠则一直视他为眼中钉肉中刺。很快，一场谋反案出炉了。

王铁有个同父异母的弟弟叫王銲。王銲原本就是个混混，一直和三教九流的人混迹在一起，王铁发迹后，王銲一路官至户部郎中。因为后台足，王銲有恃无恐，更加嚣张放纵。不久，他结交了一个胆大包天的人，无法无天的两人竟然想干大事业，利用禁军发动政变，想杀死李林甫和杨国忠等权臣，从而黄袍披身、盘坐龙椅，享受三拜九叩、三呼万岁的礼仪。于是他请一个叫任海川的道士问相："你看我有没有当帝王的命？"道士当然不敢说实话，只好敷衍说有。因为害怕闯祸，道士选择了连夜逃走。

王銲害怕意欲谋反之事泄露，就四处追捕任海川，最终把他捉拿并且用棍棒打死。天下没有不透风的墙，安定公主的儿子韦会私下议论此事，王銲知道后，就让长安县县尉贾季邻把韦会抓进监狱中杀死。

事情并没有因此就结束。杨国忠听到风声后，正愁抓不到王铁把柄的他以"谋反案"为突破口，发动了猛烈的进攻，把事情无限上纲上线。当时唐玄宗还想网开一面，希望王铁主动带着弟弟请罪，给群臣一个交代，然后再赦免他。

然而，王铁已目中无人多年，哪里肯低头认罪？他愤愤不平地说："小弟先人余爱，平昔频有处分，义不欲舍之而谋存。"意思就是说，我这个弟弟是先父的骨肉，我不能为了自己而舍弃他。

唐玄宗听说后，态度彻底改变了。而这时告发王铁兄弟的罪状都摆在唐玄宗的案前。唐玄宗这回没有再手下留情，最终，下令处死了王铁兄弟。

此案中，杨国忠非要置王铁于死地，一方面是为了自保。毕竟在他们的杀人计划中把杨国忠列入了黑名单，杀他们也算是自保。另一方面是为了自立。在王铁案的过程中，李林甫对王铁的态度是若即若离。王铁毕竟是李林甫提拔上来的，王铁有难，李林甫当然想帮助他。但是整个案子的后半程，也就是杨国忠参与审判后，他就没有插手。这是因为他看到王铁嚣张到了无可救药的地方，为了不受牵连，他只能选择弃子保帅，放任王铁走向不归路。

王铁是敛财高手，生活的奢侈令人叹为观止。王铁死后，地方官给他的宅子登记，几天都统计不完。宅子里有一座自雨亭，房檐上滴下水来，盛夏的时候在亭子里也仿佛秋天一般凉爽。应该是利用高处的蓄水池让水自流，利用水蒸发降温，唐朝时的能工巧匠就已经能把技术应用到这种水平了，真是令人惊叹。宅子里还有用宝石、贝壳镶嵌的井栏，无法估价，其奢侈可见一斑。只是所有的荣华富贵都如过眼云烟，随着王铁自作孽不可活的惨死而画上一个句号。

据传有个僧人就曾经说过："王铁一家尽成白骨。"竟然一语成谶。

4.李林甫的沉浮史

王铁死后，杨国忠如愿以偿地当了御史大夫，成了朝中三品大官，权势进一步增强。

对此，李林甫把杨国忠视为眼中钉肉中刺，恨透了他，欲除之而后快。而杨国忠当然也不会束手就擒，可以说因为此案，杨国忠和李林甫都撕开了虚伪的面纱，进入公开决裂的阶段。

杨国忠打击李林甫所采取的手法是，剪其羽翼，断其膀臂。天宝八载（649）六月，在杨国忠、曹吉温的策划弹劾下，李林甫的亲信、京兆尹萧炅因贪污左迁汝阴（今安徽省阜阳市）太守。第二年四月，李林甫的另一亲信、御史大夫宋浑坐赃巨万，又被贬潮阳（今属广东）。

同时，杨国忠还继续对王铁案深挖细究，表面上是继续追查王铁案，实际上矛头直接指向李林甫。他还在李林甫与阿布思的关系上大做文章。

原来，李林甫兼领安西大都护、朔方节度使、单于副大都护时，其下属朔方节度副使突厥人阿布思在征讨契丹时叛走漠北，李林甫被迫引咎辞去节度使职。此事本与此案毫无关系，杨国忠却借题发挥，穷追不舍，审讯逼供许多人，李林甫过去的丑事被揭个底朝天。杨国忠不断把情况上奏唐玄宗。也正是因为此案，唐玄宗对李林甫有了猜忌，认为他有结党的嫌疑，开始厌恶和疏远他。

李林甫当然不是吃素的，他看到自己的亲信一个接一个地被杨国忠干掉，怎么愿意坐以待毙呢？为此，他又有双管齐下之举。

第一，加强防护。

李林甫知道自己一生树敌太多，到了晚年，为了自身安全，他对自己的防卫工作做得更加周密。

以前他每次出行，只带着几个护卫就行，现在出行，却是全副武装，令卫士们先行一百步，喝散百姓，左右金吾卫都过来帮忙清道，达官显贵见了也要避让。他住的府第不但装修豪华，而且设了重重门禁，每间房屋都有复壁，以便遇到紧急情况时能迅速逃亡。府第还有网子、砖石、金属做的各种机关，一般刺客难以靠近。此外，李林甫还玩起"狡兔三窟"之法，每天晚上换几个地方睡，就连他的家人都不知道他睡在哪里。

第二，反戈一击。

不久，时机来了，南诏国主阁罗凤因为总是受唐朝边将的欺凌和压榨，一怒之下起兵反叛。杨国忠便推荐自己的嫡系人马——剑南节度使鲜于仲通率军前去御敌。鲜于仲通率八万大军，气势汹汹，渡过西洱河，和南诏进行生死大决战。结果，鲜于仲通过于轻敌，再加上不熟悉地形，又指挥不力，竟然一败涂地，唐军损失惨重，八万大军只剩下两万狼狈而归。

李林甫马上抓住此事攻击和指责杨国忠无能。为此，唐玄宗决定让杨国忠将功补过——挂帅去平乱，于是任命他兼任剑南节度使。天宝十载（751），南诏多次骚扰蜀地，蜀人痛恨杨国忠是激反南诏的罪魁祸首，纷纷请求派杨国忠前往坐镇。在内忧外患之下，杨国忠不得不故作姿态，表示要亲赴处理，以便向唐玄宗表明自己对边境事态的关切，并堵住李林甫的嘴。

李林甫趁机落井下石，急忙奏请皇帝准许杨国忠赴前线御敌。他的用意明眼人都能看出来，这其实是一招"调虎离山"之计，目的就是将杨国忠调离权力核心。

杨国忠本来只是故作姿态，没料到弄假成真，也只好硬着头皮去了。

临行前，杨国忠和唐玄宗告别，号啕大哭，说了这样一句话：此去定会被李林甫所害，再无归来之日。而杨贵妃也替他说情。唐玄宗此时也左右为难，从他的内心来讲是偏向于杨国忠的，但又不好直接表现出来，毕竟李林甫跟随了自己这么多年，于是安慰杨国忠道："你暂时到蜀地处理一下军政大事,朕马上让你回来,然后任命你为相。"

不久,唐玄宗果然言而有信,召回了杨国忠。此时,已年逾七旬的李林甫听说后,气结于胸,卧床不起,服了医生给他开的药都不见好转,家人只好给他请了巫师看病。巫师装模作样地看了一番后,说:"相公这个病不是一般的病,吃药是没有用的,但只要看到皇上,病情就可以马上好转。"

唐玄宗听说李林甫病了后,开始想去探望他,结果却遭到了左右之人的一致反对。于是,唐玄宗命令李林甫从屋里来到庭院中,自己则来到降圣阁远远地看他,挥起红色的围巾向他打招呼。李林甫已不能起身,就让人代他向唐玄宗下拜。

李林甫见唐玄宗如此对待他,心彻底死了。而杨国忠刚到蜀地,唐玄宗就派宦官把他召回。杨国忠前往探望李林甫,拜倒在床下。李林甫痛哭流涕地对杨国忠道:"我命不久矣,我死后您必定当宰相,后事拜托您了。"杨国忠汗流满面地表示不敢当。

天宝十一载(752)十一月,当了十九年宰相的李林甫病逝,杨国忠毫无悬念地接替他的职位,成了一人之下万人之上的当朝宰相。

然而,李林甫尸骨未寒,杨国忠就开始了赶尽杀绝。他指使安禄山诬陷李林甫与阿布思谋反。

唐玄宗相信了,派人调查此事。李林甫的女婿杨齐宣害怕受到牵连,按照杨国忠的意图证明确有此事。于是,李林甫谋反罪被坐实,清算行动随即展开。

天宝十二载(753)二月十一日,唐玄宗下令剥夺李林甫的官爵,子孙中有官职的全被罢免,流放到岭南和黔中,除了随身衣物和干粮,其余财产一律没收。

当时,李林甫尚未下葬。他的棺材被剖开,政敌指使人取出了口中的含珠,脱掉金紫衣服,换上一口小棺材,按照一般平民的礼节安葬了他。李林甫风光了一辈子,死后竟然落得如此下场,不禁令人叹息。

5.高力士的折腾史

至此,杨国忠攫取了最高权力,现在他想做什么就可以做什么了。他跟李林甫比起来有过之而无不及,所作所为令人咋舌。具体体现在以下三个方面。

一是任人唯亲。

杨国忠为了排斥异己,任人唯亲。当时,朝廷官员的任命要经历重重的选拔,最少也要三个月之久。杨国忠却私自任命官员,他只需要把中意的官员默默记下来,然后把左丞相和给事中们叫到自己家里来,一天时间就把名单上的人给确定下来任命了,为此,杨国忠还美其名曰提高效率。至于任命的都是些什么人,那就要看给钱的多少和是否为杨国忠的嫡系部队了。

于是乎,天下一片哗然,却也无可奈何。

二是生活放荡。

杨国忠年轻时的困境和臭名声导致没有良家姑娘愿意嫁给他,为此,他只好娶了娼妓出身的裴柔为妻。杨国忠发迹后,伴随着地位的上升,越发地看不起裴柔了,常让她独守空房,自己在外面过花天酒地的生活。

相传,杨国忠与堂妹虢国夫人有私情。虢国夫人的丈夫早死,杨国忠利用近水楼台先得月这一优势,与其勾搭成奸。若是同宗兄妹间发生这样的羞耻事,别人都极力隐瞒,杨国忠却满不在乎,甚至同虢国夫人公开打情骂俏,被别人私下里称为"雄狐",被天下人骂为"施施若禽兽然"。

为了逞威,选官时,杨国忠让虢国夫人坐在屏风后面,自己则在前面对着满堂官员呼来喝去。候选人进厅后,没人面试,却听到屏风后妇女们叽叽喳喳的说笑声。杨国忠还指着维持秩序的三品吏部侍郎对堂妹说:"我这个紫衣小吏如何?"对三品大员来说,这是何其大的侮辱!

杨国忠的放荡和轻狂可以说发挥到了极致，一副典型的"攘袂扼腕，颐指气使"的小人得志样儿。

三是胡作非为。

有三件事可以证明。

第一，草菅人命。天宝九载（750），西南地区的少数民族南诏起事，唐军一败涂地，而杨国忠遥领着剑南节度使的职务，这事儿太伤宰相大人的面子。于是，杨国忠一再命令从中原募兵，攻打南诏。但是中原百姓承平日久，又非常害怕南诏的瘴疠，听说去了就是九死一生，所以没人应募。杨国忠急了眼，到处抓壮丁，凑人数。结果造成部队战斗力低下，从天宝九载开始的近五年，唐军一败再败，前后折损了二十多万青壮年。由于杨国忠瞒报军情，唐玄宗不知真相，百姓也得不到相应的抚恤，十分凄惨。杜甫在《兵车行》中形容道："生女犹得嫁比邻，生男埋没随百草。"

第二，欺上瞒下。天宝十三载（754），关中地区遭到了持续暴雨，当时正值农作物的收获季节，所以唐玄宗对于这年的农作物收获很是担心。他询问杨国忠，而杨国忠拿了几株十分饱满的麦穗对玄宗说："雨虽然大，但庄稼长得挺好！"唐玄宗也就放心了，然而人民其实流离失所，苦不堪言。

第三，敛财无度。杨国忠原本就善于理财，成为宰相后，他还兼任着四十多个专使，为此，他专门负责巧立各种名目，盘剥民脂民膏，以供皇家日益剧增的开销。而且，他自己也贪了很多。传说，杨国忠挥金如土，他的府邸以沉香为阁，檀香为栏，以女婢"肉阵"取暖，以"楼车"载女乐。

俗话说有其父必有其子。杨国忠如此荒唐嚣张，他的儿子杨暄也好不到哪里去。杨国忠想让儿子通过科举考试博取功名、进入仕途，这样不会落人话柄，还能提升杨家的名声。结果，不学无术的杨暄只差没有交白卷了，自然是名落孙山。

而这难为了主考官达奚珣，他不敢做主发榜。因为达奚珣知道得罪不起杨国忠。无奈之下，他决定"投石问路"，试探杨国忠的意思。结果，他没有找到杨国忠本人，一打听，当时皇帝正在华清宫，于是认为杨国忠也在那里。达奚珣的儿子达奚抚时任会昌尉，办公地点就在华清宫附近。于是，达奚珣就写信告诉儿子，叫他过去问问杨国忠的意思。

达奚抚收到信时天色已晚，他也不知道杨国忠究竟在不在华清宫，不敢造次。于是，达奚抚选择了天还没亮就到杨国忠家门外等候。等了数小时，达奚抚才得以拜见杨国忠。杨国忠还以为达奚抚是来报喜的，心中很高兴。当听到达奚抚说"奉大人命，相君之子试不中，然不敢黜退"时，杨国忠勃然大怒，说："我儿何虑不富贵？岂藉一名，为鼠辈所卖耶？"这句话翻译成白话就是：我儿子杨暄还会怕没有富贵吗，哪里需要达奚珣这类小人来恩赐一个名分？

杨国忠说完策马而去了。

达奚抚将这一切回禀了父亲达奚珣。达奚珣虽然恼怒杨国忠太仗势欺人，但也无可奈何，最后只好在榜上添上杨暄的名字，破格录取了他。

此事可见杨国忠有多嚣张跋扈。

《旧唐书》记载，杨国忠"立朝之际，或攘袂扼腕，自公卿已下，皆颐指气使，无不詟惮"，完全是小人得志的样子。

俗话说，人在做，天在看。杨国忠的所作所为，天下人看在眼里，但慑于他的权威都是敢怒不敢言。唯独有一个人是例外，他就是唐玄宗最宠信的宦官高力士。

高力士原本并不姓高，而是姓冯，名元一，他是岭南人。高力士出身于名门，祖上的冯氏家族是十六国中的北燕王室，北燕灭亡后，冯氏家族一分为三，其中一支流落到了南朝，之后成为当地的豪族。但是后来家道开始慢慢衰退败落，高力士刚满十岁时，再遭横祸。

当时女皇武则天篡位后，出于执政的需要，重用酷吏。结果这些酷吏仗着武则天撑腰，胡作非为，制造了很多冤错案件。而冯氏家族也没能幸免于难，因为酷吏的陷害，几乎被族诛。高力士的父亲冯君衡死于祸乱，高力士被迫流浪街头，幸亏被岭南讨击使李千里收养，随后李千里把他送进了宫中，被一个姓高的宦官收养，他因此由姓冯改为姓高。

高力士虽然从小命运多舛，却有三大特长。一是机警。他一副乖巧的模样，善于察言观色，能揣摩人的心理，做的事往往能对人胃口。二是好学。他头脑灵活，又勤奋好学，看了很多书，掌握了很多知识。同时，他孔武有力，能骑善射，本领超群，这使得他能迅速在众多文盲宦官中脱颖而出。三是谨慎。高力士无论大事还是小事，都十分缜密，颇懂政治规矩，从来不乱说话。史载他切实做到了"大固不敢不密，小亦不敢不诚，事必记心，言无漏口，日慎一日，将二十年"。

高力士和唐玄宗李隆基很早就相识了，当时为淄临王的李隆基很是落魄，但高力士慧眼识珠，认为气宇不凡的李隆基将来不是寻常人物，于是极力结交。之后，李隆基发动政变杀了擅权的韦皇后和安乐公主，被立为太子后，把高力士调到身边当亲信。再后来，在第二次发动政变铲除太平公主时，高力士便是骨干力量，当太平公主最后逃到山中佛寺去避难时，是高力士亲自把她押回长安的。

唐玄宗亲政后，高力士被升为银青光禄大夫，任内侍同正员。之后，又升迁为右监门卫将军，知内侍省事。

为了维护政权，唐玄宗在任人唯贤的同时，也任人唯"亲"，重用一些长期服侍他的宦官，高力士便是其中最得宠的一个。因为唐玄宗认为只有宦官才可以让他放心。

唐玄宗宠信高力士后，视其为"秘书"，主要体现在两个方面。

于公来说，官员送来的文表都要交给高力士进行初审，如果是小事，就由高力士直接审批，而如果是大事，再交皇帝裁决。其拥权之重可想而知。

于私来说，唐玄宗的寝宫是由宦官们进行轮流值班的，但他最喜欢高力士值班，按他自己的话来说就是："力士应承于前，朕歇息则安稳。"意思就是说，只要是高力士值班，自己睡觉就觉得安稳。

也正是因为这样，唐玄宗为了让高力士安心值班，专门给他设置了一个帷帐。

高力士如此权高位重，朝野上下无不敬畏他，连太子都要称他为"二兄"，公主称他为"阿翁"，其他皇亲国戚称他为"爷"。高力士可谓权倾朝野。

高力士最难得的品质在于手中权力到达顶点时，仍然能保持低调——"公中立而不倚，得君而不骄，顺而不谀，谏而不犯。故近无闲言，远无横议"。意思是他做人还是有品行的，不骄横跋扈，对皇帝也不是只知道阿谀奉承，该说真话直话的时候也敢说，所以才得到"近无闲言，远无横议"的高度评价。别看这普普通通的八个字，从古至今，炙手可热的权贵们没有几个人能做到。

高力士不但为人小心谨慎、洁身自爱，而且还仁义孝顺。开元五年（717），岭南节度使在潘州（治今广东省高州市）找到了高力士的生母麦氏并送到了长安，母子因为长年失散，已是相见不相识，好在麦氏准确地说出高力士胸前有七颗黑痣，使得母子成功相认。此后，高力士对生母和养母都同等对待，同处高堂，美食供养。

高力士是太监中的最高领导，对唐玄宗忠心不二。高力士向唐玄宗推荐了不少人才，但这些人一旦犯事，高力士一个也不保，一个也不捞，一个也不救，一切为大唐的利益着想，任由他人秉公办理，决不附会权臣奸相。

当然，后人对高力士争议不休的是他做的一件有"污点"的事——打压了一代才子李白。

天宝初年（742），李白来到长安，有人把他推荐给唐玄宗，唐玄宗在金銮殿召见他，封他为供奉翰林，要他在宫中写诗作文。

有一天宫中牡丹盛开，唐玄宗带了杨贵妃，在沉香亭饮酒赏花。

唐玄宗忽然想起了李白，想叫他写几首歌词助兴，就派人把他召来。这时，李白正在酒店中喝得烂醉如泥。人们把他扶上马背，送到宫中，用冷水洗他的头。等酒意稍解，李白提起笔来，一下子写了《清平乐》词三章颂扬杨贵妃和牡丹花，诗句优美清新，唐玄宗和杨贵妃高兴极了。

李白虽然经常参加宫廷宴会，但他蔑视权贵，并不把皇帝和皇帝身边那些有权有势的人放在眼里。

有一次，他在宫中喝醉了，竟伸出脚，对坐在身旁的高力士说："给我脱掉靴子。"

高力士一时不知所措，只得给李白脱下靴子。当时，高力士权力很大，四方奏事都要经过他的手，文武百官没有一个不巴结他，他还从来没有受过这样的侮辱。这件事使他很愤怒，决定找机会报复李白。

杨贵妃爱吟李白的《清平乐》词，正巧高力士也在一旁，他故意说："我本以为贵妃受了李白的侮辱，一定对他恨之入骨，没想到您这么爱他的诗！"杨贵妃吃惊地问道："李学士怎么会侮辱我呢？"

高力士说："诗中不是有'借问汉宫谁得似，可怜飞燕倚新妆'两句吗？"杨贵妃说："对呀！"高力士又说："汉朝宫廷里的赵飞燕，出身歌女，后来虽然立为皇后，但作风不正，最后还是被贬为庶人。李白将赵飞燕跟您相比，不是把您看得太扁了吗？"

杨贵妃听了高力士的话，也对李白恼怒起来。总之，李白因此被逐出长安。

其实，关于高力士陷害李白一事，近代专家考证得出的结论是：子虚乌有。原因是陷害李白的另有其人。魏颢在《李翰林集序》中云："上皇豫游，召白。白时为贵门邀饮，比至，半醉。令制出师诏，不草而成。许中书舍人。以张垍谗逐，游海岱间。"

张垍就是丞相张说的儿子、唐玄宗的娇婿，是当朝驸马、卫尉卿，也就是李白当时的同事，因为看不惯李白的作风，才去皇帝面前进谗言的。

可见，李白要高力士为他脱靴因而被怀恨报复的事并不足为信。

高力士在危难之际依旧对唐玄宗忠心耿耿，追随左右，又能在大是大非的问题上把握时机，及时进谏，提醒玄宗。

丞相李林甫之所以能得到唐玄宗的重用，离不开高力士的大力推荐。唐玄宗晚年重用奸臣杨贵妃的堂哥杨国忠，高力士不干了，他开始了"挑刺"之旅。

一天，天突降暴雨，唐玄宗坐在案桌前，望着窗外的大雨，感叹地说："淫雨不已，卿可尽言。"高力士接话说："自陛下以权假宰相，赏罚无章，阴阳失度，臣何敢言？"对此，唐玄宗的表现令人失望，他竟然是"默然"。

要知道，这时的唐玄宗已是七十岁高龄了，当皇帝也有四十四年了，他开创盛世后不由得沾沾自喜、故步自封。再加上杨国忠的身份是外戚，有杨贵妃的枕边风吹着，他哪里还有分辨是非的能力。

也正是因为这样，一年后，唐玄宗竟然对高力士说："朕今老矣，朝事付之宰相，边事付之诸将，夫复何忧！"高力士听了直冒冷汗，正色道："臣闻云南数丧师，又边将拥兵太盛，陛下将何以制之！臣恐一旦祸发，不可复救，何得谓无忧也！"

高力士可谓一言切中时局情弊。当初宰相李林甫为堵住边将入朝为相的路，大力建议唐玄宗任用胡人番将，结果使得幽州出现了一位拥兵近二十万、占全国边防军三分之一的节度使，他"一旦祸发，不可复救"，名字叫安禄山。

然而，高力士的提醒并没有引起唐玄宗重视，他只是说："卿勿言，朕徐思之。"

直到安史之乱爆发，杨贵妃殒命马嵬坡，唐玄宗才悔恨交加，说："悔不听卿言，致有今日之祸！"

第六章　长安乱

一　至暗时刻

1.安禄山的生死线

唐玄宗晚年最宠爱两个人，一个是杨贵妃，另一个是安禄山。
安禄山究竟有何本事，为什么能让唐玄宗对他器重和宠信有加？
这得从安禄山的三大特点说起。
一是出身夷族。
安禄山的父亲是康姓胡人，他的母亲阿史德氏是个突厥族巫婆，依靠巫术为族内人作法治病。她多年不孕，在突厥人信奉的"轧荦山战神"庇佑下生了安禄山。轧荦山便成了安禄山的乳名。也正是因为这样，安禄山从小便被众人奉为"小神人"。安禄山很小的时候，他的父亲病逝了，他的母亲于是改嫁了。他继父安延偃所在的突厥部落在乱世中被兄弟部落击败，他走投无路之下，为了躲避追杀过着隐姓埋名的日子，从此他的名字便叫"安禄山"。
二是外相滑稽，有喜剧色彩。
安禄山有一个特点，那就是贪吃，而贪吃的结果就是长肉，最终导致超级肥胖，小小年纪体重便有三百多斤。
安禄山不仅长得圆乎乎的，表情滑稽，而且有艺术天赋，善于跳回旋舞。
三是巧言令色。
史书记载，安禄山"倾巧，善事人，人多誉之"。就是说他为人机巧，善于察言观色，可谓八面玲珑，当时周围人多夸赞他。

《安禄山事迹》记载了这样一个故事：安禄山少年时在蕃市做互市牙郎（中间人）时有偷羊的行为，被幽州节度使张守珪捉住，要处以极刑。结果安禄山在临刑时大喊："大夫不欲灭奚、契丹两蕃耶？而杀壮士！"张守珪听他出言不凡，有点"壮士"的味道，走近细看他，见他白白胖胖的样子也很可爱，于是不但饶他不死，而且还给他安排了工作——捉生将（类似侦察兵营长）。结果安禄山表现出超人一等的聪明才智，出色地完成了各项工作和任务，张守珪一高兴，居然认他当了干儿子。从此，因为有了张守珪这个干爹作后盾，安禄山左右逢源，其官路从此变得顺畅，后以功授营州都督、平卢军使。

他通过贿赂买通了各路官员，其中包括唐玄宗非常宠信的大臣。收之以礼，报之以桃。众人于是都在唐玄宗面前为安禄山美言，把他说得什么都好。

唐玄宗听多了，便诏安禄山进觐。结果安禄山以奇怪的长相、肥胖的身材、滑稽的动作和搞笑的言语逗得唐玄宗捧腹大笑。而唐玄宗的宠妃杨贵妃也是笑得花枝乱颤。

安禄山平步青云，天宝初成了位高权重、手握精兵的平卢军节度使，押两蕃、渤海、黑水四府经略使。

当然，唐玄宗之所以这么器重他，是因为安禄山还干了六件非同小可的事。

第一，装清纯。安禄山发挥自己的优点，以胡人出身为掩护，装扮成一副天真的样子，唐玄宗"尤嘉其纯诚"。有一次，安禄山去见唐玄宗，当时有人提醒安禄山皇帝身边的人就是太子时，安禄山迟迟不行礼。众人都指责安禄山无礼，安禄山却从容不迫地说："臣愚，只知陛下，不知太子。"对此，唐玄宗笑逐颜开。

第二，献祥瑞。天宝三载（744）三月，安禄山给唐玄宗上了一道很特别的奏章，他十分恳切地说道："去年七月，辖区内发生了紫方虫食禾苗的灾害，臣焚香祷告：臣若不行正道，事主不忠，就让紫方虫吃掉臣的心；若不欺正道，事主竭诚，那么请让紫方虫自行消失。祷告才完，天上就飞来许多大鸟，红色的头，青色的身子，直扑下来把紫方虫都吃光了。这是上天显灵啊，请陛下将此事载入史册。"安禄山说得煞有介事，其实他是在表白自己对皇帝的一片忠心。唐玄宗越发觉得这个肥硕壮实的大汉憨厚可靠，对其更加欣赏。

第三，揭舞弊。御史中丞张倚的儿子张奭是个十足的纨绔子弟，平素四体不勤，菽麦不辨，对于经史典籍更是一窍不通，却高中状元。原来，天宝二年（743），吏部侍郎苗晋卿和宋遥主持了一场官吏选拔考试。张奭也参加了这场考试。御史中丞张倚可是唐玄宗面前的大红人，宋遥、苗晋卿想趁此机会讨好张倚，为自己日后的仕途铺路，于是把张奭评为状元。

要知道，当时参加考试的考生数以万计，录取人数却只有六十四人，竞争激烈程度可想而知。而状元竟然是不学无术的张奭，这也太荒唐，一时舆论纷纷。

恰好有人就把这件事告诉了经常往来于范阳和长安之间的安禄山。安禄山一听，认为是取信唐玄宗的机会，于是他把这件事禀报了唐玄宗。

唐玄宗知道这件事后，非常震惊。他决定"亲自面试"，召集这六十四个登科举子到花萼楼。测试的结果是合格的没超过两成。而没有真才实学的状元张奭，只呆呆地站在那里，"手持试纸，终日不成一字"——拿着考卷一个字憋不出来。当时的人把交白卷叫作"曳白"。这就是"曳白"典故的由来。

事后，唐玄宗大怒，严厉处罚了相关人员：下敕批评张倚不好好教育子女且托人徇私，把他贬为淮阳太守；两位主考官中苗晋卿被贬为安康太守，宋遥被贬为武当郡太守。人们把张奭造假的事当作笑谈，安禄山却因为这件事而更得唐玄宗喜爱。

第四，造军功。安禄山迎合唐玄宗好大喜功的心理，经常劫掠边境的弱小部落，向朝廷报功献俘。如天宝七载（748）秋，献俘八千人于长安观凤楼下；天宝十一载（752）十一月，献男女一万余人于京师……这些所谓大捷，使玄宗越发觉得安禄山是个能打胜仗的帅才，对其更加器重。

同时，安禄山还深谙读心术，恩威并施，引诱政敌归降。《安禄山事迹》有这样的记载："蕃人归降者以恩煦之，不伏者以劲兵讨之，生得者释而抚之，资以衣食，赏之妻妾。前后节度使招怀夷狄，皆重译告谕夷夏之意，因人而传，往往不孚。"奚人也好，契丹人也好，在安禄山恩威并施的劝说下，往往选择了归顺了事，因此，便有"战功"源源不断，频报朝廷。

唐玄宗知道后乐不可支，"倚为安边长城"。

第五，认干娘。

安禄山为了巴结宠冠六宫的杨贵妃，便主动上书请求唐玄宗让他认没有子嗣的杨贵妃当干娘，要知道，安禄山可比杨贵妃大十八岁，几乎可以当杨贵妃的干爹了。可唐玄宗想也没有想就答应了。

据悉，在认干娘的仪式大典上，安禄山竟扎了小辫，穿上肚兜，打扮成"小丑"，以极为滑稽搞笑的动作参拜"母亲"杨贵妃。

此后，每当见到唐玄宗和杨贵妃时，安禄山总是先拜杨贵妃。旁人问他是什么原因，安禄山答："蕃人先母而后父耳。"

从此，安禄山以"侍母"为由，得以随意出入后宫参见杨贵妃。据悉，安禄山投杨贵妃所好，教杨贵妃跳胡旋舞，"母子"关系亲密无间，可以用如胶似漆来形容。

杨贵妃和安禄山的绯闻在民间传得沸沸扬扬，其中最具代表的就是"贵妃洗儿"。

话说唐玄宗和杨贵妃在京城给安禄山过生日，赐予安禄山非常多的礼物。第三天，杨贵妃又把安禄山召进宫中，让人把他抬进浴盆里，亲自给他洗澡。洗完澡后，还用锦被把他包缠起来，包得像个大粽子一样。"洗三"过后，安禄山穿上用彩色的绸缎做的襁褓，坐上彩色的轿子，在皇宫里游走。众人争相观看，唐玄宗也特来观看。

此后，唐玄宗赐安禄山铁券、宅第，封东平王。安禄山又与李林甫相勾结。

据《资治通鉴》记载："自是禄山出入宫掖不禁，或与贵妃对食，或通宵不出，颇有丑声闻于外，上亦不疑也。"意思就是说，安禄山有时与贵妃对案而食，有时在宫中通宵达旦……唐玄宗却充耳不闻，一点也不猜忌。

第六，表忠心。

据《安禄山事迹》记载，安禄山乘驿马入朝时，一般的马不能负荷重达三百斤的体重，因此，驿站特意为他挑选承重能力极强的良马，并且马鞍前还要特别加装一个小鞍，以便盛他的肚子。有一次，安禄山亮绝活，在表演胡旋舞时，肥胖的身子竟然能旋转如飞，唐玄宗看得赏心悦目，于是问："你这大肚子里装的是什么呀？"安禄山毅然道："更无余物，唯赤心耳。"唐玄宗再次感动得一塌糊涂。

为此，唐玄宗给了安禄山四重礼。

第一，高地位。

天宝元年（742），唐玄宗任命安禄山为平卢节度使。两年后，唐玄宗令安禄山兼范阳节度使。七年后，安禄山兼河东节度使。一跃成为三地节度使，安禄山可谓权势熏天，其三地的兵力加起来高达十五万，占了唐玄宗时总兵力的三分之一。

第二，高身份。

天宝六载（747），一次，安禄山参加了唐玄宗家宴。酒过三巡后，唐玄宗竟然令杨贵妃的兄弟姐妹和安禄山以兄妹相称。而当时谁都知道安禄山是认杨贵妃为干娘的。如此一来，辈分显然是乱了套。但安禄山的身份就这样被乱抬高了。

还有一次，唐玄宗在勤政楼举行宴会，文武百官都坐在楼下，只有安禄山被专门安排在唐玄宗御座东边的一个小屏风后面，显示了与众不同的身份。

第三，高评价。

唐朝每年年底都要对官员进行考核。根据德、能、勤、绩、廉等方面综合评出九个等次，分为上中下三等，这三等中又分为上中下三等。能被评到"上中考"就是罕见的了，更别说"上上考"了。比如说，一代贤相狄仁杰当年也只得了个"上中考"。而安禄山是个例外，他竟然拿了"上上考"，这令百官无不"仰视"。

第四，高待遇。

唐玄宗不但给了安禄山广大的地盘，而且还给了超级无比的特权——铸币权。当时全国共有铸钱炉九十九座，而安禄山就占了五座，这使得安禄山富可敌国，财大气粗。而安禄山拿这些钱财除了"进贡"给皇帝，还贿赂朝臣，自然是名利双收。同时，有了钱作支撑，其庞大的军饷也有了保证。

总之，安禄山的"外若痴直，内实狡黠"迷住了唐玄宗，但天下人的眼睛是雪亮的，因此，当然有不少人告诉唐玄宗，说安禄山包藏祸心，有谋反之志。然而，在唐玄宗的眼里，安禄山是个"乖孩子"，太忠厚老实了，绝对不会有反叛之心。

安禄山有没有野心？当然有。具体体现在五个方面。

第一，拥有兵权。

这个不用多说了，安禄山身兼范阳、平卢、河东三镇节度使，不仅背地里在范阳收贮兵器，而且以番将代汉将，拥有同罗、奚、契丹、室韦、突厥等民族组成的士兵共十五万。如此强大的兵力是他反叛的资本所在。

第二，安排间谍。

安禄山为了第一时间掌握内地的情况，打造"双间谍"，在长安安排了刘骆谷和吉温当眼线。两人收了安禄山的大量钱财，四处结交权贵能人，探取朝政消息报告给安禄山。

第三，收养养子。

胡族风俗，一旦被收为养子，就是自己人了。据《安禄山事迹》记载，安禄山收养的养子高达八千人。安禄山收这么多养子当然是有目的，因为这些养子和他除了上下级关系外，还多了一层私人关系——养子当然要效忠于养父，无形中就组建了一支贴心的"护卫队"。

第四，广纳贤才。

为了成就大业，安禄山煞费苦心，在文武人才上下功夫，重用了高尚、严庄、张通儒等文人，提拔了孙孝哲、史思明、崔乾佑、尹子奇、田承嗣等一大批武将。有了人才作支撑，他雄心更足了，野心也更大了。

第五，私做官服。

唐朝官服的颜色和品级是很严格的，三品穿紫，五品穿红，不能乱穿，否则轻则掉乌纱帽，重则掉脑袋。但是，安禄山在范阳做了一大批官服，其反叛之心已是昭然若揭。

天宝十四载（755）十一月初九日，唐玄宗才体会到什么叫"养虎为患"。安禄山以"忧国之危"奉密诏讨伐奸相杨国忠为借口，在范阳起兵，掀开了历史上著名的"安史之乱"的序幕。

其实，早在"安史之乱"爆发前，曾先后有四位高人向唐玄宗说过安禄山会谋反。

第一个看出安禄山有"反骨"的人是诗仙李白。

天宝十一载（752）十月，李白在游历途中去了一趟范阳，这里正是安禄山的大本营，他亲眼看见了安禄山的嚣张气焰，离开幽州后，李白写了一首题为《幽州胡马客歌》的诗，诗中的"胡马客"暗指安禄山，"绿眼虎以冠""笑拂两只箭"写出了安禄山的盛气凌人，"名将古谁是？疲兵良可叹。何时天狼灭，父子得闲安"则道出了自己的忧国之思，尖锐地揭露了安禄山的野心勃勃。

当然，对于自己的判断，李白没有上报朝廷，也没有密奏皇帝。显然，当时的安禄山正红得发紫，精明的唐玄宗也已变得越来越昏聩，连当朝宰相都拿他没办法，更何况被谗逐的文人李白呢？这等祸从口出的事，李白岂敢多说？

第二个看出安禄山有"野心"的是贤相张九龄。

据《旧唐书》记载，成熟老练的张九龄看出安禄山的"狡黠"和"面有逆相"，本着忠于朝廷的原则，他第一时间向唐玄宗打了个报告，揭发安禄山"野心勃勃"，须"警惕提防"，结果没有引起唐玄宗的重视，此事不了了之。

第三个看出安禄山有"祸害"的是太子李亨。

李亨举报安禄山不仅仅是为了报复，而是真的察觉到了安禄山包藏祸心。安禄山的作秀表演把年老昏庸的唐玄宗迷得一塌糊涂，正值壮年的太子李亨却看得清清楚楚、明明白白。然而，当时太子没有话语权，不敢干涉朝政，因此，他只是委婉地"提醒"唐玄宗，点到为止，不敢霸蛮。

第四个看出安禄山有"悖逆"的是杨国忠。

杨国忠和安禄山两个人在政治上并未因与杨贵妃关系密切而沆瀣一气，反而是互相排挤，互为死敌。杨国忠打心里看不起"蛮夷"身份的安禄山，而安禄山也从骨子里瞧不起只会吃喝玩乐的混混杨国忠。李林甫当宰相时，有野心的安禄山极力巴结，表现得中规中矩，但到杨国忠当了宰相时，安禄山已兼任了三镇的节度使，控制的蕃兵有十五万，因此，根本不把杨国忠放在眼里。

而在击倒李林甫后，杨国忠视一直和李林甫关系甚密的安禄山为眼中钉肉中刺，因此多次上书唐玄宗，揭发其有"悖逆之状"。但唐玄宗依然采取不闻不问的态度。显然，在唐玄宗潜意识里，安禄山忠于朝廷，不会有反叛之心。

此后，杨国忠和安禄山处处针锋相对，互有得失……一番较量之后，杨国忠眼看怎么劝谏唐玄宗都没有效果，于是使出撒手锏：召安禄山进京。杨国忠是个聪明人，他知道安禄山在京城的耳目众多，连同他在内很多人都在举报安禄山，因此一定不敢进京；如果安禄山不来，就坐实了想谋反。

这回唐玄宗接受了他的建议，召安禄山入朝。

安禄山接到诏书后，当然骑虎难下了。去，有危险——可能直接被砍了脑袋；不去，有风险——坐实了反叛之谋。

思来想去，安禄山最终选择了去。原因很简单：安禄山此时起兵条件还不成熟，进京觐见皇帝，就可以麻痹皇帝，为自己举事赢得宝贵时间。

果然，当安禄山出现在京城时，唐玄宗很是惊喜，立马给他最高规格的接风待遇——华清池赐浴。

安禄山被感动得热泪盈眶，他哭泣着说："臣原本是胡人，承蒙陛下的信任与宠擢，实在感激不尽，现如今杨国忠陷害臣要谋反，臣死期不远了。"

唐玄宗听完后"怜之，赏赐百万"。除了赏赐钱财，唐玄宗还给他了更大权力：五百多名将军的委任状，两千多名中郎将的委任状，具体人员任免由他全权负责。这显然给安禄山收买人心提供了最大的便捷。

不久，安禄山返回范阳，唐玄宗竟然解下自己穿在身上的龙袍披到安禄山身上。面对龙袍加身，安禄山当然是欣喜若狂，脸上却不能有半点表露。此后，他马上疾奔出关，每天以三四百里的速度向老窝范阳赶。

唐玄宗放走了安禄山，却气坏了杨国忠。他知道这是放虎归山，却无可奈何。

九死一生的安禄山踩过生死线，回到范阳后，上书唐玄宗请求以蕃将三十二人替代汉将统兵。其目的已经很明确，全面打造自己的嫡系将领，为造反铺路。

对此，杨国忠和另一位宰相韦见素表示坚决反对。但反对无效，唐玄宗大手一挥，爽快地答应了。

对此，杨国忠和韦见素觉得形势严峻，思来想去，两人想出了一个好办法：建议唐玄宗调升安禄山到朝中当宰相。只要把他调离范阳后，马上重新任命新人接替范阳节度使位置，如此一来可将安禄山的势力一举瓦解掉。

唐玄宗犹豫再三，最终还是听从了杨、韦两人的建议，写好了命相制书。然而，就在要下达时，他又变得犹豫起来，作投石问路之举，派宦官辅璆琳到范阳去探虚实，并美其名曰：赏赐柑橘。

结果辅璆琳提着一筐柑橘来到范阳，获得了丰厚回报，带回了一大箱金银珠宝。因为收了安禄山的贿赂，辅璆琳回来后，在唐玄宗面前把安禄山夸上了天，大致意思可用六个字概括：忠诚、廉洁、担当。

唐玄宗听了，马上把制书烧掉，然后说："以后谁敢再说安禄山有谋反之心，一律送到范阳去思过。"

这下当然没有人敢再举报安禄山，但杨国忠还是不死心，他不再动口而是改为动手，派人直接抄了安禄山在长安的家，并处死了他的一些门客。杨国忠这样做的目的就是激怒安禄山，逼他早点造反，以证明自己"洞若观火"。

安禄山的儿子安庆宗当时已是当朝驸马，娶了荣义郡主，他知道情况后，第一时间派人告诉了安禄山。

安禄山听闻消息，知道已是时不我待了。为此，他上表朝廷，请求献马三千匹，每匹两个马夫，共六千人，而这六千人每人再骑一马，再两人牵一匹，共计九千匹马，然后再由二十二个番将带领送到长安去。

这明明就是标准的骑兵突击队啊，其奇袭长安腹地的意图明眼人都看得出来。糊涂的唐玄宗也觉得不对劲，于是有双管齐下之举。一是将献马时间由秋季改为冬季，到时正好请安禄山来华清池泡温泉；二是朝廷直接派人去接马，不劳安禄山再派军队送马过来了。

然而，当宦官冯承威带着诏书来到范阳时，竟然遭遇了"当头一棒"，安禄山非但不跪下听诏，而且还冷笑着说了这样一句含沙射影的话："马不献亦可，十月灼然诣京师。"随后把冯承威软禁在驿馆里好几天，才让他回京师。

冯承威回到长安就对唐玄宗哭诉:"臣几不得见大家。"

唐玄宗这才幡然醒悟,但为时已晚,想拔掉安禄山这根刺已是难上加难。为此,他只好抱着侥幸心理,整天花天酒地放纵自我,以此虚度光阴。

天宝十四载(755)十一月初九日,安禄山打出了讨伐杨国忠的旗号,从范阳起兵造反。

"安史之乱"爆发,杨国忠却镇定自若,他说了这样一句话:"今反者独禄山耳,将士皆不欲也。不过旬日,必传首诣行在。"这段话翻译成白话就是,安禄山在十天之内必然自败,因为他不得人心,手下将士们都会离他而去。

当然,事实证明,杨国忠的预言成了愚言,安禄山的大军一路高歌猛进,所经郡县连基本的抵抗也没有组织起来就溃败了,很快荥阳、陈留等地失守了。此时安禄山叛军已向洛阳进军。一旦拿下洛阳,将会向潼关进军,如此一来,长安就危在旦夕了。

2.封常清的生死状

唐玄宗这才意识到问题的严重性,开始调兵遣将御敌,于是高仙芝和封常清这对双子星浮出了水面。

高仙芝是高句丽(今朝鲜半岛北部)人。他生于官二代家庭,从小练就了超强本领,能骑善射,弱冠之年便跟随父亲在安西都护府辖区保家卫国,因为功绩突出,他便被封为游击将军,后又被迁升为安西副都护、四镇都知兵马使。

天宝六载(747),唐玄宗派高仙芝征伐位于吐蕃附近的小勃律。小勃律与吐蕃是同盟国关系,吐蕃把公主嫁给小勃律国王,于是不出意外地控制了葱岭(今帕米尔高原)一带。唐军多次前去征伐小勃律,结果因为路途遥远、地理环境恶劣,都无功而返。高仙芝接到远征任务后,率一万精兵,日夜兼程,以最快的速度来到小勃律,出其不意地拿下了军事重镇——连云堡。

之后，高仙芝乘胜追击，直扑小勃律地势极为险要的都城阿弩越城（今克什米尔地区亚辛城）。行军途中因为地势险峻，根本没有路，士兵们都有畏难情绪。高仙芝为了给部下增加信心，使出一招"李代桃僵"之计，密派几个士兵以迅雷不及掩耳之势绕道跑到大军前面，穿着胡服，假冒成阿弩越城使者来迎接唐军，称阿弩越城守将愿意归降，这让唐军士气大振，于是个个奋勇向前。三天后，奇迹发生了，真正的阿弩越城使者出现了，代表阿弩越城守将投诚。

连失两城，小勃律国王自知难以和唐军抗衡，只好带着大臣们往深山老林逃跑，最终还是成了阶下囚。在此期间，高仙芝还未雨绸缪，料定吐蕃会来救援，而阿弩越城外六十里的一处峡谷是吐蕃军必经之地，于是第一时间派一支敢死队直奔峡谷。敢死队马不停蹄，来到峡谷后，立马开始砍峡谷一端的藤桥，而这时吐蕃援军也出现在了峡谷另一头。就在他们要上藤桥时，藤桥断了……

生死一念间，高仙芝的敢死队只因比吐蕃援军早到了那么一会儿，动作只比吐蕃援军快了那么一点，最终把吐蕃援军阻挡在峡谷之外。

就这样，高仙芝率领的唐军不畏艰难，克服高原反应和险峻山势等不利因素，深入虎穴，以少胜多，力克强敌，创造了一个不大不小的军事奇迹。

封常清则有两个特点。一是历经苦难。他从小父母双亡，流亡西域，由外祖父抚养成人。二是长相丑，还有一只脚是跛的，走路一瘸一拐，简直可以称之是残疾丑男。

封常清的外祖父死后，他陷入困顿之中，到了而立之年仍为温饱问题发愁。当时高仙芝担任安西都知兵马使，每次出行都威风凛凛，他羡慕不已，于是写了一封自荐信给高仙芝，想到其麾下当个随从。

高仙芝很快接见了这位毛遂自荐的人，结果大失所望，因为他长得实在太丑了。几天后，封常清再次写了封自荐信给高仙芝，高仙芝这回索性直接回绝他:"我的随从人数编制已满,请另择高就吧。"封常清直接对高仙芝发飙了:"人不可貌相,海水不可斗量——如果您以貌取人,恐怕失之子羽啊。"

最终,高仙芝被他的诚意所打动,收其为随从。

小勃律一战,封常清也随高仙芝出征了。因为战功突出,成了其副手,立下汗马功劳。

之后封常清做了一件令高仙芝刮目相看的事。高仙芝的乳母有个儿子叫郑德诠,被高仙芝以亲兄弟相待,担任安西郎将之职。郑德诠根本没把封常清放在眼里。一次,封常清去节度使使院,郑德诠骑着马从其后面超过封常清,马不下礼不行,这令封常清这个"长官"很难堪,他回去后马上传唤了郑德诠,对他说:"我出身寒微,承蒙高中丞信赖,让我当留后。然而,你这样无礼地对待我,为了整肃军纪,只好借你这条命一用了。"说完,封常清下令把郑德诠当场杖死。高仙芝的妻子和乳母闻讯后在府外号啕大哭,但封常清根本不理会。当高仙芝回来后,封常清只汇报军事公务,根本不提这件事。此事却令高仙芝对封常清肃然起敬,更加器重,将士慑服。

天宝十一载(752),封常清被朝廷任命为安西副大都护,充节度使。后改迁北庭都护,充伊西节度使。其间,他勤俭奉职,治军赏罚分明。

安史之乱的祸乱危机越来越大后,唐玄宗急得像热锅上的蚂蚁,正不知道如何应对。天宝十四载(755),封常清入朝求见,唐玄宗赶紧抓住这根救命稻草,召见他并向他问计。

封常清说:"如今天下太平很久了,民众都畏惧战争。因此,安禄山反叛后,才会势如破竹、攻无不克。但邪不压正,如果陛下信任臣,让臣去东都洛阳募兵御敌,臣一定万死不辞,跃马跨过黄河,把安禄山的首级献给皇上。"

唐玄宗听了封常清自己立下的"生死状"很高兴,于是一方面封他为范阳节度使，让其成了平叛的统帅，另一方面任命荣王李琬为元帅、高仙芝为副元帅，成为平叛的"急先锋"。

封常清立马前往洛阳募兵，不到十天便招得六万人马。然后，他们依河而守，以阻止叛军渡河。而高仙芝也不甘落后，他不惜拿出重金来募兵，在长安一带就召集到了十万大军，随即率兵镇守陕州（今河南省三门峡市陕州区）。

就在此时，封常清在武牢关和叛军进行了交锋，因为封常清的队伍是临时组建的，素无训练再加上封常清过于自负、有点轻敌，结果溃败，一路退到了陕州，好在得到了高仙芝的接应，才止住兵败如山倒的局势。之后，在封常清的建议下，高仙芝主动放弃陕州，死守军事要地潼关。

潼关位于今陕西、河南的交界处，南靠秦岭，北临黄河，只有一条小道通过，地势极为险要，有一夫当关万夫莫开之誉，可说潼关是京城长安最后一道屏障，地理位置之重要可想而知。

到了潼关后，高仙芝加固城墙，厉兵秣马。而这时已经被免职的封常清甘当高仙芝的助手，两人共同对抗强敌。安禄山的大军在潼关被止住了前进的步伐。

安禄山的大军前方受阻，后方不稳，顿时陷入了困境。如果高仙芝和封常清将潼关死守到底，安禄山的心应该也会绝望到死。

然而，就在这个节骨眼上，一个太监左右了整个天下的局势，这个太监的名字叫边令诚。

边令诚是个典型的小人，因为得到唐玄宗的信任，他多次担任监军。高仙芝远征小勃律时，边令诚就是监军。高仙芝大获全胜后，第一时间派人向唐玄宗奏捷，结果得到了唐玄宗嘉奖的同时，却遭到了高仙芝上司夫蒙灵詧的不满。夫蒙灵詧认为高仙芝这是越级请功，于是对他破口大骂，并且向唐玄宗打小报告，诋毁高仙芝。最后边令诚从中周旋，才使这件事情的真相被唐玄宗知晓，最后高仙芝取代夫蒙灵詧成了四镇节度使。

正是因为有这份恩情在里面，当封常清和高仙芝被委以重任抵御安禄山时，担任监军的边令诚对高仙芝提了很多私人要求。当时高仙芝一心为大唐朝廷抵御安禄山的大军，哪里有空闲去迎合边令诚。结果边令诚很生气，造成后果很严重。

边令诚利用监军的权力，马上上书唐玄宗，诬称高仙芝中饱私囊，克扣军饷，贪图享乐，导致士兵不战而弃城逃亡。

晚年的唐玄宗原本就性情大变，再加上安禄山的突然反叛更令他昏庸多疑，接到举报信后，他竟然直接派边令诚拿着敕书去军中斩杀高仙芝和封常清两名虎将。

边令诚回到军营，先召见了封常清，宣读了敕文。封常清听了后没有叫冤和交代后事，而是默然接受。他临死前提出了一个请求：将自己的一份遗表转交给皇帝。遗表短短两百多字却道出了他的忠诚和遗憾。身为大将，没有死在战场上，却死在小人之手，他能不遗憾吗？

封常清死后，边令诚又带了一百名刀斧手找到高仙芝，宣读圣旨。高仙芝听完后，马上申冤："我退守潼关，我认罪，但是说我克扣军饷，完全是污蔑我！"

边令诚冷笑说："上是天，下是地，被你剥削的士兵都在外边站着呢，你还不认罪吗？"

高仙芝冲着门外将士高声说道："我招你们入伍，虽然得到了一些物资，但是还不足以武装你们，我们只是期望建功立业，用军功换赏赐，但是叛军势大，我下令退守潼关，是为了给皇上守住门户要道。今天请你们给我做个证，我要是克扣大家军饷，大家就喊'是'，如果不是，就喊'冤枉'。"

结果门外士兵都高呼："冤枉。"呼声震天。

然边令诚不为所动，令刀斧手行刑，大唐帝国双子星在同一天殒命。临阵杀将，而且是盖世名将，高仙芝和封常清的冤死可以说是唐玄宗自安史之乱以来犯下的第一大错误，结果当然是自毁长城。

3.哥舒翰的生死劫

没有最庸,只有更庸,高仙芝和封常清这对双子星座冤死后,唐玄宗还没有醒悟过来,很快犯下第二大错误:逼死盖世名将哥舒翰。

提起哥舒翰,时至今日,大唐民间所传称赞他的那首诗,读来仍令人荡气回肠:"北斗七星高,哥舒夜带刀。至今窥牧马,不敢过临洮。"

哥舒翰的一生可谓几经沉浮,四十岁后才从军河西,书写了一曲不朽的传奇。而杨国忠之所以能在和李林甫的政治斗争中笑到最后,也有哥舒翰的一份功劳。

哥舒翰的父亲哥舒道元是安西副都护,深受朝廷重视,母亲则是于阗国的公主,故世居安西。他勇而有谋,能读《左传》《汉书》。因为家里有权有势又富有,所以,哥舒翰从小过着锦衣玉食的生活,长大后,挂个果毅校尉的头衔,任侠重诺,整天游逛纵酒于长安市井,一直到四十岁都不显山露水。然而,四十岁这年成了他的分水岭,哥舒翰开启了神奇的转变之旅。原因是,这一年,哥舒翰的父亲去世了。

按照唐朝的汉家礼节,哥舒翰必须到长安居住三年才能返回住地。哥舒翰到了长安后,很快和长安的一个县尉发生了冲突,《旧唐书》记载:"为长安尉不礼。"哥舒翰可是官二代,刚从安西来到京城,一个小小的县尉就给了他一个下马威,他感觉受到了极大的侮辱。

也正是因这次受辱,哥舒翰开始发愤图强,随后他到河西节度所当了兵。

哥舒翰选择当兵,是因为他身材魁梧,能骑善射,一把长枪使得出神入化。因此,别看他已年逾四旬,但比二十出头的毛头小伙子还生猛。

他很快得到了河西、陇右、朔方、河东四镇节度使王忠嗣的赏识。王忠嗣原名王训,属于典型的"忠烈之后"。他的父亲王海宾,在与吐蕃的一场战争中英勇牺牲。当时王忠嗣只有九岁，伏地痛哭。"此去病孤也，须壮而将之"，唐玄宗见他可怜，带入宫中抚养，并让与忠王李亨（后来的唐肃宗）同游。

唐玄宗为了让王训不忘父亲的忠义之心，便给他改了个名字，叫作"王忠嗣"，意思是忠臣的子孙。

可以说，这时王忠嗣和唐玄宗的关系是和谐的。

长大后的王忠嗣对军事尤为关心，"雄毅寡言，有武略"，因此，唐玄宗对他格外器重，预言："后日尔必为良将。"

唐玄宗因为害怕他一心只想为父报仇而做出莽撞之举，于是一直"雪藏"他。直到开元二十一年（733），已经二十七岁的王忠嗣才有一展才干的机会。王忠嗣申请了几百精兵，准备向吐蕃发动突袭。当时正遇到吐蕃进行大阅兵，旌旗招展，人欢马嘶。见了敌人这阵仗，手下士兵都信心不足，想脚底开溜，王忠嗣却下了冲锋令，只见他手提大刀，一马当先，以不可挡之势直冲向敌人的阅兵方阵，士兵们见状，纷纷奋勇向前，结果唐军出人意料地斩杀数千人，缴获羊马数以万计。

初出茅庐就大显身手，不久，河西节度使杜希望准备攻打吐蕃新罗城时，特向朝廷申请调配王忠嗣前去御敌。于是王忠嗣又奉命赶赴河西，成功攻占新罗城。屡受挫败的吐蕃，集中全部兵力向河西压来。唐军寡不敌众，恐惧蔓延。关键时刻，又是王忠嗣单骑突进，"左右驰突，独杀数百人"，带领唐军从侧翼袭击，转败为胜。

接下来数年之中，王忠嗣又降契丹、灭突厥，威震天下！

因为战功出众，王忠嗣成了河西、陇右、朔方、河东四镇节度使，手下拥有精兵二十七万多，"劲兵重地，控制万里"，有唐以来，前所未有。

因为王忠嗣的器重和关爱，哥舒翰开始发迹。

在对抗吐蕃的前线，哥舒翰的身影无处不在。他善使长枪，用手中长枪搭在对手肩上，一声怒喝，将其挑下马来，是哥舒翰的标准动作。他的身后还有一个名叫左车的家奴，专门负责收割敌人首级。当主仆二人满载着敌军人头，凶神恶煞般回到营帐，战士们无不肃然起敬。

长此以往，哥舒翰在边疆威名四起，被百姓视为"定海神针"。

哥舒翰不但本领高强，而且还重情义。后来，当唐玄宗下令让王忠嗣攻打易守难攻的军事要塞石堡城（今青海省西宁市西）时，王忠嗣因为体恤将士生命，不想强攻，出人意料地选择了拒绝。王忠嗣给出的理由是："石堡城地势险要，城防坚固，吐蕃守卫森严。要攻下石堡城，肯定要牺牲数万士兵的生命，对我们来说，得不偿失，不如见机行事，等敌人露出破绽再行动。"

对此，唐玄宗很是生气，于是派另一位极力主张攻取石堡的唐将董延光挂帅出征，并令王忠嗣做好接应工作。对此，王忠嗣还是敷衍了事，部将李光弼忍不住提醒他说："只怕董延光失败了，把罪责推到您身上。"王忠嗣毅然答道："石堡城虽然重要，但得到它不足以制敌，失去它也没什么害处，我不忍心用数万人的生命换取自己的官职。如果因此获罪，我大不了被降职，再不济被外放当个小官罢了。"

果然，董延光攻占石堡城失利后，把脏水泼给了王忠嗣。不仅如此，宰相李林甫也落井下石。

李林甫之所以这么做，是因为他与王忠嗣是政敌。李林甫早年曾阻止唐玄宗立李亨为太子，结果唐玄宗出于平衡考虑，还是一意孤行地立李亨为太子。李林甫一直担心李亨日后一旦即位，自己的地位不保。他对太子最亲近的王忠嗣也心有余悸，因此，他想借石堡城事件将王忠嗣一拳击倒，以除心腹之患。

李林甫于是以诬陷的形式上奏唐玄宗说："王忠嗣企图拥立太子谋逆。"

唐玄宗一听，更是怒不可遏，派人将王忠嗣抓回长安接受三司会审。

而就在王忠嗣最危急的关头，哥舒翰挺身而出，他只身前往长安，冒着掉脑袋的风险，向唐玄宗上书求情，引用史书的话来形容就是：

"翰叩头随之而前，言词慷慨，声泪俱下。"就是说，他一路磕着头追着愤怒的唐玄宗，最终感动了唐玄宗，王忠嗣因此得救了。

死罪可免，活罪难饶，唐玄宗还是贬王忠嗣为汉阳太守。一年后，四十五岁的王忠嗣在郁郁寡欢中去世了。

而哥舒翰救下王忠嗣后，产生了两大连锁反应。

一是感动了唐玄宗。唐玄宗感念哥舒翰的忠义，让他接任王忠嗣的四镇节度使职务，从此，哥舒翰俨然成了一方诸侯。

王忠嗣死后，哥舒翰奉命率兵强攻吐蕃，结果通过死攻，总算攻下了石堡城，却是以用人马填平石堡城、死伤了数万唐军精锐为代价。

哥舒翰攻破石堡城后，以赤岭（今青海省湟源西南明山）为西塞，开屯田，备军实。后封平西郡王，整个西北边防都在他的掌控之下。据说哥舒翰每次应召入京时，都骑着一头日行五百里的白骆驼，十分威风。

二是得罪了李林甫。因为王忠嗣的事，哥舒翰显然得罪了李林甫。而李林甫当时正和杨国忠斗得不可开交，为了自保，哥舒翰从此和杨国忠结成了同盟，一起诬陷李林甫与突厥叛将阿布思勾结谋反，最终使得李林甫落得凄惨而死的下场。

之后，哥舒翰并没有风平浪静，而是要遭遇另一位强势节度使——安禄山的挑战。

安禄山看不惯哥舒翰的"野性"——匹夫之勇，而哥舒翰看不起安禄山的"狼性"——狡诈之术。两人关系一直是公然对立的。

天宝十一载（752）的某一天，哥舒翰和安禄山在机缘巧合下同一天入朝。唐玄宗为此让最信任的宦官高力士做东，设了接风宴，宴请他俩。目的只有一个：让二人杯酒释恩仇，结为异姓兄弟。

席间，安禄山主动放低姿态，找哥舒翰套近乎："我父亲是胡人，母亲是突厥人，而公的父亲是突厥人，母亲是胡人，我们原本就是一家人啊。"

按理说安禄山主动降低姿态了，哥舒翰应该给面子，和解关系才对。然而，哥舒翰一点不领情，他硬生生地回答："俗话说：'狐向窟嗥，不祥。'因为狐狸忘了自己是从哪里爬出来的。既然安兄对我如此亲爱，我自然也要坦诚相见。"

"狐""胡"同音，安禄山是何等精明之人，自然听出了哥舒翰的话里有话，不由得怒骂道："好一个大胆的突厥！"

哥舒翰也不是省油的灯，立刻回骂过去，一场口水大战马上要上演了。这时，高力士充当了和事佬的角色，他马上向哥舒翰使眼色。哥舒翰不买别人的账，却不敢不听高力士的话，毕竟当天这顿饭是高力士代表皇帝宴请他们的。

眼看话不投机，再坐下去也是尴尬，哥舒翰于是推开酒杯，以"醉了"为由离席而去。结果可想而知，这顿饭非但没有缓和二人的矛盾，反而结怨更深了。

安禄山的反叛之心，哥舒翰也早看出来了，只是他见杨国忠等人向唐玄宗进谏都没有用，为了不惹祸上身，他选择了沉默。

安史之乱前，哥舒翰突然得了"风疾"，于是一直在长安养病。安史之乱爆发后，哥舒翰还在病床上，对前方第一战场也是爱莫能助。

然而，高仙芝和封常清的突然死亡，使得唐朝失去了军事才能突出的两大奇人。而这时的安禄山气焰越来越高，不到数月，就占据了大唐的半壁江山，随后，安禄山在东都洛阳黄袍加身，称雄武皇帝，国号燕。

之后，安禄山采取直捣黄龙的策略，一路向西进发，目标直指京城长安，而潼关成了战争的命门。

高仙芝和封常清死后，谁来守潼关呢？唐玄宗最终选定哥舒翰。

哥舒翰因为身体有恙，怕误了国事，所以拒绝了。然而，唐玄宗这时已无良将可用，坚决让他挂帅出征。哥舒翰苦推无效，无奈之下只好接受圣旨，带病去镇守潼关。

哥舒翰从长安带了八万精兵，加上潼关还有高仙芝和封常清留下来的十多万军队，因此，潼关的守军有近二十万。再凭潼关之险，此后半年时间，安禄山的大军都攻不下潼关，只能"望关兴叹"。

久攻潼关不下，安禄山的好日子也到头了，过起了苦日子——四面楚歌。西面是哥舒翰把守的潼关，东面有唐军驻守在山东，南面是河南的唐军把叛军牢牢地拖住了，北面原本是安禄山的后方大本营，但颜真卿兄弟组织民众进行了大反抗，而朔方军节度使郭子仪和河东节度使李光弼也进军西面，成功攻入河北，收复了常山、赵郡等地。安禄山的叛军所占领的也就汴州、郑州、洛阳等地而已。可说其退回范阳的路线都被唐军切断了，冲破潼关天险、拿下长安成为唯一出路。

而唐军只有守住潼关，才能确保长安无忧。为此，潼关成了双方必争之地。

当然，面对安禄山的强攻，哥舒翰的策略也很简单：死守。目的也很明确：坚守不出，如此消耗下去，长此以往，安禄山的大军不攻自破。

然而，事实证明，这只是哥舒翰一厢情愿的想法。一个人左右了他的命运，也左右了潼关的命运，更左右了唐朝的命运，他就是宰相杨国忠。

杨国忠原本就是小人，他当初处处揭发安禄山有野心完全是出于私心，为了打压安禄山、逼其造反，却没有针对安禄山造反作任何有效的军事部署。此时哥舒翰带病守潼关，正让安禄山望关兴叹时，他竟在背后捅刀子。

当初在对付李林甫时，杨国忠和哥舒翰曾一度结为盟友，但二人很快就反目成仇。原因是心胸狭窄的杨国忠担心手握兵权的哥舒翰势力过大，威胁他在朝中的地位。

于是，杨国忠便在后方搞起了小动作，命亲信杜乾运带着一万余兵马，以防备叛军为名，实际是作防备哥舒翰之用。哥舒翰出生入死多年，怎会受这般委屈："都什么时候了，还在掣老子的肘！"于是就找个罪名杀了杜乾运。

随后，哥舒翰的部将王思礼劝说哥舒翰上表，威逼唐玄宗斩杀杨国忠。哥舒翰觉得这样太不仁义了，没有答应。随后王思礼请求带三十个敢死队员去长安暗杀杨国忠，以绝后患，但还是被哥舒翰拒绝了。

杜乾运被杀后，杨国忠大为震惊，为了自保，开始进一步对唐玄宗吹耳边风，鼓动唐玄宗派哥舒翰出战。为此，他捏造了一份假情报，说此时在陕郡驻守的叛军只有四千人，可以安排哥舒翰出兵收复。

好大喜功的唐玄宗原本就认为安史之乱的发生是件丢人的事，当了多年太平天子的他认为，自己一手打造的盛世不能因为一场叛乱而化为乌有，他的盖世声名也不能因为一场叛乱而被销毁。为了挽回尊严和威望，唐玄宗听从了杨国忠的建议，给哥舒翰发了一道命令，中心思想是："死守潼关不是你的终极目标，打败消灭叛军、收复失地才是你的职责。加油啊，别再躲在城里了。"

哥舒翰接到军令后，捶胸长叹一声，然后还是回了唐玄宗一段话："现在这个局面，坚守是唯一出路，对峙下去，安禄山的叛军在粮草供应不足之下，自然会不战自败。安禄山狡诈，他四处引诱我们出战。现在我们主动出击，正上了他们的当啊。"

然而，唐玄宗在杨国忠的唆使下，决心要哥舒翰出兵，不断派宦官去催促。引用《资治通鉴》的记载就是："帝入国忠之言，使使者趣战，项背相望也。"

君命大于天。哥舒翰痛哭流泪后，于天宝十五载（756）六月，率十五万大军离开潼关，主动向叛军进攻。

来到了潼关以东一百里的灵宝时，安禄山的前锋崔乾佑早就在那里"恭候"哥舒翰多时了。两军相遇，没有废话，直接开打。为此，哥舒翰兵分两路，他让部将王思礼率五万大军为前锋和叛军作战，亲率十万大军跟进。

两军刚一交战，叛军就兵败如山倒，唐军见状，认为叛军原来就是这样的货色，于是放肆地追杀。

先锋军大捷，"坐镇后方"的哥舒翰不由得也大意起来，率军奋勇向前。结果越追前面的路越窄,最终到了"此路不通"的地步,唐军还没回过神来。两边的山上开始滚落大石头、木头等物。

原来足智多谋的崔乾佑采取了诱敌深入之计,把唐军引入了自己的包围圈,接下来没有什么悬念,在"瓮中捉鳖"之下,唐军伤亡惨重。哥舒翰不甘等死,把运辎重的马车调到前头,想冲出包围圈,结果遭到崔乾佑的火箭伺候,顿时浓烟四起,唐军的眼睛都睁不开,只能乱砍乱杀,结果弄了半天,才发现是自相残杀,叛军早不见了踪影。

正在这时,已绕到唐军后面的崔乾佑现身了。他大手一挥,叛军从唐军背后杀出,王思礼的五万先锋军兵败如山倒,伤亡惨重。更为严重的后果是,哥舒翰所带领的十万后防军也不战自溃,没命地向潼关撤退。

哥舒翰当初为了坚守潼关,在潼关外挖了三条两丈宽一丈深的壕沟,是用来阻挡安禄山大军的"销魂沟",此时却成了唐军自己的"夺命沟",在溃逃中,唐军纷纷掉入沟中,竟然把壕沟都填满了,后面的士兵就踩着这些人的尸体越过壕沟。而遭遇叛军追杀和越过壕沟这两大生死劫后,最终逃入潼关的唐军只有区区八千人。十五万大军出征,八千人马生还,怎一个"惨"字了得。

接下来毫无悬念了,崔乾佑率叛军很快攻破了潼关。

经历了生死劫的哥舒翰只好向西撤退,不甘心失败的他在撤退途中还想再召集逃散的士兵卷土重来,但他最后的力挽狂澜之举被一个叫火拔归仁的部将阻止了。火拔归仁教了哥舒翰一个关键词:前车之鉴,后事之师。解析:将军率近二十万大军出关,一败涂地而回,现在丢了潼关,还有什么颜面见皇帝?你现在回去只有死路一条,高仙芝和封常清的下场就是前车之鉴。

哥舒翰当然知道个中道理,但他誓死忠于朝廷,不同意投降原本就是仇敌的安禄山。

火拔归仁眼看说不动哥舒翰,索性一不做二不休,把哥舒翰绑了投奔了叛军。

哥舒翰被送到洛阳后，安禄山把主动投降他的火拔归仁直接处死，理由是火拔归仁身为人臣，不忠不义，死有余辜；同时，把哥舒翰封为丞相，加以重用，原因是哥舒翰是盖世名将，重用他可以震慑唐军，有很强的利用价值。

就这样，一代名将哥舒翰竟然奴颜婢膝地成了安禄山的走狗，他甚至还亲笔写信招降大唐将领。结果，没有人对哥舒翰的书信作出回应。安禄山眼看哥舒翰没有什么利用价值了，于是把哥舒翰囚禁在禁苑中，后来在兵败前将哥舒翰等人杀了。

功是功，过是过，哥舒翰对唐朝的功显然要大于过。也正是因为这样，安史之乱后，大唐没有忘记哥舒翰，仍追封他为太尉，谥号"武愍"。哥舒翰泉下有知，想必也会感到慰藉吧。

杜甫有句对哥舒翰的诗赞曰："今代麒麟阁，何人第一功？君王自神武，驾驭必英雄。"

4.杨贵妃的生死谜

唐朝天宝十四载（755）十一月初九，安禄山率军一路过关斩将，冲进了长安城内。长安城破前，唐玄宗选择了仓皇出逃。一路狂奔，当到达马嵬坡（今陕西省兴平市西）时，军队出现了骚乱，原因是禁军基本上是长安人，他们的家眷都还在长安，现在盲目地出逃，前程一片渺茫，思亲之情再加上一路的辛苦劳顿，引起了士兵们的怨气和怒气。

禁军首领陈玄礼见状，知道情况十分危急，如果不能平息众怒，很可能引起哗变，后果难以想象。为此，陈玄礼想到了祸国殃民的杨国忠。正是杨国忠的胡作非为、贪赃枉法，才导致朝野上下腐败如斯，产生安史之乱的悲剧。

只有杀了杨国忠才能平息众怒，可是，怎样才能杀堂堂一国之宰相呢？陈玄礼想到了一位强人——太子李亨。太子李亨早就对目空一切、祸国殃民的杨国忠不满了,当即和陈玄礼达成强强联合。

接下来就是"斩首行动"了。当杨国忠从驿站外面巡视回来时,禁军把杨国忠围住了,一个禁军高声叫道:"宰相与胡虏谋反。"他话音未落,士兵们刀剑齐发,把杨国忠剁成了肉泥。最后,士兵们还不解气,把他的脑袋用竹竿挑着挂在了驿站的门外。

士兵们接着向唐玄宗的宿府进发,把他的住地团团围住。后知后觉的唐玄宗这才知道杨国忠被斩杀了,吓得面无血色,但他显然不能做缩头乌龟,只好鼓足勇气出来犒劳将士们。

唐玄宗说了这样一句违心的话:"杨国忠素日罪行滔天,我早就想拿他开刀了,现在你们杀了他,正好帮我解了忧愁。既然奸臣已诛,你们各自归队吧。"

然而,士兵们一动不动,都直勾勾地盯着唐玄宗,吓得唐玄宗额头直冒冷汗:难道士兵们还想杀自己吗?

好在关键时刻,他的贴身宦官高力士主动上前"质问"士兵们是不是想弑君。士兵们齐声说了三个字:清君侧。解析:杨国忠因谋反而死,贵妃怎么还能侍奉皇上,请求诛杀"贼本"。

唐玄宗是聪明人,自然知道士兵们的想法。既然杨国忠已经被他们诛杀了,现在杨贵妃还活着,他们怎么会不担忧自己的安危?眼下这个局面,如果杨贵妃不死,那么唐玄宗自己显然是很难做到独善其身了。为此,他长叹一声,说了五个字:"朕自当处之。"

唐玄宗转身,悲恸欲绝,过了好一会儿才让高力士把杨贵妃领到佛堂里去。他对杨贵妃说:"愿妃子善地受生。"杨贵妃哭泣道:"愿大家都安好。"之后,高力士用白绫缢死了年仅三十八岁的杨贵妃。

杨贵妃死后,唐玄宗命高力士将杨贵妃埋葬于马嵬坡西郭之外一里许的道北坎之下。然而,有关杨贵妃之死的传说,越传越多,越传越神。

几年后,郭子仪平息叛乱,收复两京。唐玄宗返回长安后,对杨贵妃依然念念不忘,他所做的第一件事是感怀。《明皇杂录》记载,回到长安的唐玄宗,一天深夜登上勤政楼,感慨系之,让高力士寻访旧人。高力士第二天就为他找到了一名叫红桃的杨贵妃生前的侍女并让她唱杨贵妃所作的《凉州词》,唐玄宗亲自吹起玉笛伴奏。演唱结束,唐玄宗和红桃、高力士都掩面而泣。还有一次,唐玄宗重游华清池,让人把新丰市上的女伶谢阿蛮找来,让她跳《凌波曲》。谢阿蛮跳完舞,拿出一件臂饰说:"这是贵妃赠送的。"唐玄宗睹物思人,拿着臂饰就"凄怨出涕"了。

唐玄宗所做的第二件事便是派人去祭奠杨贵妃,并密令高力士将贵妃移葬于他所。高力士打开其墓却惊呆了,墓中并没有发现杨贵妃的尸体,只在里面找到了一个锦香囊。

对此,白居易在《长恨歌》中写道:"马嵬坡下泥土中,不见玉颜空死处。"而关于这次挖墓事件的结果,《新唐书》和《旧唐书》有不同记载。《旧唐书》里说"肌肤已坏,而香囊犹在",而《新唐书》里只说"香囊犹在"。新旧《唐书》为何会有差异?杨贵妃的遗体去了哪里?

关于杨贵妃之死,诞生了很多版本,有说死于佛堂之下的,有说死于乱军之中的,有说吞金而死的,而最令人感兴趣的就是远遁日本这一说法。

还有一种更离奇的说法是,杨贵妃远走到了美洲。中国台湾地区学者卫聚贤在《中国人发现美洲》一书中声称,他考证出杨贵妃并未死于马嵬坡,而是被人带到了遥远的美洲。

当然,真相到底如何,还要专家进一步考证。

二 翻云覆雨

1.李亨继位是怎么回事

马嵬坡之变后,唐玄宗竟然不知道何去何从了,他原本是听从了杨国忠的建议到蜀中去避难的，但杨国忠的突然死亡改变了一切，最终决定去扶风（今陕西省凤翔县）。

就在半路，很多百姓冒出来，希望皇帝能留下。结果唐玄宗早已被吓破了胆，半分也不敢停留，不顾百姓强留，策马而去。

百姓眼看拦不住执意要前行的唐玄宗李隆基，只好拦住太子李亨。

太子李亨是唐玄宗的第三子，他虽然出身于帝王之家，但命运坎坷。他的母亲杨氏出身于弘农华阴杨家，是李隆基还是太子时的姬妾。杨氏怀李亨的时候，正是李隆基和太平公主进行你死我活的争斗之时。

当时太平公主上书说李隆基整天沉迷女色，不宜立为太子。李隆基听说后，非常害怕，于是想拿堕胎药将还在杨氏腹中的李亨除掉。结果就在杨氏要喝药时，李隆基突然良心发现，打翻了她手中的药，就这样，李亨才得以死里逃生。

李亨出生难，生活更难。在当皇子时就处于钩心斗角的政治旋涡之中，步步惊心，处处小心，害怕惹祸上身。

要知道，唐玄宗废黜王皇后之后，在后宫最宠爱的女人就是武惠妃。宰相李林甫为了巴结武惠妃，极力推荐寿王为太子。结果，李隆基却听从高力士的建议立当时的忠王李亨为太子。

李亨成太子了，李林甫又不干了，他知道如果将来李亨即位了，他的好日子也就到头了，为此，他想方设法要把李亨从太子位上拉下来。

政治斗争激烈也就算了，李亨甚至被李林甫与杨国忠逼得多次废妻离婚。

当时，太子李亨娶韦家女为太子妃，韦妃的哥哥韦坚是朝中高官，身居刑部尚书之职。韦坚以及背后的韦家成为坚定的太子党。

都说机会留给有准备的人，李林甫打击太子李亨的机会很快降临了。天宝五载（746）正月十五闹元宵，李亨一高兴，携东宫人马一起出游，花灯闹市里，巧遇太子妃兄韦坚，韦坚一时也忘了朝中忌讳，呼朋唤友地叫来自己的一个哥们。这哥们叫皇甫惟明，时任驻守边关的军事首领，与李林甫是死敌。李亨、韦坚、皇甫惟明，见上元月好，何不把酒言欢，三人一起来到长安城崇仁坊的景龙道观，狂嗨了一宿。

皇甫惟明属于边关守将，依规皇亲国戚不得与边将私自往来。这件事被李林甫广布天下的眼线探知了，报告了李林甫。李林甫马上安排心腹上奏，诬陷太子李亨结纳妻舅、拉拢边将，图谋不轨。

事后，李亨的大舅哥韦坚被贬为缙云郡太守，皇甫惟明则因"离间君臣"的罪名，被解除河西、陇右节度使的职务，贬为播川郡太守。

李林甫原本目标直指太子李亨，好在唐玄宗不想再发生三庶之祸，因此，并没有对太子有所惩罚。

韦坚被贬，他的弟弟将作少匠韦兰、兵部员外郎韦芝上疏替其鸣冤叫屈，结果太子李亨又被卷入其中。唐玄宗知道后，怒不可遏。而李林甫一党乘机落井下石。

眼看局势危急，李亨以离婚的方式和韦家人划分界线，脱离瓜葛。李亨当机立断地给唐玄宗上表，言之凿凿称自己与韦妃一直感情不和——"情义不睦"，郑重向父皇请求解除与韦氏的婚姻。李隆基见儿子如此旗帜鲜明，当然相信了儿子的清白，准许二人离婚。

作为政治斗争牺牲品的韦氏，不得不含泪离开东宫，心如死灰，削发入寺为尼，从此在古寺里与青灯为伴，安史之乱后寂寞地死于佛舍。

韦妃走了，李亨宠上了另一位杜姓良娣。良娣是太子众多妻妾中的一类，地位仅次于太子妃。杜良娣的父亲杜有邻犯了政治案，被人状告"妄称图谶，交构东宫，指斥乘舆"。

结果又是李林甫负责审讯。一番审讯后，太子李亨没有悬念地被牵扯了进来。李亨百口莫辩，跳进黄河也洗不清了，废太子的狂风很快吹到了尖口。紧要关头，李亨如法炮制，跪在父皇面前，声泪俱下地哭诉道，这杜良娣及其一家都非良善之辈，自己一叶障目，未辨善恶，今日识得恶妇真面目，决定为江山社稷计，为大唐未来计，要与之离婚，将其打入冷宫！

唐玄宗当即准予其与杜氏断绝一切关系。就这样，李亨再一次靠着甩掉一个心爱的女人而稳住了自己的储位。杜良娣被赶出太子府，贬作庶人，家人离散，从此生死不明。

此后，李亨明白，选女人不能挑漂亮和自己喜欢的，而是要找父皇信得过和放心的、政治背景上可靠的。最终，他选择了曾对父皇李隆基有养育之恩的窦老太太的孙女张氏。从此，唐玄宗不再疑神疑鬼，太子李亨一颗悬着的心也总算落地了。

天宝十二载（753），李亨终于长舒了一口气，他的死对头李林甫死了。然而，继任宰相杨国忠也是十足的小人，他不仅参与过李林甫对李亨的陷害，上位后更是变本加厉。直到安史之乱打破了朝局，四十五岁的太子李亨终于等到了改变命运的机会。

天宝十五载（756），唐玄宗率众从长安出逃、来到马嵬驿时，发生了著名的马嵬之变。龙武大将军陈玄礼是这次哗变的主导者，太子李亨显然是默许了对杨国忠和杨氏姐妹的诛杀。

此后，李亨随唐玄宗继续逃亡。面对百姓的"拦路"，他掉转马头，想去追随唐玄宗，其心腹李辅国上前说："留下来才是唯一出路。"李辅国并解析说：如今胡逆猖獗，国家已是分崩离析，如果不顺应民心，赶紧组织平乱，只怕大唐的锦绣河山就要葬送他人之手了。

太子身边的人都跪下附和："太子留下吧，留下来就还有希望，否则便是走向了万劫不复的深渊。"

李亨听了，长叹一声，缓缓地点头道："既然如此，我就不走了。"

就这样，唐玄宗在刚刚失去得力助手——杨国忠，失去最爱之人——杨贵妃后，又失去了最亲近的人——太子李亨。

而唐玄宗父子的分途也成了李唐历史的转折点和分水岭。

唐玄宗之后按原定计划顺利到达了扶风。为了安抚将士们，唐玄宗命川蜀官员进贡了十多万匹春彩，然后对士兵们说："朕因远避胡逆之乱而劳苦至此，准备独自入蜀，卿等如果想念长安的父老乡亲，想回去，可以分此彩，然后各奔前程。"

士兵们一听，都被感动得泪如雨下，纷纷表态说："臣等誓死相从陛下，绝无二心。"

之后，唐玄宗带士兵成功入蜀，来到了普安郡（今四川省剑阁县）。在这里，唐玄宗采取了双管齐下之举：一是下了"罪己诏"，主动认罪，"伊朕薄德，不能守厥位。贻祸海内，负兹苍生。是用罪己责躬"。二是下了"战略令"，合围胡逆。

然而，唐玄宗不会料到，他的两道诏令都成了空令，因为天下已易主，代他掌管天下的不是别人，正是他的儿子李亨。

就在唐玄宗下诏的同时，太子李亨在灵武（今属宁夏回族自治区）即位当皇帝了。原来，太子李亨在百姓的劝说留下来后，来到了兵强马壮的朔方。

天宝十五载（756），太子李亨到了朔方的治所灵武后，所做的第一件事就是称帝，以此号令天下，李亨就是唐肃宗。同时，他马上尊远在蜀地的唐玄宗为太上皇。

唐玄宗听闻消息后，先是很震惊，但他马上承认了儿子即位的合法性，并且颁布了《命皇太子即皇帝位诏》，并以太上皇自称。随即，他把韦见素等几个宰相都打发到灵武去了，并且把传国玉玺也送给了唐肃宗。

唐玄宗这样做也是无奈之举。一方面，他远离了中原，失去了号召力，权势已被唐肃宗夺去了。另一方面，胡逆之乱还没有平息，把权力都给唐肃宗，正好可以让他去平乱。至于后续如何，只有看形势发展，让时间来证明了。

2.永王李璘之乱是怎么回事

一山不容两虎，大唐形成了两个权力中心显然是有违常理的，就在唐玄宗和唐肃宗进行权力的角逐时，另一场叛乱发生了——永王李璘之乱。

永王李璘是唐玄宗李隆基第十六子，他虽然各方面才能出众，但政治上是一张白纸。唐玄宗在和唐肃宗进行内力大比拼时，决定把永王李璘当枪手来使用，于是委任他为山南东道、岭南、黔中、江南西道节度使，兼任江陵郡大都督，拥有招兵买马、设置官署等特权。寓意很明确，让他控制江南半壁江山，以和远在灵武称帝的唐肃宗一争高低。

永王李璘有了唐玄宗的支持，于是有恃无恐地放手扩展力量，天宝十五载（756），永王李璘以季广琛、浑惟明、高仙琦为将，甲士五千，率舟师由江陵（今湖北省荆州市）出发趋广陵（今江苏省扬州市）。一时间，艨艟巨舰载着甲胄鲜明的将士塞江而下，鼓钲相闻，声动百里，激起沿途郡县一阵震动。

当然，李璘所出动的兵力不止五千。他在举事之前进行了广泛动员，远在岭南道的部队都被调集参加了这次军事行动。这些部队走陆路趋广陵和走水路的李璘主力进行会合。

为了给起兵一个合法的由头，李璘打出了两套组合拳：一套是"东巡，移镇江宁（今江苏省南京市）"，这是给辖区各州郡听的；另一套是"东巡，移镇广陵，北上讨伐安禄山"，这是给手下将士听的。当然，他实际的战略目标是东下广陵，占领江淮，实现割据。

李白在永王东巡期间写了《永王东巡歌》组诗，其中就有"诸侯不救河南地，更喜贤王远道来""王出三山按五湖，楼船跨海次陪都"句，完全是永王打出旗号的诗化版：永王准备要占领"陪都"广陵，再北上救河南。

之后，李璘率兵东下过了当涂（今属安徽省），进入丹阳（今安徽省当涂县东北丹阳镇）地界。这时，吴郡太守兼江南东道采访使李希言平牒李璘，责问为何要擅自越界。李璘是山南东道、岭南、黔中、江南西道等四道节度使，李希言是江南东道采访使，二人职务差不多，其间也没有隶属关系，以平牒方式沟通没太大问题。可李璘正要找越界攻击的借口，便抓住李希言平牒这一沟通方式做文章，马上复牒，严词指责李希言失礼："寡人上皇天属，皇帝友于，地尊侯王，礼绝僚品，简书来往，应有常仪，今乃平牒抗威，落笔署字，汉仪隳紊，一至于斯！"

交涉失败。长江两岸的淮南道、江南东道都匆忙做出防御准备。

江南东道方面，江南东道采访使、吴郡太守李希言派将领元景曜协助丹阳太守阎敬之守丹阳，自己转身跑回吴郡（治今江苏省苏州市）。同时，江北的淮南道也作了防御准备。淮南道采访使、广陵大都督府长史李成式派出将领李承庆迎敌，另外派判官评事裴茂带步兵三千屯于瓜步洲伊娄埭（今江苏省扬州市瓜洲镇）。这时，唐肃宗派出的特使宦官啖廷瑶、段乔福也赶到广陵。在广陵，啖廷瑶恰好遇到河北招讨判官、司虞郎中李铣。李铣带着一百多名骑兵。啖廷瑶便和李铣拉关系，与其结为兄弟，请他带领麾下骑兵屯于扬子（今江苏省仪征市）。

而李璘也不是吃素的，他派出季广琛攻击江北的广陵，浑惟明攻击江南的丹阳。双方部队一接触，广陵方面的李承庆就放弃抵抗，带兵投降季广琛。丹阳方向也进展顺利，李希言的将领元景曜也未作抵抗，痛痛快快地投降了浑惟明。浑惟明拿下丹阳，杀丹阳太守阎敬之，一时江淮大震。

而此时能对李璘形成威胁的只有广陵方面屯于瓜步洲伊娄埭的三千人马。这支部队虽然精练，但人数远少于李璘的军队，如果拿下了这三千人马，占领广陵，淮南、江南地区基本上可以传檄而定。

至此，永王李璘仿佛已看到了希望的曙光，梦寐以求的霸业似乎就在眼前。

然而，就在这时，变故发生了。派去攻打广陵的季广琛认为李璘干的是叛逆之举，做的是不义之事，突然决定弃暗投明，带领部将转投了伊娄埭。

随着季广琛的投降，李璘的大军开始军心动摇，在江南一带的将领浑惟明也反水，带兵投降了江宁。来自岭南道的冯季康看大势已去，也投降了。

就这样，原本大好的形势就改变了，李璘几乎变成了孤家寡人。他怎么也想不通，连打胜仗、士气正旺的部队，为什么一夜之间，土崩瓦解，作鸟兽散。

这日晚上，江北驻守瓜步洲的官军点起篝火，士兵人持两支火把，在江边列阵。火光经江水倒映，从江面到江北岸，仿佛无数士兵打着火把。江南李璘倒戈的部队也打起火把，与官军互相呼应。

李璘登上丹阳城楼，看到江南江北火光四起，以为官军已经过江，不禁大惊失色，连夜带上家人及余部弃城逃跑；到了天亮，才发现官军还没有渡江，于是又匆匆忙忙返回城中，让襄城王准备船只，逃往晋陵（今江苏省常州市）。

经过九死一生，李璘总算狼狈地逃到了鄱阳郡（今江西省鄱阳县），结果在这里吃了闭门羹，鄱阳郡守司马陶备闭门不让他们进城。李璘大怒，令部众举火焚烧城门，入城后抢夺武器库，又大掠余干（今江西省余干县），然后再匆忙逃往西南的大庾岭，结果在逃往岭南的途中，遭到了唐将皇甫侁的追兵阻击。交战中，李璘受箭伤被擒，随即被处死。

李白有一首诗《南奔书怀》，记了这段经历："遥夜何漫漫，空歌白石烂。宁戚未匡齐，陈平终佐汉。欃枪扫河洛，直割鸿沟半。历数方未迁，云雷屡多难。天人秉旄钺，虎竹光藩翰。侍笔黄金台，传觞青玉案。不因秋风起，自有思归叹。主将动逸疑，王师忽离叛。自来白沙上，鼓噪丹阳岸。宾御如浮云，从风各消散。舟中指可掬，城上骸争爂。草草出近关，行行昧前算。南奔剧星火，北寇无涯畔。顾乏七宝鞭，留连道边玩。太白夜食昴，长虹日中贯。秦赵兴天兵，茫茫九州乱。感遇明主恩，颇高祖逖言。过江誓流水，志在清中原。拔剑击前柱，悲歌难重论。"

李璘兵败后于南逃途中被杀，唐玄宗得知李璘兵败，迫不得已下诏废李璘为庶人。这场军事对抗实际上是唐玄宗和唐肃宗间的最后摊牌。李璘的失败，使唐玄宗在同唐肃宗的权力斗争中失去了最有分量的筹码，因此才会出现这样的场景："上皇伤悼久之。"而唐肃宗对这位从小无母、自己收养长大的弟弟怀有感情，没有公开其罪行，已是仁至义尽。永王失败后，被永王延为幕僚的大诗人李白被牵连入狱，五年后，病死于当涂。

3.安史之败是怎么回事

占领了长安之后，安禄山一方面纵容部下在长安城里进行烧杀抢掠，导致长安百姓知道他们不是救世主，而是强盗，于是自发组织抵抗叛军；另一方面开始贪图享乐，没有对逃亡的唐玄宗进行紧密追击，让唐玄宗等人有了死里逃生的机会，从而让唐朝有了重新集结兵力的调整期。

而醉生梦死的安禄山不会料到，其手下很快就发生了内讧。

因为在这个节骨眼上，安禄山的儿子安庆绪有想法了。

安禄山的长子是安庆宗。安禄山受唐玄宗宠信时，安庆宗被纳为驸马。安禄山发动叛乱后，唐玄宗一怒之下斩杀了安庆宗。安庆绪是安禄山的第二个儿子，母亲康氏是安禄山的原配妻子。他的看家本领是骑射技术一流，在安史之乱中，充当了"急先锋"的角色，立下了赫赫战功。

然而，安禄山并不喜爱他，而是对小儿子安庆恩情有独钟。原来安禄山当了皇帝后，开始宠幸段夫人，爱屋及乌，还打算立段夫人生的儿子安庆恩做太子。

这让安庆绪感到了危机，为此，他找来亲信严庄、高尚商量对应之策。三人密谋后，安庆绪决定：先下手为强，主动出击，除掉老爹，取而代之，自己上位。

安庆绪为此还找到了一个好的枪手——李猪儿。李猪儿是安禄山的贴身服侍，跟了安禄山数十年，一直忠心耿耿。然而，安禄山当了皇帝后，变得飘飘然起来。安禄山本身就胖，再加上长时间服用五石散，双目失明，皮肤腐烂，性情暴躁。服用五石散在魏晋时候就开始流行，《世说新语》云："服五石散，非惟治病，亦觉神明开朗。"

喜怒无常的安禄山对李猪儿经常打骂。长此以往，李猪儿也受不了了。安庆绪见状，马上用重金把李猪儿收买过来。两人一番密谋后，李猪儿开始寻找机会行刺了。

这天夜里，安庆绪安排停当，他负责把守门外，李猪儿在为安禄山更衣时，抽出早已藏好的刀刺进安禄山的腹中，安禄山挣扎了几下便魂归西天了。门外放哨的安庆绪见大事已成，冲进来找了张毛毡，慌忙卷上安禄山的尸首，就地掩藏在床下。

安庆绪弑杀安禄山后，自立为大燕的皇帝，并重用严庄和高尚两位心腹。安庆绪为人懦弱，说话没遮拦，往往颠三倒四、毫无头绪。严庄担心将士们不服，于是禁止他出席公众场合。而他自己则重用亲信，独揽军政大权。

至德二载（757）二月，唐肃宗南巡凤翔郡，才知道安禄山已死，派遣仆固怀恩出使回纥，跟回纥和亲并要求他们出兵讨伐叛军。好在当时，还有一人为唐肃宗解忧——名将郭子仪。

郭子仪此时攻克了河东郡，叛军将领崔乾佑只好选择了向南逃遁，之后郭子仪穷追不舍，在新店（今河南省陕州市西）击溃了叛军，追杀了二十里，消灭燕军十多万，尸体摆了三十里。八月，回纥终于出兵，其三千精锐骑兵到了，虽然人数少，但战斗力极强，使得唐军士气进一步大振。一个月后，广平王李豫率领番汉联军收复长安，叛将安守忠选择了"不羞遁走"，结果其余叛军非死即伤，尸体堆积如山。

唐军乘胜到陕郡（今河南省三门峡市），叛军害怕，命令严庄把骁勇善战的精锐兵力全部派来抵御唐军。形势危急，严庄赶紧以万米冲刺的速度跑到洛阳，告诉安庆绪前方的军情。安庆绪一听，充分发挥腿长善跑的特点，立马出了宫，逃向河北，身边只有数千人跟随。此后好久，安庆绪才稍觉心安，开始清点人马，却发现不见了严庄。

随后，坏消息传来，严庄已经投降唐朝，叛军闻讯后军心动摇。安庆绪对此也是心灰意冷，开始继续逃亡，经历了九死一生，终于到达相州（今河南省安阳市）时，他身边只剩下一千多名疲惫不堪的士卒。到滏阳（治今河北省磁县）县界时，他们遇到了挡路虎——唐河东节度使李光弼率万余部众驻守于此地。

安庆绪知道眼前就是生死劫，不闯过去，就只有死路一条。于是，一向懦弱的他终于强悍了一回，他对部下说："一样是死，不如死个痛快。"随后，安庆绪设了诱敌之奇计，竟然大败李光弼的部众。

安庆绪一举扭转局势后，应对以双管齐下之举。一是马上发表胜利宣言：大破李光弼、王思礼两军，收降、斩首万计。二是征召先前溃散的将士，限于本月二十六日前到相州集结屯驻，下个月初八日再去攻取洛阳。

各路叛军听说安庆绪在河东打败了官军，都选择了"回头是岸"，相继聚集到了相州。

安庆绪把相州改称安成府，大赦境内，改年号叫天和。他委派薛嵩编练新旧步兵三万余、骑兵六千以上。十天之内，叛将蔡希德率众从高平（今山西省泽州市）来归，田承嗣从颍川（今河南省许昌市）来归，武令珣从唐州（治今河南省泌阳县）来归，这样一来，安庆绪的部众很快又达到了六万。

然而，形势一片大好之时，安庆绪又恢复了懦弱的本性，他开始只顾修建亭榭楼船，花天酒地，不理政事，导致众叛亲离。

乾元元年（758）九月，唐肃宗派遣郭子仪等九位节度使率领步兵骑兵二十万进攻安庆绪盘踞的相州城，任命鱼朝恩为军容使。开始，郭子仪的战术是，派三千名弓箭手埋伏在壁垒背后。第二天交战，他指挥自己的部队佯装溃逃，叛军追赶他们时，命弓箭手一齐射击，叛军全军溃败。安庆绪眼看形势危急，马上派薛嵩向悍将史思明去求援。

史思明原姓阿史那，初名崒干，他是安禄山的左膀右臂，二人不但是同乡，而且生日只差一天，所以从小就认识，关系也十分亲密。长大后，二人都当过互市牙郎。如前文所述，安禄山很快得到贵人相助，时任幽州节度使张守珪认为安禄山是个人才，而且骁勇，便提拔安禄山为捉生将。当时大唐北方两个少数民族政权——奚和契丹一直与大唐为敌，幽州节度防备的就是他们，安禄山每次带几个骑兵出去，都会擒获契丹数十人回来。因为非常有能力，又狡猾，善于揣摩人心，所以很快就得到了张守珪的信任，张守珪甚至最后收他为干儿子。

当然，在玩骗术方面，史思明比安禄山有过之而无不及。

开元二十四年（736），史思明为躲避债务，逃亡到北边的奚族地区，但他被一向排外的奚族人给捉了，奚族人想杀死这个外地人。于是机灵而狡猾的史思明显示了他惊人的骗人能力，躲过一劫。他装出一本正经的样子说："我是大唐王朝派来与你们的大王和亲的使者，你们杀了我可以，但你们也会大祸临头，信不信？"奚王看他从容不迫，且派头十足，信以为真，于是以贵宾之礼接待他。

奚王畏惧唐王朝的势力，决定派一百人跟随史思明去朝拜大唐皇帝。史思明却对奚王说："你派的人是不少，但我看多是浅薄之徒，这样的人去见吾皇岂不丢脸？听说你手下有一个才华超群的勇将琐高，何不让他去呢？"

琐高是奚族的第一名将，史思明想生擒他，于是开始骗奚王。奚王想都没有想，便让琐高带领三百人跟随史思明去了。

来到平卢（今辽宁省朝阳市）时，史思明悄悄地先派人告诉平卢守将裴休子说："奚族人派琐高带领一队精锐将士来朝拜我大唐天子，他们嘴上说得好听，其实是来偷袭平卢的，你得做好准备，先下手为强干掉他们！"裴休子信以为真，在奚人进入平卢毫无防备的情况下，将琐高手下的三百人杀了个精光，只留下琐高一人。

史思明把琐高押送到幽州节度使那里。节度使见奚人名气最大、才能最高的琐高被捉来了，对史思明极为佩服，于是上奏朝廷大赞史思明，史思明此后便官运亨通。节度使张守珪认为史思明（当时还叫史崒干）有功，是个人才，便收入帐下效力。后来史思明到长安奏事，唐玄宗李隆基与他谈话，非常高兴，便赐了汉名——史思明。

安禄山、史思明都不是一般人，那个时候他们俩几乎没有任何背景，却靠着自己的才能很快升迁为中高级将领，安禄山当上了平卢兵马使，史思明一直在安禄山麾下效力。

安史之乱刚开始，智勇双全的史思明可以说是安禄山麾下第一枭将，也可以说是叛军的第二将领，为安禄山称帝洛阳和攻克长安立下了汗马功劳。

然而，安禄山当皇帝不久，正值春风得意时，死于亲生儿子之手。尽管安庆绪在斩杀安禄山后封史思明为妫川王兼范阳节度使，史思明还是心理不平衡，产生了取而代之的想法，为此，他开始动手收拾整理安禄山被打散的部队，准备大干一场。

而安庆绪也看出史思明有不臣之心，便处处提防他，但随着局势的恶化，安庆绪自己先陷入了唐军的四面包围之中。此时，为了解相州之围，安庆绪只能期待史思明来救援。

然而，史思明只派部将李归仁率领步兵一万多人马去救援。等李归仁到了滏阳，郭子仪的防御工事已很坚固，筑了三道城墙，挖了三道战壕，严阵以待，援军自然被阻挡在相州城外不能向前半分。

唐军这时加紧对相州城的进攻，不惜从北引河水灌城。城中井泉向外溢水，平地水深数尺，一片汪洋。叛军在房顶和树木上起居。城中粮尽，发生了人吃人的现象，抓一只老鼠也能卖数千钱。在此情况下，安庆绪率领叛军只能负隅顽抗，因为他们知道投降意味着什么。

安庆绪眼看相州城岌岌可危，而史思明的大军迟迟不见踪影，无奈之下派部将安太清将伪帝玉玺送给史思明，表示只要史思明能打败唐军，解了相州之围，他愿意让出帝位。

史思明当然喜不自胜，其部下见状大呼史思明为"万岁"。于是，史思明指挥十多万叛军急趋相州城，与唐军在相州城外进行了生死大决战。

这个时候，唐军虽然兵多将广，但有一个致命的缺点：没有主帅。原来，刚刚继位的唐肃宗害怕诸将拥兵自重，便让各将领各自领军，并没有在军中设主帅，这次攻相州因为事关重大，唐肃宗任命亲信宦官鱼朝恩为观军容宣慰使到军中牵制，结果鱼朝恩非但没有起到主心骨的作用，而且还让各军将领心存"敬畏"之心，不敢大胆决策，结果军事行动不统一，三十万唐军如一盘散沙，战斗力非常弱。

史思明的叛军尽管只有十万，但目标一致，行动一致，士气颇旺，和唐军形成天壤之别。决战开始前，史思明先派五百精骑截断唐军粮道，让唐军心存后顾之忧，然后率精兵正面迎战。

两军刚交战，老天开始发威，顿时狂风大作，飞沙走石，大树连根拔起。同时，遮天蔽日，白天如同黑夜，几米之外也看不清人影。史思明大败唐军，率大军乘机冲杀过去，唐军哪里还有斗志，纷纷向南逃奔，人马互相践踏，死伤无数。

相州之战，唐军死伤惨重。死亡的将士尸体被埋葬在相州城北一个南北斜长五里的大坑里，并起一大墓，名为"万人冢"。直到明代，这里还能看到"万人冢"的遗迹。

就这样，随着三十万唐军的溃败，史思明奇迹般救下了被围困的安庆绪。事后，史思明当然静候安庆绪让出大燕皇帝之位。

然而，虎口脱险的安庆绪是为了保命才许诺让位史思明，心里当然是不愿意的。因此，解困后他想食言，不愿让位。

史思明当然不干，他拼了老命来救安庆绪，只为达到黄袍加身的终极目标，岂能让安庆绪这毛头小子给糊弄了？于是，他决定除掉安庆绪。

狡猾的史思明没有动硬的，而是开始玩心计，他派人跟安庆绪说："我并没有称霸天下之心，如今唐军精锐部队还在，不如我俩继续合作，把江山打下来平分如何？"

安庆绪转念一想，这样也好，仅凭他一人之力显然是无法和唐军抗衡的，也就答应了。

史思明于是设下宴席，盛情邀请安庆绪到他那里歃血为盟，共对唐军，同谋天下！

安庆绪为了表示诚意，选择了赴宴。为了避免不必要的误会，他带着四个弟弟及部下孙孝哲、崔乾佑、高尚等几个人去了。

安庆绪不会料到，这是一场鸿门宴。他刚到史思明的地盘，史思明先是热烈欢迎，随即马上翻脸，手一挥，刀斧手从四面涌出来。安庆绪和他的四个弟弟及部将们还没来得及品尝山珍海味，就成了刀下鬼。

干掉安庆绪后，五十七岁的史思明随即在范阳称帝。而这时据唐玄宗皇帝鼓励他"努力"正好十七年。

史思明这人骁勇善战，很能打，而且颇有军事谋略。

明朝史学家王世贞这样评论史思明："史思明亦悍胡也，其才力远出禄山上。"这种说法并非夸张。相比而言，安禄山是个精明的商人，视天下为一场交易，自恃很有战略远见，但具体到谋略上，他就不能胜任了。史思明不但精明，而且具有战略眼光，很有谋略，可以说是一全才，称帝后，他又取得了怀州之战和邙山之战大捷。

当然，史思明也不是完人，他的致命弱点就是：过于残忍毒辣。

史思明每攻下一座城池，都要屠城，杀光城里的老弱男丁，纵容部下做奸淫掳掠的事。比如，在魏州（治今河北省大名县东北）一战中，史思明军队一天就杀掉三万多人，弄得血流成河。

史思明不但对对手心狠，对部下也如此，甚至对自己的亲生儿子也是如此。

史思明有两个儿子，大儿子叫史朝义，小儿子叫史朝清。他对两个儿子的态度有天壤之别。史朝义是史思明的长子，是皇后所生，按理说是史思明将来的"依靠"所在，但史思明并不喜欢这个大儿子，而是喜欢小儿子史朝清。史思明称帝后，只封长子史朝义为怀王，而把太子之位"预留"给小儿子史朝清。

对此，史朝义尽管不满，但也没有过多计较，依然拼死为史思明效忠，在和唐军的作战中，他总是充当急先锋的角色，哪里需要去哪里，从没有怨言。

史思明不但没有被感化，反而更加提防史朝义，害怕他对自己的小儿子造成威胁。

史思明进攻陕州时，出战不利，只好退守永宁。史思明叫儿子史朝义修建一个三角城，给的时间是一个月。工期短，面对父亲的无理要求，史朝义也没有多说什么，叫上自己全部的手下马上开始动工，一分钟也不敢怠慢。连他自己也一起动手干起来。

一个月后，史思明前来察看的时候，主体工程虽然完了，但没来得及粉刷外墙。对此，史思明大怒，扬言要杀掉史朝义和部下大将骆悦等人。

大家也是对史思明怨气很重，早受不了啦。此时都知道史思明说一不二，不杀了史思明，自己的主子就得死。众将士都支持史朝义：为了自己的周全，杀了自己的父亲。而史朝义刚开始是不肯的，这不是跟安庆绪一样不孝吗？但史朝义经不起部下的软磨硬泡，最终下决心"大义灭亲"。

最终史思明还是被史朝义的手下抓了回来，史朝义立下假诏书后用绳子勒死了史思明。

就这样，军事天才史思明只因残忍无情而死于自己的儿子之手。

也正是因为这样，尽管唐军失去了洛阳和长安两大都城，国势一溃千里，但因为燕军内部一直"内讧"，没有进一步去扩大战果，此后和唐军陷入了僵持阶段，也使得这场叛乱时间长达八年之久。

三　翰墨钩沉

1.高适：六翮飘飖私自怜

安史之乱的发生，让整个大唐王朝生灵涂炭，百姓处于水深火热之中。很多名人志士也难以独善其身，纷纷卷入其中。诗仙李白就因为卷入永王李璘的叛乱而最终悲惨离世。除此之外，还有很多文人也被卷入政治风波中。著名的边塞诗人高适便是其中一个。

高适祖籍渤海蓨县（今河北省景县），出身于官二代家庭，他的先祖高洪曾在东汉时期任渤海太守而举家迁居蓨县，此后六百年间，其家族一直人丁兴旺，出了不少王侯将相。而高洪的十六世孙高洋还建立了北齐王朝，使蓨县高氏家族一跃成为北方的皇族。

高适的曾祖高佑，隋朝时任散骑常侍，入唐后任宕州别驾；他的祖父高侃，勇猛善战，在战斗中曾生擒突厥车鼻可汗，以军功官至陇右道持节大总管、安东都护；他的父亲高从文也非布衣之士，可惜英年早逝，在高适幼年时死在广东韶州长史任上。

原本是世代簪缨之家，但父亲的早逝使家道突然中落，高适因此从小就体验到了世态炎凉和生活的艰辛。为了出人头地，他刻苦攻读，习文练武，期待有朝一日重振家风。

然而，高适虽然才高八斗，能力出众，因为缺少机遇，最终却大器晚成。和许多士人一样，安史之乱影响了他的命运，也造就了他的人生，包括诗情。

开元十一年（723）夏天，二十三岁的高适只身来到长安寻找出路，拿着自己的诗篇拜谒在京城做官的父辈故交，希望得到他们引荐，却处处碰壁。

初出茅庐便受挫，高适于是离开长安一路东行，路过洛阳和汴京（今河南省开封市），来到宋州（今河南省商丘市）。

高适此后便留在了宋州，过起了半耕半读的隐居生活。

这一隐居就是十年，十年间高适一贫如洗。为了改变现状，高适决定赴边关立军功，以期出人头地。当时，北方的突厥人被大唐的劲旅赶走了，但东北的契丹和西南的吐蕃每年都和大唐发生战争，许多读书人投笔从戎。

这时，信安王李祎奉命率军在东北营州一带抗击契丹，高适的许多朋友参加了李祎的幕府。他决定到那里去投军,试图通过朋友们的引荐,参加信安王的幕府,等待立功的机会。

然而,当高适风尘仆仆、满身疲惫地赶到前线时,正巧信安王刚刚率军打了一个胜仗,陶醉在胜利喜悦中的信安王对这位千里迢迢赶来投奔他的年轻人选择了"无视"。第二年春天,高适打道回府——回到了宋州。

尽管这一次的塞外之行以失败告终,但高适把自己对边关生活的体验和感悟以诗的形式记录下来了,一口气创作了十几首流传千载的边塞诗。其中《燕歌行》成了脍炙人口的名诗。此后,高适一直怀才不遇,天宝八年(749),年近五十岁时,高适好不容易才混到了封丘县的芝麻小吏——县尉。次年秋,他以县尉身份送兵出塞,回封丘后,深感"拜迎长官"之辱与"鞭挞黎庶"之痛,而弃官西游,写下著名的《封丘县》。然而,他不会料到,此后他会时来运转,仕途青云直上,竟然创造了十年十迁的纪录。

如前文所叙,哥舒翰因战功升至右武卫员外将军,充陇右节度副使、知节度使事。他性格豪爽,仗义疏财,喜欢交往,爱读《左传》《汉书》等史书,许多有才学的人投到他的帐下,他的幕府人才济济。高适主动投奔哥舒翰。哥舒翰对高适的诗文、人品和才能很欣赏,上表奏请高适为左骁卫兵曹,充幕府掌书记,并把高适视为心腹,令常随左右。高适感激哥舒翰的知遇之恩,从此一心一意地为哥舒翰鞍前马后效力。

在哥舒翰幕府三年间是他边塞诗创作的丰收时期。雄奇瑰丽的西北边塞风光,戍边将士艰苦的生活,两军开战、战马嘶鸣剑戈碰撞的壮烈场面,都进入他大气磅礴的诗中。

安史之乱爆发后,这场突如其来的灾难使承平日久的大唐王朝骤然由盛转衰,同时也给高适和许多读书人带来了一个展示才华、实现抱负、改变自己命运的机会。高适以监察御史佐哥舒翰守潼关。潼关失守后,他奔赴行在,向唐玄宗陈述军事形势,迁侍御史,擢谏议大夫。唐玄宗在蜀，用诸王分镇，高适切谏，以为不可，为唐肃宗所知。

高适的政治才干得到了唐肃宗的赏识，对其重用有加。永王李璘起兵后，唐肃宗很是紧张，高适却分析形势、为他解忧说："永王必败。"唐肃宗听了很是高兴，封他为御史大夫、扬州大都督府长史、淮南节度使，命他和淮南西道节度使来瑱、江东节度使韦陟共同平定永王之乱。高适亲拟《未过淮先与将校书》檄文，分化叛军将领，果然见效，永王部下人心涣散，纷纷逃离。再加上永王缺乏政治才能，不懂军事之道，因此，叛乱很快被平息。

而永王失败后，被永王延为幕僚的大诗人李白被牵连入狱，五年后，病死于当涂。一年后，高适因"负气敢言"，且深得唐肃宗信任，却为宦官李辅国所妒，被贬为太子府少詹事。几个月后，因蜀中多事，高适又被起用，被任命为彭州（今四川省彭州市）刺史，转蜀州（今四川省崇庆市）刺史，唐代宗初年又任剑南西川节度使。在蜀地为期六年的仕宦生活中，他平定了梓州刺史段子璋的叛乱，平定了剑南兵马使徐知道的叛乱。在他的建议下，朝廷还把剑南西川、东川两个节度使合二为一，整合了军事力量。

高适在蜀期间，俭政宽民，为官清廉，受到人们的称赞。

广德二年（764），唐代宗任命六十四岁的高适为刑部侍郎，不久又转散骑常侍，加银青光禄大夫，进封渤海县侯，食邑七百户。

不久，高适选择了急流勇退，归隐于终南山紫峰阁。一年后，六十五岁的高适离开了人世，留下了二百多首气势恢宏的边塞诗，成为后世人们经典传唱之绝世名作。

引用其诗《别董大·其二》来缅怀这位著名的边塞诗人：

六翮飘飖私自怜，一离京洛十余年。
丈夫贫贱应未足，今日相逢无酒钱。

2. 王维：不向空门何处销

盛唐时期，影响最大的诗人除了"李杜"，还有王维。

王维，字摩诘，太原祁县（今属山西）人，随父迁居河东蒲州（今山西省永济市西）。王维属于典型的"官二代"，出身于唐朝五大望族之一的太原王氏，家族自汉而始就在做官。他的祖父是朝廷的乐官，父亲官至汾州司马，母亲出身于鼎鼎有名的博陵崔氏。

因为家境好，王维从小受到了良好的教育，祖父教他音乐，父亲教他诗文，母亲教他画画，使得他从小多才多艺。

王维从小不但多才，而且有胆识。相传，有一年，知县看到书上有记载说，当地大山里有一种石胆，吃了可以长命百岁，便下令让老百姓去找。可大山里根本没有这种东西，所以百姓们找不到。知县很生气，硬说是老百姓把石胆私藏了起来，很多人因此被抓进监狱。幼小的王维不忍心看见乡亲们受苦，就捡了几块石头交给知县说："石头有的是，可没有石胆。"知县大怒，呵斥他说："书上有记载，怎么可能没有呢？"小王维不慌不忙地说："龙和凤凰书上也都有记载，可您能找到吗？"知县无话可说，只好收回了寻找石胆的命令，并把入狱的人们都放了出来。

王维九岁那年遭遇变故——他的父亲去世。随着家道中落，他的母亲不得不变卖家产，带六个孩子回娘家。王维的母亲是个虔诚的佛教徒，除了吃斋念佛，闲来做些针线活补贴家用。王维和弟弟一个卖画，一个替人写文章，以此来维持生计。

开元四年（716），十六岁的王维怀揣着远大理想开始外出求学，游历了几年后，王维来到长安，准备参加科考。因为长期漂泊外地，王维用诗文为"敲门砖"，一展自己的才学。他最著名的一首诗是《九月九日忆山东兄弟》：

独在异乡为异客，每逢佳节倍思亲。

> 遥知兄弟登高处,遍插茱萸少一人。

　　王维因为盛有诗名和精通音律,受到不少王公贵族的追捧,也遇到了生命中的贵人——岐王李范。

　　岐王李范是唐睿宗第四子,也就是唐玄宗的弟弟。他好文人雅士,且是音乐发烧友。王维来府上弹琵琶,岐王顿时被其才情倾倒,此后对其器重有加。

　　一天,王维又到岐王府上相聚,却和以往洒脱豪迈形成鲜明对比,显得心事重重,岐王就问他有什么心事。

　　以岐王对自己的器重,王维要考进士一点不难。可王维心气高啊,想拿的是状元,于是对岐王说:"听说最近有个文才不错的人,常出入公主门府,公主已经托主考官挑他当'解头'了。"

　　岐王思忖片刻:"玉真公主势力比我大啊,我要是在这件事上跟她正面相争,恐怕局面不好收拾。这样吧,你将平日写的诗抄录一些,再作一支凄婉的琵琶曲,五天后来见我。"

　　五天之后,王维再登岐王府。岐王对他说:"以普通文士身份,你还没有见公主的资格。要想让她注意,你必须假扮乐工,等你演奏琵琶曲时,我敢打赌,公主必定会注意到你。"

　　王维换上衣服,手持琵琶,待公主进府。玉真公主落座后,乐师、歌女上来,王维站在中间,面洁如玉,风流洒脱。岐王见公主已然注意到王维,便叫王维赶紧演奏一曲。

　　王维恭敬上前,轻拨琴弦,琴声汩汩流出,轻快的地方犹如山间舞动的飞鸟,哀伤的地方像是九月暮色笼罩的山野,在座者无一不为之感动。一曲作罢,玉真公主意犹未尽,良久,问道:"这是什么曲调?"

　　王维鞠躬回答说:"《郁轮袍》!"岐王赶紧补充道:"这位才子不但通音律,诗文也是一绝。"

　　王维马上从怀中掏出诗卷。公主读了几句,惊叹道:"这都是我平日里最喜欢诵读的,还以为是古人的佳作,竟是你写的?"

岐王又对公主说:"如果今年将此生定为解头,那可就为大唐做了件大好事。可惜啊,听说您已经推荐了别人?"公主摆手,笑着对王维说:"你真要考试,我一定为你设法。"

开元九年(721),二十一岁的王维一举考中进士,虽然有玉真公主的帮助,但如果没有真才实学,显然也是不可能脱颖而出的。

王维中进士后,初授大乐丞,立马名动一时。"诸王、驸马、豪右、贵势之门,无不拂席迎之。宁王、薛王视为师友。"

然而,王维进入仕途后并不如意,先因伶人擅舞黄狮子(只准给皇帝观看)而受牵连,贬济州司仓参军,后得张九龄荐拔,任右拾遗。安史之乱前累迁至给事中。

天宝十四载(755),安史之乱爆发后,王维遭遇生死劫。仓皇出逃的唐玄宗并没有带上职卑位微的他。结果等后知后觉的王维反应过来时,却发现逃不出叛军的天罗地网了。就这样五十五岁的王维不幸地成了"俘虏"。

安禄山虽然不算是明主,对才华横溢的王维却另眼相看,于是把他带到洛阳,安顿在普施寺里。

在此期间,安禄山在洛阳的凝碧池大宴手下的将领,并让原来唐玄宗皇宫中的一些梨园弟子表演。可这些梨园弟子看到国破家亡,悲伤不已,无心演出。其中有一个叫雷海青的人,还把乐器重重地扔在了地上,面向西方号啕大哭。安禄山一怒之下命令手下把雷海青乱刃分尸。王维知道此事后,哀伤不已,见景生情,就写了一首《凝碧诗》:"万户伤心生野烟,百官何日再朝天?秋槐叶落深宫里,凝碧池头奏管弦。"

当然,王维后来还是没能逃过叛贼的威逼,被迫出任伪官。但这首诗一直在民间广为流传,王维后来发出这样的八个字感叹:"陷身凶房,尚沐官荣。"

三年后,也就是乾元元年(758),王维的好日子到头了,随着唐军收复了洛阳,开始对被俘虏的唐朝官员进行大洗牌,前宰相陈希烈就被处以极刑,而王维也被列入清算之列。

好在关键时刻,有一个人——弟弟王缙挺身而出保住了他。王缙在平叛中立下了大功,于是他愿削官以赎兄罪。而王维呢,为了证明自己的清白,把自己在被俘期间写的《凝碧诗》拿出来表"忠心"。

朝廷最终赦免了王维。

尽管朝廷宽恕了王维,但他还是为自己的"变节"而感到羞辱和惭愧,为了内心的超脱,本来有隐逸思想、又有吏隐经历的他自然选择了向佛。从此,王维真正沉溺于佛理与山水之中,"一生几许伤心事,不向空门何处销"!他精通佛学,且悟性很高,能把很多人看不懂的佛理理解得很透彻,甚至能与大师们论道。同时,他还能将佛理融入诗画之中,意境极高。

王维的诗绘影绘形,有写意传神、形神兼备之妙,被苏轼称赞为"诗中有画,画中有诗"。而王维本人被后人称为"诗佛",可见其影响力之大。

上元二年(761),六十一岁的王维离开了人间,留下了千古不朽的诗篇。

3.杜甫:万里悲秋常作客

在唐代诗坛上,杜甫和李白可以称为绝代双骄。

李白是一个天马行空的浪漫主义诗人,而杜甫是一个忧国忧民的现实主义诗人,后人把杜甫尊称为"诗圣"。

先天元年(712),正值唐玄宗即位当皇帝时,杜甫出生于河南巩县(今河南省巩义市),他一生历开元盛世的浮沉与安史之乱的忧离,在时代的裹挟中,创造了"诗史",而成为"诗圣"。

杜甫出身于名门,他是西晋名将杜预的第十三世孙。杜甫以显赫的祖上为荣,曾说:"自先君恕、预以降,奉儒守官,未坠素业矣。"

杜甫的祖父杜审言也是个才子,和苏味道、李峤、崔融并称为

"文章四友",在当时的文坛上首屈一指。然而,杜审言有个致命的缺点,就是恃才放旷,为此得罪了不少人。因此,他在官场上非但没有青云直上,而且还被一贬再贬。

杜审言从洛阳县丞任上被贬到吉州担任司户参军时,得罪了司马周季童和员外司户郭若讷,二人便联手来陷害他,结果杜审言成了阶下囚。紧接着,周季童和郭若讷还准备将他往死里整。在这个关键时刻,杜审言年仅十六岁的儿子杜并带了一把利刃,混入周季童的生日宴会上,趁其不备,将周季童当场刺伤。杜并被当场打死。事后,周季童因伤势过重不治身亡,临死前,他叹息道:"杜家有孝子,郭若讷误我。"

这桩刑案轰动一时,一代女皇、年近八旬的武则天要求彻查,结果,杜审言平反出狱,武则天还提拔他为著作郎、膳部员外郎。

杜甫的父亲就是杜并的弟弟杜闲。

杜甫三岁时就没了母亲,他的父亲杜闲在外地为官,先后为奉天县令和兖州司马,于是把杜甫寄养在他姑母家。

尽管生活艰辛,但出生在诗书传家的仕宦家庭,坚持认为"诗本吾家事",杜甫很小的时候就开始学习写诗,七岁时就写得有模有样了,有诗为证:"七龄思即壮,开口咏凤凰。"

而杜甫晚年时曾写了一首回忆性诗:"忆年十五心尚孩,健如黄犊走复来。庭前八月梨枣熟,一日上树能千回。"大致意思是说,他十五岁的时候,壮得像小牛犊子一样,院子里有梨树、枣树,一天之内,他上树下树多回。可见杜甫少年时是一个多么活泼、健康的人。

杜甫从十九岁开始,走出家乡,开始了游历生活。五年后,也就是开元二十三年(735),二十四岁的杜甫参加了一次科举考试,结果名落孙山。但他并不在意,提起行囊接着去游历,"放荡齐赵间,裘马颇清狂。春歌丛台上,冬猎青丘旁"。那时,他父亲在兖州做官,一年后,杜甫写下了千古名篇《望岳》:"岱宗夫如何,齐鲁青未了。造化钟神秀,阴阳割昏晓。荡胸生层云,决眦入归鸟。会当凌绝顶,一览众山小。"

这首诗意境开阔,气势雄伟,富有哲理,充分展现了杜甫远大的胸襟和抱负。也正是因为这样裘马清狂的生活,他和诗仙李白相识并结为挚友。

天宝五载(746),三十六岁的杜甫来到都城长安,参加了一次不一样的科举考试——皇上主持的人才选拔大会。其时"上欲广求天下之士,命通一艺以上皆诣京师"。

杜甫于是也来碰运气了。结果杜甫很倒霉,被当时的宰相李林甫打压,再次名落孙山。

失败后的杜甫发现这其实是李林甫假借唐玄宗之手拉拢人心、排除异己而已。

杜甫没有退缩,决定写文章献给皇帝,来个毛遂自荐。

天宝十载(751)正月,唐玄宗在长安南郊举行大型的祭奠活动。杜甫于是以此为内容,写了《朝献太清宫赋》《朝享太庙赋》《有事于南郊赋》三篇文章,献给唐玄宗。

唐玄宗一看,很是震惊,杜甫的文章文辞华丽、气势恢宏,引用史书的话说就是:"帝奇之,使待制集贤院,命宰相试文章。"就是说,唐玄宗马上下令,让他在集贤殿书院里面待诏,让宰相负责出题目,测试一下杜甫的真实水平。

"复试"的结果是,杜甫得了一个"送隶有司,参列选序"的候补资格。能否真正仕任,其中的关键人物就是宰相。当时的宰相有两个人,一个是李林甫,一个是陈希烈,但陈希烈只是和稀泥的,主要还是李林甫说了算。结果李林甫又从中作祟,考试后他等候发文,却永无下文。

对此,杜甫很难过,此后长期浪迹于长安。

天宝十载(751),四十岁的杜甫拖家带口,搬到了距离长安城二百四十里的奉先,也就是今天陕西省的蒲城县,在这里安顿下来之后,杜甫再次踏上了求官之路。天宝十四载(755)十月,杜甫的命运似乎出现了转机,因为朝廷任命他担任河西尉。这是一个从九品的职位,是唐代品级最低的官职,按理说生活正处于窘迫、迫不及待想在仕途上有所作为的杜甫肯定会欣然接受。然而,出人意料的是,杜甫没有上任,而是选择了拒绝上任。不久,机会来了,他终于获得了一个右卫率府曹的官职,这是太子的卫戍仪仗部队当中的一个参谋属官,具体管理兵甲器杖之类的事务,从八品下,反正比上次那个官职大那么一丁点,所以杜甫就写了一首诗《官定后戏赠》,这是写给自己的自我解嘲的诗。

他当了右卫率府曹,任所就在长安。十一月,他到奉先探家,将路上见闻写入《自京赴奉先县咏怀五百字》。此时,范阳已经爆发了安史之乱,之后更扩大至长安。杜甫辗转至凤翔谒肃宗,授左拾遗。杜甫返长安后,因上疏救房琯,贬华州司功参军,往返鄜州(今陕西省富县)、华州(今陕西省华县)、洛阳,赶上朝廷军溃相州、兵荒马乱,他亲眼得见人民所受种种苦难,后来遂作"三吏""三别"等,反映当时残酷的社会现实。

乾元二年(759)七月,杜甫弃官西去,度陇赴秦州(今甘肃省武山县以东)。在地瘠民贫的秦州,杜甫只好向亲朋好友求助。

他有个亲侄子叫杜佐,在当地是个官员,而且善于经营,家里比较富有,杜甫决定向他求援。但杜甫毕竟是长辈,而且还在朝廷做过官,怎么好直接开口催对方兑现借粮的承诺呢?于是,他写了《佐还山后寄三首》,其一曰:"白露黄粱熟,分张素有期。已应舂得细,颇觉寄来迟。味岂同金菊,香宜配绿葵。老人他日爱,正想滑流匙。"这首诗的大致意思是:前两天咱们见面的时候,你说你们家的黍丰收了,正在收割,现在已经到了白露时节了,黄米却还迟迟没有送来。我知道你没忘这个事,你是想把这些米舂得更细一点,就好像非常圆润的珍珠一样,这样蒸出来就越香甜。我老人家没别的爱好,就好这一口,就喜欢吃这个。

杜甫用诗来提醒侄子兑现承诺,借黄米给自己,以诗的形式解决了难以启齿的求援问题,也赋予了诗新的功能。

然而，好景不长，朝廷在与安史叛军的交战中屡遭失败，吐蕃军队就趁着唐朝无暇顾及西部边境，屡屡侵犯边境，烧杀掠夺，无恶不作，秦州也成了烽烟之地。无奈之下，杜甫决定继续逃亡，十月，往西到同谷（今甘肃省成县）去。

乾元二年（759）年底，杜甫又辗转入蜀。依靠亲友故旧的资助，次年，他在浣花溪畔建了一个草堂，后世称杜甫草堂，至今犹为文化胜地。这里溪水长流，环境优美。杜甫暂时结束了颠沛流离的生活，一家人前后过了近四年相对安定的田园生活。在这里，他写了多首名诗。比如说，写景的："黄四娘家花满蹊，千朵万朵压枝低。留连戏蝶时时舞，自在娇莺恰恰啼。"比如说写雨水的："好雨知时节，当春乃发生。随风潜入夜，润物细无声。野径云俱黑，江船火独明。晓看红湿处，花重锦官城。"

杜甫在成都的生活之所以相对安定、暂时满足，是因为在成都所在的蜀地他有好几位做官的亲友，使得他在战乱中可以获得一定的政治保护和经济上的接济。这期间，诗与书信，是他与亲友联络的主要方式。但接济也时有不到处。

安史之乱最终蔓延到了蜀地，有三年，他甚至回不了草堂，只身寄旅于成都周围的绵州、梓州、阆中。由于乱起，杜甫的好友、剑南节度使严武本已受诏还京，却又被迫再度镇蜀。史载，这段时间，杜甫"曾入剑南节度使严武幕，表（甫）为检校工部员外郎"。

然而，大半年的幕府生活，杜甫不仅经历了尔我诈的人事纠葛，而且体验了被排挤的不愉快经历。更主要的是，永泰四年（769）四月，严武病故。这年四月底五月初，杜甫下定决心离开成都，一家人乘舟沿江而下。

然而，战火使关山阻隔，难返长安。经云安，又因杜甫生病滞留半年，一家人于大历元年（766）春末来到夔州（今重庆市奉节县）。夔州都督兼御史中丞柏茂琳和杜甫是故交，柏茂琳为了成全杜甫，把当地一百多顷的官田交给杜甫管理。杜甫却之不恭，接管了这一百多顷的公田，封殖柑林，种稻子，以筹措盘缠。

不包括在云安的日子，杜甫总共在夔州居住了一年零九个月，这期间他写了四百多首诗，产量惊人。这时期，他忙于农事，心态有点近陶渊明，但他不时外出，了解外界，特别是探听朝廷平乱的情况，而获得兄弟亲故的消息，尤其使他悲欣交加。"闻官军收河南河北"的消息，曾使他瞬时有"白日放歌""青春作伴"的狂想，却也很快变为失落。身逢乱世，流寓他乡，忧国思家，一直满怀修齐治平理想的杜甫还是离开夔州。

大历三年（768），杜甫带着家小离开了夔州，经过湖北当阳和洞庭湖，到了衡州（治今湖南省衡阳市）。杜甫之所以选择衡州，是因为这里有他一个特别好的朋友——韦之晋。

可是，身为刺史的韦之晋为杜甫接风洗尘后不久，突然病死了。这对杜甫是个天大的打击。

为了找安身之地，杜甫只好继续南走，想去溯水（今湖南省郴州市）寻找他的舅舅崔纬。结果走到半途的耒阳（今属湖南省）时，突然发大水，江水上涨，船走不动了，杜甫只好在耒阳暂时住了下来。

杜甫在多年流离失所的生活中，受尽了挫折和苦难，到耒阳时已经一身是病了。在杜甫的诗中，流露出对贫苦民众那么真切的同情与哀怜，又何尝不是对他本人命运的描述呢？

不久，杜甫便去世了。他一生备尝人间辛酸、历经战乱饥荒，却积极向上、诗心书写不朽篇章，值得后世人们的景仰。

下面引用被称"古今七律第一"的《登高》来缅怀他的一生吧：

> 风急天高猿啸哀，渚清沙白鸟飞回。
> 无边落木萧萧下，不尽长江滚滚来。
> 万里悲秋常作客，百年多病独登台。
> 艰难苦恨繁霜鬓，潦倒新停浊酒杯。

第七章 锦绣江山开了一道缝

一 国事家事一锅煮

1.红颜乱国

自从武则天让唐朝拐了一个弯后,一直出现后宫干政的事。唐中宗继位后,其皇后韦氏及女儿安乐公主干政,接下来继位的唐睿宗的妹妹太平公主干政,到了唐玄宗时,他前期最宠爱的后妃武惠妃同样干政,而唐肃宗于"乱中"继位后,同样没有摆脱噩运——张皇后干政。

张皇后的真实姓名史书没有详细记载,她是邓州向城(今河南省南阳市东北)人,出身于世宦大家,长相绝美,能说会道。天宝年间,张氏被选入太子宫。

李亨还是忠王时,娶了兖州都督韦元的女儿。张氏入宫后封为良娣,尽管她后来晋为皇后,但后宫的人叫习惯了,一直把张皇后叫作张良娣。

李亨的太子妃韦氏后来因为兄长韦坚谋逆而受牵连,被废名号,削发为尼,囚禁中剃度出家,最后死于变乱之中。

就这样,秀外慧中的张良娣成了李亨的专宠。天宝十一载(752),张良娣为李亨生下儿子李佋。几年后,安史之乱发生,唐玄宗带李亨逃难时,张氏正身怀六甲,她和宦官李辅国一起劝太子李亨离开唐玄宗,另立山头。

来到灵武夜宿时,张氏居前室,说是要替太子站好前岗。李亨说:

"捍卫防御不是你们妇道人家所做的事,你居前室太辛苦了。"

张良娣坚定地说:"殿下跋履险难于此,兵卫只有这么多,如果突然遭遇到了什么不测,妾肯定以身相挡,保护殿下安危。"李亨对此感动不已。

不久,张良娣为李亨生下了儿子李侗,李亨高兴之下封其为定王。而张良娣"产子三日,起缝战士衣"。李亨劝她注意休息,张良娣却说:"为殿下分忧,是妾之职责。"此后,李亨对她宠爱更隆。

之后,在张良娣的劝诫下,李亨下定决心,登上皇位主持大局,并遥尊唐玄宗为太上皇。李亨当上了皇帝后,张良娣先被晋封淑妃,后被立为皇后。

李亨性格原本就懦弱,内政外事基本上都要靠宦官李辅国和张皇后给他出点子、拿主意。

张皇后不但人长得美,而且很有心计,做事强势,她恃宠生娇,想把自己为唐肃宗所生的儿子李侶扶上太子的宝座,而视李亨的长子广平王李豫(原名李俶,至德三载〔758〕五月立为太子,稍后更名李豫)和建宁王李倓为眼中钉肉中刺,想除之而后快。

于是张皇后主动联合李辅国,排除异己,打击忠臣,以达到不可告人的目的。张良娣联合李辅国对李豫和李倓下黑手,手段很简单:诬陷。

建宁王李倓一向任侠不羁,做事不计后果,对张皇后所作所为极为痛恨,因此,他私下对肃宗的朋友李泌抱怨说:"张皇后是朝中一颗毒瘤,要想办法帮皇上除去。"

李泌以七岁神童入朝,和唐肃宗关系极为密切。唐肃宗灵武即位后,他专程赶到灵武出谋划策,很得唐肃宗宠信。李泌知道祸从口出,于是劝李倓:"忍。"

李倓却我行我素,他还亲自去劝谏唐肃宗早立太子。唐肃宗就立广平王为太子一事私下征求李泌的意见。李泌对唐肃宗说:"不急,缓缓再说。"李泌这样做的目的是为了保护广平王,因为前一个太子已经被杀。

张皇后也不是省油的灯,为了打压政敌,联合李辅国诋毁李俅,诬陷说他想谋害广平王李豫。唐肃宗立即处死了李俅。

李俅冤死后,李泌向唐肃宗打报告,请求归隐山林,并说出了"五不可留"理由:臣遇陛下太早,陛下任臣太重,宠臣太深,臣功太高,迹太奇,此其所以不可留也。

唐肃宗进行挽留,李泌摇头说:"陛下若不许臣退隐,臣必死无疑。"

唐肃宗惊问:"朕怎么会无端妄杀你呢?"

李泌便辗转引出了建宁王李倓被杀的事,说李倓是被冤枉的。唐肃宗这才明白事情的真相。就这样,李泌保全了自己,还保全了太子李豫。

然而,事后唐肃宗依然对张皇后和李辅国重用有加。好在不久,张皇后所生兴王李佋早薨,定王李侗年幼,使得太子储位稍安。

当时,已经退位的太上皇李隆基不喜欢张皇后与李辅国。二人便找机会向唐肃宗进谗言,将李隆基从大内的兴庆宫迁徙到冷清的甘露殿,又将太上皇身边的老人高力士、陈玄礼,或流放,或致仕,使得太上皇受尽凌辱。太上皇一气之下,干脆去习练"辟谷之术",最终绝食而亡。

宝应元年(762),唐肃宗因患病而数月不能上朝。不久,七十八岁的太上皇李隆基驾崩于甘露殿,唐肃宗听闻后悲恸欲绝,病情进一步加重。

而此时,为了专权,张皇后和李辅国翻脸,到了水火不相容的地步。张皇后见唐肃宗已病亟,马上召见了太子李豫。张皇后说:"李辅国久掌禁兵,权柄过大,制敕皆由他出,且擅自逼迁太上皇,为罪尤大。他心中所怕的只有我和太子你。眼下陛下病危,他正在勾结程元振等人,阴谋作乱,必须马上诛杀他们。"太子流着泪说:"父皇病情正重,此事不宜去向他奏告,如果我们自行诛杀李辅国,父皇一定震惊，于他贵体不利，我看此事暂缓再说吧。"张皇后道："太子且归，待后再行商议。"送走太子，张皇后马上召肃宗次子、越王李系入内宫商议，她对李系说："太子仁弱，不能诛贼臣，你能行吗？"李系坚定地回答说："能！"当即命令宦官段恒俊，从太监中挑选了二百名强健者，发给兵器，准备动手。

随即，张皇后又以唐肃宗的名义召见太子。

好在这时，太监程元振知道了张皇后的计谋，马上把情况密报李辅国。李辅国、程元振带着党徒到凌霄门探听消息，正遇奉命进宫探望父皇的太子。李辅国谎称宫中有变，阻止太子入宫，并命令党徒将太子拥持进飞龙殿，且以甲兵监视起来。是夜，李辅国假传太子的命令，鼓动禁兵闯入宫中，将越王李系及太监段恒俊等百余人抓捕，并投入监狱中。

张皇后听闻风声后情知不妙，于是慌忙逃入唐肃宗寝宫长生殿躲避。李辅国没有手下留情，他带兵追入皇帝寝宫，逼张皇后出宫。

张皇后为了活命，只好苦苦哀求唐肃宗救命。唐肃宗已病入膏肓，被变故惊吓得"语塞"。而李辅国没有犹豫，马上令人将张皇后拖出宫去。

当天晚上，五十二岁的唐肃宗在急火攻心下病情加重而死于长生殿。

唐肃宗李亨死后，李辅国勒毙张皇后及左右数十人，并诛杀了越王李系、兖王李佋。

2.奸臣误国

宝应元年（762），唐朝发生了大地震，唐玄宗和唐肃宗相继死去，而独揽朝政的宦官李辅国拥立太子李豫继位，李豫便是唐代宗。

唐代宗继位后，李辅国被尊称尚父，加封司空、中书令，成了朝中当仁不让的"摄政王"。

李辅国本名李静忠，他最大的特点就是长得丑，丑到了令人望而生畏的地步。当然，虽然长得丑，但受阉入宫后，原本就粗通文字与筹算的他被高力士相中，对他悉心培养，使得他各方面业务能力得到了很大的提升。后来，他被推荐到东宫侍奉太子李亨。

安史之乱爆发后，唐玄宗率文武百官及侍卫宫女共计三千多人仓促西逃。而太子李亨指挥两千精锐禁军护驾。在马嵬坡时，太子李亨与禁军统领陈玄礼等人密谋政变。李辅国参与这场政治赌博，共同诛杀了杨国忠兄妹。

之后在逃跑途中出现"父老遮道请留太子讨贼"时，他力劝李亨和唐玄宗分道扬镳。后随李亨至灵武时，他又力劝李亨称帝，遥尊唐玄宗为太上皇，使得远在天边的唐玄宗回天无力，只得接受这个现实。

唐肃宗也因此视李辅国为心腹中的心腹，赋予他全权处理所有军国大事的特权。

自古小人得志，难免飞扬跋扈。李辅国却不一样，他尽管得志，还是很低调。颇有心计的他把对权力的欲望紧压心底，将自己打扮成"跳出三界外，不在五行中"的世外高人。于公，他在日常处理公务时很是谨小慎微，几乎找不到任何差错。于私，他不食荤腥，手持念珠，念念有词，成天一副出家人打扮。

事实证明，李辅国的作秀取得了良好效果，朝廷上下一致认为他是貌丑心善的好人。就这样，李辅国的权势越来越大，后来唐肃宗还把前吏部侍郎的侄子元擢之女许配他为妻，使得他的权势进一步扩大。

获得"专掌禁兵"特权后，李辅国终于脱去了披在身上的羊皮，露出了狼的獠牙和本性。他在银台门（翰林院）设置专门办公机构，每天佩戴宫中符印处理天下政事。他规定：宰相及群臣如有特殊事务临时求见皇帝，只能通过他奏请；文武百官的所有奏章和需要皇帝签署的文件，都需要经由他转呈。在他的暗箱操作下，所有文件都被宣称是皇帝颁布的制敕。他甚至绕过中书省，在唐肃宗下达的诏书上，直接签名即令施行。

文武百官虽然有所怀疑，但为了明哲保身，都选择沉默，因此自然是"无敢异议者"。

李世民的玄孙李岘时任宰相，见李辅国专权，出于公心，他密奏唐肃宗要谨防李辅国乱政专权，重蹈安史之乱的覆辙。

唐肃宗听后，意识到自己放给李辅国的权力过大，诏令将敕文发制权重新收归中书省，任何未经中书省签署的诏书，都交由李岘重新审察。

一手遮天的权力被赤裸裸地剥夺过去了，李辅国对李岘恨之入骨，于是处处找其碴儿，最后唆使唐肃宗将李岘贬为蜀州刺史。

李岘走了，李辅国笑了，他被升任兵部尚书时，大摆排场兴师动众视察南方。当时，武士们甲胄鲜明，夹道欢送，跳起充满动感的丸舞剑。一百名骑兵耀武扬威在前开道，皇宫设下欢送筵席，太常寺鼓乐齐鸣，宰相和群臣列队送行。如此大的气派以往只有皇帝才有，因此，长安百姓都误以为是皇帝出宫，沿途跪拜。知道真相后，李辅国自然成了千夫所指。

唐肃宗即位后，李豫被拜天下兵马大元帅，先后收复二京，以劳苦功高受封成王，后又被册立为皇太子。唐肃宗死后，李辅国把太子李豫推上了皇位。

因有拥立之功，李辅国更加骄横跋扈，他甚至对唐代宗说："陛下，您只管待在宫中闲坐享清福，皇宫外所有军国大事老奴自会处置妥当！"

唐代宗当然不愿当傀儡皇帝，他采取上屋抽梯之策，名义上尊奉李辅国为尚父，给予他参与一切朝政的特权，暗中却在伺机行动。

因为李辅国肆意妄为，就连曾经穿一条裤子的同伙程元振也不放在心里，更别说他人了。为此，朝臣对他痛恨之至，程元振也对他非常不满。于是，程元振秘密建议唐代宗削夺李辅国的权力。

唐代宗可不是吃素的，他一直给李辅国加官晋爵，以稳其心。然而过了数月，他亮剑了——下诏解除他的职务，迁出皇宫。随即让程元振接替了他的职务。

李辅国当然感到惶恐,但他很快镇定下来,之后他决定采取以退为进之策,上表乞求解除所有官职,告老还乡。

唐代宗当然不会如他的意,先是很明智地给他吃一颗定心丸:进封博陆郡王,仍为司空、尚父。在李辅国依惯例回中书省修书谢恩时,门卫却让他吃了闭门羹,拒绝他入内的理由是:已被罢相之人,没有资格再入此门。

李辅国哪里受过这样的气,不由得捶胸喊道:"先皇啊!老奴不能侍奉新君,愿去地下服侍先帝。"

唐代宗听闻后,马上派人好言安慰李辅国,遣送他回家。然而,李辅国前脚刚走,唐代宗和程元振就把李辅国提拔上来的所有亲信一网打尽,不是处死就是流放。

对此,李辅国无可奈何,他知道自己已是泥菩萨过河——自身难保,只好深居简出,以避其祸。

然而,该来的终究会来,不久,唐代宗再度亮剑,对李辅国进行了最后一击。这回唐代宗是玩阴的,他派刺客出马了。

一天夜里,李辅国正酣睡时,刺客来了,毫无悬念,他被刺杀了。相传刺客刺死他后,还砍下了他的右臂带走了。后来唐代宗把李辅国的右臂放到泰陵唐玄宗墓前,告慰屡遭李辅国羞辱的爷爷唐玄宗。

当然,明地里,唐代宗却一方面下令搜捕凶手,另一方面派人去慰问李辅国的家属。因李辅国的首级已腐烂且臭不可闻,唐代宗指示用木头雕个人头代替首级,隆重安葬并追赠李辅国为太傅,给他起了一个意味深长的谥号:丑。

拥立两任皇帝的李辅国不可谓不劳苦功高,但他野心太大,对权力的欲望太大,由"辅国"蜕变成"误国"。唐代宗在忍无可忍之下,只好亮剑,最终将他成功清除了。

3.名将救国

鸟尽弓藏、兔死狗烹,自古功臣多悲剧。然而,唐朝名将郭子仪是个例外。如果用一句话来评定郭子仪的一生就是:"权倾天下而朝不忌,功盖一代而主不疑。"

郭子仪荣宠一生,以八十五岁的高龄寿终正寝,其发迹史和心路史被后人传为美谈。

郭子仪少年时就声名大震,因为他以弱冠之年获得了"武魁"。

武则天执政时,她为了消除反对者,对军队进行了大洗牌,全部换上了亲信。然而,事实证明,这些亲信都是烂泥扶不上墙,导致唐军在应对外战时屡战屡败。为了维护边疆安危,武则天做出改革创新之举,在科举中专门设立了武科,以选拔将才为国效力。

郭子仪有幸参加了武举,结果勇夺冠首,一时天下闻名。成为武状元后,郭子仪以左卫长史的身份前往单于都护府任职,后成为天德军使兼九原太守。

但之后他一直不温不火,直到五十九岁时才迎来转机——安史之乱爆发了。当安禄山的叛军以摧枯拉朽之势攻入长安,唐玄宗带着杨贵妃仓皇出逃,大唐王朝处于生死一线间时,盖世名将郭子仪横空出世了。

当时的郭子仪尽管正处于守孝期间,但他被朝廷"夺情"重用,改封卫尉卿、单于安北副大都护、灵武郡太守,兼摄御史中丞,权充朔方节度副大使,率朔方军东讨安禄山。

此后,郭子仪大显神威,他所指挥的两京之战、邺城之战等都取得了胜利。同时,他不但勇猛刚强,军事才能出众,而且足智多谋,以妙计打退了吐蕃,说服回纥归顺,最后平定了河东。更为重要的是,他还有极强的合作精神和团队精神,他和大将李光弼两人互相配合,相互支持,最终成功平息了安史之乱,其显赫战功彪炳史册。

对此,唐肃宗曾拉着郭子仪的手说过:"大唐能够得以重生再建,全都仰仗于爱卿啊，你功不可没！"之后，郭子仪被封为汾阳郡王和中书令。

郭子仪留下了很多经典典故。

第一个典故：诚感鱼朝恩。

当时，朝中有一个名叫鱼朝恩的宦官，听信江湖术士的话，说郭子仪堵了他的官运，竟差人挖了郭子仪家的祖坟。

但是，郭子仪知道后，并没有生气。后来，皇帝问起这件事，郭子仪只说这可能是上天对自己的惩罚，不怨恨任何人。之后，鱼朝恩还想在寺庙里伏击郭子仪。有人将此事提前告知郭子仪，提醒郭子仪不要前往，郭子仪却不同意，还是带着几个随从去了。

之后，鱼朝恩看出了郭子仪的仁义，便放弃了暗杀行动，此后再也没有难为郭子仪。

第二个典故：恳辞尚书令。

广德二年（764）十二月，唐代宗任命郭子仪为尚书令，郭子仪恳辞不受。代宗又命五百骑兵持戟护卫，催促他到官署就职，郭子仪仍不肯接受任命，上奏道："太宗皇帝曾任此职，因此历代皇帝都不任命，皇太子任雍王，平定关东，才授此官，怎能偏爱我，违背规矩？而且平叛以后，冒领赏赐的人很多，甚至一人兼任几职，贪图升官不顾廉耻。现在叛贼基本平定，正是端正法纪审查官员的时机，应从臣开始。"代宗皇帝无奈，只得应允，并将他辞谢的事迹让史官载入国史。

第三个典故：单骑退回纥。

仆固怀恩引回纥、吐蕃入寇，郭子仪率兵屯驻泾阳（今属陕西）。敌军围城，郭子仪亲自上阵。回纥兵奇怪地问："这个人是谁？"得知是郭令公后，回纥兵吃惊地说道："郭令公还在吗？仆固怀恩说大唐天子驾崩，郭令公去世，国中无人主持，所以才入侵。郭令公如今健在，大唐天子还在吗？"得知皇帝健在后，回纥兵道："我们被仆固怀恩给骗了。"郭子仪派人对回纥人道："过去你们不远万里，帮助我们平定叛贼，收复长安、洛阳，我和你们共患过难。现你们抛弃旧友，帮助叛变臣子，对你们有什么好处？"回纥人回答道："我们本来以为郭令公去世了，不然怎么会来这里？如果令公活着，我们能见他一面吗？"郭子仪便要出城相见，部下纷纷劝阻。郭子仪道："敌军是我们的几十倍，我们无法抵敌，我要用诚意感动他们。"他命人喊道："郭令公来了！"郭子仪率几十名骑兵出城，面见回纥首领道："我们曾一起共患难，怎么如今把这交情给忘了？"回纥人都放下兵器下马跪拜，并道："果然是我们的父辈。"郭子仪就喊他们一起喝酒，送绸缎结交，发誓和以前一样友好，接着说道："吐蕃本是与大唐和亲的国家，无端侵略，是不认亲人。吐蕃的马牛布满几百里地，诸位如果反戈攻击吐蕃，就如同拾取一样，这是上天的恩赐，不能失去良机。况且逐走异族获取实利，和大唐继续友好，不是一举两得吗？"回纥人听后，答应退兵。

第四个典故：纳俸充马价。

回纥人请求卖给唐朝一万匹马，而朝廷因开支不足，准备只买一千匹。郭子仪道："回纥人立有大功，应报答他们的支持，而且国内也需要马，我请求缴纳一年的俸禄，帮助出马钱。"虽然唐代宗没有同意，但仍得到别人的称赞。

郭子仪不但是文武双全的人才，而且还深谙政治之道。郭子仪因平定安史之乱而被封为汾阳王，其王府建在长安的亲仁里。在王府建成后，郭子仪将王府的门大开着，任凭人们进进出出，丝毫不过问。

一天，郭子仪手下的一名官员来王府辞行，看见郭子仪的夫人和女儿正在梳妆打扮，而郭子仪像奴仆一样在一旁侍奉她们。这位官员回去了之后，忍不住将自己的见闻讲给家人听，就这样，没几天，整个京城的人都知道了这事，于是郭子仪的家事就被人当成茶余饭后的谈资。郭子仪儿子们听闻后，建议郭子仪关闭王府的大门，不让闲杂人等进入，确保安全，还可以不让个人隐私泄露出去。

郭子仪却拒绝了，给出的理由是：保全家人性命。随后，他教给儿子们盛极易衰之理。解析：我们郭家现在虽然声名显赫，但处于风口浪尖。如果我王府的门关着不与外界来往，但凡有一个心怀恶意的人诬陷郭家对朝廷有异心，万一有人专门落井下石和添油加醋，我们郭家离灭亡也不远了。

郭子仪将王府的大门敞开，使自己和家族避免了杀身之祸，其政治素养之高可想而知。

后来，在平定安史之乱时立下了赫赫战功的名将李光弼受到鱼朝恩的陷害，五十七岁时含恨而死。在安史之乱中死了四十六位家人的名将仆固怀恩，也因为受到皇帝猜忌被迫谋反，最终惨死。

只有郭子仪得以善终。

虎父无犬子。郭子仪共生有八子八女。长子郭曜官至开阳府都尉，之后，跟着父亲平定安史之乱，因平乱有功，被封为太子少保，死后被追封为太子少傅；郭子仪的次子郭旰，追随父亲平定安史之乱，不幸阵亡；郭子仪的三子郭晞跟随父亲收复两京，因战功卓著被封为太子宾客、赵国公，死后被追封为兵部尚书。郭子仪的四子、五子属于平庸之人，在史籍中没有记载。他的六子郭暧娶了升平公主，成了驸马，后来，当了太常卿，被封为清源县侯，死后被追封为尚书左仆射；郭子仪的七子郭曙平定朱泚之乱有功，被封为金吾大将军、祁国公；郭子仪的八子郭映官至太子左谕德。

可以说，郭子仪的好几个儿子都是铁骨铮铮的汉子，他们个个英勇善战，为大唐的安定做出了巨大的贡献。

喜欢戏剧的朋友们对经典剧目《醉打金枝》自然不会陌生，剧目讲的是郭子仪的第六子郭暧与夫人升平公主吵架，郭暧嫌公主不给父亲祝寿，升平公主认为自己的身份是公主，无须行礼。

郭暧一怒之下训斥她："你不就是倚仗你爹是天子吗？我爹不愿意做天子罢了！"升平公主脸都气绿了，马上回宫向唐代宗告状。

唐代宗却平静沉稳地抚慰她："孩子，郭暧说的还真没错！郭子仪如果想当天子，天下就不会是我们家的！回去好好过日子吧！"说完，唐代宗就哭了。

郭子仪得知事情原委后吓坏了，知道儿子闯了诛灭三族的大祸，于是亲自把儿子绑上，带到朝堂去请罪。

哪知，唐代宗却安慰郭子仪："俗话说，'不痴不聋，不作家翁'。孩子们的闺房调笑之语，我们做长辈的何须计较！"说完还给了郭家很多赏赐。郭子仪回去将郭暧打了几板子，这件事就此揭过。

建中二年（781），八十五岁的中兴名将郭子仪安详地走完了他的传奇人生历程。

二 皇帝轮流做

1."荒唐贤君"唐代宗

众所周知，唐朝是我国封建君主专制历史上最为强盛的朝代之一，是盛世的象征。然而，"安史之乱"使强盛的唐朝由盛转衰，这个"衰"主要体现在唐玄宗执政的晚年和唐肃宗时期，之后继位的唐代宗李豫一度止坡回升，通过采取一系列的利民措施，确立了"养民"的大政方针，实现了国家的太平，百姓不断发展生产，使唐朝跳出了"安史之乱"的阴影，走向了中兴之路。

也正是因为这样，唐代宗李豫被称为"贤君"。

李豫是唐玄宗的皇孙，也是唐肃宗的长子，他属于典型的幸运儿，当时唐玄宗李隆基四十二岁正愁没有长孙的时候李豫出生了。李豫从小聪敏好学，李隆基对这位长孙十分宠爱，每天都要去探望。这样的待遇在皇宫里可以说非常难得，而李豫的父亲李亨本来并不是受宠的那一个，却因为有了这个孩子让李隆基对他格外关爱。李豫从幼儿到少年时期过着典型的贵族生活，那个时候大唐正是昌盛之时，李豫的生活用优越无比形容再合适不过了。

李豫没有贵族子弟的恶习，反而喜欢学习，因此，唐玄宗对这位长孙更加爱护，李亨甚至因为儿子在唐玄宗心中的地位而当上了太子。但是随着李豫一天天长大，他逐渐明白政治的残酷性，于是开始谨慎行事，以"仁孝"要求自己，获得了良好的名声。

安史之乱爆发后，唐玄宗逃到四川避难，李亨父子开始了自己的事业，唐肃宗李亨称帝后，封李豫为兵马大元帅。当时的京城长安和东都洛阳都被叛军攻破了。担任天下兵马大元帅的李豫没有辜负父亲的期望，在率领唐军与回纥军所组成的联军收复京师的过程中立下了汗马功劳。战斗一开始，唐军就没有占到什么优势，甚至被对方压着打，逐渐导致军心不稳。就在这时，李豫手下的将军李嗣业站了出来，脱下铠甲，和敌军战斗，唐军见将军如此勇猛过人，遂士气大振。局势渐渐地向唐军这边倾斜，最终叛军不敌，四散而逃。李豫看到逃跑的叛军，下令连夜攻城，并且成功地将长安收复。而唐军本来和回纥达成约定，事成之后，所有的钱财、男女人口都归回纥所有。所以在收复长安之后，回纥的太子想要抢掠城中百姓。李豫阻止了他，他告诉回纥太子，现在为时过早，刚刚收复长安就大肆劫掠的话会影响后面的战斗，东都的叛军得知此事的话一定会殊死抵抗的，所以要到收复东都之后再决定此事。回纥太子听闻李豫的一番言论，茅塞顿开，当即下马跪拜李豫并且声称愿意为李豫效力，听从差遣。唐肃宗听说了这件事非常开心，也说自己不如广平王李豫。而李豫受到了全军上下的拥护和爱戴。

唐肃宗李亨病死后，几经风雨的李豫最终继承皇位，是为唐代宗。唐代宗继位后，很快出现两大问题。

一是宦官问题。

宦官李辅国、程元振这两位功臣自然不能忘了，于是唐代宗以李辅国为司空兼中书令，从而导致宦官专权成了一个令人头痛的问题。

唐代宗执政期间出现了三大宦官，分别是李辅国、程元振和鱼朝恩。据史书记载："代宗即位，辅国与程元振有定策之功，愈恣横。私奏曰：大家但内里坐，外事听老奴处置。"

无独有偶，宦官鱼朝恩更是过分。他有一次帮养子求官，因为养子年纪太小也没什么功绩，因此吏部只给了一个小官。鱼朝恩见状，很是不满，直接带着养子来找唐代宗说道："臣之子官职太小，总是被人看不起，希望陛下能给穿紫衣。"（三品以上官员才可以穿紫衣。）没有等代宗回话，就有内廷小太监送上紫衣，鱼朝恩一把拿来给养子穿上，扬长而去。

可见，当时的宦官有多专权。

唐代宗在位时期，大体上所采用的是通过提高其他宦官的权势，来遏制震主、难制的宦官。当然，这样的后果是，虽然除去了专权宦官李辅国、程元振、鱼朝恩，但始终没有彻底处理好宦官问题，这为唐朝后期迅速衰败埋下了恶果。

二是边防问题。

唐代宗继位后，第二年就彻底平息了安史之乱，当然，付出的代价是：瓜分河北地付授叛将。广德元年（763），不得已将河北地分为成德、幽州卢龙、魏博三镇，由安禄山、史思明的旧将任节度使，谓"河朔三镇"。因此，史书对唐代宗这一举动给出八个字评价："护养孽萌，以成祸根。"

其实在安史之乱持续的数年时间里，唐朝虽然频频抽调西部地区的援军，但边患问题并没有到难以收拾的地步，可到了唐代宗在位的十八年里，吐蕃军队不断攻伐蚕食唐朝的西部。这也是为何唐代宗急忙同安史叛军妥协的重要原因。

唐代宗选择了铲除朝廷上下的乱臣贼子，并且为曾经蒙冤的人平反，因此受人称赞。他在位时期，还改革了国家的各项制度，稳定了民心，确保了唐朝的天下得以延续。

唐代宗李豫是个懂得感恩的人。李豫从小母亲就去世了，一直住在百孙院，其实他的成长跟他的外祖父没有很多的牵扯。只是他登基之后对母亲的思念太重,所以对母亲的娘家人都厚待一番。宝应元年(762),唐代宗追封生母为皇太后。宝应二年(763),追封外祖父为太尉,甚至把母亲娘家封赏个遍。接着,加追生母为章敬皇后,并把母亲同父亲李亨合葬。大历二年(767),唐代宗李豫根据母亲生前的爱好在长安城花费巨款修章敬寺,并亲自主持为千人剃度出家,为母亲超度,希望母亲脱离苦海。

不仅如此,唐代宗李豫对教育过他的老师张涉也是特别感恩,登基当晚便召张涉入禁中,大大小小的事情都请教张涉,第二天直接任命张涉为翰林学士,显出特别的器重。

最令人感动的是他对妻子的情感。李豫的妻子沈氏在安史之乱中去向不明,后来李豫领兵收复洛阳,在皇宫与沈氏重遇,此时洛阳已经收复,李豫便把沈氏暂时安置在洛阳宫中。但是不久,洛阳再次沦陷,李豫再也找不到沈氏。唐代宗继位后,即遣使天下,到处寻访沈氏,却一直没有找到。中间有一个人冒充沈氏的母亲,经查实是骗局,便将她处死了。后来唐代宗又封了独孤氏为贵妃,并对其到了独宠的程度。而独孤氏为他生了韩王李迥和华阳公主,华阳公主特别聪明,总能让唐代宗开心,因此唐代宗也特别偏爱她。但是大历九年(774),华阳公主生病死了,唐代宗悲痛不已。过了一年,心爱的独孤氏也生病去世,唐代宗把独孤氏的遗体一直殡于内殿,以便天天探视。直到三年后才安葬于庄陵,并追赠为贞懿皇后,由此可见他的深情。所以后人称他为"大唐第一多情天子"。

史书给予唐代宗"中材之主"的评价,可谓极其恰当。因为,唐代宗在位期间,功过相当,算是基本合格。

2. "睿智昏君"唐德宗

大历十四年(779),五十三岁的唐代宗李豫病逝。

唐代宗死后,太子李适即位,是为唐朝第九位皇帝(不含武则天）——唐德宗。

唐德宗李适，为唐肃宗李亨长孙、唐代宗李豫长子，在位二十六年，在位时间为唐朝皇帝第三，仅次于玄宗李隆基和高宗李治。

唐德宗即位之初，颇有励精图治的气象。他释放宫女数百人，又将外国进贡的驯象，以及供宫中赏玩的精禽怪兽放回山中，对行贿受贿者严加处治。所以当时朝廷内外皆大欢喜，都说："明主出矣！"

然而，唐德宗性情暴躁，加上猜忌刻薄，唐朝在他的统治下，从肃宗、代宗的苟安局面转入危急的局面。

天宝元年（742），李适出生于长安大内宫中，少年时代恰逢唐朝最辉煌、最昌盛的岁月。

然而，好景不长，李适十四岁时，爆发了震惊天下的安史之乱，他的人生际遇也随之改变。叛军攻破潼关直抵长安时，唐玄宗选择了仓皇出逃四川，李适和其他皇室成员一起，饱尝了战乱和颠沛流离之苦。

唐代宗即位之初，李适被任命为天下兵马元帅，平定叛军之后，劳苦功高的李适和平叛名将郭子仪、李光弼、仆固怀恩等八人一起被赐铁券、绘功臣画像于凌烟阁。

经历了战火洗礼、深感安定可贵的唐德宗登基后，怀着一颗复兴大唐的雄心，厉行节俭、取消上贡、疏斥宦官、收敛兵权、任用能臣，唐朝确实有了一丝中兴之望。

他有"三管齐下"之举。

第一，对内。在经济上，他接受宰相杨炎的建议，梳理漕运，废除租庸调制、颁布"两税法"，着力提高唐朝的财政收入。

第二，对己。为了让大唐重现繁华景象，唐德宗的生活作风相当俭朴，他还用同样的标准去要求朝中官员。有一次，泽州刺史为讨好皇帝特意进献庆云图，没想到唐德宗却说："朕觉得国富民丰是嘉祥，得贤臣辅佐是良瑞，其他东西都没有大益处，以后不用再进献。"因为皇帝的这番话，朝中的奢靡风气受到了打压。后来，他又把整治重点放在贪污受贿方面。若想快速地整治宿弊,最好的办法便是抓出典型,唐德宗将宦官邵光超杖责并发配充军,吓得其他人再也不敢轻易受贿。就这样,唐德宗渐渐变成了百姓心目中的"明君"。

第三,对外。李适奉行"拉拢吐蕃,疏远回纥"的政策,于建中四年(783)与吐蕃在清水会盟,重新划定双方边界,暂时中止了吐蕃的进攻。尤其是在对待藩镇割据问题上,他采取削藩政策。

要知道,藩镇的设置似乎是安史之乱的变质延续。各个节度使因为拥有兵权,都把自己当成土皇帝了。因此,说白了,割据起来的藩镇实际渐渐和中央脱离关系,节度使这一满是油水的官职竟成了家族世袭,父终子及、拖亲带故逐渐普遍,而且总是先斩后奏,上书袭位。

建中元年(780)四月,泾原守将刘文喜不服诏命,公然索要节度使旌节。唐德宗没有丝毫手软,他立刻下令朱泚、李怀光联合出兵讨伐,还命令张巨济带领禁军二千前往协助。

朱泚等将刘文喜包围在泾州(今甘肃省泾川县北),但长时间不能攻克。当时正值天旱,收成不好,征发粮草,输送给养,使得朝野骚动不安,朝中诸臣上书请求赦免刘文喜。

唐德宗一改唐代宗柔弱的藩镇政策,以强对硬,最终平定了刘文喜的叛乱。叛乱平息后,唐德宗让平卢淄青节度使李正己把刘文喜的人头挂在城头上,以示天下。

用武力平定了刘文喜的叛乱后,唐德宗吃了一颗定心丸,他决定再接再厉,对实力更强的河北藩镇也采取武力征服。

建中二年(781),成德节度使李宝臣死,其子李惟岳上书请求继任为成德节度使。出人意料的是,唐德宗选择断然拒绝,因为这时的唐德宗已决心将地方节度使的权力收归中央。

你不让我做土皇帝,我也不让你做皇帝!李惟岳当然很生气,他马上联合魏博节度使田悦、平卢淄青节度使李正己、山南东道节度使梁崇义,结成"四人组合",一起来对抗朝廷。

唐德宗不是吃素的,他马上调神策军讨伐,并针对"四人组合"

派四虎将——河东节度使马燧、昭义军节度使李抱真、河阳节度副使李芃、卢龙节度使朱滔等出兵平乱。

不久,李正己病死,其子李纳吸取了李惟岳的教训,他采取了秘不发丧、擅领军务、奏请袭其父位的策略,以图一己之私。结果,唐德宗还是强硬地拒绝了他的请求。李纳不善罢甘休,马上策应"四人组合",率军向宋州发起了进攻。

其属下徐州刺史李洧率州归附朝廷,李纳即派兵袭徐州,唐德宗遣兵救之,大破李纳军,江淮漕运得以疏通。

之后,山南东道节度使梁崇义也举兵反叛,"四人组合"已演变成"六人组合"。对此,唐德宗依然采取兵来将挡、水来土掩的办法,调淮西节度使李希烈讨伐。结果李希烈不负众望,他大败梁军,破襄阳城,逼梁崇义投井而死。

然而,平定叛乱后,李希烈有了新想法,他自立为襄阳之主,想据襄阳为己有,结果唐德宗并没有顺势对他进行分封,而是派兵去围剿。

李希烈在襄阳城大掠而去,从此也加入了反叛集团。

建中三年(782)闰正月,唐军再次取得大捷,成德兵马使王武俊生擒并缢杀了"四人组合"的头号人物李惟岳,传首京师。

王武俊杀掉成德军节度使李惟岳,立下大功后,唐德宗命王武俊给朱滔拨粮三千石、给马燧拨马五百匹,王武俊觉得自己利益受损,拒不服从。

十一月,朱韬、田悦、王武俊、李纳同时称王。更加雪上加霜的是,深受唐德宗信任的淮西节度使李希烈,也自封天下都元帅、太尉、建兴王。

手握重兵的平叛将领,在一瞬间成了叛军。这种转变,彻底打破了唐德宗削平河北藩镇的梦想。

建中四年(783)八月,李希烈率军三万围攻襄城(今河南省许昌市襄城县)。

九月，唐德宗为解襄城之围，令泾原诸道兵马援救襄城。十月，泾原节度使姚令言率五千士卒抵长安支援战场。就在这个节骨眼上，唐德宗却犯了一个错误，那就是没有及时给予赏赐，一下子便惹恼了这群泾原兵。原本是特意调来的帮手，却转眼成了对手，见势不妙的唐德宗只得带着太子、贵妃和一百多太监仓皇逃出长安，直奔奉天（今陕西省乾县），唐德宗也成了唐朝历史上第三个弃长安而逃的皇帝。

长安被攻下后，泾原兵便拥戴朱泚为首领，开始大肆围攻奉天城。好在唐德宗与臣下君臣同心，成功地守住了奉天城。最后，名将李晟引兵来援，成功收复了长安城，迎唐德宗回京，从而结束了"奉天之难"。

"奉天之难"其实都是唐德宗自己引火上身的。原来唐德宗即位后，深恨唐代宗时宦官鱼朝恩、程元振等执掌禁军兵权，于是罢了宦官手中的兵权，可是他信任有加、言听计从的神策军军使白志贞，也是个渎职贪腐之辈。

白志贞到任禁军后，欺上瞒下、广造名册，中饱私囊，不几年工夫，就将禁军的实力彻底掏空。

两年前，司农卿段秀实就曾向唐德宗上奏，揭发禁军兵源不足、训练无备，但唐德宗对白志贞依旧信任有加，不听段秀实的进谏。这次需要禁军御贼之时，唐德宗才尝到了所托非人的苦果。

因为被委以重任的将军连续背叛，唐德宗便畏惧掌兵之人，开始宠信宦官。

同时，"奉天之难"过后，唐德宗越发意识到钱财的重要性，甚至主动要求别人进贡，这与前期的英明节俭形成鲜明的对比。

就这样，唐德宗在位二十六年，本可成为中兴之主，最后却成了昏君。

贞元二十一年（805）正月，六十四岁的李适驾崩，谥号神武孝文皇帝，庙号德宗，葬于崇陵（在今陕西省泾阳县西北）。

3. "瘫子庸君"唐顺宗

唐德宗是病死在皇宫中的会宁殿的。丧音发布以后，文武百官表现得极为惊恐，不知谁会继承皇位，毕竟，皇位一旦空虚而引发其他变故，国家又会陷于混乱之中，他们也会遭遇"生死劫"。

然而，就在这时，太子李诵身着孝服，在九仙门接见了百官。大臣们惊喜交加，喜的是国家有了新的君主，也就避免了政变；惊的是太子多年瘫痪在床，怎么突然就能站起来了呢？

就在大家的疑惑当中，李诵正式在太极殿即皇帝位，是为唐顺宗。

唐顺宗李诵于上元二年（761）一月初八日出生于长安，他是唐德宗李适的长子，母亲是昭德皇后王氏。

李诵刚出生时他的父亲李适不仅还不是皇帝，甚至还未被立为太子。或许就因为这一层关系，关于李诵成为太子前的记载甚少，只知道大历十四年（779）他被封为宣城郡王，不久，唐代宗病逝，唐德宗李适登基为帝。唐德宗登基后，十九岁的李诵被立为皇太子，从此开始了他二十六年之久的太子生涯。

李诵爱好艺术，善于隶书，唐德宗每次赐给大臣或藩镇的诗制，都是他书写的。李诵又性情宽仁，办事果断，尊敬老师，和睦兄弟，所以各方面的关系都处理得比较好。不仅如此，李诵还是一个能征善战的勇将。

唐德宗即位初期，唐朝就迎来了一次藩镇叛乱——泾原兵变。其间，叛军攻陷了长安，唐德宗被迫出走奉天。在长达四十多天的奉天保卫战中，二十三岁的李诵披坚执锐、身先士卒，在他的激励下士卒无不奋勇杀敌，最终取得了奉天保卫战的胜利，从而确保了唐德宗的安全。

泾原兵变，李诵虽然表现不凡，但这位大唐太子并未因此得到太多的奖赏和器重，不久，还摊上了大事——郜国公主事件。

郜国公主是唐肃宗的女儿，按照辈分就是唐德宗的姑姑、李诵的姑奶奶。郜国公主除了是李诵的姑奶奶外，同时还是李诵的岳母。因为当时的皇太子妃萧氏正是郜国公主和驸马萧升的女儿。可以说，郜国公主不仅是当朝皇帝德宗的姑姑，更是未来皇帝顺宗的姑奶奶兼岳母。而郜国公主也仗着自己的特殊身份，经常自由出入太子的东宫，恃宠而骄在其身上展现无遗。

郜国公主是唐肃宗的女儿，她最初嫁给裴徽，裴徽死后，又嫁给萧升，谁知不久萧升又死了，郜国公主只好寡居。后来因为耐不住寂寞，郜国公主和彭州司马李万勾搭成奸。此后，她还与蜀州别驾萧鼎、澧阳令韦恽、太子詹事李昇有着剪不断理还乱的关系。

天下没有不透风的墙。郜国公主的丑事很快在宫里宫外传扬开来。唐德宗听闻后很是生气，就把郜国公主幽禁到别的宅院中，又把李万乱棍打死，还把萧鼎、韦恽、李昇等人流放到岭南。

贞元四年（788），郜国公主大搞巫术，诅咒唐德宗。古代皇帝最忌讳这种迷信色彩浓厚的方术，唐德宗听说后雷霆大怒，于是废去了郜国公主称号。

因为郜国公主的女儿是李诵的王妃，唐德宗担心这位王妃会产生怨愤情绪，便派人把她杀掉了。

同时，这件事还牵涉李诵，此后唐德宗对他越来越不喜欢，同时对舒王李谊称赞不已，并几次和礼部尚书李泌说起要废立太子。李泌便劝阻说："自古废长立幼乃取乱之道。陛下有一个儿子却怀疑他，想要立陛下弟弟的儿子，臣不敢用古例争论。何况郜国公主的作风问题纯属个人行为，陛下怎能因是太子妃的母亲连累太子呢？"唐德宗很惊讶："你怎么知道舒王不是朕的儿子？"

原来李谊不是唐德宗的亲子，而是唐德宗三弟李邈的儿子。因为这孩子年纪最小，唐德宗怜爱他，便收为自己的儿子。

李泌回答说："陛下过去为臣说过这事。陛下有嫡子李诵却要怀疑，那陛下弟弟的儿子李谊怎敢为陛下所信任？"唐德宗见他揭自己的老底，很是恼怒："你不怕掉脑袋，就不怕你的家族也掉脑袋吗？"

李泌流泪道:"臣位居宰相,虽已年迈了,但因谏言被杀,是臣的职分。假使太子被废除,他日陛下后悔说'朕只有一个儿子却被朕杀了,李泌不劝谏朕,朕也要杀了你的儿子',那么臣就绝后了。虽然臣的兄弟有儿子,但他们的祭祀不是臣该享受的。"

如此争论多次后,唐德宗终于醒悟,太子李诵"乃得安"。

虽然有惊无险,李诵的太子之位是保全了,但太子妃萧氏被处死了。从此李诵学会了三缄其口,从来不肯多言语,唯恐引祸上身。有一次,李诵陪父亲在鱼藻宫看了一场歌舞,歌舞毕,唐德宗问李诵是何感受,李诵只引用了歌词中的四个字来回答:好乐无荒。之后,再无其他评论。

实际上,李诵不仅在默默地关注着天下政事,而且还在暗中积蓄着力量。以"二王刘柳"为核心的政治集团正是有了李诵这位当朝皇太子,才有了它后来的发展。因此,李诵不爱说话也是"大智若愚,大巧若讷"的表现。

当然,虽然李诵平时对什么事都三缄其口,但他也并不是什么事都不闻不问,比如说,在阻止裴延龄、韦渠牟等为宰相这类事儿上,他就大胆地把"恨"喊出了口。

李诵到唐德宗面前详细陈述裴延龄、韦渠牟的过失。因此,宦官便十分忌恨他。

贞元二十年(804)九月,因为长期承受巨大的压力,太子李诵得了中风,从此他不仅不能随意走动,而且真的不会讲话了。

随后,唐德宗因身体有恙而卧病在床,诸王亲戚都前去侍奉服药,只有太子李诵不能前往陪侍。这更让唐德宗感觉到了晚景悲凉,一直涕咽不止,久久不能平静。

由于牵挂儿子的病,唐德宗悲伤之下病情更加严重了。贞元二十一年(805),唐德宗驾崩,遗诏传位于太子李诵。

李诵虽然具有合法继承人的资格,但他知道朝中文武百官都在静观其变。而为了稳定人心,在唐德宗发丧的时候,他在宫人们的帮助下，克服病痛的折磨，硬是支撑着瘫痪的身体，在九仙门接见了群臣。有了新君，国家才相安无事。

唐顺宗即位后，立刻重用王叔文、王伾等人进行改革。他们和彭城人刘禹锡、河东人柳宗元等一起，形成了以"二王刘柳"为核心的革新派势力集团。他们的革新，史称"永贞革新"。

这次改革的目标主要就是针对宦官集团。具体做法是取消"五坊"。所谓五坊，就是皇帝为了满足游猎专设的雕坊、鹘坊、鹞坊、鹰坊、狗坊。五坊小儿在闾里到处张挂罗网，捕捉鸟雀，借此为名，个个横行霸道，用各种卑鄙手段来夺取百姓的钱物，由此闹得怨声载道、鸡犬不宁。

这项措施一出台，立马得到老百姓的交口称赞。

有了百姓的支持，唐顺宗信心大增，他开始深化革新，裁减宫中闲杂人员，停发内侍郭忠政等十九人的俸钱。同时任用老将范希朝为京西神策诸军节度使，用韩泰为神策行营行军司马，目的是夺取军权。

然而，神策军和宦官早已勾结到了一起，军士们拒绝听命，唐顺宗的这一美好愿望落空了。

因为改革触及了宦官集团的利益，以俱文珍等人为首的宦官集团开始疯狂反扑。俱文珍掌握着禁军，拥有话语权，逼迫唐顺宗下诏，立广陵王李淳为太子，更名为李纯。

这时的唐顺宗重病在身，他所重用的那些大臣都是文人，在宦官集团面前根本无可奈何。贞元二十一年（805）七月，俱文珍再作惊人之举，他以矫诏的形式让太子监国，处理一切国事。

一个月以后，他们索性直接拥立李纯称帝，即唐宪宗，然后尊"被退位"的唐顺宗为太上皇，史称"永贞内禅"。永贞革新宣告彻底失败。

唐顺宗在位仅八个月，退位后仅仅做了四个多月的太上皇，就匆匆驾崩了。关于四十五岁的唐顺宗之死，后世存有诸多争议，是不是死于人为至今仍是个谜。唐顺宗李诵死后，谥号至德大圣大安孝皇帝，庙号顺宗，葬于丰陵（今陕西省富平县东）。

唐顺宗驾崩后，他的嫡系人马倒霉了，"二王"被逼死，刘禹锡、柳宗元等八司马被贬职，永贞革新成果一夜间化为乌有。唐朝也开始进入宦官拥立皇帝、左右皇帝，然后再更换皇帝的因果轮回中。

4."晚唐明君"唐宪宗

提起晚唐的明君，非唐宪宗莫属。他在位期间，励精图治，重用贤良，改革弊政，勤勉政事，开创了"元和中兴"的良好局面，被称为"晚唐最强有力的皇帝"。

唐宪宗李纯是幸运的，他生于皇宫，也长于皇宫，更是兴于皇宫。他还是六七岁孩子的时候，和爷爷唐德宗就上演了感情戏码。

唐德宗把他抱在膝上，问他："你是谁家的孩子？怎么在我的怀里？"

李纯道："我是第三天子。"作为当时皇上的长孙，按照祖、父、子的顺序回答为"第三天子"，既闻所未闻，又很契合实际，唐德宗听了，对这位聪明的皇孙更是喜爱有加。

李纯十一岁的时候，就被册封为广陵郡王。幼年的李纯，因为经历了泾原之变，深感地方藩镇的割据势力对中央政权的危害，并发誓即位后一定要消灭这些藩镇，中兴唐室。

后来，李纯被封为太子，因为父亲唐顺宗身体有恙，他开始监国理事。

贞元二十一年（805），二十八岁的李纯即位为皇帝。

他上任后采取了武力平乱的策略，对各地方藩镇发动了一系列的战役。

唐宪宗对藩镇斗争是从蜀地开始的。当时剑南西川节度使因病去世，副节度使刘辟想要"继承"藩镇的位置，于是他上奏朝廷，请求批准当节度使之请。

唐宪宗刚登基，为了稳住政权，只好答应了刘辟的请求。然而，这时朝中议大夫韦丹强烈反对此事。理由是：如果皇帝这次答应了刘辟的要求，所有的藩镇看到之后必然纷纷效仿，等到权力被所有的藩镇瓜分干净，朝廷就名存实亡了。

唐宪宗认为韦丹说得很在理，于是改变主意，任命韦丹为东川节度使，用来制衡西川的刘辟。

刘辟很生气，他决定给皇帝一点颜色看看，马上调兵遣将把东川围住，并让自己的手下来担任东川节度使。

刘辟的行为等于谋反了，面对如此嚣张的行为，唐宪宗决定派出大军进行讨伐。但是朝廷的大臣都认为蜀中地区路途崎岖、易守难攻，如果派兵攻打的话很难把它打下来。

就在大臣们都反对出兵时，宰相杜黄裳主动站出来，支持唐宪宗，他说："必须对这些藩镇严加惩处才能够重新治理好大唐，恢复大唐当初的荣耀。"杜黄裳还推荐了高崇文带兵前去讨伐。

宰相杜黄裳拥有一人之下万人之上的话语权，他表态后，很多大臣也都转变了立场，开始支持皇帝。

唐德宗于是令高崇文挂帅，率大军去蜀地平乱。高崇文果然不负众望，在他的指挥下，唐军势如破竹，飞速地向前推进。用了没有多长时间，高崇文就带领军队直接攻下成都，刘辟看到情况不妙就想要逃跑，但是高崇文早就有所准备，在他逃亡吐蕃的路上成功地把他抓获。

刘辟被抓之后就被紧急押送到了长安，唐宪宗发布公告公示天下，将刘辟斩首示众。随后，唐宪宗开始了对藩镇的全面进攻，他调集河东节度使和天德军组成新的联军，开始对自立为王的夏绥节度使进行攻击。凭巨大的实力优势，唐军很轻松地战胜了对方。

随后，唐宪宗又打败了最大的地方割据势力魏博节度使田弘正，并且发动了对成德节度使王承宗的战斗。到元和十年（815），他重用名将李愬平定了淮西强藩吴元济的叛乱。

就这样，唐宪宗花了十年时间消灭了唐朝几乎所有的割据势力，加上他在政治上任用了杜黄裳、裴度、李绛等人为相，使得唐朝安定统一，国富民强，后世称唐宪宗一朝为"元和中兴"。

改革弊政，平定藩镇，开创元和中兴，可以说是唐宪宗的伟大功绩。如果把这种势头持续下去，元和年间几乎可以赶超开元盛世。

然而，平定藩镇后，唐宪宗开始享受生活，为了长寿而吃丹药，吃完药以后性情大变，身体大不如以前，并且由此引发了三方面问题的出现：家庭问题、宦官问题、继承人问题。

首先，来看家庭问题。

唐宪宗的家庭关系很复杂，以至于他临死前都没有正式的妻子——他生前没有立皇后。

唐宪宗复杂的家庭关系主要来自郭贵妃。郭贵妃是唐朝名将郭子仪的孙女，其父亲是驸马郭暧，母亲是唐代宗的女儿升平公主，也就是唐代宗李豫的外孙女、唐德宗李适的外甥女、唐顺宗李诵的表妹。如果按辈分来推算，李纯要比自己所娶的妃子郭氏低一辈，这成了两人关系"难以磨合"的先天因素。

唐宪宗李纯称帝以后，以事业为重，始终没有立皇后。史书上记载："帝后庭多私爱，以后门族华盛，虑正位之后，不容嬖幸，以是册拜后时。"

郭贵妃是功臣之后，母亲又是皇室公主，同时她还生有太子李恒（原名李宥），自然是很强势的。为了避免郭家一家独大，唐宪宗选择空悬后位。

其次，来看宦官问题。

唐宪宗上任之初，对宦官进行了严厉打击。然而，到了晚期，他又开始重用宦官，导致吐突承璀、刘希光等宦官势力崛起。当时，吐突承璀想要拥立李恽为太子，而以梁守谦、王守澄等人为首的宦官势力则拥护李恒为太子。

唐宪宗封心腹宦官吐突承璀为左右神策将军，还让他作为统帅带兵出征，这样一来，使得宦官势力迅速增大。有的大臣劝说唐宪宗要防止宦官权力过大，他却回答说："吐突承璀只不过是一个家奴，不管给他多大的权力，我要除掉他，还不是如同拔掉一根毛那样轻而易举？"

宦官组织严密，不但做密探、招权纳贿等，甚至在许多藩镇部队都要插上一手。吐突承璀后来惹了众怒，被贬，但仅仅几年，皇帝又把吐突承璀调入京城。而且，唐宪宗依然没有醒悟，还重用梁守谦、王守澄等宦官。

宦官干涉军事成了唐宪宗后期一个严重问题。

最后，来看继承人问题。

唐宪宗的长子李宁和次子李恽的生母都是普通宫女，三子李宥的生母是郭贵妃。因此，在选立太子时，唐宪宗一直犹豫不决。唐宪宗最后宣布了立长子为嗣君的决定，然而，李宁只做了两年太子就在十九岁那年一命呜呼，据说是病死的。

李宁死后，引发了储位之争。这时，呼声最高的是郭氏所生的皇三子李宥。而唐宪宗喜欢没有任何背景的李恽，还叫了自己最信任的宦官来保护他，给予他支持。

如前所述，在立太子一事上，宦官集团分成了两派：吐突承璀一派策划立李恽为太子，梁守谦、王守澄一派拥护李宥为太子。

唐宪宗虽然也想按立长的原则立次子，但皇三子李宥因为强大的后台呼声，朝中大臣都顺水推舟地支持他，最后只好立了李宥为太子，并改名为李恒。

元和十五年（820）正月二十七日，四十三岁的唐宪宗突然暴亡，梁守谦、王守澄等人立即拥立太子李恒即位，是为唐穆宗。

当时很多人认为，唐宪宗是由于服用丹药过度而去世，但有史料记载，唐宪宗是被宦官陈弘志害死的，"元和十五年正月庚子，是夕，上崩于大明宫之中和殿。时以暴崩，皆言内官陈弘志弑逆，史氏讳而不书"。也就是说，唐宪宗死后，人们直指宦官陈弘志是凶手。而史学家对于这一事件,都避讳不谈。

陈弘志只是一个小小的太监,虽然当时在朝廷里也有些势力,为什么史家要对唐宪宗之死避而不谈呢?

明末清初的学者王夫之提出一个令人震惊的观点:暗杀唐宪宗的主谋,其实是唐宪宗的妻子郭氏和儿子唐穆宗李恒!

会昌六年(846),唐武宗死后,唐宪宗的第十三子李忱在宦官的支持下,继承皇位,二十六年前的真相也被揭开。

生活在唐宣宗时期的裴庭裕所著《东观奏记》上卷载:"宪宗皇帝晏驾之夕,上(唐宣宗)虽幼,颇记其事,追恨光陵(唐穆宗)商臣之酷。即位后,诛除恶党无漏网者。"唐宣宗继位后,一方面诛杀参与谋杀唐宪宗的党羽,另一方面废除大臣祭拜光陵之礼。已经成为太后的郭氏,"以上英察孝果,且怀惭惧",居然想跳楼自尽。当天晚上,"太后(郭氏)暴崩,上(唐宣宗)志也"。

李恒已经被立为皇太子,将来可以顺理成章地继承为皇帝,郭氏也成了后宫的实际之主,为什么郭氏母子还要谋杀唐宪宗呢?

原因很简单,两个字:权力。而这一切是唐宪宗在家庭、宦官、继承人三方面所遗留的问题造成的恶果。引用王夫之的评论就是:"则宪宗之贼,非郭氏、穆宗而谁哉?""穆宗以嫡长嗣统,逆出于秘密,故大臣不敢言,史臣不敢述,而苟且涂饰。"

原来李恒被立为太子,但唐宪宗一直拒绝立郭氏为皇后。与此同时,朝中大致形成了两派,一派支持澧王李恽,一派支持太子李恒。到后来,支持澧王李恽的一派甚至在朝中占据上风。为保住太子之位,郭氏、李恒只有一条路可以走,那就是谋杀唐宪宗,夺取皇位。

为此,郭氏、李恒采取了暗杀的方式,他们找到了"刺客"——宦官陈弘志。晚年的唐宪宗迷恋上了丹药,"日益烦躁,喜怒不常,内官惧非罪见戮,遂为弑逆"。

陈弘志杀死唐宪宗后,太子李恒继位,是为唐穆宗。唐穆宗上任后,即有双管齐下之举。一是处死宦官吐突承璀以及自己的二哥澧王李悼。二是对"功臣"陈弘志重用有加。直到十五年后,唐宪宗的孙子唐文宗下诏,将陈弘志杖杀,"以有弑逆之罪也"。

唐宪宗可以说是一个有作为的皇帝,然而,他虽然缔造了一个中兴盛世,却最终将中兴败在自己的手里,遗恨千古。

5."超级暴君"唐穆宗

元和十五年(820),唐宪宗突然暴亡后,李恒在宦官梁守谦、韦元素、王守澄等人的拥立下即位,是为唐穆宗。

唐穆宗成为皇帝后的表现可以用四个字来形容:昏庸无能。具体体现在三个方面。

一是花天酒地。在为宪宗治丧期间,唐穆宗非但没有丝毫的悲哀,反而沉浸在即位的喜悦之中,他甚至毫不掩饰自己对游乐的喜好。

按照中国古代的礼制,父亲死了,儿子要服孝三年,这三年之中,不能近声色。但因为皇帝要治理天下,所以规定可在二十七天后脱掉孝服,上朝处理政事,这叫作公除。但当唐宪宗葬于景陵后,唐穆宗就开始纵情声色,大肆赏赐。刚过公除,他越发显得没有节制。他每天做的事就是享乐,经常率领六宫侍从在兴庆宫大摆宴席。同时,他出手阔绰,随手都会赏赐身边的一些戏子大量的财宝。因为他是宦官拥立上台的,所以唐穆宗赏赐左右神策军每人钱五十缗(一缗为一千钱),六军、威远军每人三十缗,左右金吾每人十五缗。此风一开,后来形成了惯例,国库的钱很快被他挥霍一空。

二是重用小人。唐穆宗即位后,先后任命的宰相萧俛、段文昌、杜元颖、王播、元积等人,这些人不是只会阿谀奉承、玩弄权术的小人,就是目光短浅、才能低下的平庸之辈。他们既没有实行有利于国计民生的经济措施,又提不出治国安邦的战略决策,更没有以天下为己任、为朝廷排忧除患的政治抱负,相反,都在为谋求自己的私利而巴结皇帝,结党营私,排斥异己。

三是大兴土木。唐穆宗为了享乐，在宫里大兴土木，修建了永安殿、宝庆殿等。宫苑内修假山时发生倒塌事故，一次就有七位施工人员被压死。当永安殿新修成的时候，他在那里观百戏，极欢尽兴。在永安殿，唐穆宗还与中宫贵主设"密宴"以取乐，连他的嫔妃都参加。除此之外，他还用重金整修装饰京城内的安国、慈恩、千福、开业、章敬等寺院，甚至还特意邀请了吐蕃使者前往观看。

唐穆宗只顾享乐，丝毫不顾百姓的死活。同时，唐穆宗的"宴乐过多，畋游无度"等种种行为也引起了朝中正直官员的不满，一批谏官就想要向皇帝上书，让皇帝改正这个错误。出人意料的是，这些上书官员原本做出了迎接惩罚的准备，结果却受到了嘉奖。

因为当时的唐穆宗甚至不知道谏官是一个什么样的官职，所干的第一件事竟然是将当时的宰相叫过去，询问谏官到底是一个什么样的官职，究竟有什么用途。事后，唐穆宗别出心裁地嘉奖了他们，还说"当依卿言"。

唐穆宗的态度使得大臣们很是高兴，他们以为皇帝就此会改过自新。然而，事实证明，他们高兴得太早了，因为唐穆宗对自己说过的话根本不当回事，转过身，依旧是我行我素。

唐穆宗甚至觉得，经常宴饮欢会是盛世的表现。一天，他在宫中麟德殿与大臣举行歌舞酒宴，就很兴奋地对给事中丁公著说："听说百官公卿在外面也经常欢宴，说明国家富强、天下太平、五谷丰登，朕感觉很欣慰。"

丁公著却持不同的看法，他对唐穆宗说："凡事过了限度就不是好事了。前代的名士，遇良辰美景，或置酒欢宴，或清谈赋诗，都是雅事。自天宝以后，风俗奢靡，酒宴以喧哗沉湎为乐。身居高位、手握大权者与衙门的杂役一起吆三喝四，无丝毫愧耻之心。上下相效，渐以成俗，这造成了很多的弊端。"唐穆宗对他的话表示虚心接受，但就是坚决不改，甚至有的时候更加过分。

就在皇帝昏庸无能、不理政事，宰相争权夺利、不干正事的局面下，唐王朝终于又爆发了一次藩镇叛乱。

元和十五年（820），成德节度使王承宗病死，其弟王承元上书朝廷，请另简节钺。这本是一个处理节度使、使归属朝廷不再据地自立的良机，但昏庸的唐穆宗派曾两次征讨成德的田弘正去任成德节度使，结果引起了大地震。成德将士因与田弘正有旧仇，不服从他的管辖。为了地方安稳，唐穆宗下令赏赐成德军钱百万缗，却弄巧成拙。因为负责供给的度支没有及时运到，使得原本就怨恨田弘正的成德军士认为是他扣押了朝廷的赏赐，对他更加不满和愤恨。成德都知兵马使王廷凑便利用成德将士的怨恨情绪，发动了叛乱，斩杀了田弘正及其僚佐、将吏、家属等三百余人。随后，他上书要挟朝廷封他为节度使。

而此时"河朔三镇"之一的卢龙又发生兵变，与成德遥相呼应。当时，由于宰相萧俛、段文昌等人怂恿唐穆宗密诏天下军镇，每一百人中限八人或逃或死，以减少军队的数额。结果落籍士兵占山为王，配合卢龙、成德作乱，使本来已经停熄的河北战火重新燃起。

史料记载，成德镇"七月二十八日夜军乱，节度使田弘正并家属将佐三百余口并遇害。军人推衙将王廷凑为留后"。此时，"河朔三镇"中的卢龙、成德已经先后叛乱，并脱离唐朝的控制。对此，朝廷只得继续发兵讨伐两镇，原魏博节度使李愬因病无法兴兵，朝廷便命田弘正之子田布为节度使，率魏博军配合朝廷对卢龙、成德两镇进行征讨。

但朝廷的这个举动，又间接加快了魏博镇的分崩离析，因为田布率魏博军出征后，同样也陷入了军乱之中。史载，长庆二年（822）魏博军发生军乱，魏博节度使田布被迫自尽。自此，卢龙、成德以及魏博三镇，再次脱离朝廷实行割据。而在此后的时间里，朝廷虽不断调兵弹压，但终是无以为继。以至于唐穆宗不得不默认"河朔三镇"的割据。而在此后的岁月里，朝廷也近乎承认了"河朔三镇"的割据。

这样一来，朝廷威信大损，藩镇势力更加嚣张跋扈。唐穆宗随即选择躲进宫里，继续过着花天酒地的日子。

此后，唐朝和边境的少数民族发生了战争，唐穆宗采取的策略竟然是不闻不问不管，带着自己的手下出去享乐。可以说，唐穆宗几乎没有正儿八经地处理过朝廷的政务，甚至在他得了重病的时候，天下的很多人都不知道他的名号。

俗话说：乐极生悲。唐穆宗终于体会到了这四个字的真正含义。一次，他在禁中与宦官内臣等打马球游乐时，发生了意外一幕：一位内官如同遭到外物打击一样，突然坠落下马。面对这突发事件，唐穆宗恐慌之下，马上叫停了比赛，随即来到大殿休息。结果，他突然双脚不能履地，昏倒在地。御医诊断的结果是中风。从此，唐穆宗开始了卧病在床的生活。

中风后，唐穆宗的身体一直没有康复，为此病急乱投医的唐穆宗和他的父亲一样迷恋上了金石之药。处士张皋对唐穆宗服食金丹事进行了强烈的劝阻，但收效甚微。

长庆四年（824）正月二十二日，年仅三十岁的唐穆宗驾崩，一代昏君谢幕。对此，史书给出十六个字评价：惠王不令，败度乱政；骄僻偶全，实赖遗庆。

第八章　苍黄

一　大好河山好骑驴

1. "诗魔"白居易

唐朝的诗坛上人才济济，白居易就是其中一位。

白居易，字乐天，祖籍并州太谷（今属山西省）。白居易出身官宦家庭，祖上世代为官。他的祖父原是河南巩县的县令，因为和新郑县令交好，所以举家迁到了山水秀美的新郑（今属河南省）。白居易就出生在新郑。

白居易出生后不久，家乡便发生了战争。藩镇李正己割据河南十余州，战火烧得民不聊生。白居易两岁时，任巩县县令的祖父卒于长安，紧接着他的祖母又病故。父亲白季庚为了保护家人免受战乱，就将年幼的白居易送到宿州的符离。

此后，白居易在宿州符离度过了童年时光。"聪慧绝人，襟怀宏放"，加之他十分刻苦地读书识字，很小就有"神童"的美誉。到了少年时，他和刘翁习、张美退、张仲远、贾握中四人每日游山玩水，吟诗作对，被称为"符离五子"。

贞元三年（787），十六岁的白居易携诗篇干谒京都名士。时任著作佐郎的顾况，看到了白居易的名字，便调侃道："米价方贵，居亦弗易。"而在看了白居易递过来的诗卷之后，顾况立即改口，对他大加赞赏："有句如此，居亦何难？"得此赞誉，白居易在京城声名大振。

白居易"征服"诗人顾况的就是流传后世的《赋得古原草送别》：

> 离离原上草,一岁一枯荣。
> 野火烧不尽,春风吹又生。
> 远芳侵古道,晴翠接荒城。
> 又送王孙去,萋萋满别情。

因为有顾况的赏识,白居易开始在文坛上崭露头角。贞元十四年(798),白居易高中进士,从此步入仕途,担任了秘书省校书郎一职,这时的白居易正意气风发。

元和元年(806),白居易参加了唐宪宗亲自主持的制举考试,再次金榜题名,因出言直切,结果官职仅授盩厔县尉。

在任盩厔县尉时,白居易换了一外角度来审视老百姓的生活。他同情民间疾苦,创作了一些诗歌,这为他后来总结出"补察时政,泄导人情"的创作原则打下基础。最著名的,就有他写的反映社会底层生活现状的《观刈麦》:

> 田家少闲月,五月人倍忙。
> 夜来南风起,小麦覆陇黄。
> 妇姑荷箪食,童稚携壶浆。
> 相随饷田去,丁壮在南冈。
> 足蒸暑土气,背灼炎天光。
> 力尽不知热,但惜夏日长。
> 复有贫妇人,抱子在其傍。
> 右手秉遗穗,左臂悬敝筐。
> 听其相顾言,闻者为悲伤。
> 家田输税尽,拾此充饥肠。
> 今我何功德,曾不事农桑。
> 吏禄三百石,岁晏有余粮。

念此私自愧，尽日不能忘。

　　白居易的诗句通俗易懂且时代感极强，在当时广为传颂，其才气也传到了唐宪宗耳朵里。一年后，白居易从县尉被擢升为翰林学士，随后又升任左拾遗一职。

　　知恩图报的白居易不断地向皇帝提出切实的意见与建议。而唐宪宗也高度重视白居易的建议，在采纳的同时，还不时给予他奖励。

　　得到皇帝的认可，白居易的信心更足了。仁君贤臣，一时被传为佳话。

　　就在这时，一件事情的发生切断了君臣之间的信任。元和四年（809），成德节度使王承宗起兵叛乱，唐宪宗一改软弱的作风，决定用武力来解决叛乱，于是下旨命宦官吐突承璀为处置使，前去成德征讨叛军。

　　任用宦官为大军统帅是前所未有的事，唐宪宗的诏令引起了很多朝臣的反对，白居易就是其中一个。他对唐宪宗说："朝廷有征伐之事，选取合适的将领是理所应当的。然而自古以来，从来没有用宦官为将的。如今陛下用吐突承璀为将，恐怕会被天下人看轻和耻笑，难道陛下要开这个先例吗？如果陛下用宦官为将，手下定然不会听命，这肯定会影响到战争的取胜。倘若陛下念及吐突承璀勤劳忠诚，可以赏赐给他钱财，让他富贵一生，万不可为了他而坏了祖宗的规矩，为后代所取笑啊。"

　　出人意料的是，白居易的这次进谏遭到了唐宪宗的拒绝，他坚持用吐突承璀为统帅。后来因为朝臣集体反对，唐宪宗才改任吐突承璀为宣慰使，另派他人为统帅。

　　"挂帅风波"过后，唐宪宗对白居易严重不满，两人和谐的关系不复存在。

　　元和五年（810）正月，发生了御史元稹被宦官仇士良、刘士元等人殴打的事件。唐宪宗不问青红皂白就将元稹贬黜，遭到许多大臣的反对。作为元稹的好友，白居易毅然站出来为朋友说话："况闻士元蹋破驿门，夺将鞍马，仍索弓箭，吓辱朝官，承前已来，未有此事。今中官有罪，未闻处置；御史无过，却先贬官。远近闻知，实损圣德。臣恐从今以后，中官出使，纵暴益甚；朝官受辱，必不敢言。纵有被凌辱殴打者，亦以元稹为戒，但吞声而已。陛下从此无由得闻。"

元稹之事最后无果而终，但这件事过后，唐宪宗对白居易愈加不满。后来，"不识时务"的白居易又多次劝谏皇帝，唐宪宗忍无可忍之下把白居易调离身边，调到东宫。

按理说白居易这时应该好好反省，然而，生性耿直、为人忠诚的他还是坚持自我。

不久，宰相武元衡遇刺身亡，白居易直言进谏，请求立刻搜捕凶手，以雪国耻。

有理有据地向皇帝进谏，然而落了一个"名不正言不顺"——此时的白居易已经不是翰林学士，而改职为太子左赞善大夫。因此，白居易的进谏让当时朝中不喜欢他的人找到了把柄，他们开始向皇帝打他的小报告。

唐宪宗诏书一下，白居易彻底离开了京城，到地方去了。

"浔阳江头夜送客，枫叶荻花秋瑟瑟。"元和十年（815）白居易被贬为江州（今江西省九江市）司马，四年后擢为忠州（今重庆市忠县）刺史。

到任江州之后，已是冬天。江州司马实际上是个闲职，白居易除了每天的饮食起居之外再无他事，思念老友之时便将心中之事写下，遥寄好友元稹，即今天流传的《与元九书》。

在《与元九书》中，白居易阐明了自己的诗歌理想，即"文章合为时而著，歌诗合为事而作"，也就是说，诗歌应该摆脱风花雪月的轻薄姿态，发挥其"补察时政""泄导人情"的现实功能。

被贬之后的白居易更加体恤民众，他以诗歌来表达自己的心声。据说白居易写完一首诗后，总是先读给不识字的老妇人听。如果有什么不能理解的地方,他就会修改,直到老妇人能理解为止。

白居易这样做的结果就是"老妪能解",美名远播天下。

武宗会昌六年(846)八月十四日,七十五岁的白居易病逝。他死后,被赠尚书右仆射,谥号文,葬于洛阳香山琵琶峰。大诗人李商隐为他撰写了墓志铭,唐宣宗李忱写诗悼念:"缀玉联珠六十年,谁教冥路作诗仙?浮云不系名居易,造化无为字乐天。"

现实主义诗人白居易有"诗王""诗魔"两个尊号,他一生写了两千八百多首诗,他的诗歌对当时和后世都有很大的影响,其代表作有《长恨歌》《琵琶行》《卖炭翁》等,现有《白氏长庆集》七十一卷传世。

2."诗媒"柳宗元

如果只用一句话来概括唐宋八大家之一的柳宗元,那就是:三十岁时权倾官场叱咤风云,三十岁后历经苦难明心见性。

大历八年(773),柳宗元出生在长安的名门之家。柳家从魏晋到隋唐几百年间一直是河东的名门望族。柳宗元的父亲是侍御史,母亲出身于范阳豪族。作为独子的他从小性格聪敏,且接受了良好的教育,他不满十岁就能作赋。

柳宗元从小就仰慕"古之夫大有为者",向往"励材能,兴功力,致大康于民,垂不灭之声",立志报效国家。

贞元二年(786),十四岁的柳宗元迎来"艳阳天",他为崔中丞代笔写下文采斐然的《为崔中丞贺平李怀光表》,受到唐德宗赏识,因而声名大震。此后,才华横溢的柳宗元受到世人追捧,二十一岁时考上进士,正式赴仕途。

二十六岁时,柳宗元的身份已大不同,因为考中了博学宏词科,成了"文章称首"的长安才子。随后,春风得意的他被礼部郎中杨凭相中,招为女婿。

此后,"文坛领袖"柳宗元结识了刘禹锡以及太子太傅王叔文,三人经常聚会议论当下朝廷的黑暗现状,更对自身的政治愿景怀有渴盼,于是他成了革新派的中坚分子,以热情昂扬、凌励风发的气概,准备施展自己"辅时及物""利安开元"的抱负。

永贞元年(805),唐德宗驾崩,唐顺宗继位,三十三岁的柳宗元和刘禹锡、王叔文三人成为显贵,依仗唐顺宗的信任大力改革,史称"永贞革新"。一时针砭利弊,激情万丈,而废除苛捐杂税、惩治贪腐懒政、放还宫女出嫁等内容,得到了民众的一致称赞。

然而,他们的改革触动了藩镇和宦官的既得利益,而遭到了强大的藩镇和宦官集团联合镇压,因为他们手握兵权,柳宗元等文人也是束手无策。

就在这个关键时刻,唐顺宗因为中风而卧病在床,他虽然有心改革朝政,但已是心有余而力不足了,宦官与藩镇势力趁机反扑,"永贞革新"只实行了几个月就以失败而告终。

宦官拥立的唐宪宗上台后,革新派遭到大清洗,王叔文被杀,柳宗元和刘禹锡等八人全都被贬到偏远山区做司马,史称"八司马事件"。

同年九月,柳宗元被贬邵州司马,闻诏即行,不许耽搁。一路南行,路上又闻诏令,改贬永州(今属湖南)司马员外置同正员。"司马"后面加了六个字"员外置同正员",意味着他不得干预政务,没有官舍,只有一个空头衔。柳宗元在永州官衙连个宿舍都没有,一家人只好寄居在冷清的小寺庙。就这样一个地方,却多次发生火灾。据悉,有一次夜里着火还把铺盖烧光了,狼狈至极。

不到半年,他的老母亲猝然离世。这给了正当壮年的柳宗元强烈打击。之后,他的身体也越来越差,诸病缠身,虚弱到了"行则膝颤,坐则髀痹"的程度。

为了避免死在永州,他写信给故旧亲朋诉说自己的悲惨以求调回长安,但所有人都知道他得罪的是当今大唐皇帝,因此无人回复他,无人敢帮他。

的确，唐宪宗对曾经试图煽动唐顺宗易储的柳宗元等人可以说是恨得咬牙切齿。在唐宪宗即位的第二年，他尊自己的母亲为皇太后。天下大赦，连死刑犯都可以免刑改为流放。但是还活着的"八司马"不在赦免的范围。

之后，唐宪宗开始分封同姓王，但是同时颁布了一道诏书："左降官韦执谊、韩泰、陈谏、柳宗元、刘禹锡、韩晔、凌准、程异等八人，纵逢恩赦，不在量移之限。"意思很明确：就算大赦天下一百次，被贬官的"八司马"也别想着回来了。

就这样，柳宗元心中的悲苦可想而知，他见到了太多的民生艰难。有一天，他外出见到一个捕蛇人，写下著名的《捕蛇者说》。

之后，柳宗元放开了心中的结，不再眷恋官位权势，逐渐从悲观失意中振作起来。他踏遍了永州的山山水水，并和田翁农夫相交，远离了政坛上的明争暗斗，回归质朴本真的生活。他借万物之妙，抒胸中之情，写出了《黔之驴》《临江之麋》《罴说》等千古传诵的旷世名作。

据说，一个大雪纷飞的寒冬，柳宗元望着窗外的皑皑白雪，顿时来了灵感，挥笔写下了千古名诗《江雪》："千山鸟飞绝，万径人踪灭。孤舟蓑笠翁，独钓寒江雪。"

在冰天雪地里，方圆几百里都看不到一个人，甚至连鸟儿也因太寒冷都躲了起来，却有一位白发苍苍的渔翁，独自一人在江面上钓鱼。这是怎样的孤独？千百年来，描写孤独的诗词数不胜数，但能创造出如此高境界的，恐怕只有柳宗元一人。据记载，苏轼在读了柳宗元的《江雪》一诗后，曾发出这样的感慨："殆天所赋，不可及也已。"

在永州蜗居的十年，是柳宗元人生最晦暗最感伤的十年，却是他文学创作最丰富和哲学思想全面成熟的十年，柳宗元写下三百多篇诗文。随着才华声名不断高涨，很多朋友开始想办法让他回长安。经过几位宰相联合提议，柳宗元被调回长安。

然而短短一个多月，柳宗元因刘禹锡写了一首《戏赠看花诸君子》

再次获罪:"紫陌红尘拂面来,无人不道看花回。玄都观里桃千树,尽是刘郎去后栽。"

这首诗一听就充满嘲讽的味道,"玄都观好多美丽的桃花,都是我走之后再开的吧?树也是我老刘走了之后再种上的吧?朝廷新贵们也是我刘郎走了之后再被提拔的吧?"

唐宪宗看到这首诗,立马怒火中烧:"好不容易把你们弄回来,你们倒好,开始嘲讽起来了?那好,把你们贬到更远的地方吧。"

柳宗元也因此再次被贬,这次贬到了更偏远的柳州(今属广西)。当时柳宗元被贬柳州时,好友刘禹锡被贬到更偏远的播州(今贵州省遵义市),柳宗元请求道:"播州不是一般人能住的地方,刘禹锡带着他的母亲,肯定走不到这么远。臣被贬的地方虽然也很远,但是好歹比播州近很多,臣请求和刘禹锡交换。"皇帝感发于此,于是将刘禹锡调任了稍近的地方。

柳宗元在永州苦难中已被磨炼成了一个智者,在偏远荒僻的柳州他更加从容淡定。他教当地民众打井吃水、开垦荒地种粮、大面积植树造林;严打搞迷信骗人的巫医,推广正统医学为当地人行医治病;大力兴建学堂,动员适龄儿童入学,自己经常过去讲学;等等。柳州百姓为了感念他的恩德,尊称他为"柳柳州"。

以诗为媒,以文为伴,驭歌而行。不喧哗,自有声。元和十四年(819),也就是柳宗元被贬柳州的第四年,十一月初八日,四十七岁的柳宗元因病去世。

柳宗元去世后,韩愈亲自为他撰写墓志铭,其中点睛之笔:"呜呼!士穷乃见节义。"这成为柳宗元节操与义行的绝唱。

3."女校书"薛涛

唐朝是一个崇尚才华和艺术的时代,武则天时期的安定及开元盛世,创造了诗国高潮,诗坛上人才济济,诗仙李白和诗圣杜甫是其中最为有名的人物。开放包容的社会风气，使女子也不甘落后，薛涛与刘采春、鱼玄机、李季兰，就并称唐朝四大女诗人。其中薛涛，更堪称唐朝第一才女。而随着安史之乱，盛世而衰，女诗人的命运受到的冲击更大。尽管如此，也没有湮没其才华。

薛涛字洪度，仕宦家庭出身，父亲薛郧在京城长安为官。受到良好教育的薛涛不但长得貌美如花，而且从小聪颖过人、才识过人，八九岁就能吟诗作对。一天，她的父亲薛郧在庭院里的梧桐树下歇凉，有感而发："庭除一古桐，耸干入云中。"薛涛听了，顺口接道："枝迎南北鸟，叶送往来风。"这事经薛家人一传播，薛涛顿时名满京城。

然而，好景不长，正直的薛郧因为得罪当朝权贵而被贬谪到蜀中成都。薛涛便跟着父亲来到了成都，十四岁那年，其父因病去世。失去顶梁柱的薛家顿时陷入困境。

薛涛不得已，凭借"容姿既丽"和"通音律，善辩慧，工诗赋"，在十六岁加入乐籍，成了一名营妓。

唐朝的营妓由国家财政供养，属于官府正式人员，有稳定的收入，主要的工作内容就是在官员们饮宴聚会时侍酒赋诗、弹唱娱客。

唐朝的官员大多是科举出身，文化素养高，才貌双全的薛涛在酒席场上游刃有余，成了达官显贵的新宠。

宋代人所编的《唐语林》里记载了薛涛的一件逸事。有一次，黎州刺史举办宴会，提议行《千字文》令。这个酒令的令格是，取《千字文》一句，句中必须带有禽鱼鸟兽之名。刺史率先作示范，行令说："有虞陶唐。"估计这位大人小时候背《千字文》不求甚解，误把"虞"当成了"鱼"。众宾客都听出了谬误，但因为是主人所为，只好掩面而笑，谁也没好意思站出来说该罚酒。不一会儿，酒令转到了薛涛这儿，她应声说："佐时阿衡。"这位刺史一下听出了问题，激动地站起身："你这四个字里没有'鱼鸟'，该罚该罚！"薛涛笑着回答说："不管怎么样，我这句里'衡'字中间还有一条小鱼，刺史大人的'有虞陶唐'中，连条小鱼都没有呢。"众人再也忍不住，哄然大笑，弄得刺史大人甚是尴尬。

薛涛最擅长的，还是作诗。身在娱乐场中，使得她与当时许多著名诗人都有来往，其中就包括白居易、裴度、杜牧、刘禹锡、张籍等。和这些名家的交往，也为其诗歌创作注入了活力。

贞元元年（785），中书令韦皋出任剑南西川节度使。在一次酒宴中，韦皋让薛涛即席赋诗，薛涛神态从容地拿过纸笔，提笔而就《谒巫山庙》，诗中写道："朝朝夜夜阳台下，为雨为云楚国亡。惆怅庙前多少柳，春来空斗画眉长。"

韦皋看罢，拍案叫绝，对其赞不绝口。这首诗让薛涛声名鹊起，从此帅府中每有盛宴，薛涛便成为侍宴的不二人选，成了韦皋身边的红人。后来，韦皋（一说武元衡）拟奏封薛涛为校书郎，事未行，但时人亦称她为"女校书"。

薛涛随着声名鹊起，不免恃宠而骄。当时前来蜀地的官员为了求见韦皋，多半要通过薛涛"引线"，为了行便利之门，官员们纷纷给她送礼行贿。而薛涛竟然来者不拒，统统收了。当然，她收了这些钱财并没有留着自己用，而是全部上交了。

尽管如此，韦皋知道了薛涛的行为，还是一怒之下把她发配松州。

处于西南边陲的松州人烟稀少，荒凉无比，薛涛一路上惊恐至极，于是有感而发写了动人的《十离诗》，其中一首是这样写道："闻道边城苦，而今到始知。却将门下曲，唱与陇头儿。"

韦皋听闻薛涛的《十离诗》后，被感动了，于是一纸命令，又将薛涛召回了。然而，这次的官场起伏后，年仅二十岁的薛涛想办法脱离了乐籍，然后选择了归隐——在成都浣花溪畔隐居起来。

打破薛涛平静生活的是一个叫元稹的大才子。元和四年（809）三月，当以监察御史的身份出使蜀地的元稹邂逅了薛涛后，爱情的种子也开始发芽，尽管当时元稹只有三十一岁，而薛涛已经四十二岁了，但相差十一岁的姐弟恋还是红红火火地点燃了。三个月后，元稹到外地任职，薛涛对其思念有加，她精心制作出桃红色小笺，将自己的思念写在上面，寄给元稹。后人称之为"薛涛笺"。

然而，花心的元稹最终还是以"曾经沧海难为水，除却巫山不是云"结束了这段姐弟恋。失恋的薛涛很受伤，做出两个举动。一是用一首诗来为这段没有结果的爱情画上了句号，其中二句著名："不结同心人，空结同心草。"二是她明白，自己的一生爱过，被爱过，拥有过，失去过，她并不后悔，她只需要诗歌陪她走过最后的日子，走过人生最需要人陪伴的那段时光。

她离开了"伤心居"——浣花溪，迁居到"思意居"——碧鸡坊，然后花掉了所有的积蓄，筑起了一座名楼——吟诗楼。从此，她把红裙换成了黄袍，把高歌换为了低吟。整日吟诗，独度晚年。

其中有凄美的《春望词四首》：

花开不同赏，花落不同悲。
欲问相思处，花开花落时。

揽草结同心，将以遗知音。
春愁正断绝，春鸟复哀吟。

风花日将老，佳期犹渺渺。
不结同心人，空结同心草。

那堪花满枝，翻作两相思。
玉箸垂朝镜，春风知不知。

大和六年（832），六十四岁的薛涛离世。一年后，曾任宰相的段文昌因感其才华，亲手为她写了墓志铭。如果她泉下有知，也会感到慰藉了吧。

薛涛才貌双全，是唐代第一大女诗人。相传薛涛一生共创作诗五百多首，然而《全唐诗》四万多首诗中，仅收录八十九首（独立一卷），其余的全部失传，这是很令人惋惜的事。

二　庭院深深深几许

1. "不君"头上的那顶绿帽子

长庆四年（824），昏庸的唐穆宗因为服用长生不老药而突然驾崩，十六岁的太子李湛即位，是为唐敬宗。

唐敬宗登基后，抛开国政大权，做法比其父唐穆宗更为荒唐。概括起来有"七宗罪"。

一是沉溺酒色。

唐敬宗荒淫无度，广纳美女于后宫，整天沉溺于酒色，陷入温柔乡里不能自拔。

据史书记载，唐敬宗特制了一种纸箭，用纸制作箭头，纸箭头里面裹着麝香或龙涎香之类粉末。他在宫中需淫乐的时候，就把嫔妃们叫来，并保持一定的距离。唐敬宗则用这种纸箭射她们，被箭射中的宫女非但没有任何疼痛感，反而身上会散发出浓烈的香味。这种纸箭在当时叫"风流箭"。而宫女们都希望能被纸箭射中，期待得到皇帝的宠幸，以达到飞黄腾达的目的。

二是大兴土木。

为了满足自己的享乐，奢侈的唐敬宗登基后就开始大兴土木。此后，宫里宫外的工程建设夜以继日，从来没有停歇过。各级官员和匠役之人怨声载道，唐敬宗却变本加厉，花样不断翻新，只顾自己的玩乐，根本不予理会。

三是很少上朝。

唐敬宗只图享乐，根本不把国家大政放在心上，对例行的早朝淡看三分，忽视七分。群臣为了参加早朝天不亮就起床准备，然而，他们入朝堂后，总是难见唐敬宗踪影，有时等到日上三竿还没来。时间长了，一些大臣因为体力不支而出现昏倒者。对新君的这一有悖祖制的行为，一些正直的大臣也进行了劝谏，但唐敬宗根本不当一回事。

到后来，他非但不知悔改，甚至一个月也难得上朝两三次。

四是重用宦官。

唐敬宗同样重用宦官，他即位后赏赐了大量宦官，赠予彩色丝绸和珍宝，甚至包括多个特殊"奖项"。结果，以王守成和李逢吉为首的宦官掌握了朝政实权。据悉，仅李逢吉手下就有"八关""十六子"等党徒阿谀附庸，这些人在朝中飞扬跋扈，形成一股强大的政治势力，牢牢把握了朝中大权。

五是玩物丧志。

唐敬宗很喜欢打马球，要么在中和殿打马球，要么在飞龙苑打马球，常常乐此不疲，一直折腾到夜里一二更方罢休。他非但自己热衷打马球，还要求禁军将士、三宫内人也都参加。

宝历二年（826）六月，他在宫中举行了一次体育运动会，设有马球、摔跤、散打、搏击、杂戏等众多项目，以丰富的奖励来吸引人参与。后来，唐敬宗命令左右神策军士卒，还有宫人、教坊、内园分成若干组，骑着驴打马球。唐敬宗还喜欢打猎，平时白天玩不够，就深夜骑马带人捕狐狸以取乐，宫中称之为"打夜狐"。

六是游乐奢靡。

唐敬宗的玩乐变本加厉，花样不断翻新。宝历元年（825）十一月，唐敬宗突发奇想，要去骊山巡游，遭到了大臣的一致反对。拾遗张权舆在大殿叩头进谏："从周幽王以来游幸骊山的帝王都没有好的结局，秦始皇葬在那里而秦朝二世而亡，玄宗在骊山修行宫而安禄山乱，先帝唐穆宗去了一趟骊山，享年不长，回来就驾崩了。"唐敬宗反驳道："骊山有这么凶恶吗？越是这样，我越是应该去一趟，以验证你的话究竟有多荒谬。"就这样，他不顾大臣的反对，执意前往，回到宫中后，他对身边的人说："那些向朕叩头的人说的话，也不一定都可信啊！"

无独有偶，唐敬宗喜欢到鱼藻宫观龙舟竞渡，有一天突然给盐铁使下诏，要他造竞渡船二十艘，要求把木材运到京师修造。这一项的花费总计要用去当年国家转运经费的一半，谏议大夫张仲方等力谏，他才答应减去一半。

七是纲纪废弛。

唐敬宗因为整天享乐，给了一些不法之徒可乘之机，宫中因此发生了一系列突发事件。一次，唐敬宗在清思殿打马球时，有人聚集了几百个染织工人向皇宫发起进攻。唐敬宗听到喊杀声，情知不妙拔腿就跑，结果跑到了左神策军处。左神策军兵马使康艺全率兵入宫，平息了叛乱。而唐敬宗直到第二天才回到皇宫，对于皇帝的"离奇失踪"和"从天而降"，官员都很震惊，唐敬宗却不以为然，依然我行我素。

宫中宦官许遂振、李少端、鱼弘志等人因为与唐敬宗"打夜狐"时没有配合好，结果被摘掉了乌纱帽。再加上唐敬宗动辄对小宦官下黑手，轻则辱骂，重则捶挞，这让其他宦官很是不满。最终，唐敬宗命丧宦官之手。

要了唐敬宗命的宦官叫刘克明。

如前所述，到了唐朝中后期，宦官势力过于膨胀，皇帝们对宦官监管不力。很多身体健全的人未经"验收"，就冒充宦官混进了宫里，在天子眼皮底下混吃混喝、大行违法之事。唐敬宗就是因为一顶绿帽子而丧命的。

假宦官刘克明眼看唐敬宗整天享乐，他也不甘落后，开始偷腥。最开始，他还只是偷偷摸摸地找宫女们快活，后来胆子越来越大，竟公开淫乱，宫女都成了他的玩物。后来，他觉得玩宫女不过瘾，就把手伸向了唐敬宗的妃嫔，年轻漂亮的董淑妃因为总是被唐敬宗晾在后宫里，寂寞难耐。刘克明于是手到擒来，两人很快就合伙给唐敬宗戴了绿帽子。

纸包不住火，有一天晚上，唐敬宗带着一帮喽啰在宫里"打夜狐"。因为天黑，唐敬宗一箭走歪，射中了刘克明。这本是无心，刘克明却觉得自己和董淑妃的奸情败露了，小皇帝这是故意放冷箭，他越想越害怕，越害怕就越想造反，他把自己的想法和身边的宦官们一说，立即得到了一致支持。

宝历二年（826）十二月初八日，唐敬宗又一次出去"打夜狐"。还宫之后，仍然兴致盎然，又与宦官刘克明、田务澄、许文端击球，并与军将苏佐明、王嘉宪、石定宽等二十八人饮酒。酒过三巡，唐敬宗入室更衣，刘克明和同伙儿趁机熄灭了大殿的灯火，在黑暗中把唐敬宗杀死在更衣室里。

此时，十八岁的唐敬宗在位仅两年。因为唐敬宗短暂的在位时间里所作所为实在过于昏庸，历史上给他的评价是两个字：不君。

2.甘露之谋的那根刺

唐敬宗死后，宦官刘克明等伪造遗诏，迎唐宪宗之子绛王李悟入宫为帝。两天后，宦官王守澄、梁守谦又指挥神策军入宫杀死刘克明和绛王李悟，立唐敬宗的弟弟江王李涵为帝，李涵于是改名李昂，是为唐文宗。

唐文宗为了做一个好皇帝，做了三件事。

一是政治作秀。唐文宗的节俭是出了名的。他严禁铺张浪费，自己从饮食到穿着都提倡能省就省，甚至有一次，看到驸马戴昂贵的幞头后，对其严厉训诫并罚俸两个月。唐文宗在此之后还养成了一个习惯，那就是看衣料识人：凡是粗布滥衫的都是忠臣，穿绫罗绸缎的尽是奸佞贪官。

二是嗜书如命。唐文宗立志做"贤君"，酷爱看书，他最喜欢看的书是《贞观政要》，对书中的人物魏徵十分仰慕，认为书中记载的君臣关系才是自己想要的。著名的书法大家柳公权时任翰林学士，曾多次被唐文宗召入宫中，两个人每次都谈到深夜，直到蜡烛燃尽还不尽兴。唐文宗甚至还和柳公权写下了联句："人皆苦炎热，我爱夏日长（唐文宗诗）。熏风自南来，殿阁生微凉（柳公权诗）"，以此表现自己的高雅情操与求贤若渴的心态。唐文宗还特意命人找到魏徵的五世孙魏谟，并将其封为右拾遗，准许直言进谏。不过，魏谟可比他祖宗差远了，很少能提出有见解的意见，没能为唐文宗起到出谋划策的作用。

三是铁腕治国。唐文宗即位后，即企图惩治宦官，夺回皇帝丧失的权力。大和四年（830），唐文宗任命宋申锡为宰相，令他谋划诛除宦官，但事机不密，宦官先发制人，诬陷宋申锡结连漳王（唐文宗之弟）谋反，结果宋申锡被贬，唐文宗的计划失败。

为了铲除宦官集团，夺回属于自己的政权，唐文宗再次双管齐下。

第一，打造心腹——重用"双子星座"。他从地方提拔了郑注、李训为御史大夫和宰相，以此打造自己的嫡系班底。要诛除掌握禁军实权的宦官，就必须有一定的武装力量。李训举户部尚书王璠为太原节度使、大理卿郭行余为邠宁节度使，希望二人在赴镇之前，先招募若干兵卒，助除宦官；又以京兆少尹罗立言权知府事，太府卿韩约为左金吾卫大将军，刑部郎中兼御史知杂李孝本权知御史中丞，由他们罗致一些吏卒以诛宦官。随后，唐文宗逐步开始打击宦官，先后将与杀害宪宗有关的宦官杨承和、王践言、陈弘志、王守澄等处死。

第二，定下奇谋——"甘露之谋"。所谓"甘露之谋"就是以欣赏甘露为名，召集宦官前来，以便将宦官势力连根拔起。

当时朝中的宦官也是各自为政，分为牛、李两派，各有朋党，互相攻击。唐文宗先利用宦官之间的矛盾，任命王守澄部下仇士良为左神策军中尉，令其掌管一部分禁卫军，以削弱王守澄的军权。接着，又削去王守澄的兵权，下令王守澄饮毒酒自尽。同时，唐文宗决定由凤翔节度使郑注挑选几百亲兵，趁全部宦官去为王守澄送葬时，将他们斩尽杀绝。李训为了抢功，乘郑注去凤翔搬兵之时，又与唐文宗商定改变原有计划，先下手杀尽宦官，再逐走郑注。

大和九年（835）十一月二十一日早朝于紫宸殿时，金吾大将军韩约奏报左金吾仗院内石榴树上夜降甘露。李训等建议：天降祥瑞，又近在宫禁，皇帝宜亲往一看。于是，唐文宗前至含元殿，命宰相和中书、门下省官员先往观看。官员们回来，奏称疑非真甘露。唐文宗乃再命宦官神策军左右护军中尉仇士良、鱼弘志等带领宦官去察看。

李训事先已经在左金吾衙门埋伏了亲兵几百人，当仇士良等宦官在李训的党徒禁卫军将军韩约陪同下走到左金吾门口时，韩约显得神情很紧张，脸色都白了，这使仇士良产生了怀疑。这时，一阵风吹动了门边的布幕，仇士良等见里面埋伏了许多兵士，知道不妙，退身逃回，将唐文宗推入软轿抬着就走。李训追上去拉住轿子不放，被一个宦官当胸一拳打倒在地，仇士良等便簇拥着轿子逃入宫内。

李训见计谋败露，化装逃出京城。仇士良指挥神策军大加搜捕，屠杀了朝官一千多人，并于终南山追杀了李训。郑注闻变，引兵退回凤翔，也为监军张仲清所杀。这就是历史上有名的"甘露之变"。

唐文宗称不上昏君，相反他还有着一颗成为"贤君"的心，只是大唐多年的积弊并非靠他一己之力就能挽回。在"甘露之变"发生后，唐文宗彻底沦为傀儡皇帝，被宦官威胁逼迫软禁起来，终日闷闷不乐。他曾经问过身边的近臣，自己究竟是一个怎样的皇帝。近臣答道："陛下乃尧舜之主也。"谁知唐文宗苦笑道："朕连汉献帝都不如，何谈尧舜？汉献帝尚且受制于强臣，而朕被家奴所制，想来真是羞于见列祖列宗。"唐文宗缺少隐忍和霹雳手段，最终成了权力的牺牲品。《旧唐书》中对唐文宗评价很经典：有帝王之道，而无帝王之才。

3. 会昌中兴的那道坎

开成五年（840），唐文宗驾崩。唐文宗在世时，最早立儿子李永为太子，但李永英年早逝。之后，"无后"的唐文宗只好改立唐敬宗的儿子陈王李成美为太子。唐文宗死后，朝中掌权的宦官仇士良和鱼弘志觉得太子不是他们立的，以后难免不听话，于是废了太子，把他秘密杀了，改立唐文宗的弟弟颍王李瀍为皇帝，李瀍改名李炎，是为唐武宗。

唐武宗继位时处于严重的内忧外患中。于内来说，有藩镇割据一方揽权和宦官把持朝政擅权这两大祸害；于外来说，有吐蕃和回鹘袭扰边疆这两座大山。然而，就是在这种危局下，唐武宗利用在位的短短七年时间创造了一个奇迹，开创了中晚唐罕见的盛世局面——会昌中兴。

唐武宗为何能够开创中兴局面？主要原因有两个。

一是以铁腕的手段强力遏制内部的宦官、藩镇势力。不甘受制于宦官的唐武宗采取疏远的策略，逐渐削夺宦官手中的权力，同时极力扶持相权，勇于决断，敢于用人，重用李德裕等能人，并且大力提高相权，以此来打压宦官势力。根据《旧唐书》记载，唐武宗"雄谋勇断，振已去之威权"。

当时仇士良等人仗着拥立之功，很是嚣张跋扈，他们对唐武宗重用李德裕很不满，想除掉他，但都被唐武宗巧妙地化解了。仇士良眼看手中的权力旁落，采取以退为进的方式，以生病为由告老还乡。结果唐武宗并没有挽留，而是顺水推舟地解除了仇士良的军权。

对此，仇士良追悔莫及，只能捶胸长叹，不久，竟然郁闷而死。

随着宦官集团的头领仇士良的离去，宦官集团人人自危，纷纷选择放权或是归隐，以期明哲保身。

宦官势力受压制，使得唐武宗能够重新掌握唐朝神策军的控制权，对各大藩镇形成威慑。而唐武宗重用的宰相李德裕，还指挥平定了河东地区泽潞镇节度使刘稹的叛乱，成为这一时期常常为人称颂的政绩。

二是以武力击败回鹘，平定漠北。

在解决宦官和藩镇这两大问题后，唐武宗便能放开手脚干事儿了，于是他还通过铲除积弊，改善民生，使得唐朝的经济得到极大的恢复，开创了会昌中兴的良好局面。

唐武宗在位期间，还做了一件惊世骇俗的事——灭佛。

佛教是世界三大宗教之一，自东汉传入以来，对中原哲学、文化乃至经济等诸多方面产生了深远的影响。但是,在民间备受推崇的佛教,在唐代经历了几次浩劫,唐武宗灭佛事件便是其中影响较大的一起。

会昌五年(845)七月,唐武宗下令灭佛。一个月后,全国共拆毁寺院四千六百多座,山野中的小寺庙拆去四万余座,还俗僧尼二十六万余人。唐武宗原来并不排斥佛教,但即位数年后就对佛教有刻骨仇恨,这到底是为什么呢?

主要有三种观点。

第一种观点:宗教斗争所致。

据《旧唐书》记载:唐武宗想学神仙方术,拜道士赵归真为师。赵归真得宠后,每次与唐武宗谈话,就一直讲佛教的坏话,说佛教不是本土所生的宗教,只会蠹耗生灵,应该全部铲除。唐武宗听后觉得很有道理。的确,佛教传入中原后,一方面和儒家思想常有冲突,另一方面又和土生土长的道教也矛盾重重。为争取最高统治者的青睐,佛道两教常常进行激烈的辩论,两教的地位也常发生变化。

唐朝时,以道教为国教,但是当时佛教的势力也很大,矛盾自然也很大。而唐武宗崇尚道术,对道教的长生不老之术和仙丹妙药到了痴迷的程度。也正是因为这样,赵归真等道士在武宗面前大肆攻击佛教,最终促成唐武宗大刀阔斧地进行一场"灭佛"运动。

第二种观点:经济压力所致。

据悉,当时的佛教势力相当大,大到什么程度呢?佛教寺院的规模比皇宫还要大。而且寺庙可以接受捐赠,又不用纳税,俨然成了特殊的福利机构。长此以往,自然影响了唐朝的财政收入。

再加上僧人越来越多,影响了社会的劳动力,影响了生产活动,造成了田地荒芜,粮食补给不足,给社会的稳定造成了严重影响。

唐武宗曾在对全国发布的《拆寺制》中,列举了上述佛教的罪状,说明自己灭佛的主要目的是"惩千古之蠹源",以"济人利众"。事实也是如此,灭佛后大批僧尼还俗,寺院奴婢编入税户,把寺院钱物收归官府，铜铁佛像铸为钱币与农具等，确实让唐朝的经济得到了很大的复苏。

第三种观点：政治斗争所致。

传说，唐武宗继位后怕有人另立他的叔叔李忱（后来的唐宣宗）来威胁他的皇位，于是想杀了他以绝后患。李忱获知消息后，选择了潜逃，结果一逃就逃入了佛门，而唐武宗的灭佛，就是为了彻底查杀李忱，让他无处可藏。

这三种观点千百年来争论不休，一直没有定论。

会昌六年（846），在位仅七年的唐武宗突然死亡。关于唐武宗的死因，后人也众说纷纭。

《旧唐书》本纪详细记载了唐武宗从病重到死亡的全过程："三月壬寅，上不豫，制改御名炎。帝重方士，颇服食修摄，亲受法箓。至是药躁，喜怒失常，疾既笃，旬日不能言。宰相李德裕等请见，不许。中外莫知安否，人情危惧。是月二十三日，宣遗诏，以皇太叔光王柩前即位。是日崩，时年三十三。"

也就是说，唐武宗是自己嗑药嗑死的，这个死法当然有点令人不可思议。

原来中唐以来，皇帝都有一个嗜好——迷恋丹药。唐宪宗李纯是被丹药毒死的，其子唐穆宗李恒又为丹药所害，而唐穆宗的儿子唐武宗李炎也是死于丹药。

唐武宗不信佛教却信道教，他相信当时的道士赵归真等人，为了能长生不老，让赵归真等人给他炼制丹药，为此，在宫内建造了"望仙楼"，还在郊外建了一座"望仙台"。

由于服食由道家炼制的丹药过量，年仅三十三岁的唐武宗猝死于长安的大明宫。

第九章　晚唐风云

一　人在皇宫，身不由己

1."小太宗"的起与落

会昌六年（846），唐武宗病危时，宦官们又开始活跃起来，寻找继承人。原来，唐武宗在执政期间，因为儿子都年幼，就迟迟没有立太子，结果，他病危后，引发了后宫的大地震。

以马元哲为首的宦官通过"曲径通幽"的办法，拟定了一份假诏书，把唐宪宗的儿子李怡改名为李忱，推上了皇位，是为唐宣宗，年号"大中"。

李怡是唐宪宗的第十三个皇子。在唐穆宗在位时，被封为光王，以辈分算，李怡是唐武宗的叔叔，照常理，他显然是不具备继承帝位的资格。但他有一大特点，成了神奇般上位的缘由。李怡从小便患有痴呆症，总是沉默寡言，显得智力有障碍，常常受到宫人的欺负。再加上李怡的母亲只是一个小宫女，因此，他的出生和成长都不被人注意，一直处于被人忽略的状态。

有事例为证。一次，唐文宗李昂在十六宅宴请诸王，众人把酒言欢，其乐融融，唯独李怡坐在一角落里静静地发呆。唐文宗于是发话了："谁能让李怡开口说话？朕重重有赏。"

然而，不管大家如何挑逗，李怡始终沉默不语，一副与世无争、淡然处之的样子。对此，大家都摇头，认为这位皇子是没得救了。

但也正是因为这样，李怡得以在风起云涌的宫中生存下来。此时唐武宗突然病死，宦官集团在寻找继承人时，便想到了痴呆的李怡，一方面便于控制，另一方面也表达对唐文宗和唐武宗的不满。就这样，李怡上位了。

然而，宦官集团很快就后悔了，因为唐宣宗即位后，勤于政事，有条有理地处理政务，他们这才知道唐宣宗心计太深了：原来"傻蛋"并不傻，他的痴呆竟然是伪装出来的。

其实，李怡因为隐藏得深，众人都对他的装疯卖傻深信不疑，唯独唐武宗却心中有疑虑：李怡对于常年的羞辱确实不像正常人那样恼怒，也不是如真的傻子一样赔笑，而是面无表情、若有所思，如果他不是愚不可及，那就是高深莫测啊！

唐武宗为了弄清楚李怡是真傻还是装疯卖傻，对他进行了多轮次的"考验"。

这年寒冬，李怡和诸王一起随皇帝外出踏雪，众人兴尽而返时，已是日薄西山，加上中途休息时设宴畅饮，结果傻乎乎的李怡从马上坠落到冰天雪地中。唐武宗想通过这种方式来考验李怡。结果出人意料，第二天，李怡竟然安然无恙地出现在宫中。他是如何渡过冰天雪地的"鬼门关"的，唐武宗抓破脑袋也想不明白。然而，通过这次考察，唐武宗明白了李怡肯定不是一般的人，就决定除掉他，以绝后患。

于是，很快李怡被送进了"冷宫"——永巷。

眼看唐武宗手下留情，他身边一个姓仇的宦官提醒说，与其留着这个傻子，不如直接杀了干净。唐武宗批准了，并派他去执行任务。然而这个姓仇的宦官非但没有杀了李怡，反而偷偷将他运出宫，藏了起来，也为自己将来找了一个靠山。

经历了生死劫的光王李怡离开长安，流落民间，并且一度到浙江盐官（今浙江省海宁市西南）的安国寺落发为僧，法名琼俊。

北宋大文豪苏轼后来为唐宣宗李忱的这段传奇人生写了一首千古名诗："已将世界等微尘，空里浮花梦里身。岂为龙颜更分别？只应天眼识天人。"

几经生死，最终幸存下来的唐宣宗即位后，宦官发现他们一手打造的傀儡皇帝不是昏庸之君，而是圣明之君时，后悔得有撞死的冲动。

隐忍了三十六年的唐宣宗李忱祭出双管齐下之举。

第一，铁腕治内政。

唐宣宗通过大刀阔斧的改革，来改善和破解中唐以来所遗留下来的种种社会问题。他改变了朝堂构架，罢免庸官。打击不法宦官、权贵、外戚。贬谪李德裕，结束牛李党争，抑制宦官势力过分膨胀。把死于"甘露之变"中除郑注、李训之外的百官全部昭雪。同时，选拔人才，任人唯贤，塑造了风清气正的朝政。当时规定，地方官员转到其他地方任刺史的，必须先到长安面见皇帝。唐宣宗这样做，就是为了当面考察该人才情究竟如何、到底能不能胜任。

宰相令狐绹很受唐宣宗信任，却如履薄冰、度日如年。有事例为证。有一位在地方任职的刺史和令狐绹是生死故友，此人要转任邻州刺史，虽然是平调，但按照唐宣宗朝规定，也要入京通过皇帝的"面试关"，然后才能赴任。令狐绹出于对好友的了解和信任，觉得不必过于拘泥，于是让他直接上任去了。唐宣宗知道后，就把令狐绹召来问是怎么回事。

令狐绹从容不迫地说出了自己的心声，唐宣宗听了却怒道："国有国法，家有家规，地方官员任职入京晋见是朕下诏明确规定的，你却拒不施行。看样子，你这个宰相的权力比朕还要大啊。"

此时正值寒风凛冽的寒冬，令狐绹听了唐宣宗的话惊出一身冷汗，只能磕头认错了事。事后，令狐绹对同僚说："我这个宰相看似威风，颇受皇帝信任。但每次入宫奏事，我都是内衣尽湿而回的。"

左军中尉马元贽是唐宣宗的另一位宠臣。马元贽曾为唐宣宗即位立下大功，唐宣宗特赐他宝带以示褒奖，是当时炙手可热的人物。而当时朝廷另一位宰相马植和马元贽过从甚密，二人还因为同姓而结拜为兄弟，马元贽甚至还把唐宣宗赐给他的宝带转赠马植，结果惹来祸端。一次，唐宣宗在大殿上看到马植所佩的宝带似曾相识，马上追问其来历。马植不敢隐瞒，只好如实相告。唐宣宗听后大怒，第二天就下诏罢免马植的宰相之职。唐宣宗的敲山震虎起了立竿见影的效果。从此，朝中风气焕然一新。

第二，武力对外事。

当时，唐王朝周围按顺时针来看，正北是刚刚和唐王朝共同瓜分回鹘的黠戛斯；东北是刚刚被丢掉的室韦都督府，以及渤海国，稍微近一些的是唐朝治下的契丹和奚，朝鲜半岛上是新罗；西南是南诏，青藏高原上有吐蕃。个个都不是好惹的主儿。

黠戛斯自称是大汉李陵后人，有曾经协助唐军共同对抗突厥的光辉历史。灭回鹘后，他们主动与唐王朝通好，接受了唐武宗和宣宗的册封，此后没有入侵过中原，双方可谓和平共处。

室韦和渤海国因为远在千里迢迢的东北，唐王朝和这两国盈盈相望，没有实质性的摩擦，也算是相安无事。

北方真正给唐王朝带来麻烦的是契丹、奚族和回鹘。安禄山当年就是拜这三国所赐，成为拥兵自重的节度使而发迹的。

唐武宗期间，平卢节度使张仲武多次大破回鹘、降服契丹和奚族，张仲武也因为功绩突出而被封为兰陵郡王。到了唐宣宗时，张仲武依然表现给力，率军大破北部深山中的奚族部落，从而彻底解决了东北方向的后顾之忧。

而西南边云贵高原上的南诏（后来的大理）当初是靠唐王朝支持而建国的，自然对唐朝臣服，曾和唐军一起对抗吐蕃。但后来南诏转投吐蕃，在唐朝的打击下，才又重新归附，但总是不安分，时常骚扰唐边境。唐宣宗上任后，采取兵来将挡、水来土掩的办法，多次打败南诏的入侵，结束了此前唐军一直征南诏不胜的耻辱历史，南诏也就此开始走上衰败的道路。

吐蕃是唐朝真正的"难剃头"，百余年来，一直和唐朝纠缠不清，双方也互有胜负。晚唐时，吐蕃因为严重的内乱而导致由盛转衰。唐宣宗时，他趁着吐蕃内乱，成功收复吐蕃，使大唐版图由分裂而统一。

与此同时,唐宣宗还采取了政治为主、军事为辅的战略,消灭了西北方向的平夏党项,招降南山党项,西北至此全部安定。

通过武力,唐宣宗解决了边界之忧,使得国内老百姓过上了太平日子。《新唐书》对唐宣宗评价是:"精于听断,而以察为明,无复仁恩之意。呜呼,自是而后,唐衰矣!"大体上是说唐宣宗太精明了,对下过于严苛,哎呀老天爷啊,他之后唐朝就衰弱了!"精于听断","以察为明",而"无复仁恩",导致"唐衰",这自然是宋人对治理国家的看法。

实际上,唐宣宗李忱明察善断,用法无私,从谏如流,恭谨节俭,爱民育物,在他的励精图治下,唐朝国势大为好转,百姓也逐渐富足起来,衰败的朝政呈现出"中兴"的小康局面,史上称之为"大中之治",唐宣宗也获得了"小太宗"的称号。

2.状元驸马的喜与悲

在古代,科举是天下寒士实现鲤鱼跳龙门的捷径,而状元则是万里挑一,人中潜龙,是最高荣誉,因此,备受人们关注。皇帝一般也会对状元另眼相看,很多状元因此平步青云、官运亨通。

有数据说,自隋唐开科取士以来,中国封建王朝一千多年间中一共产生了五百九十二名状元,加上其他短命政权选考的状元以及各代的武状元,中国历史上总计可考的文武状元为七百七十七人。其中,有史可查的"状元驸马"只有唐朝的郑颢。

郑颢,字奉正,出生于元和十二年(817),祖籍郑州荥阳(今属河南省郑州市),后来才迁居河清(治今河南省孟州市西南)。郑颢有三大特点。

一是官二代出身。

他的曾祖父郑羡曾官池州刺史、歙州刺史。他的祖父郑𫄨更不得了,官至宰相、太子太傅,从一品,死后被追赠司空,谥号宣。他的父亲郑祗德也是一位正三品的高官。

二是"状元郎"出仕。

郑颢从小就酷爱读书识字，长大后不仅学识渊博，而且还一表人才。才情出众的郑颢在二十六岁时高中状元，为校书郎。会昌二年（842），郑颢任右拾遗。数年后，郑颢又迁升为翰林学士，仕途可谓青云直上，前途不可限量。

三是"拉郎配"婚姻。

状元郑颢官场得意，情场却失意。原来在科举考试之前，郑颢已经在老家河清和从小青梅竹马的卢小姐立下了婚约。中了状元，成为高官的他决定风光地迎娶自己的意中人。

郑颢于是敲锣打鼓，车马开道，以衣锦还乡的姿态风风光光地来迎娶卢小姐，引得百姓驻足观望。

然而，就在郑颢迎亲的路上，发生了意外。一道圣旨快马加鞭地送到了他的面前，圣旨要他火速回京。

尽管郑颢心里一百个不愿意，但圣意难违，也只好悻悻地回京了。到了朝中，大家都向他道喜，他这才知道喜从何来——被唐宣宗钦点为驸马爷，迎娶唐宣宗的掌上明珠万寿公主。为此，唐宣宗给他高官：授银青光禄大夫，他一跃成为从三品的高官。

原来，唐宣宗正为给万寿公主择一文笔出众的良婿煞费苦心，一直没有寻到合适满意的。后来，时任宰相的白居易堂弟白敏中发现郑颢是位不可多得的才子，和万寿公主极为相配，立马向唐宣宗作了推荐。

唐宣宗本来对仪表堂堂、英俊潇洒的郑颢印象就不错，在白敏中的极力推荐下，他当即决定将自己最心爱的长公主万寿公主下嫁给郑颢。

于是出现了派人把正在回乡迎亲途中的郑颢给截回京的一幕。

郑颢垂头丧气地回到家里，白敏中对他百般说合，郑颢知道事情原委后，纵有万般不愿，也不敢违背圣意，只能依照圣旨迎娶了万寿公主。大中四年（844），郑颢被授银青光禄大夫、行起居郎、驸马都尉。

俗话说强扭的瓜不甜，郑颢和万寿公主成亲后，度日如年，因为他心里装的是卢小姐，不由得悲痛万分。

好在唐宣宗是一个通情达理的皇帝，万寿公主出嫁时，他叮嘱万寿公主要"嫁鸡随鸡，嫁狗随狗"，到了婆家，要尽儿媳礼仪，跟老百姓一样。唐宣宗还亲手写了一条箴言给万寿公主："无鄙夫家，无干时事，有子而寡，不得复嫁。苟违吾戒，必有太平、安乐之祸。"意思是说，不得瞧不起夫家，不得干预政事，如果丈夫死了，留有儿子，就必须守寡，不得再嫁，你若违背父皇的教导，就会像太平公主、安乐公主一样，闯下大祸。

万寿公主却把唐宣宗的话当成了耳边风。一次，郑颢的弟弟生病了，唐宣宗派使臣去探病。使臣回来，唐宣宗问万寿公主有没有去探过病，使臣说公主没有去探病，她在慈恩寺看戏。唐宣宗大怒，立马找来万寿公主斥责道："小叔子生病，哪有做嫂子的只顾自己看戏的！国有国法，家有家规，在朝廷你是公主，在夫家你是媳妇。"万寿公主吓得站在台阶下一动也不敢动。事后，唐宣宗又伤感地说："朕常常埋怨士大夫不愿意跟皇家结亲，如今看来，实在是有原因的。"

万寿公主经过唐宣宗的训导，意识到自己的错误，向唐宣宗保证以后不会了，并且带了很多礼物，第一时间到府中探望小叔子。

其实，唐宣宗不仅仅是对万寿公主如此苛刻，对其他的女儿都如此。到了二公主永福婚嫁的时候，宣宗公开征婚。郑颢推荐自己的朋友于琮，于琮的父亲是科举出身，因为性情耿直不攀权贵，所以只做了个小官。于琮虽然也考中了进士，但是想做官还要等名额。郑颢认为于琮有一身才华，却不善于溜须拍马，想要做官升迁估计一辈子也没戏，而成为驸马是最好的捷径。

就这样，在郑颢的撮合下，永福公主和于琮很快订了婚。一天，唐宣宗和两人一起吃饭，永福公主因为小事发脾气，将筷子折断。唐宣宗看了勃然大怒说："你当朕面就敢轻易发脾气，日后到夫家还得了！"于是传旨改四女广德公主下嫁于琮。广德公主嫁到于家后，尊老爱幼，家中事情按照老少尊卑进行，从不彰显自己的身份，广德公主的贤良淑德得到夫家的肯定，唐宣宗也非常满意。

总之，唐宣宗对待女儿是极为苛刻，从两次嫁女儿的事情中就可以看出来，从不偏向娇宠爱女儿，堪称史上一流的老丈人！

当然，尽管唐宣宗严格要求万寿公主做一个好媳妇，但是，郑颢和万寿公主的婚姻终归是不幸福的。

郑颢心里一直念念不忘的是卢小姐，后来郑颢因痛生恨，把原本对唐宣宗的怨恨、对万寿公主的愤怒、对婚姻的不满，发泄在了"拉郎配"的媒人白敏中身上。

郑颢对白敏中展开了攻势，每天上早朝都要上一本奏章，弹劾白敏中。而唐宣宗是个聪明人，自然知道其中奥秘，因此，面对郑颢的奏章，他一笑置之。

而面对郑颢雪花般的弹劾，白敏中害怕了，他担心哪天唐宣宗听信了他的话，自己就会陷入万劫不复的地步。无奈之下，白敏中也只好上奏，向唐宣宗陈述了其中的原委："郑颢不乐尚主，怨臣入骨髓。臣在政府，无如臣何。今臣出外，颢必中伤，臣死无日矣！"意思是说，当初臣好心做了个媒人，将郑颢配与万寿公主，但他对这桩婚姻一直不满意，以前臣在京城，他不能把臣怎样，现在臣要去外省，他更要把臣骂得翻天覆地，看来臣离死期不远了。

唐宣宗听完白敏中的诉苦，当然是诚恳地劝慰他。此后，唐宣宗特派人将郑颢的所有奏章都送给了白敏中，白敏中这才安心下来。

而郑颢这位唐朝的状元被"拉郎配"之后，因为裙带关系，在官场上飞黄腾达，历给事中、中书舍人、礼部侍郎、后部侍郎。大中十三年（853），授河南尹。

但无论职务如何升迁，郑颢心里总是放不下爱情的那个结，特别是他对白敏中复仇不成，更是气愤难平。就这样，和万寿公主勉强生活了十一年后，年仅四十四岁的他英年早逝。

3. 立储风波的明与暗

唐宣宗虽然是一代明君，但也有弱点——迷恋丹药，这是他的致命弱点。因为长期服用含有剧毒的丹药，唐宣宗于大中十三年（859）五月得了重病，之后一直卧病在床。

也正是因为这样，他一连数月都不能上朝理政，而朝中大臣们一直见不到皇帝的身影，都感到惶恐不安。

而自知来日无多的唐宣宗还有一件费思量的事要做——立太子。

原来，唐宣宗共有十二个儿子，他奇迹般地登上皇位后，便封长子李温为郓王、次子李渼为雍王（不久早逝，被追册为靖怀太子）、三子李泾为雅王、四子李滋为夔王、五子李沂为庆王。

其中，太子的真正候选人有两位：长子李温和四子李滋。

按照立长的继承法则，长子李温是第一候选人。然而，唐宣宗认为长子李温虽然"器度深厚，形貌瑰玮"，但并不"类己"，不是储君的最佳人选。他认为四子李滋性格和脾性都和自己相似，因此对四子非常宠爱，想立他为太子。

然而，废长立幼又怕引来朝臣反对和皇子争斗，因此，唐宣宗游移不定，一直没有立太子。

大中五年（851）十月，户部魏侍郎流泪进言："如今天下无事，惟有未立储君，是臣下最为忧心的大事。"他的眼泪并没有感动唐宣宗，因为唐宣宗选择了沉默——并没有明确表态。

大中十年（856），宰相裴休与唐宣宗谈论朝政时，再次提出立太子，这一次唐宣宗没有再选择沉默，而是说了十个字："若建太子，则朕遂为闲人。"

裴休听了冷汗直流，不敢再"复言"。此后，朝臣没人敢再提立太子之事了。

立太子之事就这样一直耽搁了下来。

此后，唐宣宗因服用丹药，导致中毒，"疽发于背"，身体状况每况愈下。大中十三年（859）八月，唐宣宗已是病入膏肓，他在弥留之际，认为立太子之事不能再拖了，于是密嘱内枢密使（宦官）王归长、马公儒及宣徽南院使王居方三位超级心腹到室内，交代后事，并要求他们三人一定要立夔王李滋为太子。

王归长等人都是朝中重量级人物，有权有势，按理说，唐宣宗所托传位之事应当是万无一失。然而，关键时刻，意外出现了。唐宣宗百密一疏，忘记了另一位重量级人物——宫中左军中尉王宗实。

唐朝朝廷枢纽在长安城正北的宫城和东北角的大明宫。历代皇帝为保证皇宫安全，特地设置了左右羽林军、左右龙武军、左右神策军等，这些军种设立的时间并不统一，有先有后，一般都笼统地称之为左军、右军。而左右军各设中尉一名。中尉可是权力很大的高级军官，负责统领左军或右军，直接担负着保卫皇帝和皇宫安全的重任。谁要想在皇宫里搞点什么事，非得做通左军或右军中尉的工作不可。而在民间习惯统称这些军队为御林军。

左军中尉王宗实和王归长等人的关系很僵，可以说是赤裸裸的政敌。因此，在唐宣宗托孤后，王归长、马公儒、王居方经过商量后，制定了"三步走"的策略。具体来说就是：

第一步：先下手为强——先以"移花接木"的方式把王宗实"请"出长安。

第二步：斩草要除根——然后采取"釜底抽薪"的方式掌控他的左军。

第三步：上位没商量——最后以"顺水推舟"的方式拥立李滋为帝。

应该说，"托孤三人组"的策略并没有问题，问题是步骤有偏差。正确的步骤是当先立李滋为帝，然后"请出"王宗实，最后控制左军。这样的话，新皇既立，已成事实，任何人再想立别人，就属于篡位，王宗实纵有冲天本领也无力回天。

然而，现实就是因为他们的错误步骤，给了王宗实反戈一击的机会。

"托孤三人组"很快就以唐宣宗的名义发了一道圣旨，让王宗实到淮南去任监军。

王宗实虽然很久没有见过唐宣宗了，但一听有圣旨，赶紧赶到宣化门外接旨。随即，他准备去淮南任监军，于是从离自己左军近的左银台门出宫了。

就在这个节骨眼上，王宗实的副手亓元实对他说："皇上病重已经一个多月了。您这么久都没有见过皇上，今天突然下令让您去外地做监军，还真不知道圣旨的真假呢。先见过皇上，辨明真假，再赴任也不迟啊。"

王宗实茅塞顿开，于是以辞行为名先入见唐宣宗，以探虚实。

此时诸宫门已增派卫士，王宗实带着副使从侧殿直入寝殿。哪知寝殿里面传来哭声，原来皇帝已经宾天，正位东首，众嫔妃环绕哭泣。王归长等人正在寝殿安排后事，准备拥立夔王李滋继承皇位。

王宗实当时为了保险起见，带了大量左军士兵，见状，他立刻大声质问王归长等人假传圣旨，意欲何为。他带来的武士们也都怒目相向，扣刃欲发。

王归长等只有管理内侍的权力，却无法调动禁军，能调动禁军且与他们同心的右军中尉王茂玄又不在现场。因此，当王归长等忽然看见王宗实闯进寝殿时，已经惧怕了三分，又被他一顿呵斥、揭露矫诏隐情，越发觉得心虚，当时便吓得面无人色。三人齐齐跪在地上，低头认罪。

王宗实假意道："立嫡以长，古今使然。汝等既已知罪，速即起身，往迎新皇，以便稍图自赎。"他控制住王归长等重要人物后，立刻派遣大臣赶快迎郓王李温入宫，随即命人草诏立李温为皇太子，全权处理一切军国政事，并且为避讳的方便把李温的名字改为李漼。

第二天,唐宣宗大殓,灵柩停在寝殿中,皇太子李漼柩前即位,是为唐懿宗。

唐懿宗即位后,马上召见百官,封令狐绹为代理宰相。很快,下圣旨把王归长等人捉拿归案,并且执行了斩立决。而夔王李滋也不明不白地死于咸通四年(863)。随即,唐懿宗追尊生母晁昭容为元昭皇太后,封王宗实为骠骑上将军。

后来的史实证明,唐懿宗并不是一个有能力挽危局的好皇帝,这主要体现在三个方面。

一是重用宦官。唐懿宗又回到了唐朝中后期重用宦官的老路上去了,让宦官们再度死灰复燃,重新振作和嚣张起来。

二是骄奢淫逸。唐懿宗整天花天酒地,游宴无度,其言谈举止根本找不到他父亲的影子,使大唐王朝的政局更加风雨飘摇。

三是豪取强夺。唐懿宗为了满足自己奢侈的生活,征收的赋税也日渐沉重。到僖宗时,各地又连年洪涝灾害不断,各州报喜不报忧,救灾不力,大批百姓流离失所,导致变乱四起。

面对内忧不知其危,遭遇外患不觉其难,《新唐书》给唐懿宗的评价是五个字:"以昏庸相继。"

二 青山遮不住,毕竟付东流

1.黄巢:暴打"毒瘤"的牛人

唐懿宗之后是唐僖宗,由于僖宗年少,朝政继续由宦官把持,唐朝的政治更加黑暗。

哪里有压迫哪里就有反抗。乾符元年(874),山东人王仙芝聚众起义。到了第二年,也就是乾符二年(875),一个曾经的走私犯、屡试不第的半知识分子——黄巢加入了王仙芝的队伍,登上了历史舞台,大唐王朝走向了彻底灭亡的深渊。

下面，就来看唐末农民起义军领袖黄巢的发迹史。

黄巢，曹州冤句（今山东省曹县西北）人，他有三大特点。

一是出身特殊。

他出身于一个世代贩卖私盐的家庭，家境相当殷实，正如《新唐书》对黄巢的六字描述："世鬻盐，富于赀。"

二是本领超群。

因为贩卖私盐在当时是犯法的，而黄巢家族长期经营此行，当然是有相当深厚的社会背景和家族实力。大概是要时刻预防和面对突如其来的各种灾难，黄巢从小就开始习武，练就了一身好本领。对此，《新唐书》记载：黄巢"善击剑骑射"。

三是酷爱读书。

为了洗白家族的污点，黄巢努力读书，想通过金榜题名的方式博取功名，光耀门楣。然而，参加科举考试屡次不中，经过数次打击后，黄巢灰心之下开始反思。他认为自己文武双全，却怀才不遇，罪魁祸首是黑暗腐败的唐王朝。黄巢满怀愤恨地写了一首《不第后赋菊》："待到秋来九月八，我花开后百花杀。冲天香阵透长安，满城尽带黄金甲。"之后黄巢返回家中继承家业。

唐僖宗乾符元年（874），唐朝藩镇割据，战事不断，再加上全国范围内发生了大旱灾，走投无路的百姓们愤而起义，而其中山东起义军的首领就是王仙芝。

乾符二年（875），王仙芝等为首的上千人，于长垣（今属河南省）揭竿而起。很快王仙芝等攻陷了濮州（今河南省范县）、曹州，并击败了前来镇压的官军。

当时黄巢就在曹州，他看到了王仙芝的义军到来后，决定不再一心只读圣贤书，毅然投奔了义军的队伍。

黄巢立即把族中的兄弟子侄召集来商量，得到了大家的一致赞同。

于是黄巢与族兄弟子侄黄存、黄揆、黄思邺及外甥林言等八人，聚众数千人，加入了王仙芝的起义队伍。

黄巢和王仙芝的关系概括起来可以分三个阶段。

第一阶段：合作的蜜月期。

对于黄巢的入伙，王仙芝很是高兴，对其器重有加，一直让黄巢充当"急先锋"的角色。而黄巢也倾尽所能，一边攻城拔寨，一边广泛发动舆论宣传，因为宣传得力，各地饥饿的农民争相加入起义军。仅仅两个月，起义军已经达到了数万人。《旧唐书》记载："初，里人王仙芝、尚君长聚盗，起于濮阳，攻剽城邑，陷曹、濮及郓州。"

义军不断壮大，引起了朝廷的高度重视，为此，朝廷派出了五路节度使出击义军。

乾符三年（876）七月，天平节度使宋威在沂州（今山东省临沂市）城下，一举打败了王仙芝和黄巢的义军。宋威以为王仙芝和黄巢已死于乱军之中，因此马上收兵回营，向朝廷报喜去了。

这给了王仙芝、黄巢喘息的机会。经过休整之后，他们开始实行"游击战术"——转战河南，并且出其不意地攻占了阳翟（今河南省禹县）、郏城（今河南省郏县）等八县之地。随后，他们再接再厉，攻陷了军事重地汝州（治今河南省临汝），义军的声威大振，势力逐步壮大。

王仙芝、黄巢紧接着把目标瞄准了战略要地郑州。但围攻了好几个月，都没有拿下城墙坚固的郑州城。

这时义军出现了一大危机：粮食告急。

为此，王仙芝和黄巢为了温饱，放纵部下抢掠。义军烧杀抢掠成了家常便饭。

《新唐书》描述了当时的情形是："残郓、复二州，所过焚剽，生人几尽。"也就是说这两个州县的百姓被屠戮殆尽。更令人发指的是，这样的杀戮刚刚开始，在日后的战争中，义军屠戮百姓成了司空见惯的事。

当然，不管是顺境还是逆境，黄巢和王仙芝这段时间关系一直很要好，两人可谓患难与共、不离不弃。

第二阶段：议和的磨合期。

久攻郑州不克，王仙芝和黄巢继续采取游击战术，绕道向扬州进发。淮南节度使向朝廷告急。

朝廷没有坐视不管，他们使出了撒手锏——招安。

能在朝廷谋个一官半职，过上安逸的生活足也。为此，义军的首领王仙芝心动了，二号人物黄巢也心动了。

然而，义军的两位领导人很快就反目成仇，原因是朝廷给的分封名单上只有王仙芝的名字，并没有黄巢的。

原来朝廷只知道有个王仙芝，却不知道有黄巢。为此，黄巢勃然大怒，恨得牙根痒痒。黄巢不但敢怒，而且还敢言，他直接质问王仙芝："君降，独得官，五千众且奈何？"意思就是说，我们兄弟当初不是说好了一起打拼天下的吗？如今只有你去朝廷做官了，我们这五千兄弟该怎么办呢？

黄巢不但敢怒敢言还敢打，说完，他也不待王仙芝解释，挥起拳头就打，王仙芝猝不及防之下，很快被打成了熊猫脸。

因为黄巢的搅和，这次议和最终以失败告终。王仙芝怕引起众怒，只好拒绝朝廷的任命。

第三阶段：单飞的决裂期。

经过议和风波，特别是黄巢那一拳头，把他和王仙芝之间的亲密关系彻底打没了。随后，两人在合作路线和军事战术上都产生了严重的分歧和隔阂，为了避免窝里反，两人选择了分道扬镳。

之后，两人的势力形成了鲜明的对比。黄巢的义军在河南、山东一带越来越大。而王仙芝却每况愈下。为此，朝廷再次使出撒手锏——招安。

王仙芝眼看形势不利，又没有了黄巢的阻碍，于是欣然接受了招安。然而，这次他中了朝廷之计。他们招安是假，偷袭是真，趁着王仙芝不备，率大军偷袭，王仙芝兵败如山倒，最终在黄梅战死。

王仙芝死了，黄巢却笑了。因为王仙芝手下大将尚让带领残余部众投靠了他，使得他由昔日的二号人物一跃成当仁不让的"冲天大将军"。

成为义军的首领后，黄巢采取"以退为进"的战术，先是转战江南，经婺州至衢州，然后披荆斩棘，开山路七百里，于乾符六年（879）三月攻入福建。

进了福州，黄巢所率的义军又露出了凶残的本性，他们见人就杀，见房子就烧，简直比野兽军团还恐怖。

黄巢占领福州后，随后又向广州进军。因为烧杀不得人心，路中损兵折将，再加上官兵前阻后追，义军处境危险。

为此，黄巢使出了看家本领：诈降。他致书浙东观察使崔璆、岭南东道节度使李迢，称只要朝廷封自己为天平节度使，就真心归顺朝廷。

黄巢的请求被朝廷拒绝了。随后，不甘心的黄巢又上书，请求担任广州节度使。这次，唐僖宗在大臣的建议下，为了早日平息叛乱，接受了黄巢的请求，但只授予了他"率府率"的官职。

黄巢原本就没有打算归顺朝廷，只是想以这种方式来达到"休息"的目的，为此，他马上翻脸，率休整好的大军向广州城发起了猛攻。

官兵被打了个措手不及，广州很快失守。

攻陷广州后，黄巢手下的义军再次血洗了这座富庶的城池，以至于尸体堆积如山、血流成河。据专家推测，黄巢所率的义军在广州屠城，至少有十二万人被杀。

唐僖宗知情后怒不可遏，他下了死命令，全力捕杀黄巢这个土匪。

因为起义军以北方人为主，他们在南方水土不服，再加上思乡心切，黄巢只好选择了北还，转战到江浙一带时，黄巢的义军如雪花般越滚越大。

唐僖宗为此亮出了自己的"王牌"——派出了最为彪悍的淮南节

度使高骈来阻击黄巢。

高骈可以称为盖世名将,他曾率兵打败了雄霸一方的南诏叛乱,而声名大振。眼看黄巢义军来犯,高骈于广明元年(880)三月,派出猛将张璘渡江御敌。

骄傲的黄巢根本没有把张璘放在眼里,结果在大决战时被打得大败,只好退守信州(今江西省上饶市)。

这时,各地节度使的援军从四面八方聚集过来,眼看着义军就要被包成"肉饼"了,关键时刻,黄巢有双管齐下之举。

一是贿赂。黄巢运用走私贩盐的老经验,通过送大量金银珠宝给张璘的方法,使得张璘放慢了进攻的速度和节奏,这给了义军一个难得的喘息机会。

二是诈降。黄巢再次派人送信给高骈,表示愿意归顺朝廷,并请高骈给他谋一官半职。高骈被蒙住了双眼,他为了独享大功,给朝廷打了个报告,表示黄巢已投降,要求让各藩镇军队各回防地。

朝廷信以为真,立即令各藩镇兵马停止前进,返回防地。这给了黄巢活动的空间,于是他利用这个空隙迅速北渡淮河。

黄巢随后率军偷袭张璘部,张璘战死。

张璘死后,高骈也吓破了胆,竟然不敢再和黄巢交锋。而黄巢乘胜挥师北上,并号称拥有六十万雄兵,目标直指唐朝的东都洛阳。

这时,朝廷乱作一团,好在关键时刻还有人挺身而出,大宦官田令孜自请率两千八百名神策军弓弩手去守长安的大门潼关。

唐僖宗衡量利弊,很快批准了田令孜的请求,令他率兵守潼关,以保护长安城。

黄巢率大军来到潼关下,说:"吾道淮南,逐高骈如鼠走穴,尔无拒我!"黄巢这句话吓得原本就是由长安豪富子弟组成的潼关守军丢盔弃甲,抱头而逃。《新唐书·逆臣下》:"神策兵过华,裹三日粮,不能饱,无斗志。"

潼关一失,唐僖宗知道长安城显然是守不住了,赶紧逃往成都避难,而长安的文武百官及诸王、嫔妃全部被抛弃。

金吾大将军张直方与群臣没有办法,只好向黄巢投降。就这样,黄巢不费一兵一卒便占领了这座古都。

此时,已经无法再形容他的心情,面对城楼周围来围观的民众,黄巢把多年抢劫来的金钱抛给了他们。

去抢吧,黄巢看着穷苦的民众伏在地上来抢他扔下的财物,心情无比痛快。

黄巢进入长安春明门后,升座太极殿,不由得豪气冲天。"冲天香阵透长安,满城尽带黄金甲",黄巢多年的夙愿终于实现了。

而此时,黄巢手下最得力的部下尚让向民众喊了一句话:"黄王起兵,本为百姓。"

这句话引起了百姓的欢呼。然而,只过了几天,黄巢军队的本性就露出来了,主要体现在以下四个方面。

一是大敛财。他们开始挨家挨户地上门索取财物。一时间,富庶的长安由人间天堂变成了人间地狱。《新唐书·逆臣下》这样记载:"甫数日,因大掠,缚棰居人索财,号'淘物'。富家皆跣而驱,贼酋阅甲第以处,争取人妻女乱之,捕得官吏悉斩之,火庐舍不可赀,宗室侯王屠之无类矣。"

二是大洗牌。黄巢在洗劫财物的同时,还对唐朝的官员进行大洗牌,凡是三品以上的全部不用,只有四品以下的才可以官复原职。这使得唐朝很多旧官不愿归附。

三是大屠杀。对于不愿意归顺的唐朝官员和皇室宗亲,黄巢的军队一律杀无赦,又是血流成河。韦庄的诗《秦妇吟》真实地记录了当时的场景,"华轩绣毂皆销散,甲第朱门无一半……内库烧为锦绣灰,天街踏尽公卿骨"。

四是大享乐。广明元年(880)十二月十三日,黄巢称帝,建立了大齐政权。之后,黄巢开始过上了花天酒地、奢靡腐化的生活。

因为黄巢的大敛财大屠杀大享乐使得民心丧失,对此,长安城里出现了讥讽诗。而黄巢知道后怒发冲冠，命人严查此事，结果没有查出个所以然来。但黄巢余怒未消，于是他把罪责迁怒到儒生身上，竟然屠杀了长安城中三千多名无辜的儒生。

不久，黄巢的危机就来了：数十万大军进入长安后，人吃马喂，粮草不够。

黄巢的大军先是在长安城里进行大搜刮，百姓的粮食几乎被搜刮殆尽。眼看依然无法解决士兵们的温饱问题，黄巢马上选择了对外征调的方式筹粮。

黄巢不停地向河中节度使王重荣征集粮草。王重荣知道这是个无底洞，一怒之下，斩杀了黄巢派来的使者，然后起兵反义军，大败黄巢的军队。

而这时逃到了成都的唐僖宗稳住神后，下令各藩镇兵马共同征讨黄巢。

广明二年（881），四面八方的唐军逼近长安。黄巢见状决定撤出长安，保全实力。黄巢的军队在逃跑时，城里的百姓竟然投掷砖头瓦砾"欢送"。

唐军进城后，因没有统一的号令，都是各圈地盘，大肆抢杀，弄得满城风雨。而黄巢退出长安后，并没有"远遁"，而是留在离长安很近的灞上。听闻长安城的情况后，黄巢当天夜里组织人马反攻，唐军大败，黄巢再入长安城。

黄巢再入长安后做的第一件事就是屠城。

长安街道，血流成河。在这次大屠杀中，长安城的男丁被屠杀殆尽。

据《新唐书》记载，在这场屠杀中遇难的人数超过八万。

就在黄巢屠城时，黄巢命中的克星也出现了，他的名字叫李克用。

2.李克用：后唐的奠基人

东汉末年名士裴潜对刘备曾有这样的经典评论："使居中国，能乱人而不能为治也。若乘间守险，足以为一方主。"

一语成谶，刘备确实不具备曹操那样控制全局的能力，却乘间守险，终成蜀汉的一代霸主。而巧合的是，唐末的朱温和曹操的人生轨迹非常相似，也是靠"奸"和"雄"行天下的。而唐末的"刘备"就是李克用，他也没有能力控制中原，但得天时地利，乘间守险，也成一方诸侯，青史留名。

李克用是唐末的盖世名将。

李克用生于大中十年（856），沙陀人，他原本并不姓李，而是姓朱邪。他有四大绰号：一是他在家族内昵称为"三郎"；二是因天生一目失明，而被人称为"独眼龙"；三是他从小就习武，有百步穿杨的本领，十来岁就在军中混了个"李鸦儿"的绰号；四是李克用十三岁那年就跟随其父朱邪赤心平定庞勋起义，在这一战中，勇猛刚强的李克用因为战功，再得一个绰号："飞虎子"。

李克用和唐朝的关系是若即若离。庞勋起义被平定后，朱邪赤心被赐姓李，改名李国昌，并成为振武节度使，而李克用为云中牙将。大唐的内乱给了沙陀人振兴的机会，唐懿宗试图打压李国昌，想让他做云中刺史，李国昌却婉拒了，理由是：身体有恙。

而李克用直接杀死大同军防御使，然后占据云州（辖境为今山西省雁北地区的大同、怀仁、右玉、浑源、左云等市县）反了。唐懿宗派兵去讨伐李克用，李克用竟趁机又占据了代州（辖境包括今山西省代县、繁峙、原平、五台等市县）以北的地区。

从此，沙陀就开始强大起来，朝廷数次派兵攻打，一直到广明元年（880），李琢、李可举和赫连铎攻打沙陀，李克用的叔父选择了献城投降，李克用父子充分发挥善跑的特长，火速逃到了鞑靼，其部下沙陀兵大部分降唐。

然而，这时的黄巢起义是更大的威胁。长安城破，唐僖宗忙于逃命，因此没有再派兵追击已是穷途末路的李克用，这给了李克用休养生息的机会。

而归降的沙陀兵，朝廷将领根本镇压不住他们，无奈之下，有人上表唐僖宗：将李克用召回带领沙陀兵平叛。唐僖宗这回显得很大度，马上让李克用做了雁门节度使。

被招安的李克用也开始尽忠，他带领沙陀兵开始与黄巢军作战。天不怕地不怕的黄巢听闻后，胆战心惊地说了十个字："鸦军至矣，我等应避其锋。"

李克用也因为战功被朝廷封为东北面行营都统，成了长安一带各路唐军的"总指挥长"。

黄巢惧怕和李克用动强，于是决定采取以柔克刚的战术。

此前李克用的弟弟李克让被南山寺的和尚杀害，仆人浑进通无奈之下投奔了黄巢。黄巢决定在这件事上做文章，他于是派人把南山寺的几十个和尚统统抓起来，然后派部将米重威带上"三重礼"送给李克用：诏书、礼物和和尚。目的很明确：招降李克用。

然而，李克用烧毁了黄巢的诏书，然后杀掉了和尚，接着将礼物分给其他将领，再送走"使者"米重威，最后率军自夏阳（今陕西省韩城市南）渡过黄河，向黄巢所占领的同州（治今陕西省大荔县）进军。

中和三年（883）正月，李克用部将李存贞在于沙苑（今陕西省大荔县南）打败黄巢之弟黄揆，取得开年大捷。随即，李克用乘胜追击，进军乾坑（今陕西省大荔县西），与河中节度使王重荣、易定节度使王处存、忠武节度使周岌三军会合，形成了强大的"铁三角"组合。

而黄巢也倾其力于一役，派出了麾下最得力的干将尚让、赵璋、王璠、林言等"四剑客"率十五万义军出战，双方在梁田陂（今陕西省华县西南）进行了大决战。经过一天一夜的激战，黄巢军大败，横尸三十里，死伤惨重。

之后，黄巢为了挽回颓势，派王璠和黄揆转取华州（治今陕西省华县）。李克用听闻后，毅然出兵华州。黄巢决定在华州和李克用再次进行大决战，马上派尚让增援华州，被王重荣、王处存于路途设伏，大败于零口（今属陕西省西安市）。

切断了黄巢的外援，李克用一鼓作气地攻克了华州。

《五代史补》中记有一则故事：在李克用占据河东后，声威大振，盘踞淮南的另一个军阀杨行密很想见见李克用长什么模样，于是找了一个画家，假扮商人到河东伺机偷画李克用像。不料画家到了河东，马上成了俘虏。河东军士请示李克用如何处置他。李克用对左右说："我少了一只眼睛，召来他画画，看他要怎么画我。"等到画家一到，李克用按着膝盖大怒道："杨行密派你来画我，想必你是画家中的高手，现在给你一个免死的机会，就看你把我画得好不好了。"画家为了活命，只好开始画像。

当时正值炎热的盛夏，李克用手拿八角扇扇风，画家灵机一动，于是在画面中让扇角遮住了李克用失明的眼睛。手持宝扇半遮面，画面当然是美不胜收，李克用心中窃喜，嘴上却说："你这是谄媚我。"于是，给他一次"改过自新"的机会——重画。画家略一思索，马上又画了另一种场景：弯弓射箭。但见画中的李克用手持弓箭，一只眼睛眯了起来，一副瞄准目标全神贯注的样子。李克用见了，大喜过望，于是重赏画家银两，送他回淮南。

起义军接连失败，又缺乏粮草，黄巢的义军在内患时，外患也无穷：唐军其他各路人马纷纷向长安进围。

黄巢知道长安已难以坚守，于是采取三十六计中的"走为上"——逃跑。为此，他有三个举动。一是撤退前派三万精兵到蓝田道，以保证自己后退有路。二是撤退中放火焚烧了长安的各大宫殿，一些精美之作被付之一炬。三是撤退后派手下猛将孟楷进攻蔡州（今河南省汝南县），以图开拓新的局面。

就这样，黄巢的大齐军留下了一片人间惨象后，极为狼狈地逃离长安，再次开启了自己的流窜之路。

好在他倚以重任的孟楷没有令他失望，这位叛军名将，他一出手就知道有没有，蔡州很快成了他的一亩三分地，随后孟楷想继续扩大战果，向陈州（治今河南省淮阳县）进军。在此，他遭遇到了一生的劲敌——陈州刺史赵犨。

将门出身、通晓战阵的赵犨早就预估到黄巢如果在长安败亡，必然东走，而陈州是必经之路，于是早早就做好了招兵买马、储备粮草、修筑工事等准备工作。同时，他通过敏锐的观察力和洞察力，发现了黄巢军队的一个致命弱点：流寇作战、就地补充，没有充实的粮草作为后勤供应，每到一处只能"就地取材"解决温饱问题。于是，赵犨马上开出"偏方"——坚壁清野。具体来说，就是将陈州方圆六十里之内的人畜百姓都迁到城内，然后堵塞城外河井，使得黄巢军队不能获得一兵一卒和任何粮水的补充。

孟楷来到陈州城后，因为没有供给，果然军心涣散。孟楷只好采取速战速决的办法，强攻陈州城，而赵犨采取的是示敌以弱、诱惑轻进的策略，成功诱使孟楷进入了他的伏击圈。赵犨见时机已到，发起了反攻，轻敌的孟楷付出了惨重的代价——死于乱军之中，其所率的数万义军也全军覆没。

痛失爱将，黄巢悲恸欲绝，亲率大军围攻陈州，誓要以满城军民的血为孟楷报仇。

义军势大，陈州唐军见了心生畏惧，赵犨亲自巡视全城，为士民加油鼓劲，多次引兵开城门出战，以鼓舞士气。

而黄巢攻城不克、愈加愤怒，于是采取持久战战术，在城北"起八仙营，如宫阙之状，又修百司廨署，储蓄山峙"。

然而，持久战也是消耗战，对后勤补给不足的数十万义军来说就是生死劫。因为赵犨的坚壁清野，义军很快断粮。为了填满肚子，黄巢想出了一个奇葩的办法。他派人四处抢掠，荼毒许、汝、唐、邓、孟、郑、卞、曹、濮、徐、兖等数十州。但所抢财物有限，他又开始抓人，然后将这些百姓的尸体投入特制的巨磨中——"舂磨寨"。

就这样，黄巢以人为粮、以血为水，日食数千人，创造了骇人听闻的历史纪录。

赵犨智勇双全，其手下士兵也勇猛刚强。但双方的实力还是相差太大，要想长久坚守下去显然是不可能。唯一的办法就是四处求援。

附近的唐军来援时都被黄巢的大军打败，唐军只能期待李克用了。而年仅二十八岁的李克用因为在收复长安之战立下赫赫战功，唐僖宗很是高兴，马上论功行赏，授李克用武皇金紫光禄大夫、检校左仆射、河东节度使。而李氏父子三代久居代北，如今因镇压黄巢起义立下奇功，唐僖宗赐以河东全境，对他可谓是高看一等。

李克用因此带着官爵与荣耀回到河东，入主晋阳，由此沙陀人拥有了整个河东地区的军政大权，李克用之名世人皆知。

此时，接到求援信后，李克用表现了良好的职业素质，他二话不说，率领五万大军挥师南下，前去陈州增援。

此时黄巢已经围困陈州近一年时间，双方交战三百余场，但顽强的赵犨硬是率唐军坚守城池不失。

而随着李克用的到来，局势很快发生了改变。黄巢的军队再次大败，其手下将领尚让、葛从周、杨能、霍存、张归霸、张归厚、张归余等人都选择了投降。黄巢无奈之下只好放弃围攻陈州，而改为渡过汴河向北流窜。

李克率领铁骑猛追，不给黄巢喘息的机会。双方在汴州（治今河南省开封市）展开了生死大战。黄巢军再次大败。

此时又正逢天降暴雨，义军人心涣散，如一盘散沙，四处逃散。黄巢最终只带了一千多幸存者向山东逃窜。沿途又被武宁节度使时溥迎头痛击，黄巢慌乱之中逃往了泰山狼虎谷。

此后黄巢再也没有出谷，而他是如何终老的也成了一个千古之谜。

黄巢起义是唐末声势浩大的一次起义，曾一路势如破竹攻占了唐朝的国都，但最终还是以失败告终，究其原因主要有三。

第一，黄巢缺乏战略眼光。

黄巢虽然是一个卓越的起义领袖，但他的政治理念有缺乏，举事时，他提出的仅仅是"匡扶社稷重兴汉室"的口号，这显然很难获得全部起义军的支持和信任，甚至在很多关键时刻，还有很多人因为利益不同而反对他。这导致黄巢很多时候无法作出明智的决策，只好采取一些简单直接的战术方法去应付，没有超前的战略部署，也忽视了后勤粮食、装备等方面的储备和支持，为其失败埋下了隐患。

同时，缺乏战略眼光的黄巢在起义过程中犯的致命错误有很多，主要是没有建立根据地，对于起义军经过千辛万苦所攻占下来的城池，并没有派兵驻守，也没有安排官员进行管理，使得后来唐朝军队再次反攻的时候，毫无阻力。

第二，黄巢过于狂妄自大。

黄巢的家族是以唐朝明令禁止的贩卖私盐为生的，练就了黄巢本人"喜乱""喜养亡命"，形成了十分张扬、骄傲自大的性格。也正是因为这样，起义稍有起色时，黄巢便成为唐朝各个藩镇联合打压的对象。同时过于重义气的他，因为自己的先锋大将孟楷在率领军队攻打陈州被杀害之后，十分心痛，不顾义军的整体安危，固守、攻打陈州三百多天，如此意气用事，自然为其他势力提供了喘息的机会，失去了最为宝贵的战机，最终自己也兵败于准备充分的其他势力之下。

第三，黄巢不善于管理团队。

黄巢率领的起义军在最开始的纪律是比较严明的，根据《旧唐书·僖宗本纪》中记载，当时黄巢要求军队"自淮已北整众而行，不剽财货"，在占领唐朝的东都洛阳之后，黄巢所率领的起义军也并没有对百姓进行烧杀掳掠，他们在洛阳整顿好队伍离去之后，洛阳的百姓和城市还是保持着原来的样子，由此可见当时黄巢对于军队的管理还是十分严明的。

但是到了起义军攻占长安之后，黄巢就变了。他对于军队开始放任不管了，起义军于是对长安城中的权贵和富商们进行抢掠，虽然黄巢也给他们限定了抢掠的范围和程度，但是这种行为对一个纪律严明的军队建设来说无疑是起到了一个反向的引导作用，助长了士兵当中流寇思想的兴起，无形中导致起义军的战斗力一落千丈。

同时，因为义军管理混乱，导致内部矛盾非常严重。为了利益尔虞我诈、钩心斗角，消耗了内部的力量。

总之，黄巢起义之初势力是十分强大的，在对唐朝军队的几次决战中都大获全胜，甚至占领了长安。然而，由于黄巢本人战略眼光、心态以及管理上的种种失误，最终导致轰轰烈烈的起义以失败告终。

3.朱温：大唐的掘墓人

当然，黄巢的失败，主观原因已如前述。客观原因，是他一生遭遇了两大克星，除了李克用，还有一个克星就是朱温。

朱温这个大名，可以说是如雷贯耳，他才是唐朝的真正终结者。

朱温原名叫朱晃，他于大中六年（852）出生在宋州砀山县（今安徽省宿州市），属于典型的单亲家庭——他很小的时候父亲就病死了。朱温的父亲朱诚原本是受乡里人尊敬的教书先生。朱温上面还有两位哥哥，虽然父亲收入不高，但一家人的温饱没有问题。然而，朱诚英年早逝，留下了孤儿寡母四人相依为命，母亲王氏靠给地主家洗衣服养活他们三兄弟。

从小失去了父亲，母亲又疏于管教，朱温骨子里的劣根性在他长大后显露无遗，他成了当地有名的小混混，以英雄自诩，打架斗殴是常有的事。

后来大唐江山被宦官搞得乌烟瘴气，全国被天灾弄得民不聊生，于是王仙芝和黄巢揭竿起义，义军很快就集聚了近十万。乱世出英雄，乾符四年（877），二十五岁的朱温加入了黄巢的队伍。

此后朱温一直追随黄巢，充当急先锋的角色，立下赫赫战功，深受黄巢器重。后来，义军一举拿下了长安，黄巢就在此地称王，国号大齐。

而称帝后的黄巢依然视朱温为左膀右臂，派他为大帅，征战四方，以平定天下。而朱温先是上演"杀鸡焉用牛刀"的把戏，以三寸不烂之舌成功劝说唐朝驻守栎阳（今陕西省西安市阎良区）的将领投降了黄巢。

随后朱温又上演"小试牛刀"之举：攻打"难剃头"的邓州（今属河南省），很快就把邓州给拿下来了。

也正是因为这样，随着战功的增加，朱温的官职和名声越来越大，成为黄巢起义军的核心人物。然而，就当朱温平步青云的时候，他遇到一个克星——河中节度使王重荣。

王重荣可不是吃素的，两人在河中进行了一场大战，常胜将军朱温一败涂地。此后，面对王重荣的挑战，朱温选择了避战，为此还将船只凿洞沉入水底。

此后，兵力不足的朱温多次派人去向黄巢求援，然而，一直没有等到援兵。伤心之下朱温选择了降唐。

朱温归降王重荣后，认王重荣为舅父。王重荣当即写奏章给远在成都的唐僖宗。唐僖宗看了奏章很高兴地说："这是上天赐给朕的上将啊。"他下诏授给朱温左金吾卫大将军的官职，担任河中行营副招讨使，赐名"全忠"。

此后，知恩图报的朱温被派去征讨黄巢，他丝毫不念旧情，对"老东家"黄巢的义军往死里打，成了黄巢的剿灭者。

中和四年（884），朱温在一次战斗中招降了黄巢的数位将领，声名大振。很快，在朱温和李克用的攻打之下，在长安享受人生的黄巢兵败出逃长安，最后被逼死在狼虎谷（今山东省莱芜市西南）。而朱温也因为剿灭黄巢有功，成了沛郡侯，驻守汴州。

然而，因为争夺功勋和地盘，朱温和李克用也展开了明争暗斗。

当时的李克用对黄巢进行穷追猛打，大有将黄巢一网打尽之态势。

收复长安，李克用已是天下闻名，而如果凭一人之力消灭了黄巢，那朱温之前立下的功勋就会显得黯然失色。

朱温于是本着先下手为强的原则，决定除掉李克用，并很快付诸行动。

一天夜里，朱温在附近的驿站——上原驿（在今河南省开封市内）中设下鸿门宴，盛情邀请李克用前来一叙。

李克用收到邀请后极为高兴，当即回复了朱温，决定带领自己的军队前去享受朱温的犒劳。但冷静的他也知道，平日里善变的朱温不能全信，于是，考虑到诸多原因，他决定带少部分将士前往朱温准备犒劳他的上原驿，并将其他的军队留在驻地，若有不测也可以及时救援。在做好万全的准备后，才带着自己的部分将士优哉游哉地来到了上原驿。

酒过三巡，菜过五味，李克用连日来的疲惫终于得到了有效的释放——醉了！

看到李克用醉了，朱温笑了，伏兵出现，开始放火。目的很明确：烧死李克用。

然而，人算不如天算，就在大火刚刚燃烧起来时，忽然下起大雨，大火顿时熄灭，史书对当时的场景记载是："烟火四合，会大雨震电，天地晦冥。"而大雨不仅浇灭了大火，也惊醒了李克用，他立马率领带来的精兵强将开始冲围。好不容易才到了汴州城南门——尉氏门，李克用等人从城上垂下绳子，顺着绳子逃出了汴州城。最终，李克用死里逃生，成功脱险。

李克用狼狈地逃回军营后，急火攻心，立刻要率领队伍攻击汴州去报仇。关键时刻，妻子刘氏挺身而出对他进行了劝阻。刘氏是个有智慧有头脑有思想的奇女子，她首先告诫李克用要保持冷静，然后劝他杀了这几个士兵，目的很明确：避免消息外泄影响军心。

在刘氏苦口婆心的劝说下，李克用最终选择了忍气吞声，带兵退走。但为了泄愤，他还是选择了以信笺的形式责骂朱温，朱温回信说：

这件事我不知道，是"朝廷自遣使者与杨彦洪为谋"，杨彦洪也死掉了，你别怪我。

李克用回河东后，把这次"鸿门宴"之事上奏朝廷，要求严惩朱温。然而，唐僖宗为了"局势"的考虑，当然不愿意得罪其中的任何一个，于是选择了和稀泥：一边忽悠李克用说一定严惩朱温，一边封了李克用做了陇西郡王，以此来安慰他。

然而，经过此次事件，心怀不满的李克用选择了背叛朝廷——渐渐不再听宣。同时，李克用和朱温矛盾公开化，完全成了敌对势力。

而朱温也是针锋相对，"三管齐下"。

第一，在战略上极力扩张。除了李克用这个死敌，当时还有凤翔节度使李茂贞、四川节度使王建、淮南节度使杨行密、幽州的刘仁恭等势力较大的藩镇。面对群雄逐鹿的局面，朱温先是取滑州之地，后又占据濮州，最后消灭秦宗权，占据中原大部分州郡和藩镇，通过这种方式扩大了自己的根据地。后来，朱温开始了兼并四周的征战，先后征服了魏博军及河北诸镇，歼灭了郓州、兖州、徐州三镇之地，再西服河中、北攻太原、南渡淮河等，占有了太行山以东、黄河以南、淮河以北、京城以东的绝大部分州府，成了中原响当当的王者。

第二，在作风上凶残多疑。在天祐四年（907）的一天，残暴的朱温攻下了高唐（今属山东省），这是一个非常重要的交通枢纽，朱温当时竟然不论老幼，把区域内军民全部杀死了。

后梁开平三年（909），多疑的朱温看谁都像是叛徒，竟然杀了保卫长安的王重师，并且诛灭其九族。他在军队中制定了一个非常禽兽的规矩，军队的首领战亡了，剩余的部下都要处死。长时间下去，士兵视朱温为"瘟神"，对其害怕到了恐怖的地步。

第三，挟天子以令诸侯。光启四年（888），唐僖宗驾崩。他的弟弟寿王李杰被朝中掌权的宦官集团推上了皇帝的宝座，李杰改名为李敏，是为唐昭宗，之后又改名李晔。

宰相崔胤为了对付宦官，决定请外援，于是写信请朱温迎唐昭宗赴洛阳。朱温看到后脸上笑开了花，马上率兵赶赴长安。而宦官集团听闻朱温的大军要来了，挟持唐昭宗逃亡至凤翔，投奔李茂贞避难。

朱温当然不能让到手的鸭子飞走了，于是选择了追，就这样，在逃啊逃和追啊追中，朱温把凤翔围了个水泄不通。

长此以往，城中粮草必将断绝，李茂贞自知难以支撑下去，于是决定改旗易帜，以快刀斩乱麻之势斩杀了挟持唐昭宗的宦官们，然后把唐昭宗送出城来，宣布无条件向朱温投降。

天复二年（902），朱温打败了李茂贞，抢到唐昭宗，迁都至洛阳。两年后，朱温派人秘密刺杀了唐昭宗，私立唐昭宗第九子辉王李柷为皇帝，是为唐昭宣帝（唐哀帝）。当然，十三岁的唐哀帝是一个不折不扣的傀儡皇帝。

此后，野心勃勃的朱温为了早日称帝开启杀戮模式，使出了三板斧。

第一板斧：斩草除根。天祐二年（905）二月，朱温指使心腹蒋玄晖斩杀了唐昭宗后，他的儿子们却还在。为此，朱温没有手下留情，为了绝后患，他赶尽杀绝。天祐二年（905），朱温在九曲池设宴摆酒，再派蒋玄晖出马邀请唐昭宗诸子，酒宴在欢快祥和中举行，正当酒到浓情处时，刀斧手出现了，把他们全部缢杀，投尸池中。就这样，唐昭宗的亲生骨肉被诛杀殆尽。

第二板斧：剑走偏锋。为了进一步清除效忠于唐室的大臣，朱温对朝中大臣进行了大洗牌，免职的免职，贬官的贬官，外调的外调。总之，通过这一举动，朝堂几乎都空了。更令人心悸的是，很多被贬职的官员还在被贬途中就被朱全忠派去的刺客斩杀。据悉，朱温在亲信李振鼓动下，于滑州白马驿，一晚上尽杀左仆射裴枢、右仆射崔远、吏部尚书陆扆、工部尚书王溥、守太保致仕赵崇、兵部侍郎王赞等朝臣三十多人。李振意犹未尽，对朱温说："此辈常自称是清流，应当投入黄河，使之变为浊流！"朱温大笑，立即命人把这些尸体投入滚滚黄河，这就是历史上震惊后世的"白马驿之祸"。

就这样，朱温屠龙刀挥过之后，朝中剩下的都是他的嫡系人马了。

第三板斧：过河拆桥。眼看朝中日趋稳定，朱温派心腹蒋玄晖和柳璨筹划取而代之的事宜。

蒋玄晖和柳璨深知篡位之事不能操之过急，得循序渐进，先要迫使皇帝封朱温一个大封号，还没有封王的要先封王，已封王的要加封邑，然后授以九锡之殊礼，最后受禅登基，建立属于自己的新王朝。于是，蒋玄晖和柳璨以朝廷之名下诏，先封朱温为诸道兵马元帅。心急的朱温非但不高兴，反而大怒，原因是朱温没有读过什么书，不知道受禅的政治之道，只是一味地觉得蒋玄晖和柳璨办事不力，进程太缓慢。

而这时朱温的另两个受宠的权臣王殷和赵殷衡早就忌妒蒋玄晖和柳璨了，见状，马上落井下石：向朱温打小报告，称蒋玄晖和柳璨有反叛之心。

对此，朱温愈是怒不可遏。而听闻风声的蒋玄晖和柳璨尽管极尽解释之能事，但依然没有消除朱温心中的隔阂和猜忌。

为此，蒋玄晖和柳璨赶紧将功补过——抓紧布置加封朱温为九锡的事，很快以朝廷名义拜朱温为相国，封其为魏王。

然而，朱温还是觉得这封号太过"小儿科"，一边拒绝受封，一边质问蒋玄晖和柳璨。蒋玄晖和柳璨惶恐之下，不再作秀，直接前往做唐哀宗的思想工作，让其直接退位，安度余生。

唐哀宗当然没有选择的余地，马上向朱温表达禅位之意。朱温不接受唐哀宗的"施舍"，竟一口回绝了。

而这时何太后知道唐朝即将覆灭，为了自保，她悄悄派人向蒋玄晖和柳璨说情，希望能善待他们母子。蒋玄晖和柳璨动了仁慈之心，答应了。

然而，这个小道消息很快又被耳目众多的王殷和赵殷衡打探到了，于是他们又向朱温打了一个小报告：蒋玄晖和柳璨于宫中夜宴，对何太后焚香发誓，想兴复唐室。

这回朱温的怒火直接爆发了，他马上派人逮捕了蒋玄晖和柳璨等人，然后直接斩杀了。柳璨临刑时发出了悔恨之言："负国贼柳璨，死其宜矣！"

通过明杀和暗杀，朱温篡位路上的障碍终于都扫清了。天祐四年（907），朱温接受了唐哀帝的禅让，正式称帝，改国号为大梁，史称后梁。朱温登基后，废唐哀帝为济阴王，次年又将他杀了。唐哀帝在虚位三年，临死时只有十七岁。

随着唐哀帝的死亡、后梁的建立，也就宣告历二十二帝、延续了近三百年的唐朝正式灭亡。

而这一切都是朱温三十年来征战换来的结果。但他万万没有想到的是，他亲手所缔造的大好江山和局面会因为自己的儿子而彻底葬送。

朱温称帝后，开始享乐。他不仅随意临幸大臣的夫人、女儿，甚至连自己的儿媳妇也不放过。但是他的儿子们并没有以此为耻，反倒都不断鼓励自己的夫人去服侍朱温，进而使他们得到好处，当然最大的好处莫过于储君的位子。

朱温也很享受儿子们的"孝敬"，尤其是其养子博王朱友文的妃子最让朱温喜欢，以至于朱温想立博王为嗣，这让他的亲生儿子朱友珪很是气愤，于是悲剧发生了。

朱友珪虽然是朱温的亲生儿子，但长得一点也不像朱温，朱温不想把江山给这个"不类己"的儿子，而是加意于养子朱友文。朱友文虽然是养子，但作风很对朱温的胃口，深得他的亲昵。

而朱温的想法被朱友珪猜得清清楚楚、明明白白，对此，朱友珪的表现是：益不自安。而为了拿到属于自己的权力和江山，朱友珪没有等待观望，而是决定弑父夺位。

后梁乾化二年（912）六月初二日，郢王朱友珪联合左龙虎军统军，带着五百多牙兵夜闯万春门，各操利刃，齐刷刷地站在朱温的床前……

被惊醒过来的朱温见状后，自知死期将至，也没有挣扎，而是大骂逆子："我早就怀疑你这个畜生，后悔当初没杀掉你，以致有今日之祸。"

朱友珪没有迟疑，派人斩杀了朱温。一代枭雄，一朝天子，六十岁的朱温一生杀人无数，荒淫无度，终落得这样悲惨的结局。

朱友珪杀死朱温后，自己便当上了皇帝。为了洗白自己的罪名，朱友珪还对外面的人说，是朱友文为了篡位杀害了朱温。

朱温死后十一年，后梁为他的老对手李克用之子李存勖所灭，当真印证了这样一句话：因果轮回。

不是尾声的尾声：唐朝灭亡的内外因素

唐朝是中国历史上一个辉煌而繁荣的王朝，其统治时间近三百年，为中国带来了繁荣和稳定，但最终走向了灭亡。唐朝灭亡的原因是多方面的。下面，笔者分内外因素来探讨。

首先，来看内因。

一是政治失序。

唐朝的继承制度存在很多弊端，例如，皇子之间的争斗和权臣的干预等，这些都在一定程度上削弱了朝廷的内部团结和稳定性。到了唐朝后期，皇权力量越来越弱，而官僚体系的势力越来越大，主要体现在藩镇割据和宦官专权。朝廷也多次想推行"削藩令"，但都没有达到预期效果，反而耗费了大量人力、物力和财力，使得国力更加衰退，朝廷也就逐渐对藩镇失去了控制。

因为约束力不强，官员们滥用职权而贪污受贿，结果导致朝廷的公信力和行政效能逐步丧失。

同时，宦官的干政和权臣的崛起也加剧了政治危机。宦官掌握着宫中禁军，凌驾于皇帝之上，削弱了皇帝的权威，还排挤文臣。朝中权臣当然不干了，于是和宦官进行着残酷的争权夺利，结果使得政局更加混乱，最后到了藩镇割据的局面，社会更加动荡不安。

总之，政局不稳定是导致唐朝灭亡的潜在内因。

二是经济失效。

进入唐朝中期后，土地兼并越来越严重，租庸调制度被两税制所取代，再加上市场经济的发展也导致了商业资本集中和官商勾结，后果是：社会出现了严重的贫富分化和土地集中问题。唐朝后期出现了严重的财政危机和物价上涨，特别是安史之乱后，唐朝中央财政出现了赤字，无奈之下，给天下百姓"加负"——增加种类繁多的赋税，可以说是实施掠夺式赋税政策，导致农民负担越来越重，他们无力承担这么重的赋税，为了生存，纷纷选择了反抗。

总之，经济衰退是导致唐朝灭亡的另一个内因。

其次，来看外因。

一是外交失灵。

唐朝在贞观之治后，有效地促进了各民族大融合大团结，于是大量的外族移民进入中原。然而，随着时间的推移，外族的文化、宗教和语言等和中原文化产生了冲突和对立，而且对立越来越严重，导致了社会的动荡。这种文化冲突也带来了严重后果，使得天下民众对唐朝的统治和认同度直线降低。

同时，唐朝早期的外交政策十分灵活，通过与周边民族的贸易和外交联盟等手段巩固了自己的地位。然而，到了后期，唐朝的外交政策逐渐变得僵化，与周边民族的关系也变得越来越紧张，多层次全方位地上升到了武力冲突的地步。这也在一定程度上削弱了唐朝的实力。

总之，唐朝中后期的外交政策也是导致其灭亡的一个重要原因。

二是天道失衡。

唐朝后期，自然灾害频发，如旱灾、洪水和地震等。据史书记载，唐末年连续的旱灾和洪灾导致了大规模的饥荒和人员流离失所。同时，地震等自然灾害也带来了巨大的损失。这些灾害给唐朝的经济和社会造成了巨大的破坏，进一步削弱了唐朝的实力和抵抗力。

总之，自然灾害和天灾人祸也是加速唐朝灭亡的一个因素。

三是疆土失控。

唐朝后期，边疆冲突频繁，导致唐朝不断失去边疆土地，尤其是安史之乱和黄巢起义等大规模战争带来了强大的冲击波。

爆发于天宝十四载（755）的安史之乱影响深远，叛军领导人安禄山和史思明联合把唐朝的"锅底"给端了，占领了大片领土，朝廷不得不向外方势力求援。安史之乱不仅使唐朝的军队严重受损，也造成了大量的人员伤亡和资源枯竭，从而增加了财政负担，削弱了唐朝的国力和影响力，影响了国家的统一性和稳定性。

在黄巢起义的冲击下，唐朝政权已经岌岌可危。紧接着，宣武节度使朱温开始发迹，他逐渐掌握了朝廷大权，成为实际的掌权者，最终在天祐四年（907）废黜了唐哀帝，自立为皇帝，建立了后梁政权，唐朝也就到这里戛然而止。

以史为镜，可以知兴替；以人为镜，可以明得失。综上所述，唐朝辉煌的时候，在政治、经济、文化等方面都取得了重大的成就，特别是通过丝绸之路，与世界很多地区进行了广泛的交流和贸易往来，产生了深远的影响。然而，唐朝最终还是走向了灭亡，其灭亡的原因是复杂而多元的，涉及政治、经济、军事、文化等多个方面。这些问题相互交织，相互影响，共同导致了唐朝的灭亡。